National Competency Standards

Altium Designer를 이용한

# PCB설계하기

남상엽 · 조도현 · 김 현 · 김은원 공저

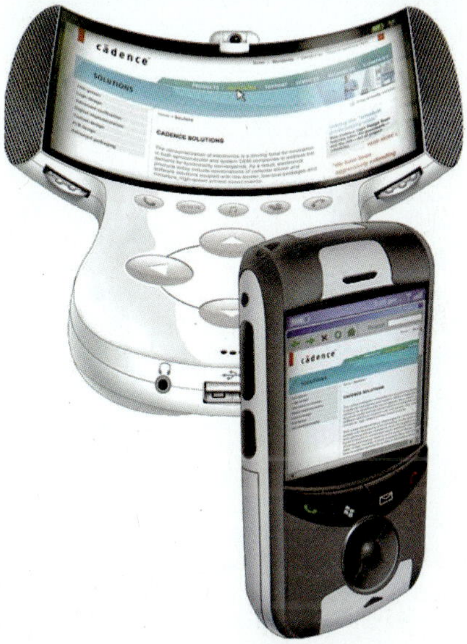

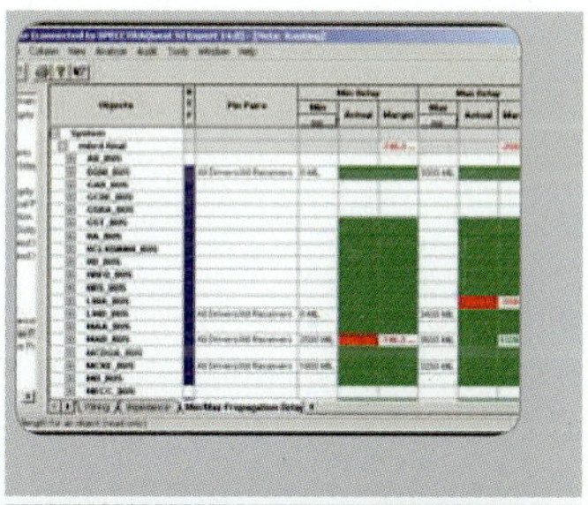

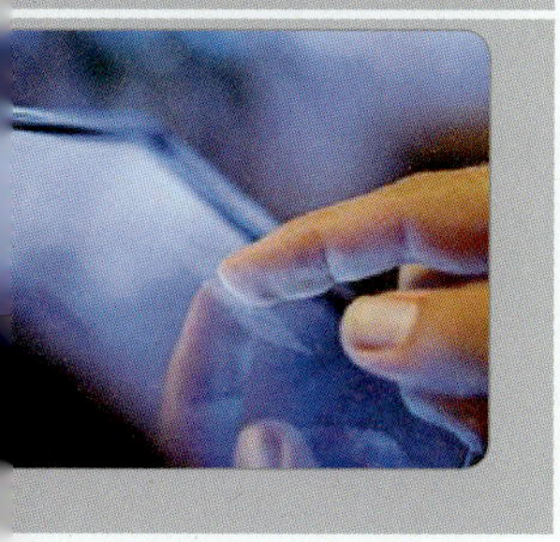

도서출판 상학당

欲爲大者 當爲人役

크고자 하거든 남을 섬기라

LM19220206_13v1.4

| 대분류 | 중분류 | 소분류 | 세분류 | 능력단위 |
|---|---|---|---|---|
| 전기전자/<br>19 | 전자기기<br>개발/2 | 산업용 전자기기<br>개발/2 | 산업용 전자기기<br>하드웨어 개발/02 | 회로기능개발/06<br>(PCB 설계하기)/13v1.4 |
| | | | | LM19220206_13v1.4 |

## Altium Designer를 이용한

# PCB 설계하기

# 머리말

전열기판 위에 전기적 신호를 전달할 수 있는 도체(보통, 구리) 패턴(pattern)을 형성시킨 것으로 전자부품을 탑재하기 위하여 전자회로를 구성하여 작동한다.

페놀/에폭시 등의 절연판 위에 구리 등의 동박(Copper Foil)을 부착시킨 다음, 회로 배선에 따라 에칭하여 필요한 회로를 구성하고, 회로간 연결 및 부품탑재를 위한 홀(Hole)을 형성하여 만든 전자회로기판인 PCB이다. 인체의 신경에 비유되는 PCB는 소형 가전제품에서부터 첨단 이동통신기기에 이르기까지 모든 전자기기에 사용되는 핵심부품이다.

PCB 산업은 고객 지향적 수주산업이고 대규모 장치 산업으로 핵심기술을 집약한 전후방 집약 산업으로써 고부가 핵심부품 산업이다. 전자산업의 질적 · 양적 성장에 따라서 PCB의 수요 증가가 증가하고 있다. 전자산업과 PCB 산업의 발전은 정비례 관계이고 2013년 세계 전자산업 시장은 1조 9천억불이며, PCB의 시장점유율은 3.3% 차지하고 아시아 지역이 전세계 PCB 시장의 90% 점유하고 있고, 한국은 2013년 기준으로 국가별로 3위(16%), 지역별로 2위(14%) 생산하고 있는 산업이다.

이 교재는 알티움 디자이너(Altium Designer)를 이용하여 회로도 작성(Schematic Drawing)과 PCB 설계를 한다. 회로도 작성은 전자부품소자의 기호나 연결상태를 전기적인 규약에 맞게 전기전자 회로도면으로 보기 편리하게 그림으로 표시한 것이다. 이러한 회로도는 PCB 설계를 하기 위한 기초적인 정보를 제공하고 회로기능별로 전기적인 연결상태를 확인할 수 있는 도면이 된다.

PCB 설계(PCB Design)는 완성된 회로도에서 부품의 크기정보와 부품과 부품간의 연결정보를 추출하여 전자규격에 맞게 Altium Designer(CAD Tool)를 이용해 부품의 배치와 배선작업으로 설계하는 단계이다. 배선작업이 완료되면 에러 체크 후 PCB 기판을 제조할 수 있는 생산 데이터를 생성하는 PCB 아트워크(PCB Artwork)이다.

알티움 디자이너는 오늘날 통합 개발환경을 추구하는 개발자의 요구에 부합하여 만들어진 알티움 디자이너는 회로도, PCB, CAM, 3D, Autorouter, Spice, SI, FPGA, C-Compiler 등의 모든 기능을 탑재하고 있다. 알티움 디자이너의 기능을 3가지로 나누어 Basic, Advanced, Expert로 나누어 각각 3권의 책으로 구성되어 있다. 이 교재에서는 기본 기능인 회로도, PCB, CAM의 기능만을 다루고 있다.

이 교재는 NCS의 산업용 전자기기의 개발부분에서 회로기능 개발부문의 PCB 설계하기 (19220206_13v 1.4)의 학습 모듈을 참고하여 만들 교수학습 지침서이다. 비록 특정 PCB CAD Tool인 Altium Designer를 이용하여 PCB 설계의 기본개념, 부품배치, 라이브러리 작성 등을 학습을 할 수 있는 지침서이다.

이 교재의 주요 구성은 다음과 같다.

이 교재의 학습 1은 PCB 설계 이해하기, 학습 2는 알티움 디자이너 시작하기, 학습 3은 PCB 설계 사용법 이해하기, 학습 4는 프로젝터와 프로그램 설정하기, 학습 5는 PCB 설계하기, 학습 6은 라이브러리 제작하기로 구성되어 있다.

이 교재가 출간되기까지 가장 많은 지원과 아낌없는 격려를 보내주신 인터그래텍 김응연 사장님께 지면을 빌려 깊은 감사의 말씀을 전하고 특히 기본이론, 실습과 프로그램에 도움을 주신 김우현 부장님과 출판 편집을 해주신 도서출판 상학당 남승우 사장님 등 관계자 여러분에게 감사의 마음을 전하고자 합니다.

이 교재에서 부족했던 점이나 기타 문의사항과 관련한 기술지원은 인터그래텍 홈페이지 (www.igtech.co.kr / 전화 : 02-3472-5599)를 통해 지속적으로 지원할 계획이며, 실습에 사용한 소스 코드 및 회로도, 기타 보충자료 또한 지속적으로 업데이트할 예정이므로 독자 여러분의 따뜻한 질책과 조언을 부탁드린다.

저자 씀

# 차 례

## NCS-학습 모듈의 위치

| 대분류 | 19. 전기전자 |
|---|---|
| 중분류 | 2. 전자기기 개발 |
| 소분류 | 2. 산업용 전자기기 개발 |

| 세분류 |
|---|
| 02. 산업용 전자기기 하드웨어 개발 |

| 능력단위 | 학습 모듈명 |
|---|---|
| 01. 제품분석 | |
| 02. 요구설계 | |
| 03. 장비호환성 검토 | |
| 04. 알고리즘 개발 | |
| 05. 시뮬레이션 소프트웨어 개발 | |
| **06. 회로기능 개발** | **회로기능 개발 (PCB 설계하기)** |
| 07. 플랫폼 소프트웨어 개발 | |
| 08. 시제품 목업개발 | |
| 09. 제품 품질인증 | |
| 10. 제품 신뢰성 평가 | |

## PCB 회로설계 학습 모듈의 개요

**학습 모듈의 목표 :** 회로기능개발이란 제품개발에 요구되는 기능을 구현하기 위하여 하드웨어 기능 블록도를 작성하고 주요 부품을 선정한 후 적합한 회로와 PCB 설계를 통하여 하드웨어를 검증하는 능력이다.

**선수학습 :** 개발 제품관련 전문용어, 주요 회로 모듈 이해, 회로설계 및 PCB 설계도구 사용능력, 전자회로 기초지식, 전자부품 지식, 반도체 IC의 활용 지식, 개발 보드 제작기법, 회로 검증방법

**학습 모듈의 내용체계**

| 학 습 | 학습내용 | NCS 능력단위요소 | | |
|---|---|---|---|---|
| | | 코드 번호 | 요소명칭 | 수준 |
| 4. PCB 설계하기 | 4-1. 하드웨어 회로특성 파악 | (19220206_13v1.4) | PCB 설계하기 | 4 |
| | 4-2. 기구도면 검토 | | | |
| | 4-3. PCB 설계 도구 검토 | | | |
| | 4-4. 부품 라이브러리 작성 | | | |
| | 4-5. PCB 설계 | | | |

**핵심 용어 :** 기능 블록도, 요구기능, 제품사양서, 부품 리스트, 블록도 설계, 회로설계, 하드웨어 설계, 데이터 시트, 연산증폭기, 회로 블록도, 회로설계 도구, PCB 설계, 부품 라이브러리, 부품배치, 검증요소, 치공구, 시험환경, 하드웨어 검증, 회로검증

## PCB 회로설계 학습 모듈 명세서

| 학습명 | 학습내용명 |
|---|---|
| 1. PCB 설계 이해하기 | 1-1. PCB의 개요 |
| | 1-2. PCB의 제작과정 |
| | 1-3. PCB의 회로설계 |
| 2. 알티움 디자이너 시작하기 | 2-1. PCB의 개요 |
| | 2-2. 알티움 디자이너의 인증 |
| 3. PCB 설계 사용법 이해하기 | 3-1. 알티움 디자이너의 화면구조(1) |
| | 3-2. 알티움 디자이너의 화면구조(2) |
| | 3-3. 알티움 디자이너의 화면구조(3) |
| 4. 프로젝터와 프로그램 설정하기 | 4-1. 알티움 디자이너의 프로젝트 이해하기 |
| | 4-2. 알티움 디자이너의 프로그램 설정 |
| 5. PCB 설계하기 | 5-1. LED 시계제작하기(1) |
| | 5-2. LED 시계제작하기(2) |
| | 5-3. LED 시계제작하기(3) |
| 6. 라이브러리 제작하기 | 6-1. 라이브러리 제작하기 |
| | 6-2. 풋프린트 제작하기 |
| | 6-3. 라이브러리 컴파일하기 |

| 학습 1 | PCB 설계 이해하기(19220206_13v1.4) |
| --- | --- |
| 학습 2 | 알티움 디자이너 시작하기 |
| 학습 3 | PCB 설계 사용법 이해하기 |
| 학습 4 | 프로젝터와 프로그램 설정하기 |
| 학습 5 | PCB 설계하기 |
| 학습 6 | 라이브러리 제작하기 |



## 1-1 PCB의 개요

| 학습 목표 | • PCB의 정의 및 PCB 산업현황을 파악할 수 있다.<br>• PCB의 종류와 그 특징을 이해할 수 있다. |
| --- | --- |

### 필요지식

#### 1. PCB(전자회로기판)의 개념

① 전열기판 위에 전기적 신호를 전달할 수 있는 도체(보통, 구리) 패턴(Pattern)을 형성시킨 것으로 전자부품을 탑재하기 위하여 전자회로를 구성하여 작동한다.

② 페놀/에폭시 등의 절연판 위에 구리 등의 동박(Copper Foil)을 부착시킨 다음 회로 배선에 따라 에칭하여 필요한 회로를 구성하고, 회로간 연결 및 부품탑재를 위한 홀(Hole)을 형성하여 만든 전자회로기판이다.

③ 인체의 신경에 비유되는 PCB(Printed Circuit Board)는 소형 가전제품에서부터 첨단 이동통신기기에 이르기까지 모든 전자기기에 사용되는 핵심부품이다.

#### 2. PCB의 국내 · 외 역사

① 1936년에 호주의 폴 아이슬러(Pual Eisler)에 의하여 PCB를 라디오에 적용하는 것이 최초의 개발이었다.

② 1940년에 IBM에 의하여 단면 PCB가 생산되었다.

③ 1953년에 모토로라에 의하여 양면 PCB가 개발되었다.

④ 1961년 Hazltine에 의하여 다층 PCB가 생산되었다.

⑤ 1969년에 필립스에 의하여 FPC 생산되었다.

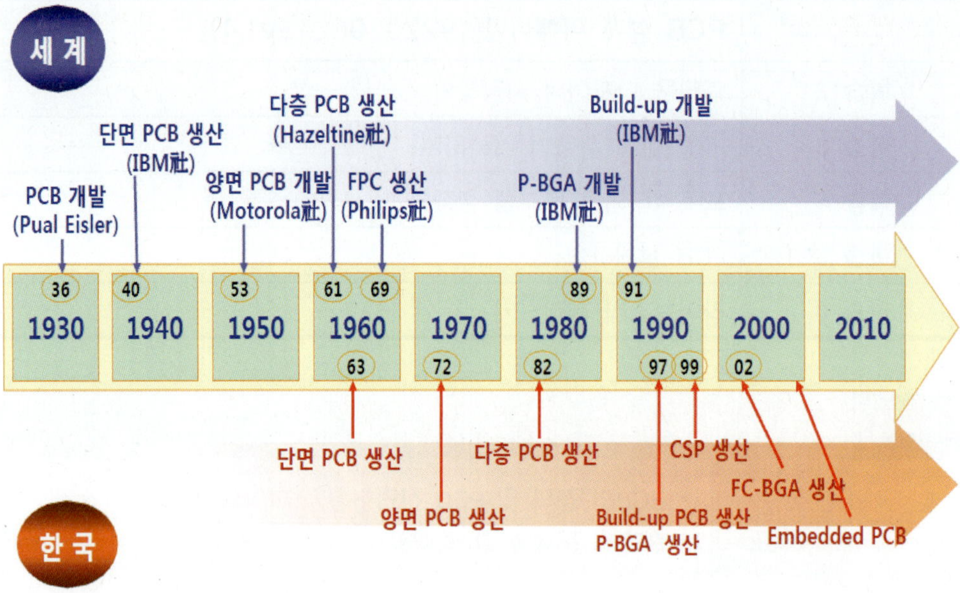


[그림 1-1] 국내 · 외 PCB 역사

### 3. PCB의 장·단점

〈표 1-1〉 PCB의 장 · 단점

| PCB의 장점 | PCB의 단점 |
|---|---|
| ① 대량 생산의 효과가 높다.<br>② 제품의 균일성과 신뢰성이 높다.<br>③ 소형 경량화에도 기여한다.<br>④ 회로의 특성이 안정화된다.<br>⑤ 잡음, 온도 등이 안정상태를 유지한다.<br>⑥ 오배선의 우려가 없고, 생산단가가 저렴하다.<br>⑦ 조립, 배선, 검사의 공정수가 감소한다.<br>⑧ 제조의 표준화와 자동화를 기할 수 있다.<br>⑨ 기기의 단위(unit)화가 가능하다. | ① 결정된 회로로 설계된 PCB는 설계변경이 다른 회로에 사용하기 어렵다.<br>② 소량 다품종 생산이 요구되는 경우에는 제조 단가가 높아진다. |

## 수행 내용 PCB 정의, 산업현황 및 종류 이해하기

### 재료 · 자료

- 상세 회로도면, 기구도면, A4 용지, 필기구

### 기기(장비 · 공구)

- 인터넷 가능한 컴퓨터, 한글 오피스, 프린터

### 안전 · 유의사항

- 회로동작 및 기능을 충분히 숙지하도록 한다.
- 컴퓨터에 바이러스가 침투하지 않도록 유의한다.

## 수행 순서

### 01 PCB 산업현황

(1) PCB 산업의 특징을 이해한다.

PCB 산업은 고객 지향적 수주산업이고 대규모 장치 산업으로 핵심기술을 집약한 전후방 집약 산업으로써 고부가 핵심부품 산업이다.

| 구분 | 내용 |
| --- | --- |
| 수주 산업 | 고객이 설계한 제품을 주문 받아 생산하는 고객 지향적 수주산업 |
| 대규모 장치 산업 | 전공정의 제조 능력을 설비가 좌우하는 대규모 장치산업 |
| 전후방 집약 산업 | 소재, 설비, 약품 등 다양한 핵심요소 기술이 집약되어 있는 전방위 산업 |
| 핵심 전자부품 산업 | 전자제품의 경박단소(輕薄短小)를 결정하는 고부가 핵심부품 산업 |

[그림 1-2] PCB 산업의 특징

### (2) 세계 PCB 산업현황을 분석한다.

전자산업의 질적 · 양적 성장에 따라서 PCB의 수요가 증가하고 있다.

- 전자산업과 PCB 산업의 발전은 정비례 관계
- 2013년 세계 전자산업시장은 1조 9천억불이며, PCB의 시장점유율은 3.3% 차지
- 아시아 지역이 전세계 PCB 시장의 90% 점유
- 한국은 국가별로 3위(16%), 지역별로 2위(14%) 생산(2013년 기준)
  - 국가별 PCB 생산액 : 대만(30%), 일본(16%), 한국(16%), 중국(13%)
  - 지역별 PCB 생산액 : 중국(45%), 한국(14%), 대만(14%), 일본(11%)

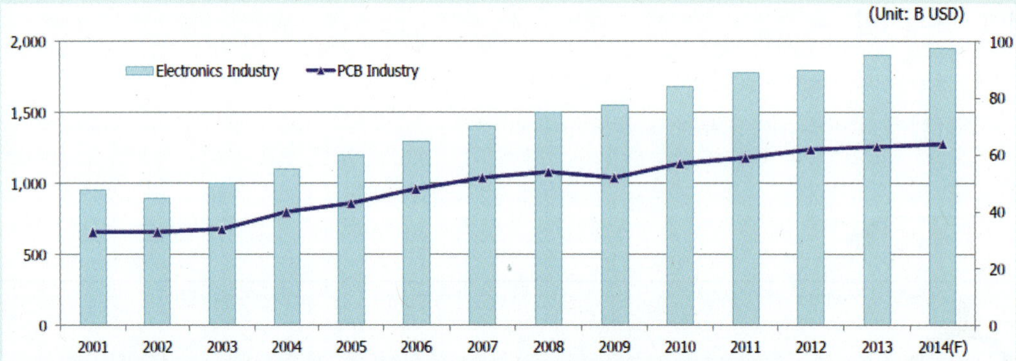


[그림 1-3] 세계 PCB 산업의 현황

### (3) 국내 PCB 산업현황을 분석한다.

국내 PCB 산업의 규모는 2013년에 15조 8천억원 정도이면 매년 10% 이상 성장을 하고 있다. 전체 규모 중 PCB 제조부문은 64%이고, 후방지원 산업부문은 36%(원자재 13%, 부자재 3%, 설비 5%, 약품 3%, 외주 12%)로 구성되어 있다.

〈표 1-2〉 국내 PCB 산업

| 구 분 | 2011년 | 2012년 | | 2013년 | |
|---|---|---|---|---|---|
| | 금액(억원) | 금액(억원) | 성장률(%) | 금액(억원) | 성장률(%) |
| PCB 기판 | 80,600 | 92,000 | 14.1 | 102,000 | 10.9 |
| 원자재 | 16,300 | 18,500 | 13.5 | 19,800 | 7.0 |
| 부자재 | 3,700 | 3,800 | 2.7 | 4,000 | 5.3 |
| 설비 | 6,200 | 7,000 | 12.9 | 7,500 | 7.1 |
| 약품 | 4,700 | 4,900 | 4.3 | 5,240 | 6.9 |
| 전문가공 | 17,470 | 18,650 | 6.8 | 20,195 | 8.3 |
| 합계 | 128,970 | 144,850 | 12.3 | 158,735 | 9.6 |

### (4) 국내 PCB 산업구조를 분석한다.

국내 PCB 산업의 구조에 대한 분석은 PCB 기판, 원자재부문, 부자재부문, 약품부문, 외주부문, 설비부문으로 구분하여 점유율을 분석한다.

#### 1) PCB 기판부문

〈표 1-3〉 기판부문 점유율(2013년 기준)

| 기판부문 | 점유율(%) |
|---|---|
| 단/양면 | 8 |
| 다층 | 23 |
| Build-Up | 16 |
| Flex | 19 |
| Rigid-Flex | 7 |
| Ic-Substrate | 27 |

#### 2) 원자재부문

〈표 1-4〉 원자재부문 점유율

| 원자재부문 | 점유율(%) |
|---|---|
| 동박 | 21 |
| CCL | 38 |
| Prepreg | 5 |
| RCC | 1 |
| FCCL | 24 |
| Bonding Sheet | 4 |
| Coverlay | 9 |

#### 3) 부자재부문

〈표 1-5〉 부자재부문 점유율

| 부자재부문 | 점유율(%) |
|---|---|
| Solder Resist | 35 |
| Dry Film | 31 |
| CNC Drill Bit | 23 |
| Router Bit | 11 |

4) 약품부문

〈표 1-6〉 약품부문 점유율

| 약품부문 | 점유율(%) |
|---|---|
| 내 · 외층 wet | 9 |
| 흑화처리 | 7 |
| Desmer | 6 |
| 동도금 | 30 |
| 금도금 | 32 |
| 표면처리 | 10 |
| 기타 | 7 |

5) 외주부문

〈표 1-7〉 외주부문 점유율

| 외주부문 | 점유율(%) |
|---|---|
| 제판 | 2 |
| AOI | 4 |
| Plasma | 2 |
| Drill | 19 |
| Laser Drill | 5 |
| 동도금 | 8 |
| 인쇄 | 5 |
| Masslam | 11 |
| 금도금 | 9 |
| 표면처리 | 5 |
| 라우터 | 6 |
| 금형타발 | 3 |
| 전기검사 | 7 |
| 최종 검사 | 8 |
| 설계 | 2 |
| 기타 | 5 |

6) 설비부문

〈표 1-8〉 설비부문 점유율

| 설비부문 | 점유율(%) |
|---|---|
| Wet line | 6 |
| Imaging system | 9 |
| Vacuum press | 5 |
| Drill | 4 |
| Laser Drill | 5 |
| Plating | 12 |
| Printing Inspection | 4 |
| Rouler | 2 |
| Automatic | 10 |
| 기타 | 31 |

## 02 PCB 종류

### (1) 층수별 분류를 분석한다.

1) 단면 PCB(Single Side PCB)

PCB가 한쪽 면에만 전자회로의 배선으로 형성한 PCB로써 사용부문은 간단한 제품, 비디오, 오디오 등에 사용한다.

2) 양면 PCB(Double Side PCB)

PCB가 양쪽 면에 전자회로의 배선으로 형성한 PCB로써 사용부문은 사무용 기기 및 교환기, 복사기, 팩시밀리 등에 사용한다.

3) 다층 PCB(Multi Layer Board(MLB) PCB)

PCB가 다층으로 전자회로의 배선으로 형성된 PCB로써 사용부문은 4층 PCB 제품은 데스크톱용 컴퓨터, 모뎀, 무선전화 등에 사용되고, 6층은 휴대용 전화기, 8층은 노트북 컴퓨터나 PDA, 워크스테이션 컴퓨터, 10~12층은 CDMA용 교환기, 미니컴퓨터, 12~18층은 IC 검사용 프로브카드, 교환기의 Back Panel 등이 사용되고, 40층 이상의 PCB는 대형 컴퓨터 제조에 사용된다.

(2) 외관 및 재질별 분류를 분석한다.

〈표 1-9〉 PCB 외관 및 PCB 재질별 분류

| 리지드(Rigid) PCB | 플렉시블(Flexible) PCB | 리지드-플렉시블 PCB |
|---|---|---|
| 보통 외관형태가 딱딱하고 고정된 PCB | PCB 재질이 유연하여 휘거나 접하는 모양의 PCB | 리지드 PCB와 플렉시블 PCB 2가지를 혼합한 PCB |
| 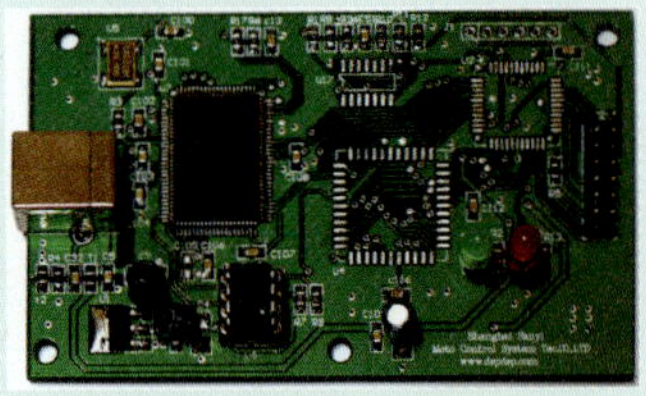 |  | 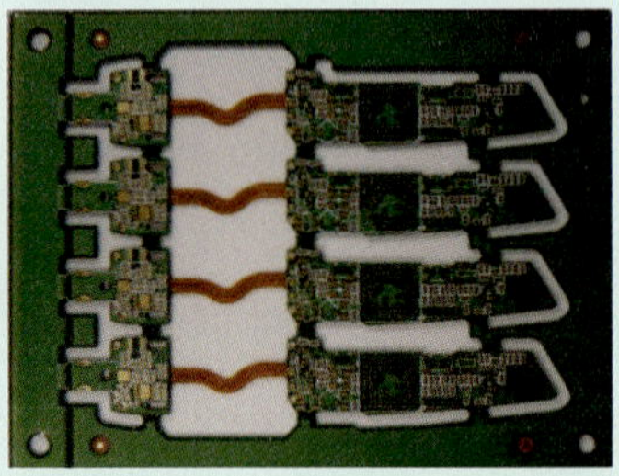 |

(3) IPC에 의한 분류를 분석한다.

IPC(Institute of Printed Circuit)는 PCB, 커넥터, 케이블, 패키지 및 조립에 관한 규격을 제정하고 기술자료를 공급하는 국제기구이다. PCB를 4가지 등급을 정하여 구분하고 있다.

1) CLASS 1등급

클래스 1등급은 소비재 관련 제품 등급으로 외관 불량은 그다지 문제가 되지 않고, 기능만 나오면 만족스러운 제품으로 기본 검사만 하는 PCB 등급이다.

2) CLASS 2등급

클래스 2등급은 일반 산업용 관련 제품의 등급으로 어느 정도 신뢰성이 보장되어야 하는 산업용 장비에 사용되는 PCB 등급이다.

3) CLASS 3등급

클래스 3등급은 고성능 산업용 관련 제품의 등급으로 높은 신뢰성이 요구되는 산업용 전자제품에 사용되는 PCB 등급이다.

4) CLASS 4등급

클래스 4등급은 고신뢰성 관련 제품의 등급으로 심장박동기와 같은 생명 보조장비나 연속 작동 시에 고도의 신뢰성이 요구되는 제품에 사용되는 PCB 등급이다.

### (4) 부품실장 및 반도체 실장에 따른 분류를 분석한다.

1) Mother Board(부품 실장용)에 따른 분류를 재질과 층수에 따라 분류한다.

마더보드에 전자부품(IC, 저항, 콘덴서 등)을 직접 넣어서 납땜을 하여 부품을 고정시키는 방법과 재질에 따라 3가지로 구분되고 층수에 따라 구분하고 있다.

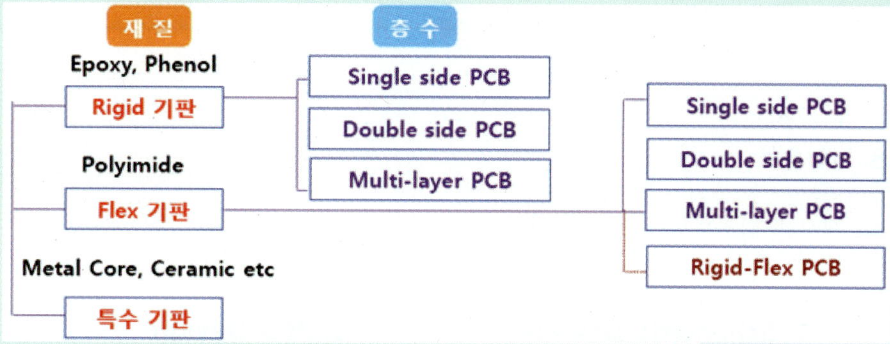


[그림 1-4] 부품 실장용에 따른 분류

2) IC-Substrate(반도체 실장용)에 따른 분류를 기판형태에 따라 고정기반과 Flex 기반으로 IC 형태에 따라 분류한다.

IC의 형태인 BGA(Ball Grid Array), FC-BGA(Flip Chip BGA), CSP(Chip Scale Package), BOC(Board On Chip), SIP(System In Package), PGA(Pin Grid Array), LGA(Land Grid Array)에 따라서 구분한다.

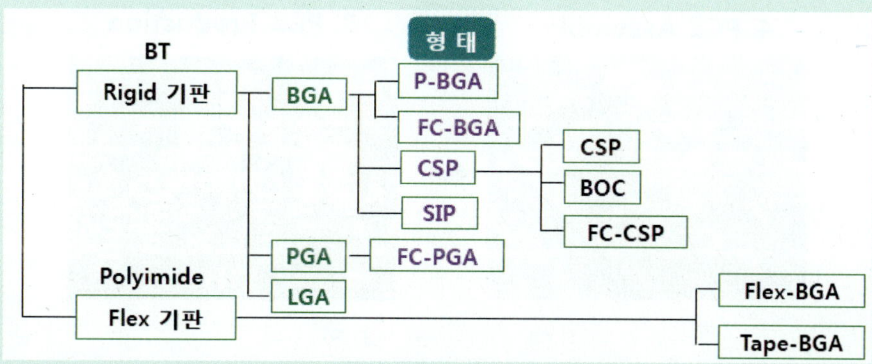


[그림 1-5] 반도체 실장용에 따른 분류

## 1-2 PCB의 제작과정

| 학습 목표 | • PCB의 회로형성 방법을 이해할 수 있다.<br>• PCB의 제조공정을 이해할 수 있다. |
|---|---|

### 필요지식

#### 1. PCB 제작순서

PCB 제작은 회로도 작성, PCB 설계, PCB 제조 및 PCB 조립까지 이루어지는 단계이다.

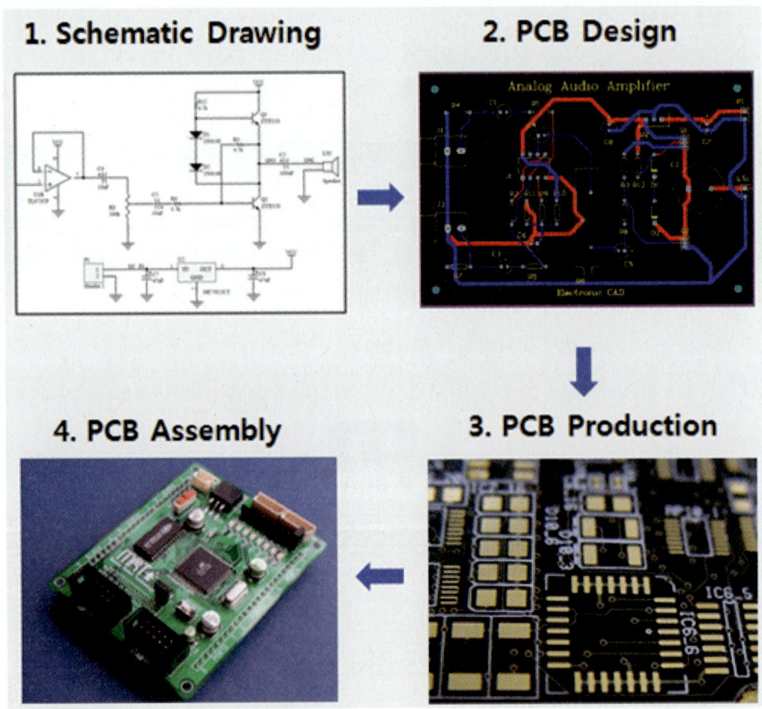


[그림 1-6] PCB 제작순서

(1) 회로도 작성(Schematic Drawing)

회로도 작성은 전자부품소자의 기호나 연결상태를 전기적인 규약에 맞게 전기전자 회로도면으로 보기 편리하게 그림으로 표시한 것이다. 이러한 회로도는 PCB 설계를 하기 위한 기초적인 정보를 제공하고 회로기능별로 전기적인 연결상태를 확인할 수 있는 도면이 된다.

### (2) PCB 설계(PCB Design)

완성된 회로도에서 부품의 크기정보와 부품과 부품간의 연결정보를 추출하여 전자 규격에 맞게 캐드툴(CAD Tool)을 이용해 부품의 배치와 배선작업으로 설계하는 단계이다.

배선작업이 완료되면 에러 체크 후 PCB 기판을 제조할 수 있는 생산 데이터를 생성한다. PCB 아트웍(PCB Artwork)이라고도 한다.

### (3) PCB 제조(PCB Production)

PCB 설계에서 전기적인 에러체크를 완료한 생산 데이터, 즉 거버 데이터(Gerber Data)를 받아서 CAM 작업으로 사양검사를 끝내고 페놀, 에폭시와 같은 절연재질에 동박을 입혀 PCB를 만들어 내는 단계이다.

### (4) PCB 조립(PCB Assembly)

PCB 제조는 전자부품 소자가 실장되기 전의 단계를 말하고, 부품이 조립되어 있지 않기 때문에 베어 PCB(Bear PCB)라고 한다.

이러한 PCB 기판 위에 각 전자부품의 소자를 실장한 후 땜납하는 공정을 PCB 조립이라고 한다.

## 2. PCB 제조공정 방법

### (1) 서브트랙티브(Subtractive) 공법

절연판 전체에 동박을 입힌 기판인 동박 적층판 위에 회로가 형성되는 부분을 제외한 나머지 필요 없는 부분만을 에칭하여 제거하여 회로를 형성하는 공법이다.

#### 1) 텐팅(Texting) 공법

무전해/전해 패널(Panel) 도금 후 에칭을 통해 회로를 형성하는 방법이다.

#### 2) 패널/패턴(Panel/Pattern) 공법

무전해/전해 패널 도금 및 패턴 도금 후 에칭을 통하여 회로를 형성하는 방법이다.

### (2) 에디티브(Additive) 공법

절연판 위에 도금 등의 방법으로 원하는 배선과  필요한 회로를 직접 형성하는 공법이다.

#### 1) 세미 에디티브(Semi-Additive) 공법

무전해 패널(Panel) 도금 후 필요한 부분만 전해 패턴 도금으로 회로를 형성하는 방법이다.

**2) 풀 에디티브(Full Additive) 공법**

필요한 부분만 무전해 패턴 도금으로 회로를 형성하는 방법이다.

## 3. Build-up

첨단 PCB 제조기법으로서 기존 기계 드릴의 가공 한계인 직경 300$\mu$m보다 미세한 150$\mu$m 이하의 미세 홀을 레이저 드릴로 가공하며, 보통 CCL(Copper Clad Laminate) 대신 RCC(Copper Foil+Resin)를 사용한다.

**수행 내용** PCB 제조공정 이해하기

**재료 · 자료**

- 상세 회로도면, 기구도면, A4 용지, 필기구

**기기(장비 · 공구)**

- 인터넷 가능한 컴퓨터, 한글 오피스, 프린터

**안전 · 유의사항**

- 회로동작 및 기능을 충분히 숙지하도록 한다.
- 컴퓨터에 바이러스가 침투하지 않도록 유의한다.

## 수행 순서

### 01 PCB 설계에서 CAD와 CAM 과정을 이해한다.

(1) CAD 과정을 분석한다.

원하는 기능을 가지는 시스템 구축을 위해 회로도면을 그리는 과정이다. CAD 과정은 기능 설정, 회로 설계 및 실장 설계로 구분한다.

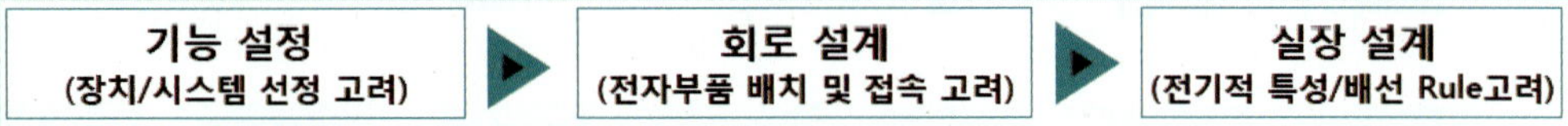


[그림 1-7] CAD 과정

(2) CAM 과정을 분석한다.

CAD 데이터를 토대로 전체 제조공장을 무인 자동화로 통제하는 제조 시스템 과정이다. CAM 과정은 거버 데이터 입력, 사양검토, 데이터 편집, 데이터 검사, 제조사양, 치공구 제작으로 구분된다.

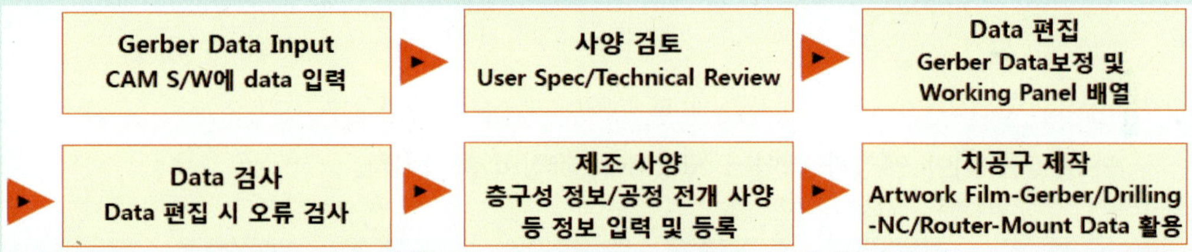


[그림 1-8] CAM 과정

**02** Subtractive 방법에서 Tenting 공법 및 Panel/Pattern 공법의 제조공정 전 과정을 다층 PCB 기준과 Build-up 기준으로 분석한다.

(1) 텐팅(Tenting) 공법의 다층 PCB 기준에 따른 제조과정을 이해한다.

무전해/전해 패널 도금 후 에칭을 통해 회로를 형성한다.

[그림 1-9] 다층 PCB 기준의 Tenting 공법에 의한 제조공정

(2) Tenting 공법의 Build-up 기준에 따른 제조과정을 이해한다.

이 공정은 비아 에칭과 레이저 Ablation 과정이 추가된다.

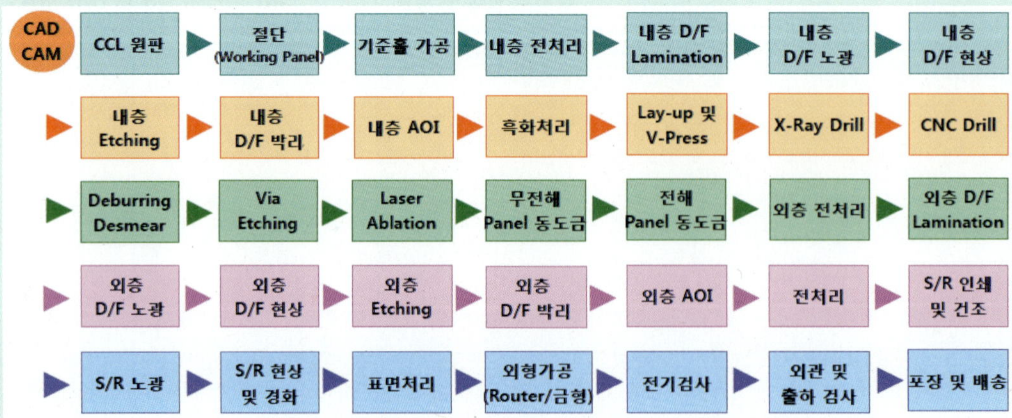


[그림 1-10] Build-up 기준의 Tenting 공법에 의한 제조공정

(3) Panel/Pattern 공법의 다층 PCB 기준에 따른 제조과정을 이해한다.

이 과정은 비아 에칭과 레이저 Ablation 과정을 생략하고 전해 Pattern 동도금 과정과 전해 Solder 도금을 추가한 과정이다.

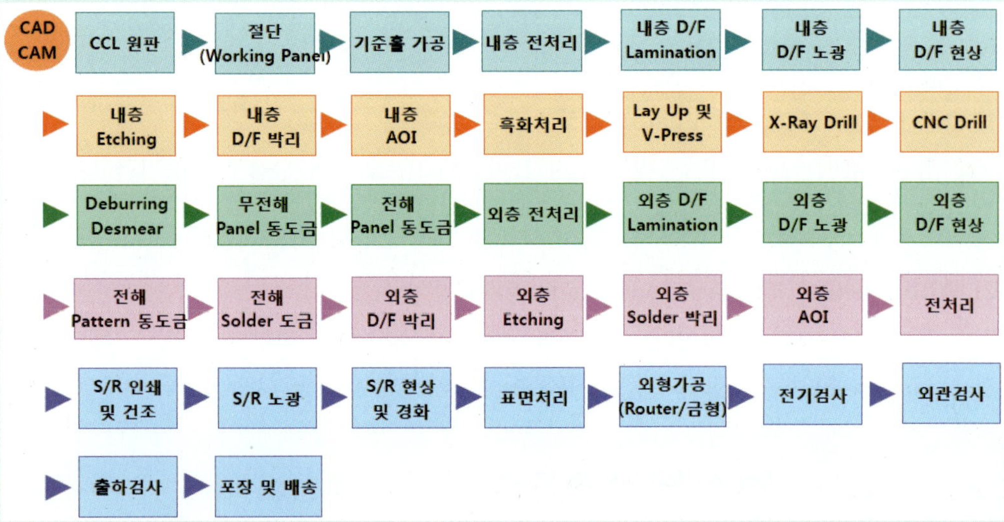


[그림 1-11] Panel/Pattern 공법의 다층 PCB 기준에 따른 제조공정

## 03 Additive 공법에서 Semi-Additive 공법의 제조공정 전과정을 다층 PCB 기준으로 분석한다.

[그림 1-12] Semi-Additive 공법의 다층 PCB 기준에 따른 제조공정

## 04 MLB Substractive 공법 기준으로 세부 제조공정을 분석한다.

### (1) CCL 및 FCCL 공정

1) CCL(Copper Clad Laminate) 공정

유리섬유에 에폭시 또는 페놀 수지가 함침된 Prepreg의 상하부에 동박을 넣고 압착(Lamination)하는 공정이다.

2) FCCL(Flexible Copper Clad Laminate) 공정

유연성을 가진 폴리이미드 필름과 아크릴 접착제 상하부에 동박을 넣고 압착(Lamination)하는 공정이다.

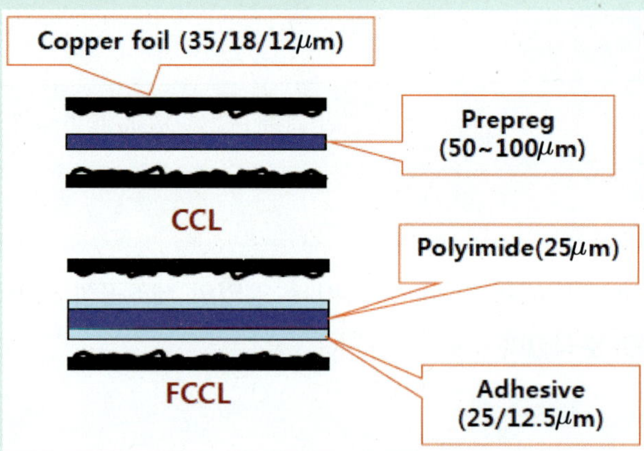


[그림 1-13] CCL과 FCCL 제조공정

### (2) Working Panel 절단 및 기준 홀 가공공정

① CCL 원판을 공정설비에 맞게 적정한 치수로 절단한다.

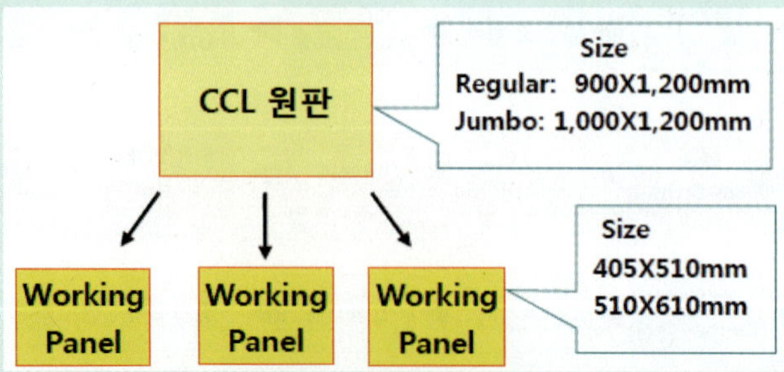


[그림 1-14] Working Panel 절단 제조공정

② 노광 및 적층 시 사용되는 기준 홀을 형성하는 공정이다.

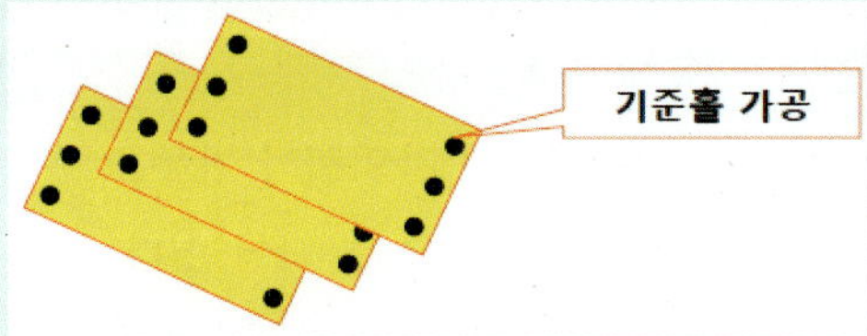


[그림 1-15] 기준 홀 가공 제조공정

### (3) 전처리 과정

동박 표면상에 조도(Roughness)를 형성하여 Dry Film과의 접착력을 증대시키기 위한 공정이다. 조도형성 방법(표준조도 0.5~1.5$\mu$m 기준)은 기계적 연마와 화학적 연마방법이 있다.

#### 1) 기계적 연마

① Buff 연마 : 나일론 부직포에 실리콘, 알루미늄 미세입자로 형성된 브러시(Brush)로 조도를 형성한다.

② Jet 연마 : 산화알루미늄 알갱이가 노즐을 통해 분사하여 조도를 형성한다.

#### 2) 화학적 연마

① Soft Etching : 과산화수소(35%)와 황산(10%)을 2 : 8 비율로 혼합하여 노즐로 분사하여 조도를 형성한다.

### (4) D/F 적층(Lamination)

조도가 형성된 기판에 에칭 시 회로를 보호하기 위한 Dry Film(Photo Resist)을 적층하는 공정이다.

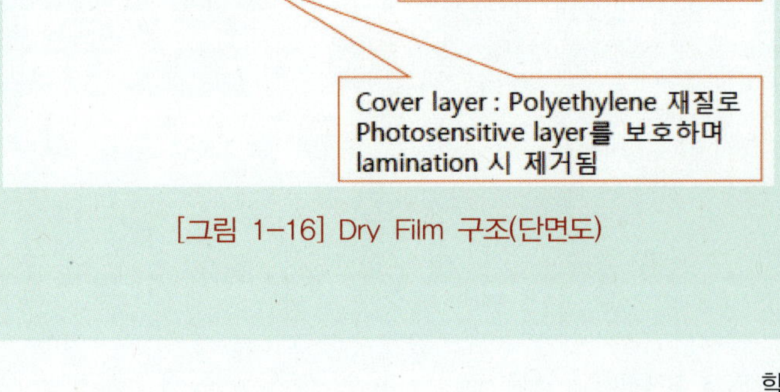


[그림 1-16] Dry Film 구조(단면도)

(5) D/F 노광

CCL 표면에 적층된 Dry Film위에 Artwork Film을 올려 놓고 UV(자외선)를 조사하여 회로 이미지를 형성하는 공정이다.

노광기의 구조는 Lamp에서 발산된 자외선이 거울을 통하여 집광 렌즈로 모이고 반사경을 통하여 다시 대상물로 조사되는 구조로 되어 있다.

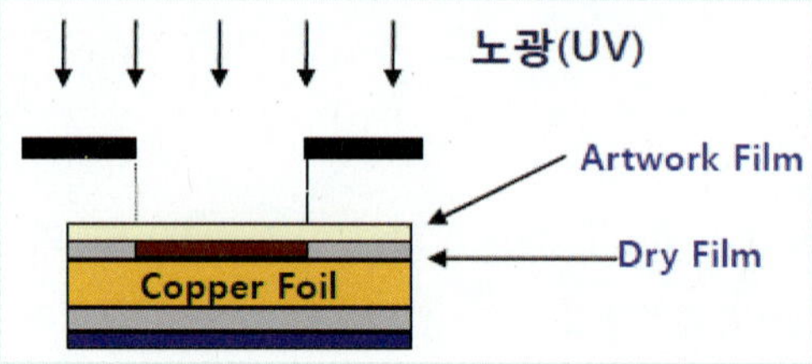


[그림 1-17] D/F 노광 제조공정

(6) D/F 현상

노광에서 빛을 받지 않은 부분(미경화된 부분)을 현상액을 이용하여 제거하는 공정이다. 현상액은 탄산나트륨($Na_2CO_3$의 1%) 또는 탄산칼륨($K_2CO_3$)을 사용한다.

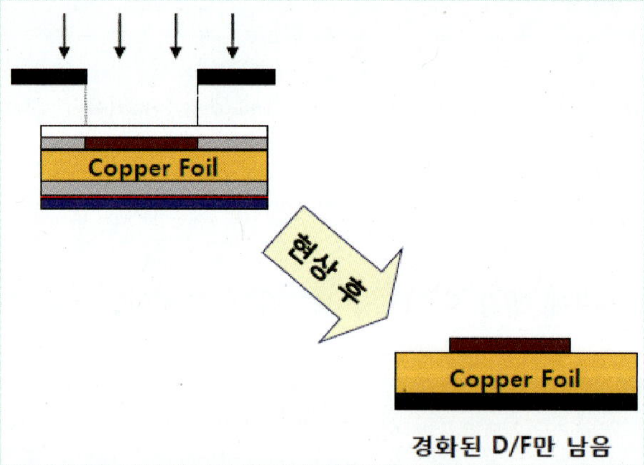


[그림 1-18] D/F 현상 제조공정

(7) 에칭(Etching)

회로를 형성하기 위하여 D/F 현상 후 동박 위에 D/F가 남겨져 있지 않은 부분을 에칭액으로 제거하는 공정이다. 에칭액은 염화제2동($CuCl_2$) 또는 염화철($FeCl_3$)을 사용한다.

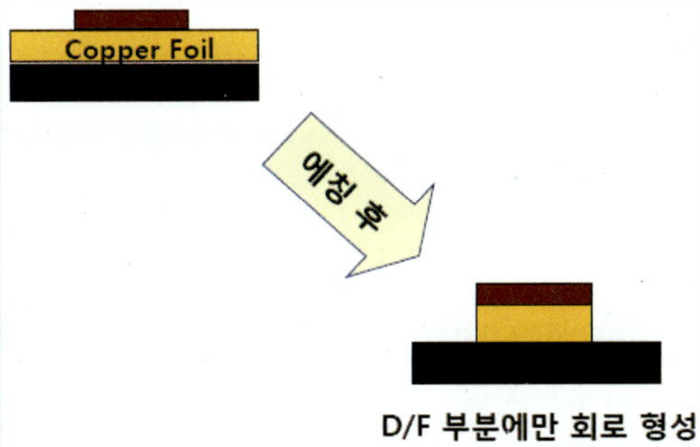


[그림 1-19] 에칭 제조공정

(8) D/F 박리

Etching 시 보호막 작용을 한 D/F를 알칼리 용액(NaOH 또는 KOH)을 이용하여 제거하는 공정이다. 박리액은 수산화나트륨(NaOH) 또는 수산화칼륨(KOH)을 사용한다.

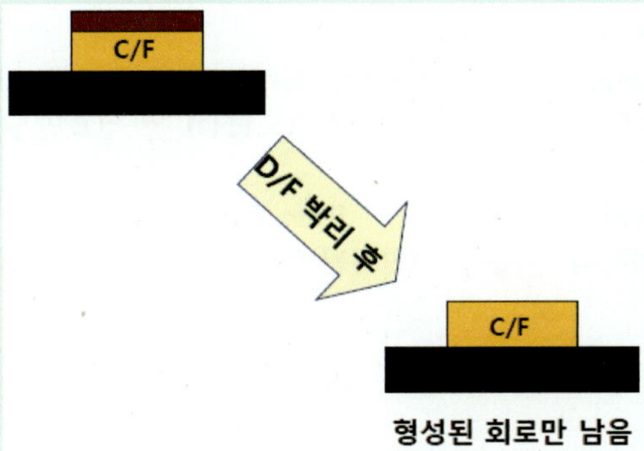


[그림 1-20] D/F 박리 제조공정

(9) AOI(자동 광학 검사)

회로형성 후 기판에 빛(光)을 조사시켜 반사되는 밝기 값을 인식하여 회로의 결함을 검출하는 공정이다.

〈표 1-10〉 자동 광학 검사방법

| 구 분 | 종 류 | 특 징 |
|---|---|---|
| 반사광에 의한 검사 | 반사광 방식 | 회로표면의 반사광을 통해 회로인식 |
| | 형광검출 방식 | 회로 이외 부분은 형광이 양성으로 검출 |
| | Substrate Illumination | 회로부분은 빛이 투과되지 않음 |
| 알고리즘에 의한 검사 | Design Rule Check | 회로화상과 검사조건 비교 |
| | Reference Rule Check | 양품기판을 기준으로 피검사 기판과 상호 비교 |
| | CAD Reference Data | CAD Photo Data와 피검사 기판을 상호 비교 |

### (10) 흑화처리(Black Oxidation)

내층에 형성되어 있는 회로표면을 산화시킴으로써 Prepreg와 접착될 때 밀착력을 증대시키는 공정이다.

〈표 1-11〉 처리방식

| 항 목 | Brown Oxide | Black Oxide |
|---|---|---|
| 처리방식 | 동박 위에 $Cu_2O$ 석출 | 동박 위에 CuO 석출 |
| 색 | 갈색 또는 적갈색 | 흑색 |
| 벗겨짐 정도 | 우수 | 보통 |
| 균일도 | 보통 | 우수 |
| 내산성 | 우수 | 보통 |
| 산화막 두께 | 얇음(0.2mg/cm이하) | 두꺼움(0.2mg/cm이상) |

[그림 1-21] 흑화처리 제조공정

### (11) Lay-up & V-Press

#### 1) Lay-up

회로가 형성된 내층 기판을 다층 기판으로 만들기 위하여 CCL, Prepreg 및 동박을 쌓아 올리는 공정이다.

〈표 1-12〉 Lay-up 방식

| 방 식 | 내 용 |
|---|---|
| Mass Lamination | 4층 기판제조 시 |
| Rivet Lamination | 6~8층 기판제조 시 |
| Pin Lamination | 고다층 기판제조 시 |

2) V-Press

쌓아 올려진 기판을 진공 프레스를 이용하여 가열/가압으로 접합시키는 공정이다.

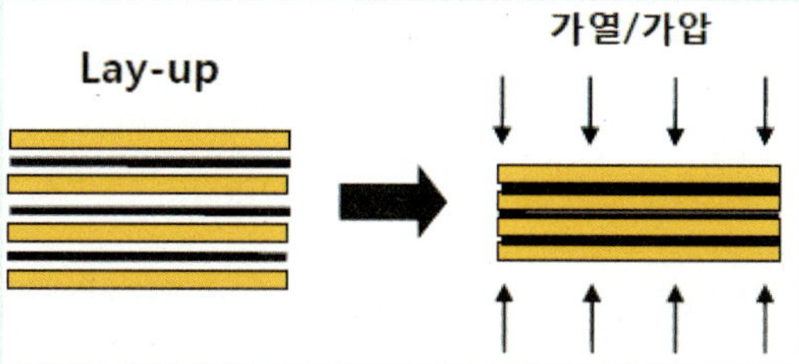


[그림 1-22] Lay-up & V-Press 제조공정

(12) Drill(X-ray Drill & CNC Drill)

1) X-ray Drill

내층에 형성되어 있는 Target을 X-ray로 투시하여 위치한다. 위치확인 후 Drilling하는 공정이다.

2) CNC Drill

다층 PCB에서 내층과 외층 간의 전기적인 접속이 가능하도록 Drill Bit라는 절삭공구를 사용하여 홀을 형성하는 과정이다.

Drill Bit가 고속으로 회전함과 동시에 기판이 장착된 Drill Table이 홀의 위치에 따라 X축, Y축 방향으로 이동하면서 홀을 가공한다.

[그림 1-23] Drill(X-ray Drill & CNC Drill) 제조공정

(13) Deburring/Desmear

1) Deburring

드릴 가공 시 Bit에 의해 밀려 올라온 Drill Bur를 Buff(Brush) 등으로 제거하는 공정이다. 공정순서는 Buff 연마 → 수세 → 건조 순이다.

2) Desmear

수지가 마찰에 의해 홀 벽에 달라붙은 스미어를 과망간산 약품으로 녹여 제거하는 공정이다. 황산($H_2SO_4$), 크롬산, 과망간산 등의 약품을 사용한다.

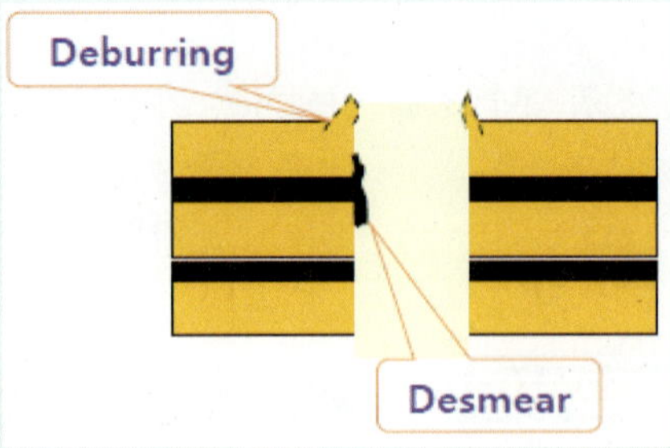


[그림 1-24] Deburring/Desmear 제조공정

(14) 동도금(Copper Plating) 공정 종류

드릴을 통해 형성된 홀(PTH 또는 BVH)을 동도금을 통해 층간을 전기적으로 연결하는 공정이다. 종류는 무전해(화학적) 도금 및 전해(전기적) 도금이 있다. 일반적으로 드릴 시 노출된 홀 내벽과 표면에 무전해 동도금 후 전해 동도금을 통하여 회로의 두께를 형성한다.

1) 무전해 동도금

무전해 동도금은 환원제인 포르말린을 Pd 촉매에 의해 화학적으로 환원시켜 구리이온을 석출한다.

2) 전해 동도금

전해 동도금은 Pd 촉매에 의한 환원반응으로 (-)극으로 구리이온이 전자를 얻어 구리를 석출한다.

[그림 1-25] 무전해 및 전해 동도금 제조공정

(15) 기판의 방법에 따라 수직 및 수평 동도금 방법이 있다.

1) 수직 동도금

수직 동도금은 기판을 수직으로 세워서 도금하는 방법이다.

2) 수평 동도금

수평 동도금은 컨베어(conveyor)에 기판을 수평으로 놓고 이동하면서 도금하는 방법이다. 생산성, 제품의 다양성, 작업환경, 품질면에서 수평 동도금이 우수하다.

(16) 외층 회로형성 공정

내용은 내층 회로형성 공정과 동일하다.

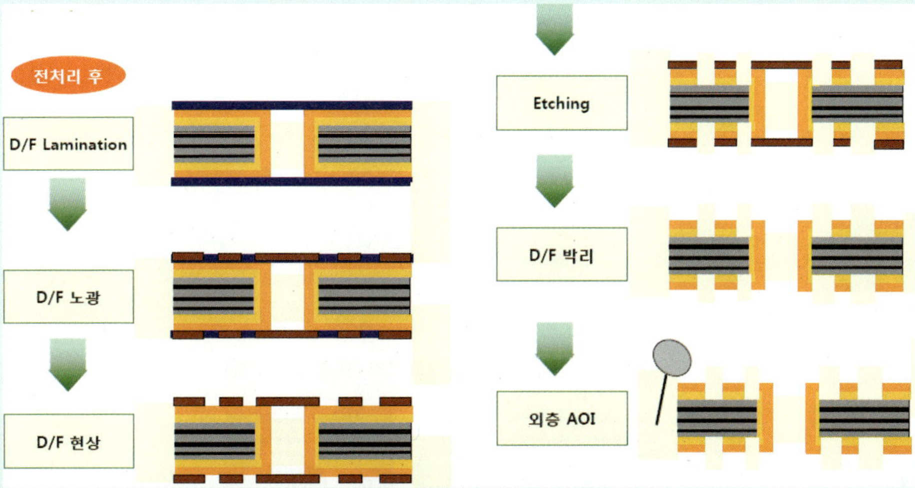


[그림 1-26] 외층 회로형성 공정

(17) S/R(Solder/Resist) 인쇄/건조

S/R 역할은 기판 표면회로의 보호(산화방지)하고 표면회로간의 전기적 절연 안정성 유지(회로간 Short 발생금지)하고 부품실장 외 부분에 Solder 부착을 방지한다.

1) S/R 인쇄

전처리가 완료된 기판 표면을 S/R 잉크로 코팅하는 공정이다.

2) S/R 건조

전 S/R 내 Solvent 성분을 휘발시키고 80℃의 온도로 S/R을 건조시키는 공정이다. 방식에 따라 Screen Coating법, Roll Coating법, Curtain Coating법으로 분류한다.

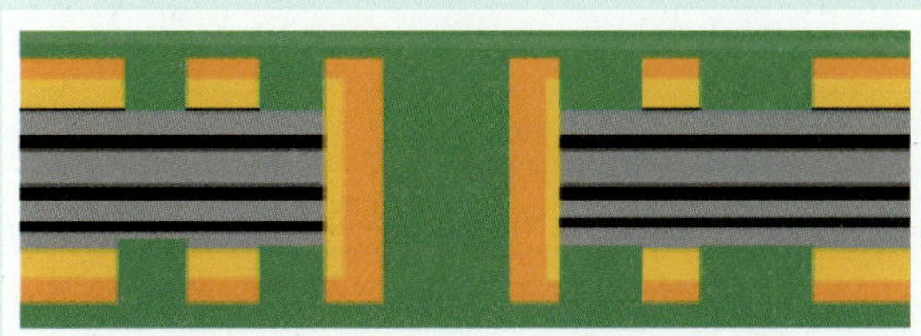

[그림 1-27] S/R 인쇄 건조공정

### (18) S/R 노광 및 현상/경화

1) 노광

노광은 S/R로 코팅된 기판 위에 Artwork Film을 올려 놓고 UV(자외선)를 조사한다.

2) 현상

현상은 UV에 노출되지 않은 미경화 부분을 현상액을 이용하여 제거시키는 공정이다.

3) 경화

경화는 S/R을 UV Cure(노광)와 Thermal Cure(열)를 통해 최종적으로 경화하는 공정이다.

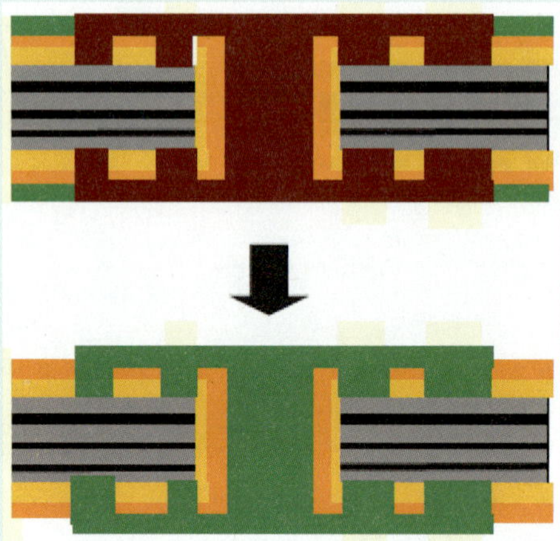

[그림 1-28] S/R 경화 건조공정

### (19) 표면처리

내마모성/내열성/내식성/전기전도성 등의 기능 향상을 목적으로 부품이 실장될 Pad 표면을 도금하는 공정이다.

〈표 1-13〉 표면처리 종류 및 특징

| 종 류 | 특 징 |
|---|---|
| 무전해 니켈/금도금 | 표면에 5$\mu$m 니켈도금 후 0.03$\mu$m 금도금 |
| Immersion Tin | 표면에 유기금속 형성 후 주석도금 |
| Immersion Silver | 표면에 유기금속 형성 후 Ag도금 |
| OSP | 표면에 유기물질 등과 치환시켜 피막형성 |

[그림 1-29] 표면처리 제조공정

(20) 외형 가공(Router와 금형)

최종 표면처리가 완료된 제품을 고객이 요구하는 사양에 맞게 Sheet/Piece 형태로 가공하는 공정이다.

기타 가공으로는 Beve과 V-cut 가공이 있다.

Bevel은 부품실장 후 커넥터(Connector) 삽입을 위해 모서리 가공하는 방법이고, V-cut은 Router 가공이 완료된 제품에 V자 홈을 형성하는 가공방법이다.

〈표 1-14〉 Router와 금형 외형 가공의 비교

| 비교항목 | Router 가공법 | 금형 가공법 |
|---|---|---|
| 적용 제품 | 다품종 소량생산 | 소품종 대량생산 |
| 생산성 | 낮다 | 높다 |
| 외형 변경 시 대응 | 쉽다 | 어렵다 |
| 가공품질 | 단면이 깨끗하다 | 단면이 거칠다 |
| 기타 | 제품별 대응이 가능 | 별도 금형필요/고가 |

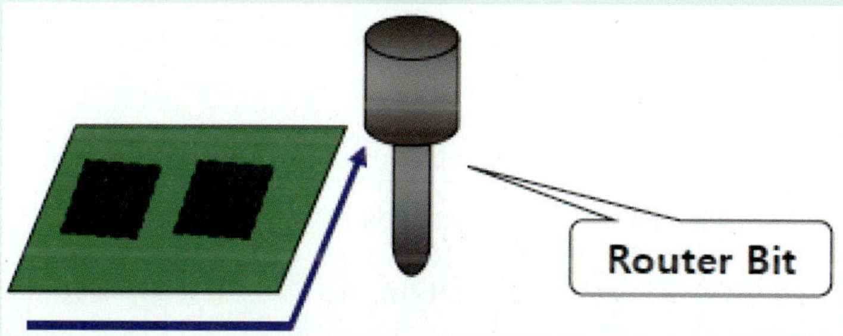


[그림 1-30] 외형 가공 제조공정

(21) 전기검사

전기검사는 회로의 전기적 이상 유무를 검사하는 공정이다.

〈표 1-15〉 전기검사 구분 및 특징

| 구 분 | 특 징 |
|---|---|
| Unversial 방식 | 격자 위에 Pin접촉(고밀도가 가능하나 설비가격이 높다) |
| Dedicated 방식 | Pin Fixture 제작하여 대량 생산에 적합(Point 만개 이상 불가) |
| 도전고무 접촉방식 | 기판과 장비 사이 도전고무 사용(미세 제품에는 사용 불가) |
| Flying Probe 방식 | Fixture가 없으며 미세 제품에 사용<br>(제작비는 저렴하나 검사시간이 길다) |
| 비접촉 방식 | Pin자국이 없고 고밀도 회로 제품에 적합 |

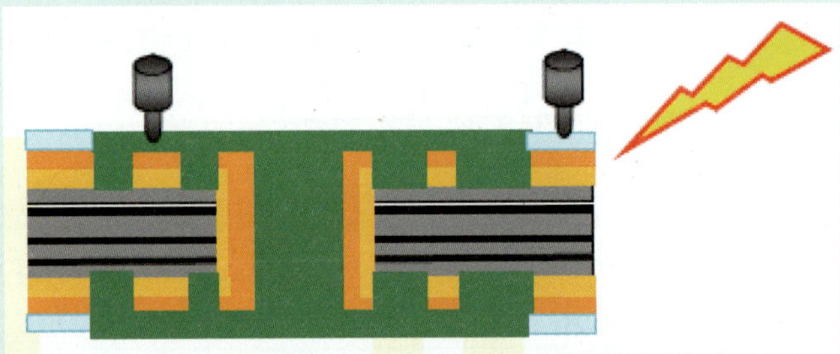

[그림 1-31] 전기검사 제조공정

(22) 외관검사

외관검사는 완성제품에 형성된 외관상 불량(미도금, 상처, 이물, 잉크부착, 돌기, 결손, 변색 등)을 검출하는 공정이다. 반사광 검출방식이 사용된다. 형광등, 할로겐, LED 등 다양한 광원을 사용한다.

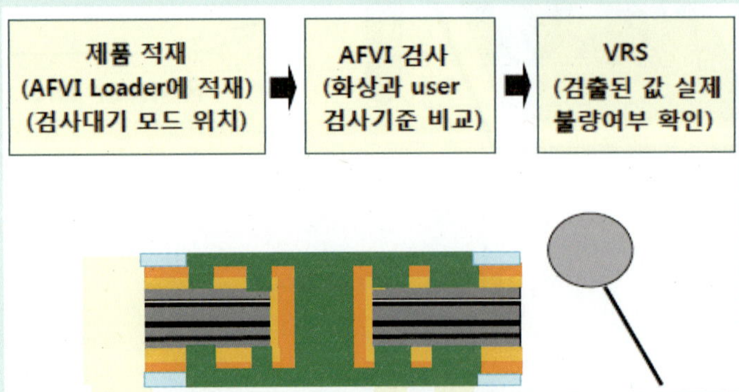


[그림 1-32] 외관검사 제조공정

#### (23) 출하검사

최종 검사가 완료된 제품에 대한 제품의 두께, 휨정도, 홀 사이즈 등의 사양적합 여부를 외관상으로 검사한다.

#### (24) 포장 및 배송

온도와 습도 등의 급변하는 외부 환경으로부터 제품을 보호하기 위하여 포장 후 고객에게 배송한다. 공정순서는 제품확인 → 진공포장 → 라벨 출력 → 라벨 부착 → Box 라벨 출력 → Box 포장 → 입고대기 → 배송 순으로 한다.

## 1-3 PCB의 회로설계

| 학습 목표 | • PCB의 회로설계 과정을 이해할 수 있다. |
|---|---|

### 필요지식

#### 1. PCB 회로설계 순서

PCB(Printed Circuit Board) 설계 순서는 PCB 설계 CAD 프로그램의 특성에 따라서 여러 가지가 조금씩 달라진다. Altium Designer에서 완성회로도로 PCB 회로설계는 회로도 작성, PCB 정보입력, 부품작성, 부품배치, 배선, 거버 데이터 생성으로 나눌 수 있다.

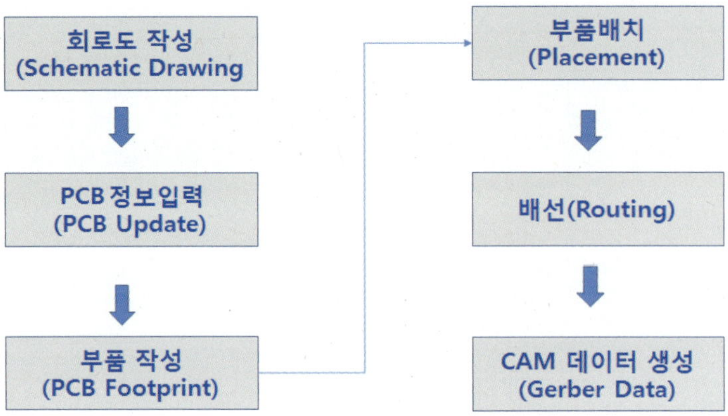


[그림 1-33] PCB 설계 순서

## 수행 내용 PCB 회로설계 이해하기

### 재료 · 자료

- 상세 회로도면, 기구도면, A4 용지, 필기구

### 기기(장비 · 공구)

- 인터넷 가능한 컴퓨터, 한글 오피스, 프린터

### 안전 · 유의사항

- 회로동작 및 기능을 충분히 숙지하도록 한다.
- 컴퓨터에 바이러스가 침투하지 않도록 유의한다.

## 수행 순서

### 01 회로도 작성(Schematic Drawing) 단계

회로도 작성도 작성을 알티움 디자이너로 완성하면 기본적인 PCB 설계의 기초 정보인 부품번호, 설계 참조번호, 네트(Net), 네트 이름, 핀번 등이 만들어진다.

① 부품이름은 부품이 가지고 있는 각각의 고유명칭을 나타낸다.
② 설계 참조번호는 부품소자의 참조번호를 나타내는 것으로 대부분 IC류는 'U'로 나타내도 저항은 'R', 콘덴서는 'C', 인덕터는 'L', 다이오드는 'D', 트랜지스터는 'Q'로 나타낸다.
③ 네트는 부품과 부품이 연결된 연결정보로서 배선의 기초정보가 된다.
④ 네트 이름은 네트가 가지고 있는 고유의 신호이름을 나타낸다.
⑤ 핀 번호는 부품이 가지고 있는 핀 단자의 일련번호를 나타낸다. 극성을 가지고 있는 다이오드, 전해콘덴서, 탄탈콘덴서, 트랜지스터와 같은 부품은 부품극성이나 방향에 유의해야 한다. 부품리드 번호라고 한다.

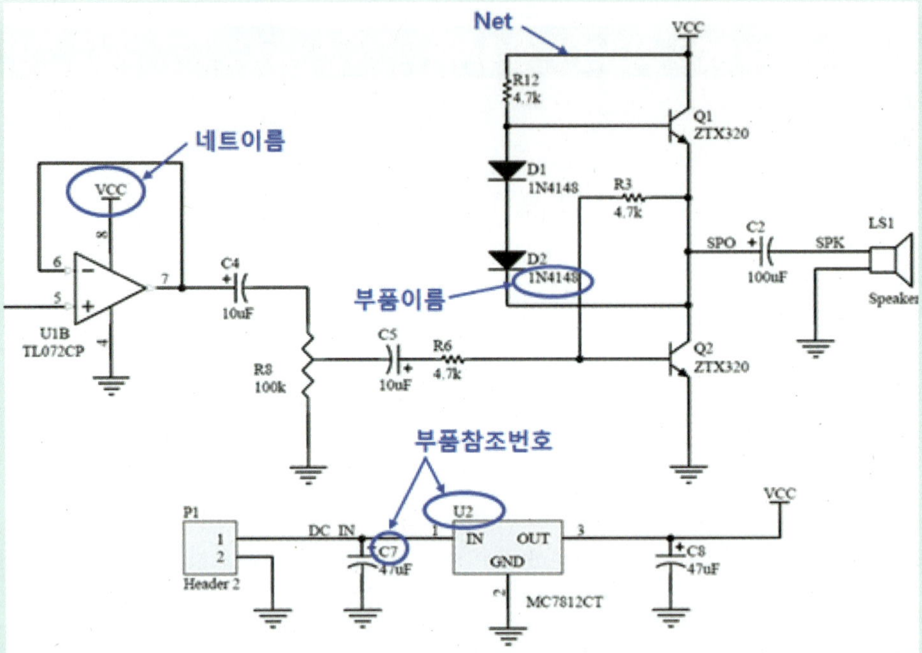


[그림 1-34] 회로도 작성정보

## 02 PCB 정보입력(PCB Update) 단계

최종 회로도를 완료하고 작성된 회로도 정보를 PCB 설계를 하기 위한 정보로 Update시키는 단계이다. Altium Designer에서는 회로도가 가지고 있는 부품 참조번호, 네트 정보, 신호정보 등이 업데이트되어서 다음 그림과 같이 나타난다.

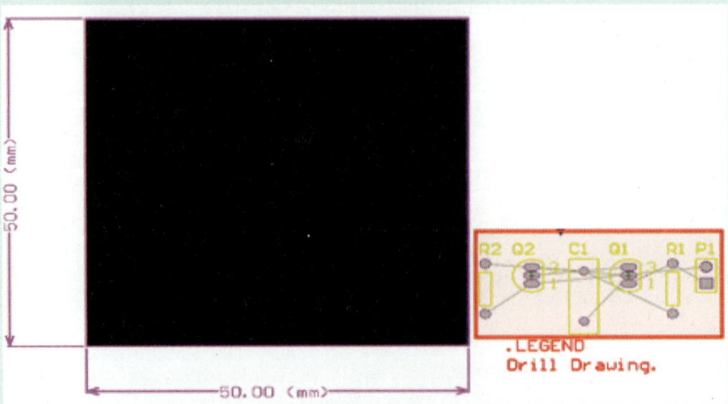


[그림 1-35] PCB 업데이트 결과

## 03 부품작성(PCB Footprint) 단계

부품작성이란 회로에서 사용된 각 부품을 PCB에서 구현할 수 있도록 캐드에서 라이브러리로 등록하는 단계이다. 'PCB Footprint' 작성이라고도 하며, 다음 그림과 같이 부품외형의 X, Y 크기, 납땜할 수 있는 홀의 드릴과 패드의 크기, 패드와 패드의 피치 정보와 핀단자 번호정보를 입력한다.

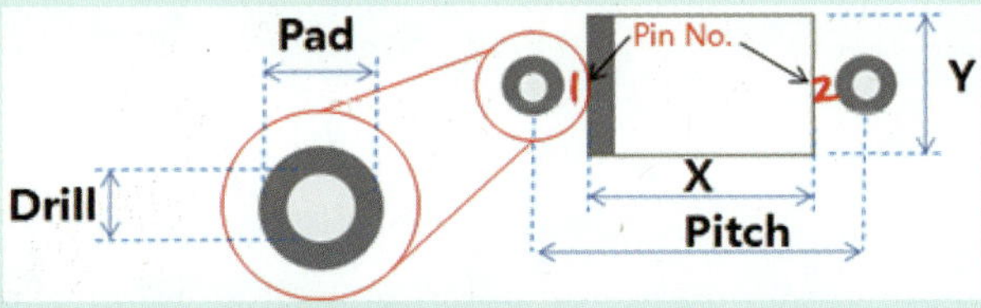


[그림 1-36] PCB 부품 라이브러리 작성

## 04 부품배치(Component Placement) 단계

신규 부품 라이브러리 작성을 끝내고 배선작업(Routing)을 하기 전 단계로 부품의 적절한 배치가 필요하다. 회로도에서 업데이트된 기초 Net 정보를 참고로 하여 회로도를 보고 전기적 특성과 회로의 흐름을 고려하여 균형감 있게 배치해야 한다.

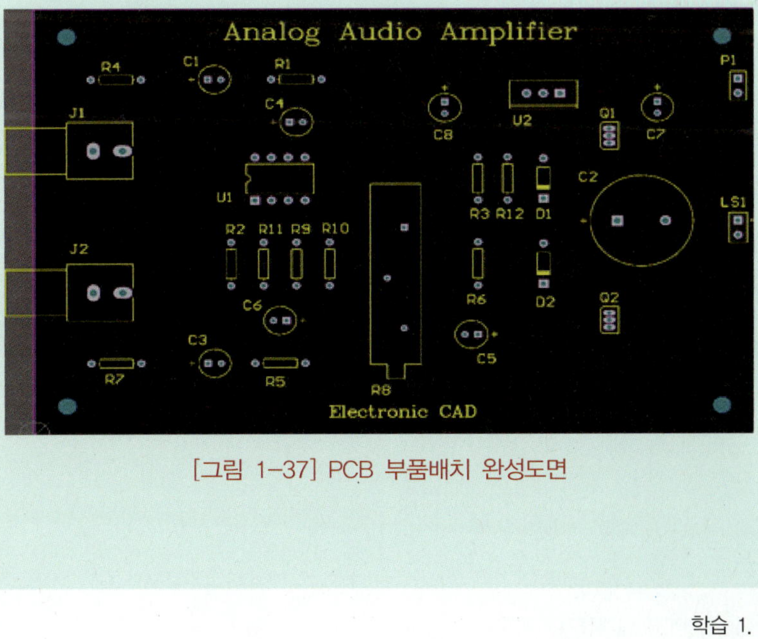


[그림 1-37] PCB 부품배치 완성도면

## 05 배선(Routing) 단계

배선이란 라우팅(Routing) 작업이라고도 하며 부품과 부품간의 차 연결정보(Net)를 기초로 하여 구리 도체(Copper)가 전기적으로 쇼트(Short)되지 않게 하나하나의 네트(Net)를 설계 규격에 맞게 연결하여 완성시키는 작업이다.

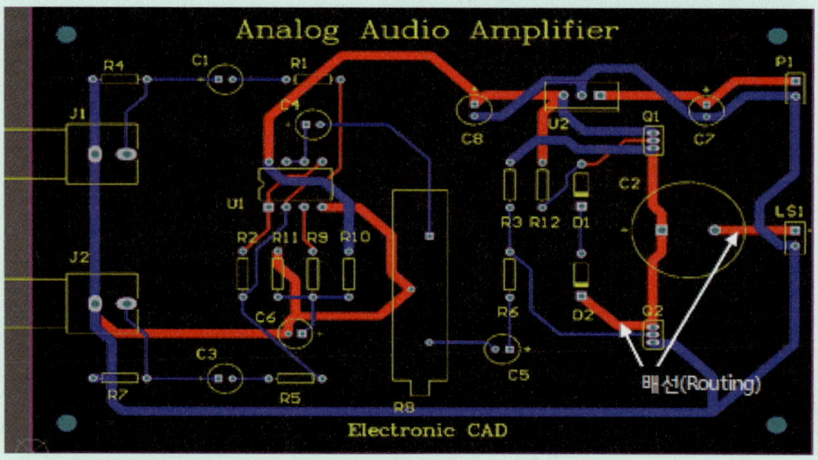


[그림 1-38] PCB 배선 완성도면

## 06 CAM 데이터 생성(Gerber Data 작성) 단계

### (1) 거버 데이터(Gerber Data) 작성 파일

배선작업이 끝나고 PCB 제조를 위한 CAM 데이터(Gerber Data)를 출력하는 단계이다. PCB가 양면이고 단면실장일 경우에는 Silk-Top, Mask-Top, Top-Layer, Bottom-Layer, Mask-Bottom, NC-DATA, Drill-Drawing Data가 필요하고 양면 PCB에서 양면실장일 경우는 Silk-Bottom이 하나 더 추가된다. 그리고 4층 PCB의 경우에는 양면 PCB에서 작성된 거버 데이터 전부와 내층에 그라운드 층(GND Layer)과 전원 층(VCC Layer) 2가지 데이터가 더 필요하게 된다. 계속해서 6층, 8층으로 PCB 층수가 올라가면 각 2개씩 데이터가 더 추가되게 된다.

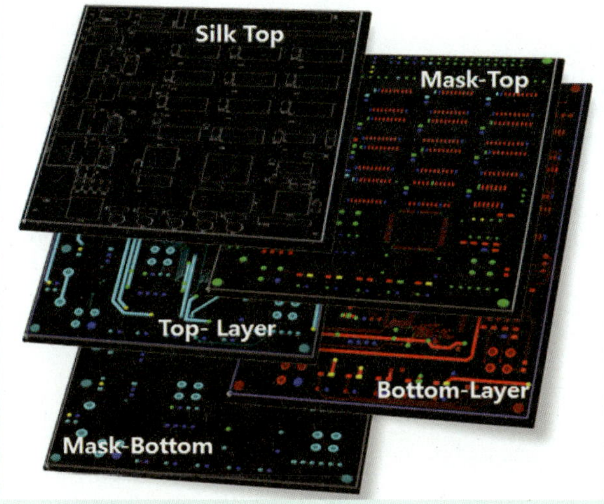


[그림 1-39] PCB 양면 PCB 거버 데이터

### (2) 거버 데이터(Gerber Data) 이해

#### 1) 거버 포맷(Gerber Format)

어떠한 CAD 소프트웨어를 사용하더라도 PCB를 만들기 위해서는 거버 포맷으로 작성하여 포토플로터(Photo plotter)를 이용해 PCB 생산용 필름을 출력하는 과정을 거쳐야 한다. 이러한 포토플로터 파일을 출력하는 과정을 거버 데이터 생성이라고 한다. 지금까지 설계한 데이터는 CAD 데이터이고, PCB 생산에 필요한 데이터는 CAM 데이터이다. 이 CAM의 포맷을 거버 포맷이라고 한다.

#### 2) 포토플로터(Photo Plotter)

거버 포맷을 이해하기 위해서는 포토플로터의 작동원리를 먼저 이해해야 한다. 포토플로터는 생산용 필름을 출력하기 위한 수치제어 X-Y 테이블이 있으며, 셔터조절이 가능한 광원과 원본 필름에 제도가 가능한 어퍼츄어 휠(Aperture Wheel)로 구성되어 있다.

거버 커맨드에 의한 컨트롤러는 테이블 이동과 셔터(Shutter)의 개폐와 어퍼츄어 툴 변경 등을 제어하며 원본필름에 제도를 한다. 셔터가 열리게 되면 형태와 크기를 가진 Aperture에 노광이 되어 필름에 이미지가 감광된다.

셔터가 Open and Close되면 플래시(Flash, Pad)가 되고 셔터가 열린 상태로 테이블이 이동을 하면 라인(Line, Trace)이 된다. 이와 같은 커맨드에 의해 어퍼츄어의 선택과 광원의 이동은 원하는 형태의 패턴을 필름에 현상된다. 포토플로터는 정밀한 수치를 가진 패턴을 생산할 수 있다.

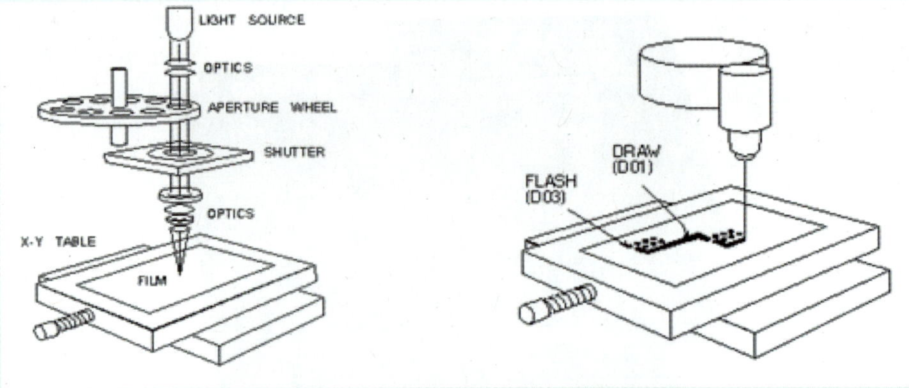


[그림 1-40] 어퍼추어 휠(Apperture Wheel)

## 학습활동.1 교수학습 방법

### 교수 방법

- PCB 설계의 기본개념, 부품배치, 라이브러리 작성 등을 PCB 실물 기판과 PPT 자료로 제시한 후 설명한다.
- PCB 설계에서 회로 블록의 특성, 신호의 종류, 회로의 구성 등에 따라 회로 블록을 배치하는 방법을 설명한다.
- PCB의 Size, 제품의 기구적인 특성을 고려하여 부품을 배치하고, 고정 부품의 배치를 우선해야 하는 이유와 방법을 설명한다.
- PCB 설계 도구를 선정하는 방법을 설명하고, 사용되고 있는 설계 도구의 장·단점을 설명할 수 있도록 지도한다.
- PCB 설계 도구의 사용법은 선수학습으로 되어 있어야 하나, 그렇지 못한 경우에는 설계 도구 사용법을 별도의 시간을 할애하여 교육하여야 한다.
- 라이브러리로 등록되어 있지 않은 부품에 대해서는 부품 스케치부터 지도하여 라이브러리로 등록할 수 있도록 지도한다.
- PCB 설계를 위한 환경 설정 및 각종 Option을 지정할 수 있는 능력을 기르도록 한다.

### 학습 방법

- PCB 설계 도구를 능숙히 사용할 수 있도록 충분히 연습한다.
- PCB 설계 및 PCB 설계 도구에서 사용되는 다양한 용어를 충분히 숙지하도록 한다.
- PCB 설계가 회로의 전기적 특성에 영향을 줄 수 있음을 강조하여 회로 블록 및 부품의 배치 방법을 숙지한다.
- PCB 설계를 위한 설계 도구의 환경 설정, Option 지정을 필요에 따라 스스로 수행할 수 있도록 하고 부품배치의 중요성을 강조한다.
- PCB 설계가 완료된 후 Gerber Data를 생성하여 PCB 제작 발주까지 할 수 있는 능력을 배양한다.
- PCB 설계에서 회로 블록간 인터페이스를 효과적으로 실현할 수 있도록 한다.

## 학습활동.1 평가 및 피드백

### 평가 준거

- 평가자는 피평가자가 수행 준거 및 평가내용에 제시되어 있는 내용을 성공적으로 수행할 수 있는지를 평가해야 한다.
- 평가자는 다음 사항을 평가해야 한다.

| 학습내용 | 평가항목 | 성취수준 | | |
|---|---|---|---|---|
| | | 상 | 중 | 하 |
| PCB의 개요 | - PCB의 정의 및 PCB 산업현황을 파악할 수 있다. | | | |
| | - PCB의 종류와 그 특징을 이해할 수 있다. | | | |
| PCB의 제작과정 | - PCB의 설계순서를 이해할 수 있다. | | | |
| | - PCB의 제조공정을 이해할 수 있다. | | | |
| PCB의 회로설계 | - PCB의 회로설계 과정을 이해할 수 있다. | | | |

### 평가 방법

- 평가자는 능력단위 PCB 설계하기의 수행 준거에 제시되어 있는 내용을 평가하기 위해 이론과 실기를 나누어 평가하거나, 종합적인 결과물의 평가 등 다양한 평가 방법을 이용할 수 있다.
- 필기시험

| 학습내용 | 평가항목 | 성취수준 | | |
|---|---|---|---|---|
| | | 상 | 중 | 하 |
| PCB의 개요 | - PCB의 정의 및 PCB 산업현황을 파악할 수 있다. | | | |
| | - PCB의 종류와 그 특징을 이해할 수 있다. | | | |
| PCB의 제작과정 | - PCB의 설계순서를 이해할 수 있다. | | | |
| | - PCB의 제조공정을 이해할 수 있다. | | | |
| PCB의 회로설계 | - PCB의 회로설계 과정을 이해할 수 있다. | | | |

- 체크리스트에 의한 관찰

| 학습내용 | 평가항목 | 성취수준 | | |
|---|---|---|---|---|
| | | 상 | 중 | 하 |
| PCB의 개요 | - PCB의 정의 및 PCB 산업현황을 파악할 수 있다. | | | |
| | - PCB의 종류와 그 특징을 이해할 수 있다. | | | |
| PCB의 제작과정 | - PCB의 설계순서를 이해할 수 있다. | | | |
| | - PCB의 제조공정을 이해할 수 있다. | | | |
| PCB의 회로설계 | - PCB의 회로설계 과정을 이해할 수 있다. | | | |

- 작업장 평가

| 평가항목 | 성취수준 | | |
|---|---|---|---|
| | 상 | 중 | 하 |
| 각 조별로 실습준비 및 실습과정에 있어 효율적이고 성실한 실습태도로 임하고 작업 후에 실습도구 등을 정리한다. | | | |

### 피 드 백

1. 작업 포트폴리오
   - 제출한 내용을 평가한 후 주요 사항을 표시하여 설명해준다.
2. 필기시험
   - 평가결과 일정 점수 이하인 학생들은 추가 학습 후 그 결과를 제출하도록 한다.
3. 체크리스트를 통한 관찰
   - 실습과정에서 평가한 후 주요 사항을 표시하여 돌려준다.

| 학습 1 | PCB 설계 이해하기 (19220206_13v1.4) |
|---|---|
| **학습 2** | **알티움 디자이너 시작하기** |
| 학습 3 | PCB 설계 사용법 이해하기 |
| 학습 4 | 프로젝터와 프로그램 설정하기 |
| 학습 5 | PCB 설계하기 |
| 학습 6 | 라이브러리 제작하기 |

## 2-1 PCB의 개요

| 학습 목표 | • 알티움 디자이너의 설치환경을 이해할 수 있다.<br>• 알티움 디자이너의 설치작업을 이해할 수 있다. |
|---|---|

### 필요지식

### 1. 알티움 디자이너(Altium Designer)의 개요

오늘날 통합 개발환경을 추구하는 개발자의 요구에 부합하여 만들어진 Altium Designer는 회로도, PCB, CAM, 3D, Autorouter, Spice, SI, FPGA, C-Compiler 등의 모든 기능을 탑재하고 있다.

Altium Designer의 기능을 3가지로 나누어 Basic, Advanced, Expert로 구성되어 있다. 여기에서는 기본 기능인 회로도, PCB, CAM의 기능만을 다루고 있다.

### 2. 알티움 디자이너(Altium Designer)의 사용환경

(1) 최소 환경

① Windows Vista

② 2GByte 이상의 메인 메모리

③ 2GHz 이상의 CPU

④ 10GByte 이상의 하드디스크 여유공간

⑤ 1280×1024 이상의 해상도를 지원하는 그래픽 카드 및 모니터

⑥ 인터넷 사용환경

Altium Designer는 대화상자의 크기가 최소 1280×1024 이상의 해상도에 맞게 만들어졌기 때문에 화면 해상도의 최소 크기가 1280×1024 이하의 환경에서는 대화상자의 일부가 화면에 나타나지 않을 수 있다.

Altium Designer는 라이센스 인증과정에서 인터넷을 이용하여 연결하여 인증작업을 수행한다. 따라서 프로그램을 설치하고자 하는 컴퓨터가 인터넷의 연결이 가능해야 한다. 만일 인터넷의 연결이 불가능한 환경인 경우 이메일을 이용하여 인증작업을 수행할 수 있다.

(2) 권장환경

① Windows 8의 64Bit

② 8GByte 이상의 메인 메모리

③ 3GHz 이상의 듀얼 코어 CPU

④ 50GByte 이상의 SSD 여유공간

⑤ 1600×1200 이상의 해상도를 지원하는 그래픽 카드 및 모니터 3세트

⑥ 인터넷 사용환경

Altium Designer는 작업에 필요한 수많은 패널을 지원한다. 작업 중 패널의 정보를 손쉽게 파악하기 위하여 듀얼 모니터는 기본으로 사용하는 것이 좋다.

Altium Designer는 x86으로 컴파일된 프로그램이기 때문에 64Bit에서 처리속도가 향상되지 않는다. 하지만 3.5GByte의 메모리 제한을 넘어서 프로그램을 사용하기 위하여 64Bit OS를 사용하는 것을 권장한다.

또한 Altium Designer는 듀얼 코어를 지원하지 않지만 간혹 스크립트 등의 작업과 같이 분할작업에서 듀얼 코어의 처리속도가 좀 더 빠른 결과를 제공하기 때문에 듀얼 코어를 권장한다.

## 3. 알티움 디자이너(Altium Designer)의 설치

Altium Designer의 설치를 위하여 최소환경 이상의 시스템이 준비되었으면 프로그램을 설치하도록 한다.

## 수행 내용 알티움 디자이너 설치하기

### 재료 · 자료

- 상세 회로도면, 기구도면, A4 용지, 필기구

### 기기(장비 · 공구)

- 인터넷 가능한 컴퓨터, 한글 오피스, 프린터

### 안전 · 유의사항

- 회로동작 및 기능을 충분히 숙지하도록 한다.
- 컴퓨터에 바이러스가 침투하지 않도록 유의한다.

## 수행 순서

### 01 AltiumLive 가입

Altium Designer는 설치에 필요한 모든 파일을 웹으로 다운로드받아 설치가 가능하도록 되어 있다. 따라서 사전 알티움의 홈페이지에 회원으로 가입되어 있어야 하며 가입 후 본사의 승인과정을 거치는 기간이 하루 이상 소요된다.

① 인터넷 브라우저를 실행하고 주소에 live.altium.com를 입력한다. 홈페이지의 상단 SIGN IN을 클릭하면 오른쪽 그림과 같이 페이지가 바뀐다.

[그림 2-1] 주소에 live.altium.com 입력

② 다음 화면에서 JOIN 링크를 클릭하면 그림과 같이 회원가입을 진행할 수 있다.

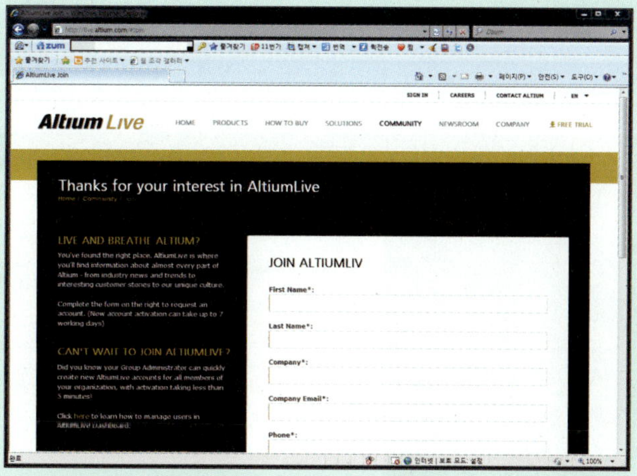


[그림 2-2] 회원가입 입력

③ 회원가입의 모든 내용은 빠짐없이 기록되어야 한다. 다음의 예시를 보고 작성하기 바란다.

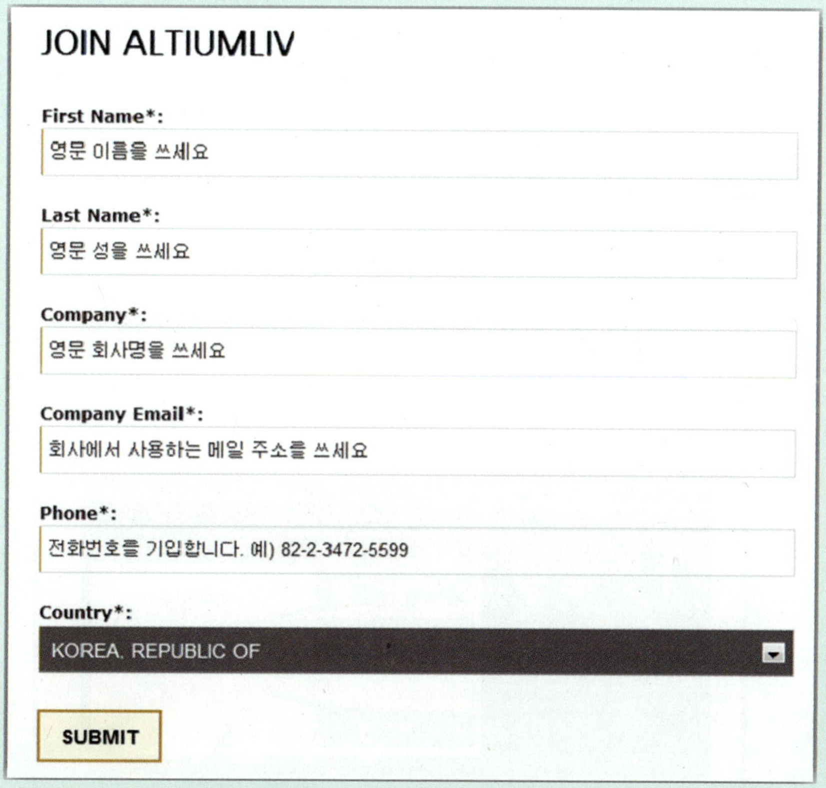


[그림 2-3] 회원가입 내용

④ 모든 내용을 기입하였으면 하단의 SUBMIT 링크를 클릭한다.
모든 단계가 끝났으며 가입의 승인이 날 때까지는 기다려야 한다.

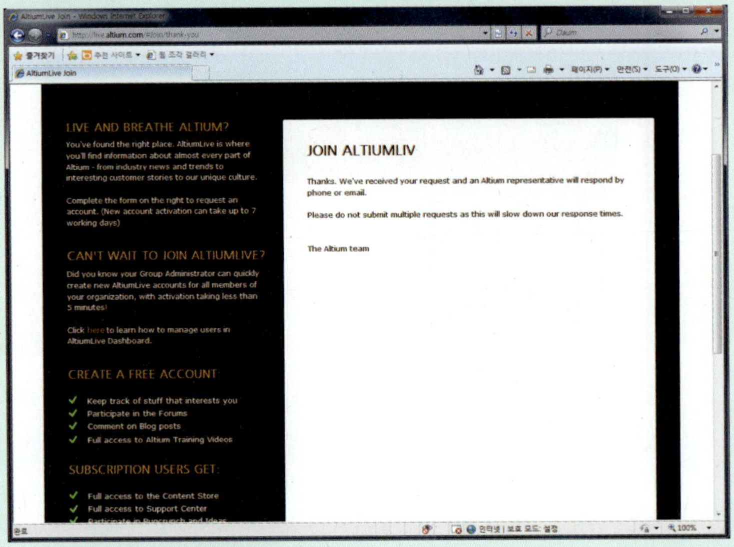


[그림 2-4] SUBMIT 링크를 클릭

## 02 로그인 및 프로그램 설치

① 회원가입이 완료되었으면 AltiumLive로 이동하여 그림과 같이 로그인을 한다.

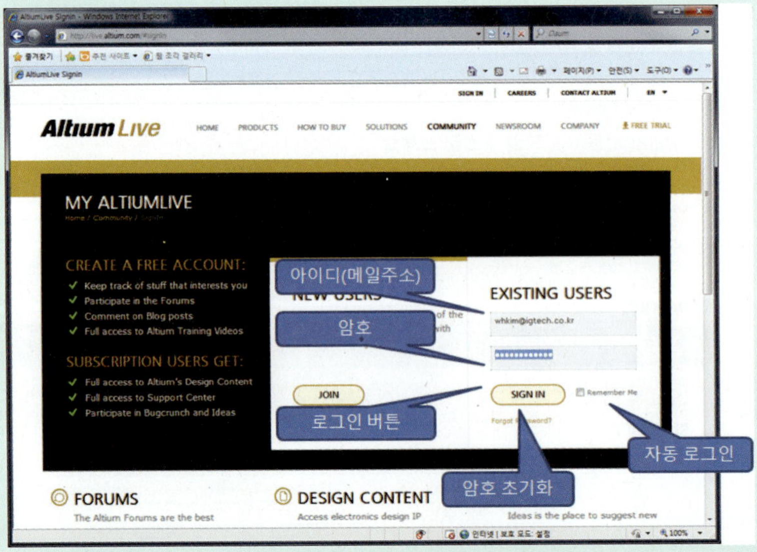


[그림 2-5] 로그인

② 로그인 작업을 완료한 뒤에 PRODUCTS≫DOWNLOADS를 클릭한다.

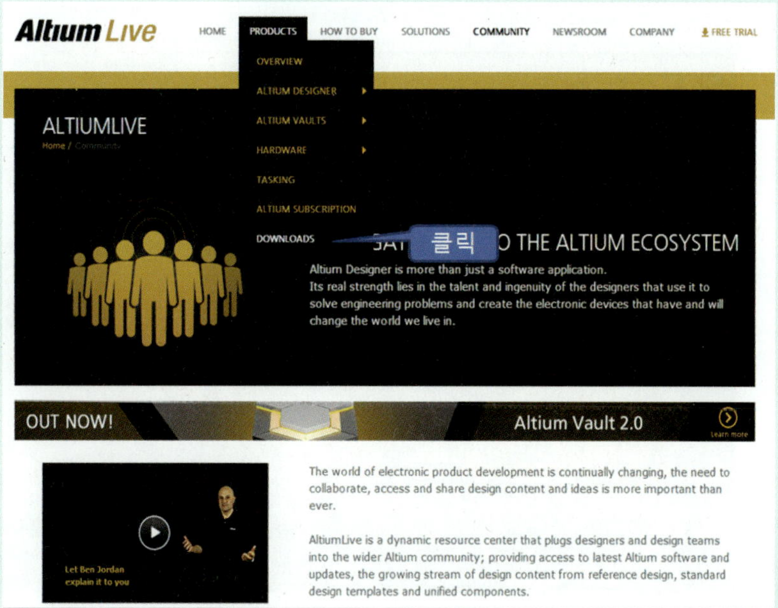


[그림 2-6] **DOWNLOADS를 클릭**

③ 로그인 작업을 완료한 뒤에 PRODUCTS≫DOWNLOADS를 클릭하면 그림과 같은 화면이 나타난다. 설치하려는 제품의 버전에서 DOWNLOAD 링크를 클릭하면 인스톨러가 다운로드되며 다운로드된 프로그램을 실행하여 설치를 시작한다.

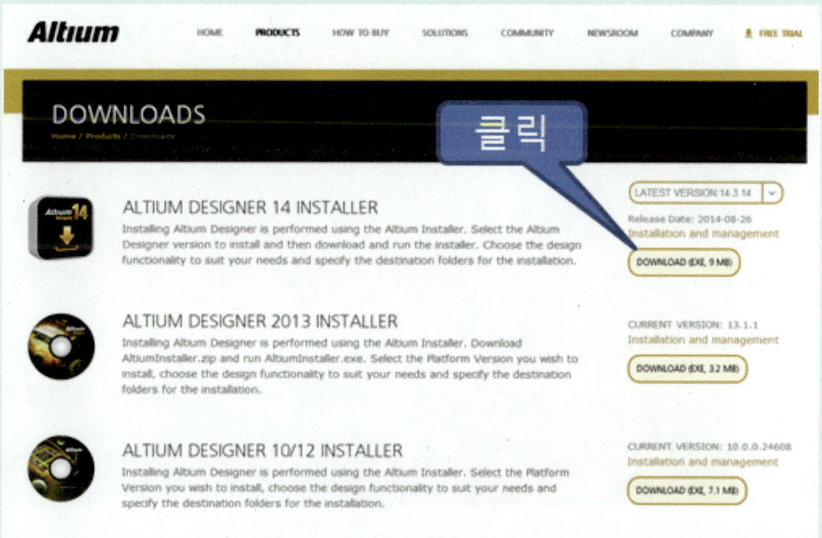


[그림 2-7] 다운로드된 프로그램을 실행

④ 다음은 인스톨러를 더블클릭하여 실행한 초기의 화면이다. 화면 하단의 Next 버튼을 누른다.

[그림 2-8] 실행한 초기의 화면

⑤ 다음은 설치 시 사용할 언어의 설정 및 사용자 동의서(End-User License Agreement) 승인 단계이다. 하단의 I accept the agreement를 체크하고 Next 버튼을 누른다.

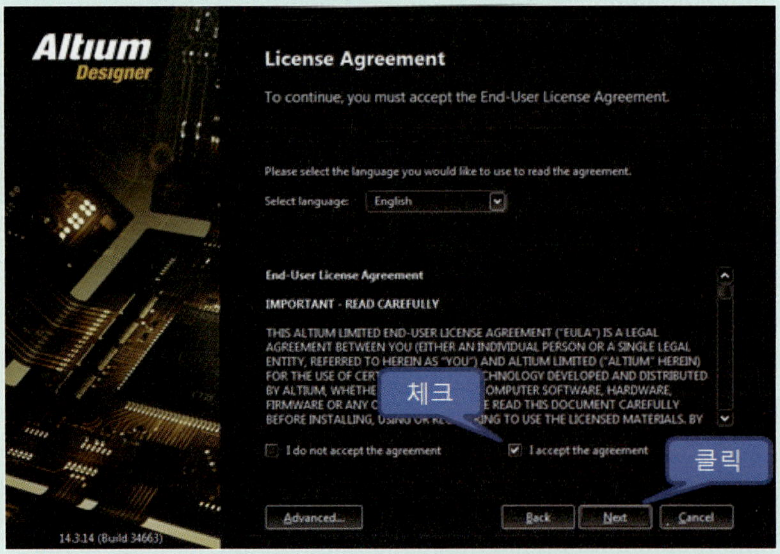


[그림 2-9] 언어 설정 및 사용자 동의서 승인

⑥ 다음은 설치될 모듈을 선택하는 단계이다. 기본적으로 체크되어 있는 것에서 추가적으로 Importers/Exporters를 체크해 준다. 만일 Altium Designer로 FPGA의 설계를 진행하려면 FPGA Design을 체크한다.

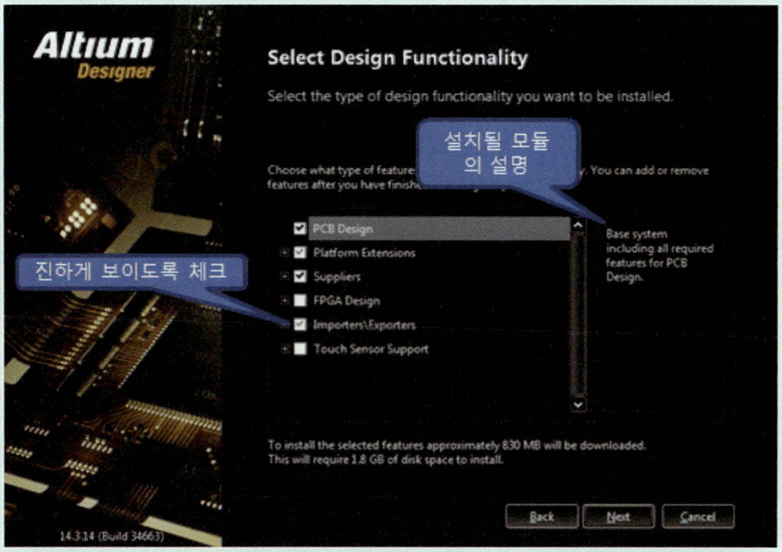


[그림 2-10] 설치될 모듈을 선택하는 단계

⑦ 다음은 모든 모듈을 체크했을 때의 화면이다. 대화상자의 하단 Next 버튼을 누른다.

[그림 2-11] 대화상자의 하단 Next 버튼

학습 2. 알티움 디자이너 시작하기

⑧ 다음은 프로그램의 설치위치를 지정하는 단계이다. “Program Files”는 메인 프로그램의 설치위치를 설정할 수 있고 “Shared Documents”는 예제파일, 서식, 라이브러리 등의 설치위치를 설정할 수 있다. 모든 설정은 기본적인 위치로 두고 하단의 Next 버튼을 누른다.

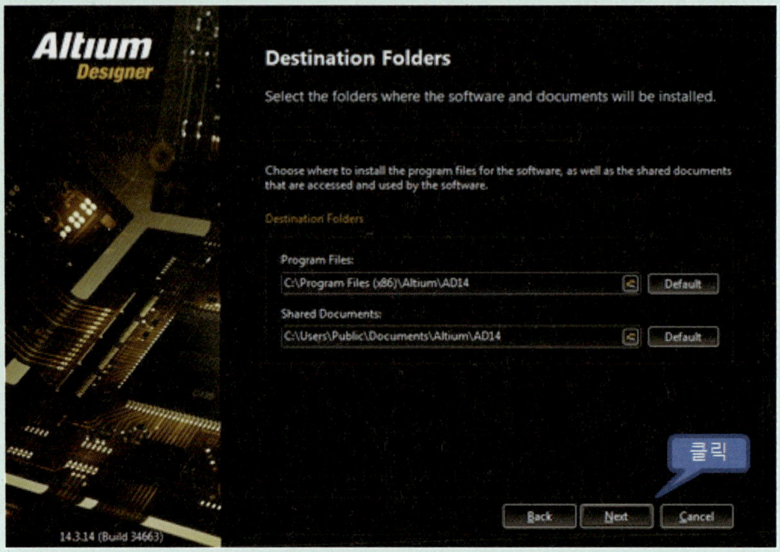


[그림 2-12] 프로그램의 설치위치를 지정하는 단계

⑨ 다음은 설치를 위한 모든 준비가 완료된 상태이다. 하단의 Next 버튼을 누르면 설치가 시작된다.

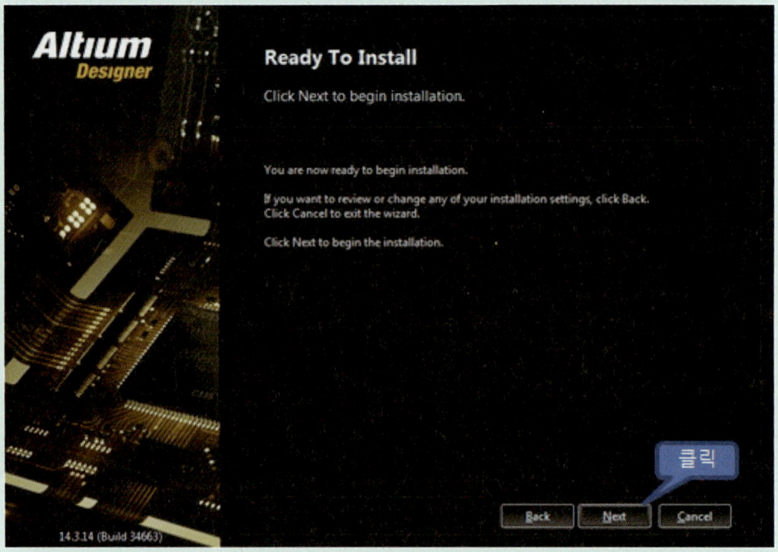


[그림 2-13] 설치를 위한 모든 준비가 완료된 상태

⑩ 다음은 사용자의 계정 및 암호를 입력하는 화면이다. AltiumLive에 등록한 계정(이메일 주소)과 암호를 입력하고 **Login** 버튼을 누른다.

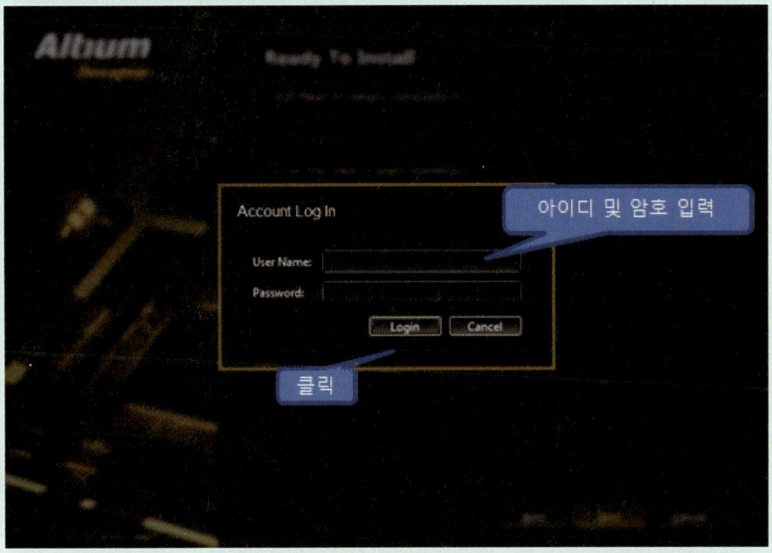


[그림 2-14] 사용자의 계정 및 암호를 입력하는 화면

⑪ 다음은 프로그램을 본사 서버로부터 다운로드받는 단계이다. 인터넷 전송속도에 따라서 다운로드에 5분~수십분이 소요될 수 있다. 경우에 따라서 Offline 인스톨러를 제공받는 경우에는 아이디와 암호를 입력하는 단계와 다운로드받는 단계가 생략된다.

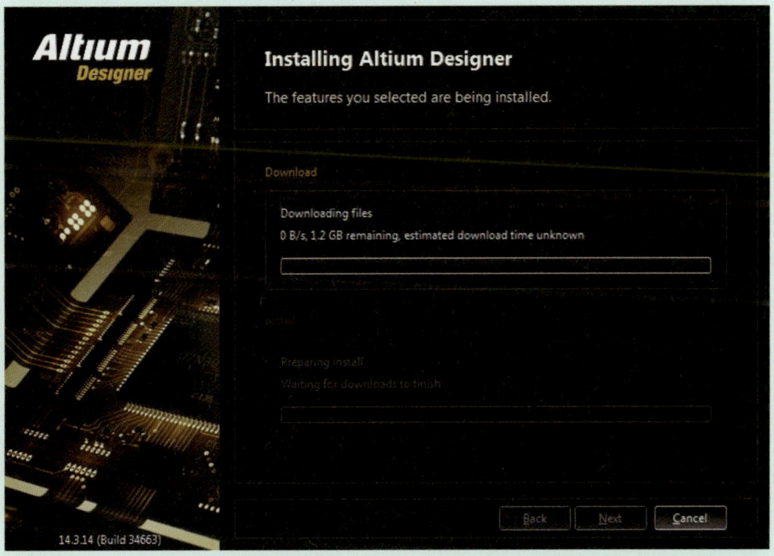


[그림 2-15] 사용자의 계정 및 암호를 입력하는 화면

⑫ 다음은 다운로드가 종료된 뒤에 실제의 설치를 시작하는 단계이다.

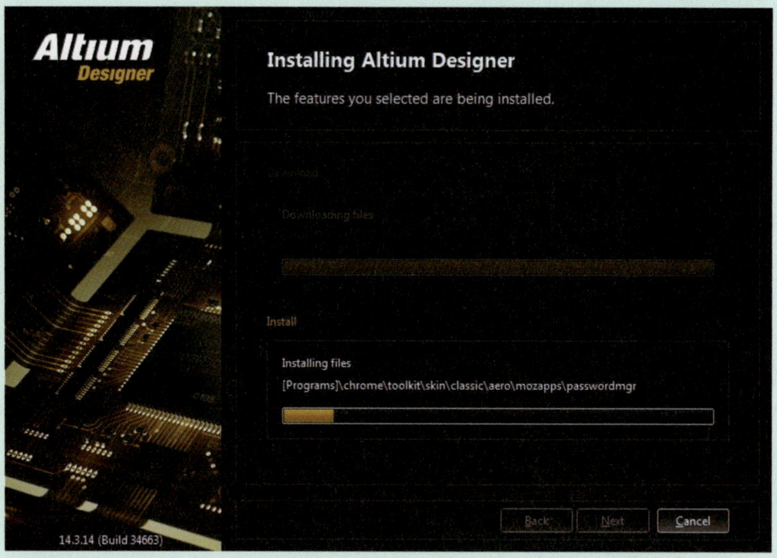


[그림 2-16] 사용자의 계정 및 암호를 입력하는 화면

⑬ 다음은 모든 설치가 완료된 단계이다. 화면 하단의 Finish 버튼을 클릭하면 모든 설치 프로그램이 완료된다.

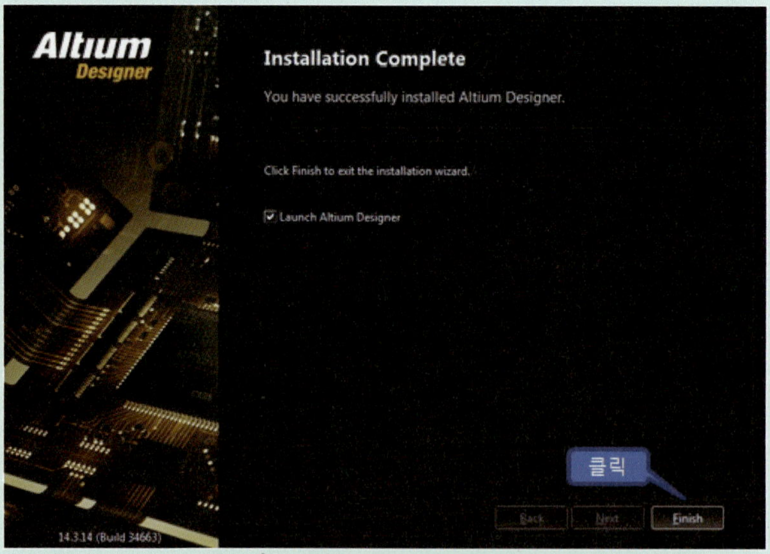


[그림 2-17] 모든 설치가 완료된 단계

## 2-2 알티움 디자이너의 인증

| 학습 목표 | • 알티움 디자이너의 인증작업을 이해할 수 있다. |
|---|---|

### 필요지식

#### 1. 인증작업

인증작업이란 Altium Designer를 구입한 사용자에게 발행되는 고객 코드 및 활성화 코드를 이용하여 호주 본사 서버에 접속하여 인증파일을 발행받는 과정이다. 인증작업에 필요한 고객 코드 및 활성화 코드는 제품구입 시 동봉된 라이센스 계약서를 참고하기 바란다.

또한 평가판(30일)을 설치하는 사용자에게도 동일한 방법으로 부여된 고객 코드 및 활성화 코드가 포함되어 있으므로 동일한 방법으로 인증작업을 진행하면 된다.

네트워크용 제품을 구입한 사용자는 서버에 설치된 인증관리 프로그램이 인증작업을 대체한다. 따라서 네트워크용 제품을 구입한 사용자는 서버에서 인증작업을 1회만 수행하면 된다.

#### 2. 인증작업의 종류

Altium Designer의 라이센스 인증은 프로그램에서 인증을 받거나, AltiumLive에서 인증파일을 다운로드받는 방법, 네트워크 서버에서 인증을 받는 3가지의 방법이 있다.

## 수행 내용 알티움 디자이너 인증하기

### 재료 · 자료

- 상세 회로도면, 기구도면, A4 용지, 필기구

### 기기(장비 · 공구)

- 인터넷 가능한 컴퓨터, 한글 오피스, 프린터

### 안전 · 유의사항

- 회로동작 및 기능을 충분히 숙지하도록 한다.
- 컴퓨터에 바이러스가 침투하지 않도록 유의한다.

## 수행 순서

### 01 프로그램 실행하기

① 시작 메뉴에서 Altium Designer(in AD14)를 클릭한다.

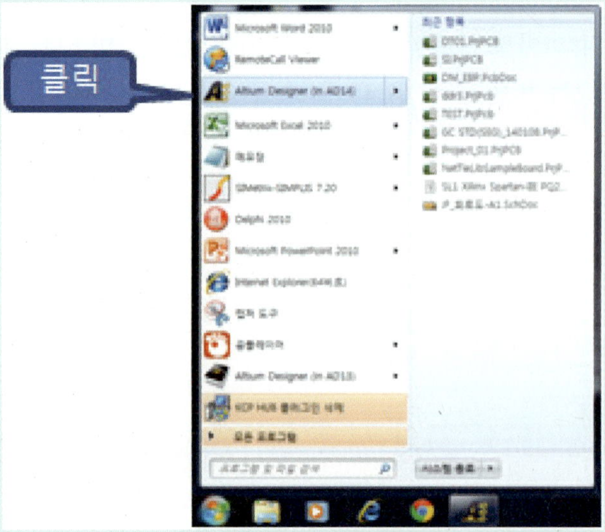


[그림 2-18] 시작 메뉴에서 Altium Designer(in AD14)를 클릭

② 시작 메뉴에서 Altium Designer(in AD14)를 클릭하면 다음과 같이 프로그램이 시작되는 화면이 나타난다.

[그림 2-19] 프로그램이 시작되는 화면

③ 다음의 화면은 Altium Designer가 최초에 실행된 화면이다. "Storage Manager" 창의 우측 상단의 ×표시를 눌러 닫는다.

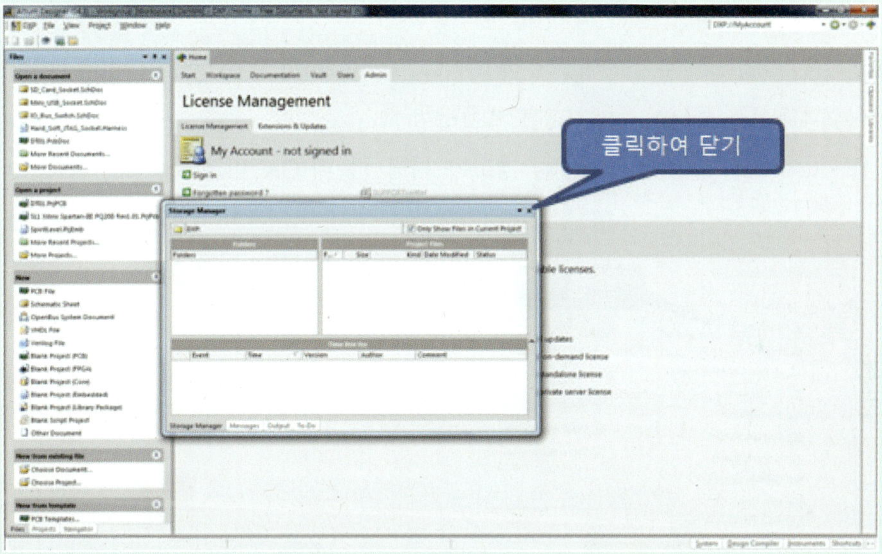


[그림 2-20] Altium Designer가 최초에 실행된 화면

## 02 한글 메뉴의 설정하기

① 이 교재의 내용은 Altium Designer의 한글 메뉴를 바탕으로 작성되었다. 다음은 한글 메뉴의 전환방법이다. 상단의 DXP≫Preference 메뉴를 선택하면 Preferences 대화상자가 나타난다.

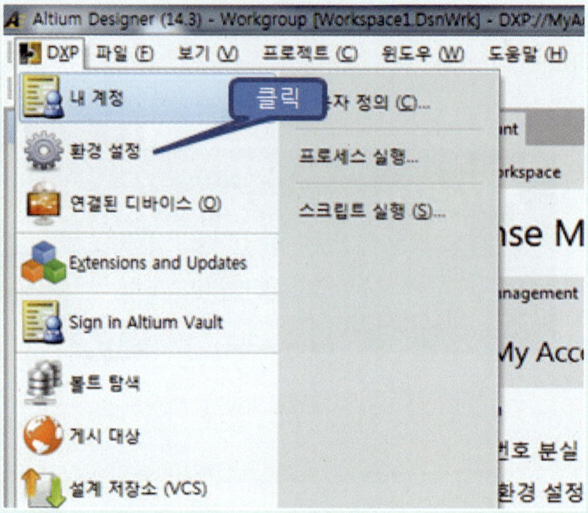


[그림 2-21] 상단의 DXP≫Preference 메뉴를 선택

② Preferences 대화상자에서 왼쪽의 System 트리안의 General을 클릭하고 Localization 항목의 Use localized resources를 체크하면 "You will have to restart an application for the new settings to work."란 경고가 나타나는데 OK 버튼으로 확인한다.

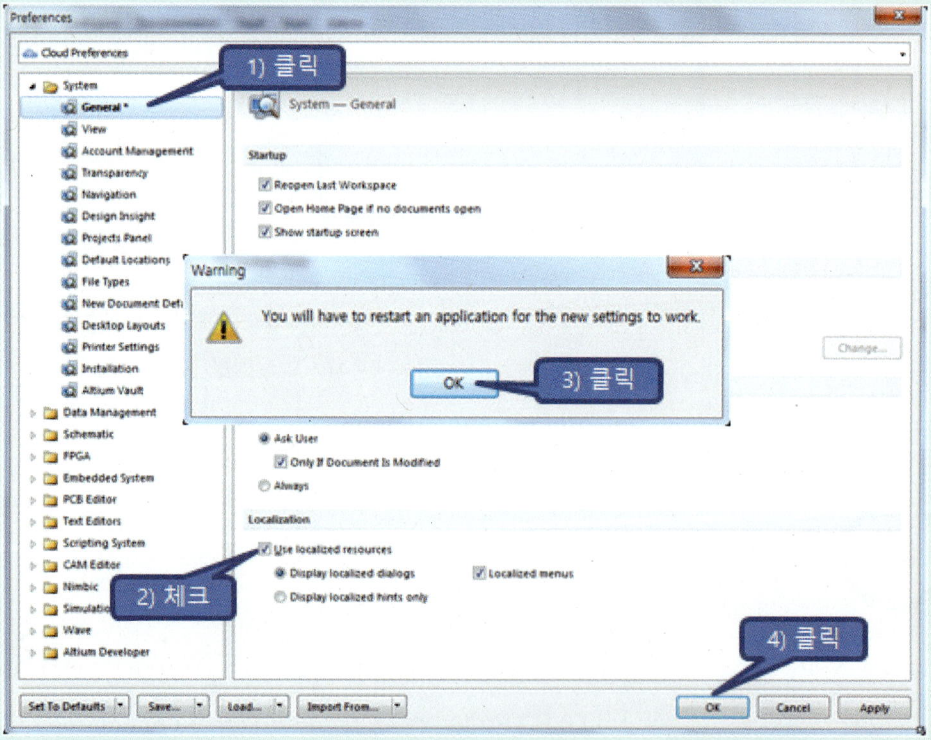


[그림 2-22] 상단의 DXP≫Preference 메뉴를 선택

Preferences 대화상자 하단의 OK 버튼을 누른 뒤 Altium Designer 프로그램을 종료 후 다시 실행하면 한글 메뉴를 확인할 수 있다.

사용자의 OS언어에 따라서 자동으로 해당 OS의 언어로 변경된다. 이것은 한글 Windows에서 사용 시 메뉴가 자동으로 한글로 표시되고, 일본어 Windows에서 사용 시 메뉴가 자동으로 일본어로 표시된다. Altium Designer는 7개국 언어로 번역되어 제공되고 있다.



## 03 프로그램에서 인증받기

현재 인증하려는 컴퓨터가 인터넷으로 연결되어 있는 경우에 사용하는 방법이다.

① DXP≫**내 계정**을 선택하면 그림과 같은 화면이 나타난다.

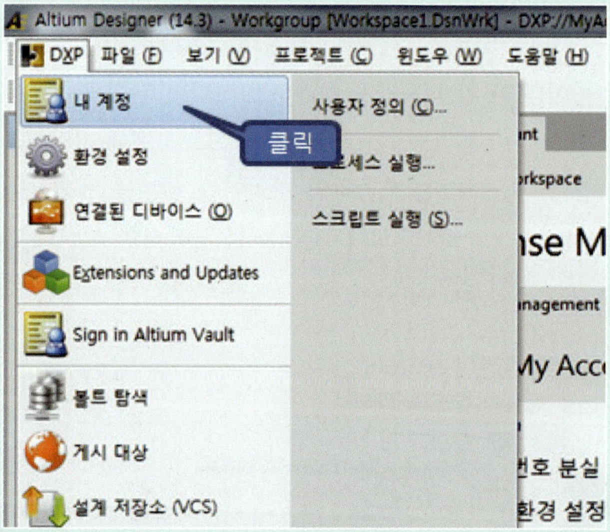


[그림 2-23] DXP≫내 계정을 선택

② 먼저 로그인을 진행하기 위하여 다음의 화면 중 아래의 Sign in을 클릭한다.

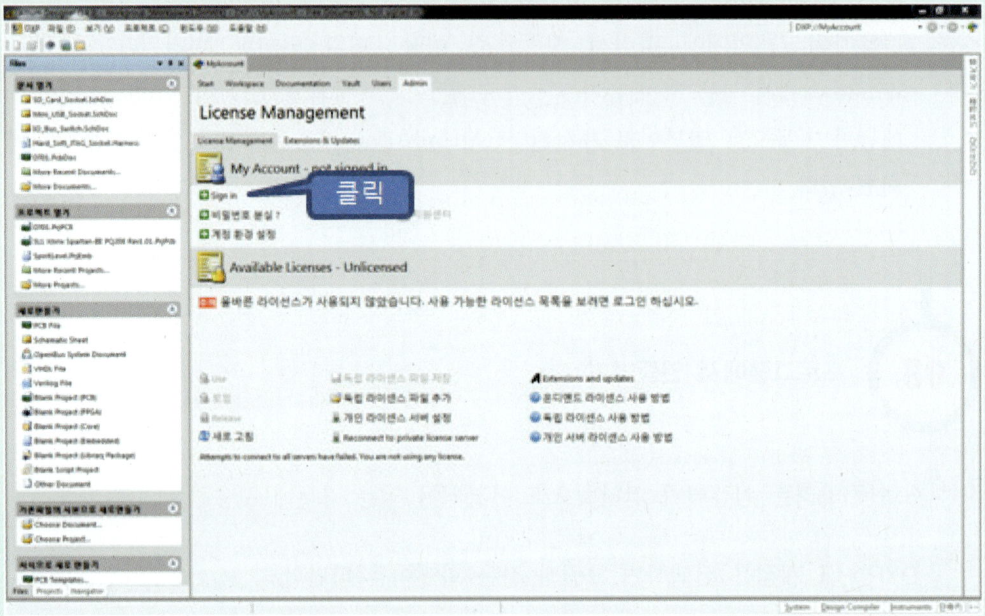


[그림 2-24] DXP≫내 계정을 선택 화면

③ 사용자 이름(아이디)과 암호를 각각 입력하고 하단의 "경고를 읽고 동의합니다."를 체크한 뒤에 Sign in 버튼을 누른다. 아이디와 암호를 프로그램에 기억시켜 다음에 로그인할 때에 자동으로 기입되도록 하려면 오른쪽의 기억이란 부분을 체크한다.
"Sign me in when I start Altium Designer"를 체크하면 Altium Designer가 실행될 때마다 자동으로 로그인이 진행된다.

[그림 2-25] 사용자 이름(아이디)과 암호를 각각 입력

④ 다음은 로그인된 뒤에 나타난 라이센스의 목록이다.

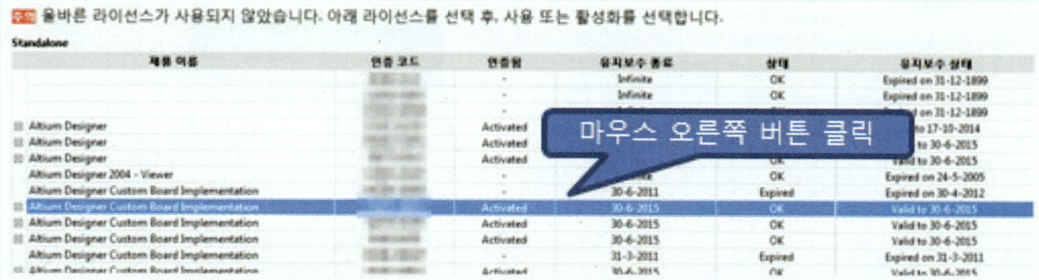


[그림 2-26] 로그인된 뒤에 나타난 라이센스의 목록

⑤ 라이센스 목록에서 인증하려는 라이센스에서 마우스 오른쪽 버튼을 누르면 팝업 메뉴가 나타나는데 Reactivate를 선택한다. 잠시 후 자동으로 라이센스가 인증된다. 라이센스의 인증은 최초의 1회만 진행하면 된다.

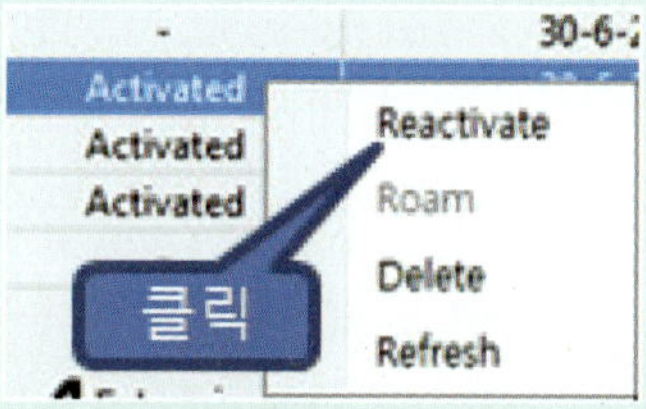


[그림 2-27] Reactivate를 선택

⑥ 다음은 라이센스가 이미 한번 인증을 했었던 경우에 나오는 메시지이다. Yes를 눌러 계속 진행한다.

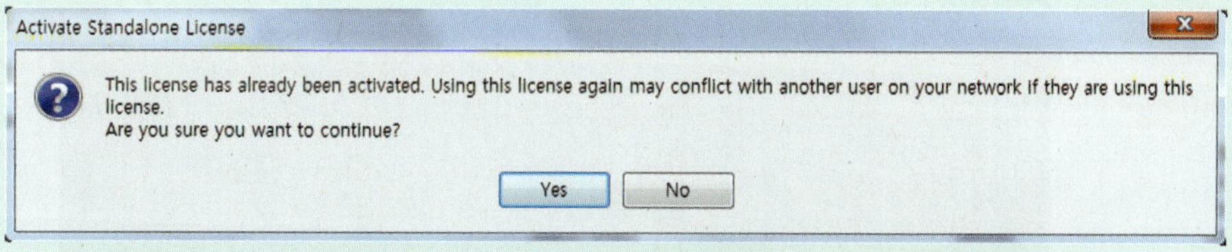


[그림 2-28] 라이센스가 이미 한번 인증을 했었던 경우에 나오는 메시지

⑦ 다음은 라이센스의 인증이 완료된 화면이다.

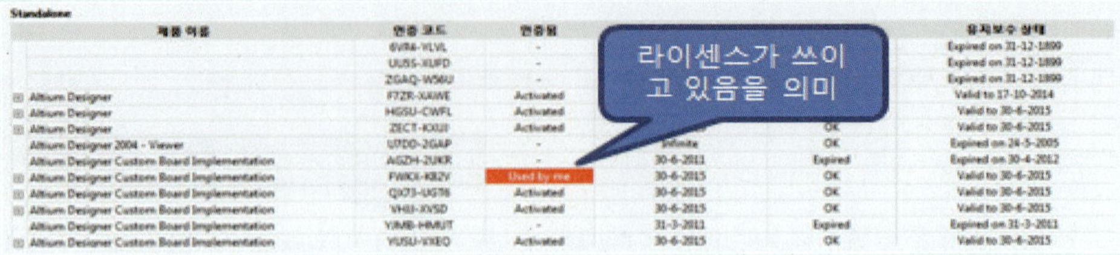


[그림 2-29] 라이센스가 이미 한번 인증을 했었던 경우에 나오는 메시지

## 04 AltiumLive에서 인증받기

AltiumLive에서 인증받은 경우에는 라이센스를 부여하려는 컴퓨터가 인터넷의 연결이 불가능한 경우 취할 수 있는 방법이다. 웹 브라우저에서 live.altium.com으로 이동한 뒤에 로그인을 진행한다.

① 그림처럼 로그인한 뒤에 **DASHBOARD**를 클릭한다. 만일 DASHBOARD가 보이지 않는 경우에는 라이센스의 접근 권한(admin)이 없음을 의미한다. 최초 제품을 구매하면 어드민 권한을 부여한다. 어드민 권한을 가지고 있는 사용자로부터 어드민 권한을 상속받아야 한다.

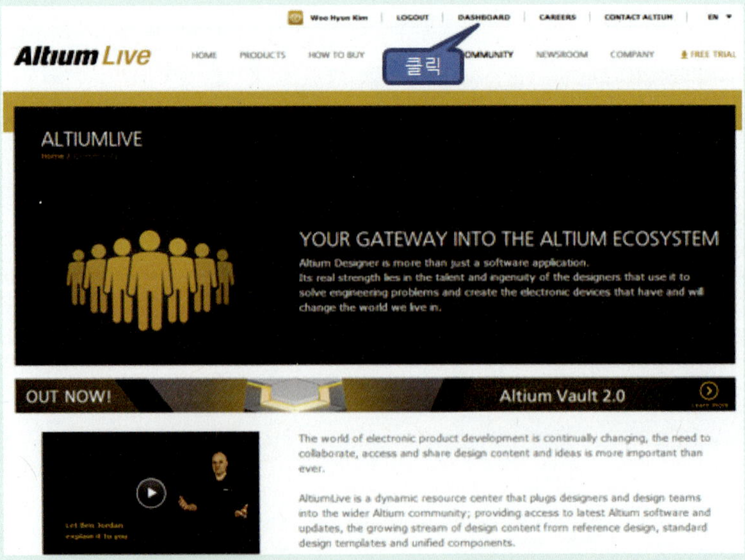


[그림 2-30] 로그인한 뒤에 DASHBOARD를 클릭

② 다음은 DASHBOARD를 클릭한 그림이다.

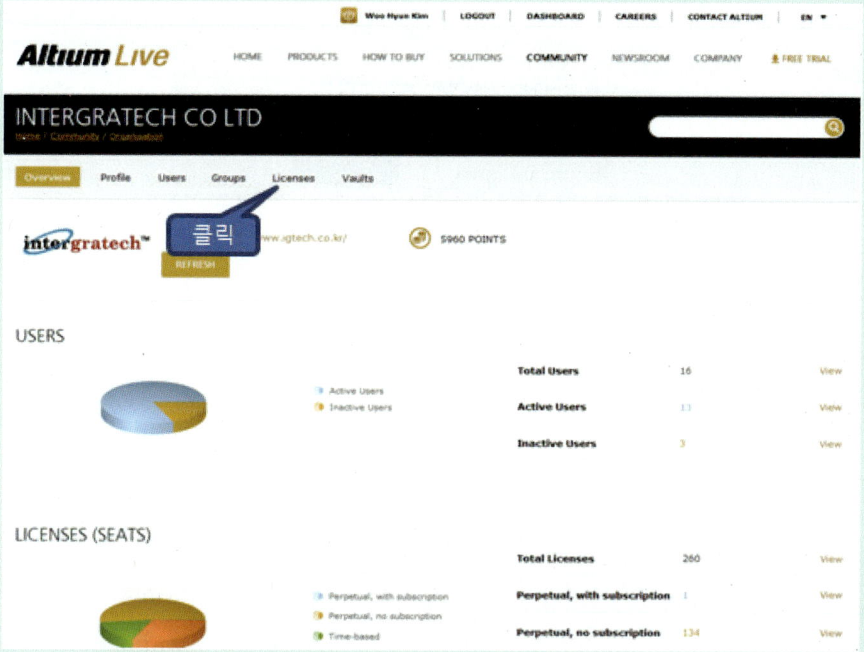


[그림 2-31] DASHBOARD를 클릭한 화면

③ 그림에서 다운로드받으려는 라이센스의 이름을 클릭한다.

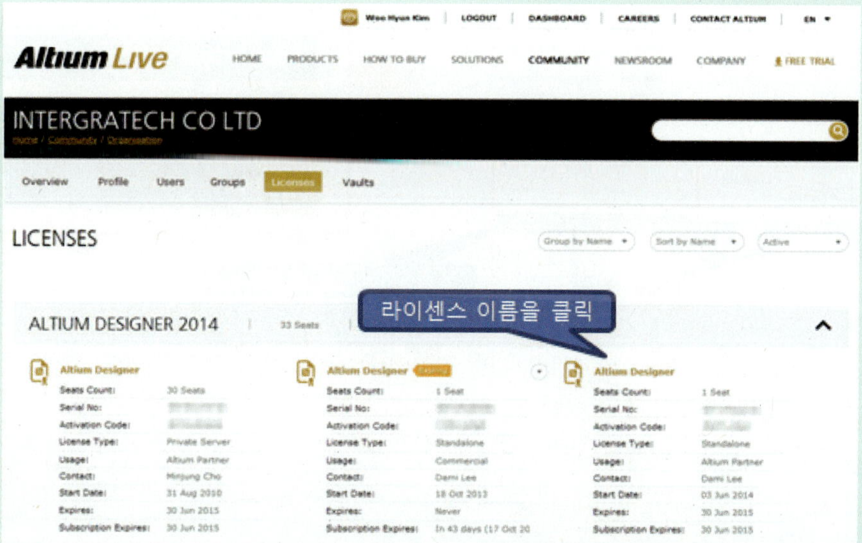


[그림 2-32] 라이센스 이름 클릭

④ 다음은 세부적인 라이센스를 보여주고 있다. 화면 좌측 상단의 ACTIVATE를 클릭하면 바로 밑에 ACTIVATE LICENSE가 표시된다.

[그림 2-33] Activate 클릭

⑤ 그림과 같이 프로그램의 버전을 선택하여 라이센스를 다운로드받을 수 있다. 파일을 다운로드받으면 "Altium Designer License XXXX-XXXX R10.alf"와 같은 이름이 부여된다.

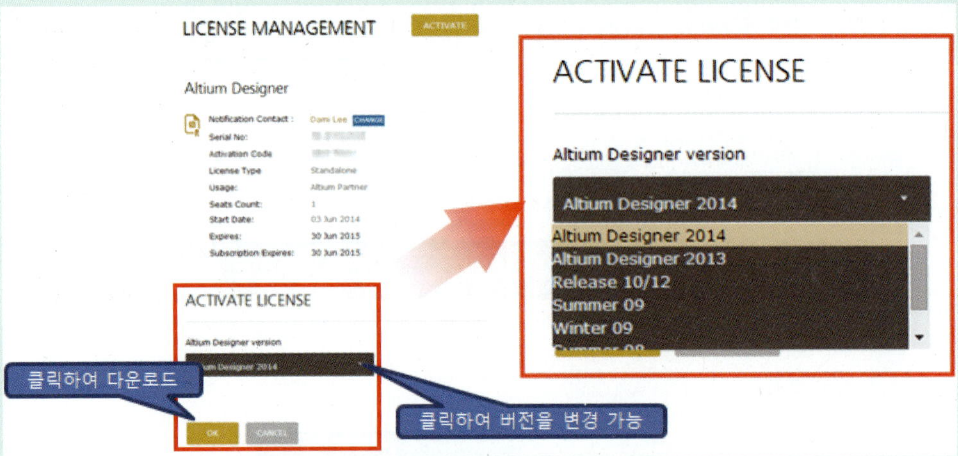


[그림 2-34] 프로그램의 버전을 선택

⑥ 그림에서 **독립 라이선스 파일 추가**를 클릭하면 아래와 같은 대화상자가 나타난다.

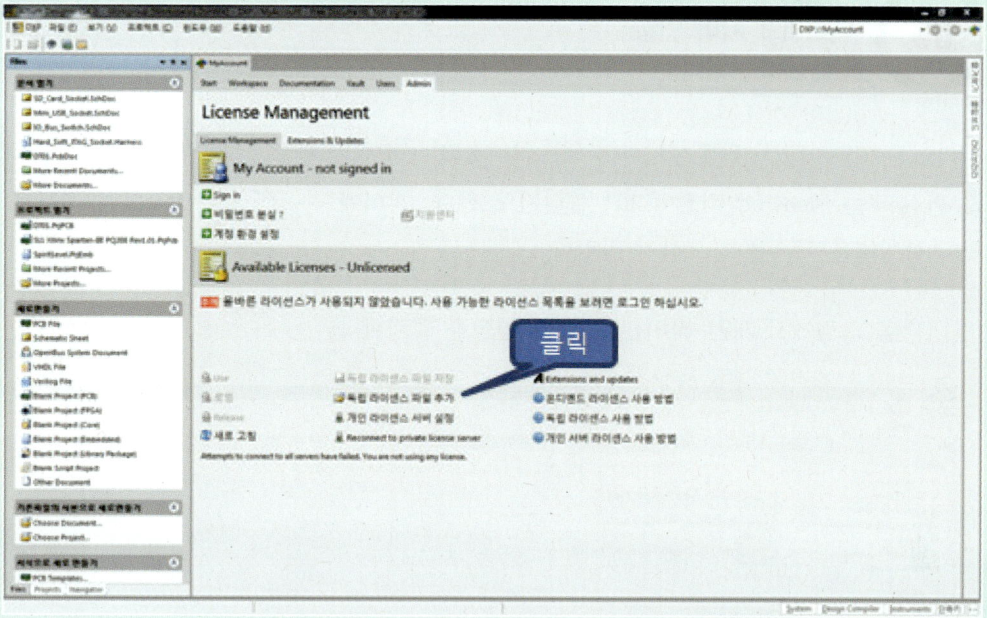


[그림 2-35] 독립 라이선스 파일 추가를 클릭

⑦ 다운로드 받은 라이선스 파일을 선택하고 **열기** 버튼을 눌러 인식하면 모든 과정은 완료된다.

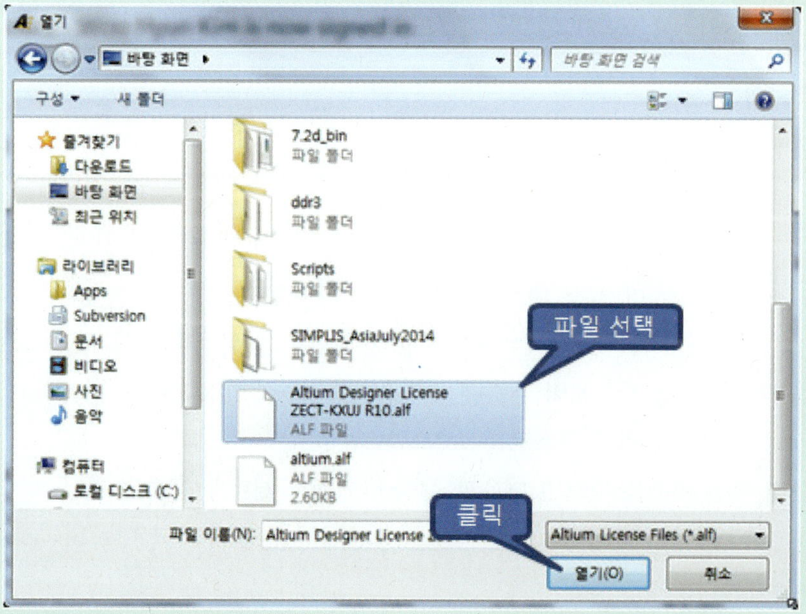


[그림 2-36] 파일을 선택하고 열기 버튼을 클릭

## 05 네트워크 서버 인증

라이센스를 사내 서버에 설치하여 네트워크로 접속하여 실행하는 방법이다. 일반적인 네트워크 버전 또는 Floating 버전이라고 불리기도 한다. 서버에 라이센스 관리자를 설치하는 방법 및 인증방법은 부록을 참고하기 바란다.

① 다음 그림에서 **개인 라이센스 서버 설정**을 클릭한다.

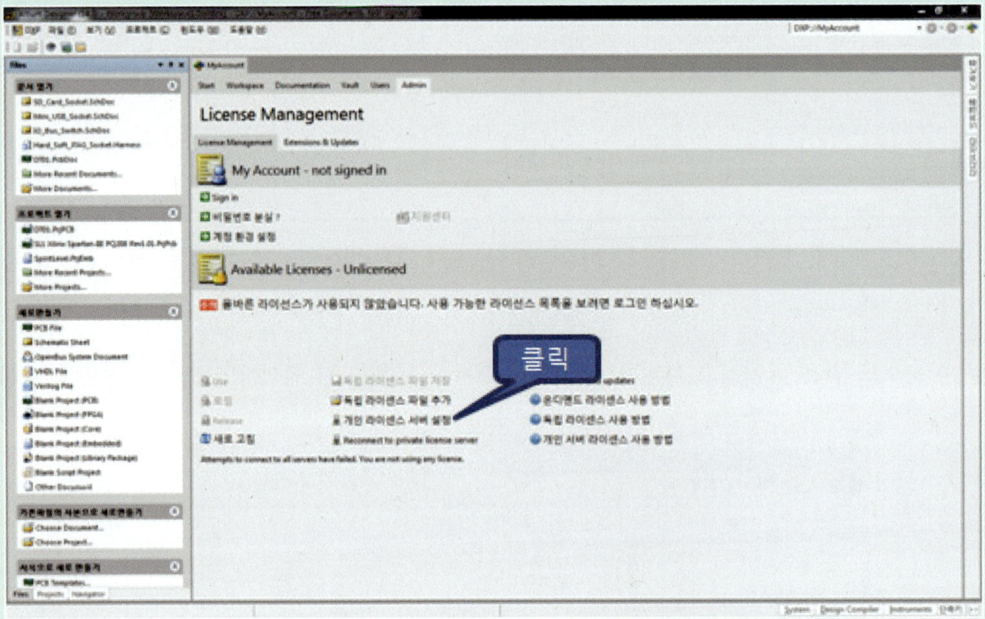


[그림 2-37] 개인 라이센스 서버 설정을 클릭

② 개인 라이센스 서버 설정 대화상자에서 서버의 이름 및 IP 주소는 자동으로 검색된다. 하지만 서브넷이 다른 경우에는 자동으로 검색되지 않는 경우가 있다. 자동으로 검색되지 않을 때에는 수동으로 **서버 주소**에 IP주소 XXX.XXX.XXX.XXX를 입력하고 **서버 포트**에 “21001”을 입력한 뒤에 **주소로**를 체크한다.
하단의 확인 버튼을 누르면 다음과 같이 라이센스 서버에 등록된 라이센스 내용이 나타난다. 사용하려는 라이센스에서 마우스 오른쪽 버튼을 누르고 Use license를 선택한다.

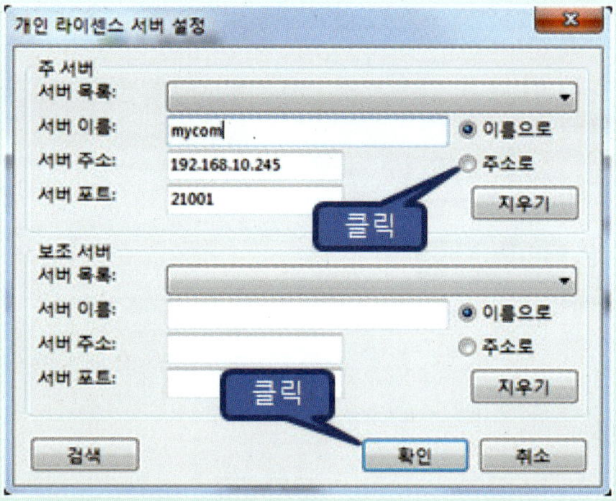


[그림 2-38] 서버의 이름 및 IP 주소확인

③ 그림과 같이 라이센스가 나타나면 Use를 선택하고 인증과정을 종료한다.

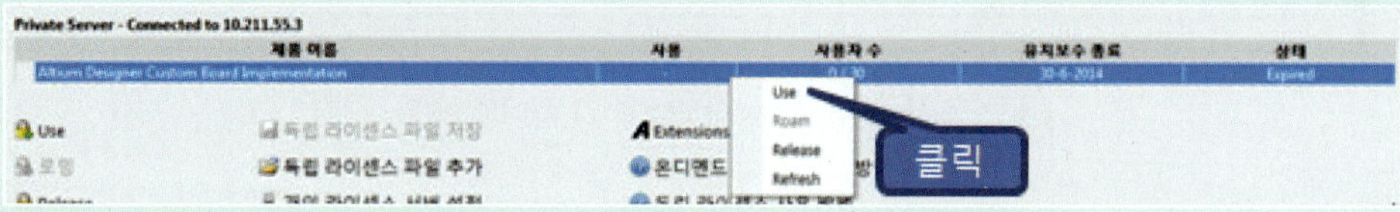


[그림 2-39] Use를 선택하고 인증과정을 종료

## 06 라이브 업데이트하기

Altium Designer는 인터넷이 연결된 경우 자동으로 업데이트를 검사하여 설치하는 기능을 가지고 있다. 단 로그인이 되어 있는 경우에만 진행되기 때문에 항시 로그인하도록 설정해 두는 것이 좋다.

다음은 DXP≫내 계정 명령을 실행한 화면이다. 화면에서 Extensions & Updates를 클릭하고 다음 줄의 Updates를 클릭하면 업데이트할 내용이 있는지 검사하고 그 결과를 표시한다. 현재 그림에서는 별도의 업데이트가 없는 상태이다.

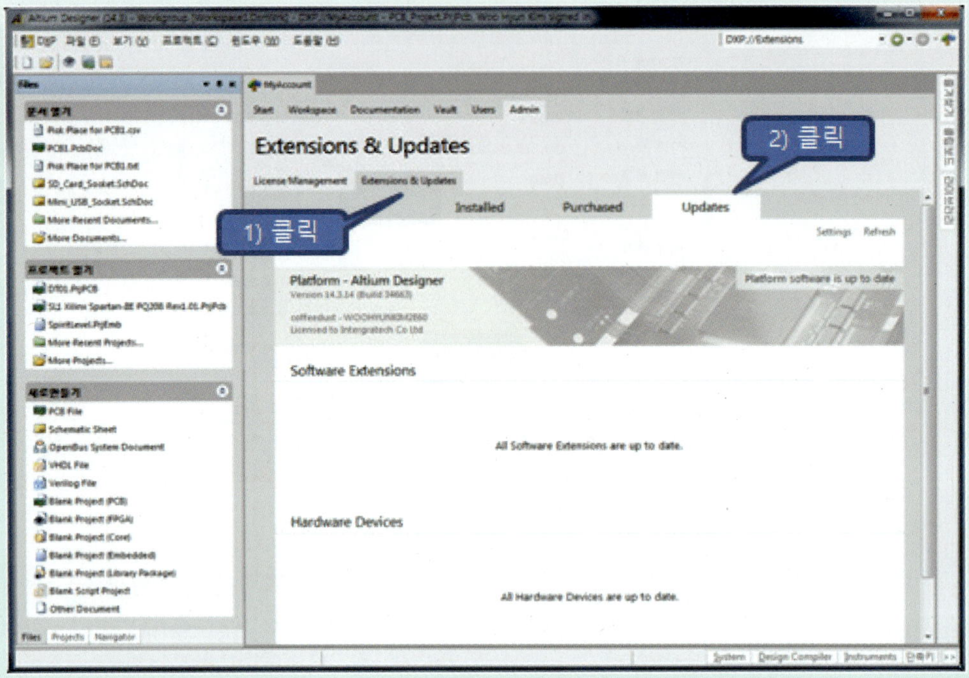


[그림 2-40] Extensions & Updates를 클릭

## 학습활동.1 교수학습 방법

### 교수 방법

- PCB 설계의 기본개념, 부품배치, 라이브러리 작성 등을 PCB 실물 기판과 PPT 자료로 제시한 후 설명한다.
- PCB 설계에서 회로 블록의 특성, 신호의 종류, 회로의 구성 등에 따라 회로 블록을 배치하는 방법을 설명한다.
- PCB의 Size, 제품의 기구적인 특성을 고려하여 부품을 배치하고, 고정 부품의 배치를 우선해야 하는 이유와 방법을 설명한다.
- PCB 설계 도구를 선정하는 방법을 설명하고, 사용되고 있는 설계 도구의 장·단점을 설명할 수 있도록 지도한다.
- PCB 설계 도구의 사용법은 선수학습으로 되어 있어야 하나, 그렇지 못한 경우에는 설계 도구 사용법을 별도의 시간을 할애하여 교육하여야 한다.
- 라이브러리로 등록되어 있지 않은 부품에 대해서는 부품 스케치부터 지도하여 라이브러리로 등록할 수 있도록 지도한다.
- PCB 설계를 위한 환경 설정 및 각종 Option을 지정할 수 있는 능력을 기르도록 한다.

### 학습 방법

- PCB 설계 도구를 능숙히 사용할 수 있도록 충분히 연습한다.
- PCB 설계 및 PCB 설계 도구에서 사용되는 다양한 용어를 충분히 숙지하도록 한다.
- PCB 설계가 회로의 전기적 특성에 영향을 줄 수 있음을 강조하여 회로 블록 및 부품의 배치 방법을 숙지한다.
- PCB 설계를 위한 설계 도구의 환경 설정, Option 지정을 필요에 따라 스스로 수행할 수 있도록 하고 부품배치의 중요성을 강조한다.
- PCB 설계가 완료된 후 Gerber Data를 생성하여 PCB 제작 발주까지 할 수 있는 능력을 배양한다.
- PCB 설계에서 회로 블록간 인터페이스를 효과적으로 실현할 수 있도록 한다.

## 학습활동.1 평가 및 피드백

### 평가 준거

- 평가자는 피평가자가 수행 준거 및 평가내용에 제시되어 있는 내용을 성공적으로 수행할 수 있는지를 평가해야 한다.
- 평가자는 다음 사항을 평가해야 한다.

| 학습내용 | 평가항목 | 성취수준 | | |
|---|---|---|---|---|
| | | 상 | 중 | 하 |
| 알티움 디자이너의 개요 | – 알티움 디자이너의 설치환경을 이해할 수 있다. | | | |
| | – 알티움 디자이너의 설치작업을 이해할 수 있다. | | | |
| 알티움 디자이너의 인증 | – 알티움 디자이너의 인증작업을 이해할 수 있다. | | | |

### 평가 방법

- 평가자는 능력단위 PCB 설계하기의 수행 준거에 제시되어 있는 내용을 평가하기 위해 이론과 실기를 나누어 평가하거나, 종합적인 결과물의 평가 등 다양한 평가 방법을 이용할 수 있다.
- 필기시험

| 학습내용 | 평가항목 | 성취수준 | | |
|---|---|---|---|---|
| | | 상 | 중 | 하 |
| 알티움 디자이너의 개요 | – 알티움 디자이너의 설치환경을 이해할 수 있다. | | | |
| | – 알티움 디자이너의 설치작업을 이해할 수 있다. | | | |
| 알티움 디자이너의 인증 | – 알티움 디자이너의 인증작업을 이해할 수 있다. | | | |

• 체크리스트에 의한 관찰

| 학습내용 | 평가항목 | 성취수준 | | |
|---|---|---|---|---|
| | | 상 | 중 | 하 |
| 알티움 디자이너의 개요 | – 알티움 디자이너의 설치환경을 이해할 수 있다. | | | |
| | – 알티움 디자이너의 설치작업을 이해할 수 있다. | | | |
| 알티움 디자이너의 인증 | – 알티움 디자이너의 인증작업을 이해할 수 있다. | | | |

• 작업장 평가

| 평가항목 | 성취수준 | | |
|---|---|---|---|
| | 상 | 중 | 하 |
| 각 조별로 실습준비 및 실습과정에 있어 효율적이고 성실한 실습태도로 임하고 작업 후에 실습도구 등을 정리한다. | | | |

**피 드 백**

1. 작업 포트폴리오
   – 제출한 내용을 평가한 후 주요 사항을 표시하여 설명해준다.
2. 필기시험
   – 평가결과 일정 점수 이하인 학생들은 추가 학습 후 그 결과를 제출하도록 한다.
3. 체크리스트를 통한 관찰
   – 실습과정에서 평가한 후 주요 사항을 표시하여 돌려준다.

| 학습 1 | PCB 설계 이해하기 (19220206_13v1.4) |
|---|---|
| 학습 2 | 알티움 디자이너 시작하기 |
| **학습 3** | **PCB 설계 사용법 이해하기** |
| 학습 4 | 프로젝터와 프로그램 설정하기 |
| 학습 5 | PCB 설계하기 |
| 학습 6 | 라이브러리 제작하기 |



## 3-1 알티움 디자이너의 화면구조(1)

| 학습 목표 | • 알티움 디자이너의 메뉴, 툴바, 패널, 도킹모드, 부유 모드, 상태바, 명령어상태 등을 이해할 수 있다. |
|---|---|

### 필요지식

#### 1. 알티움 디자이너(Altium Designer)의 화면구조

(1) Altium Designer를 실행한다.

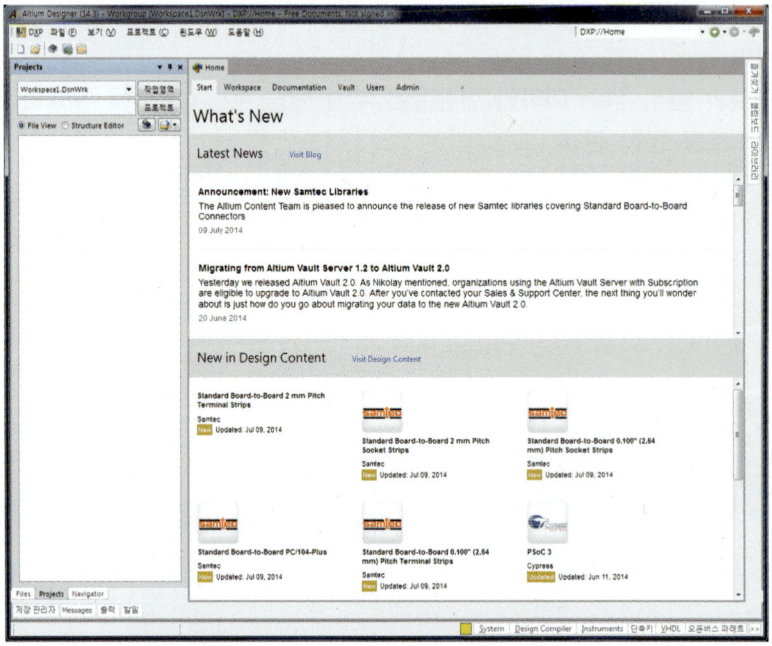


[그림 3-1] Altium Designer를 실행한 모습

### (2) 화면의 구조

화면의 구조는 메뉴, 툴바, 패널, 상태 바, 명령 상태, 작업영역으로 구성되어 있다.

#### 1) 메뉴와 툴바

메뉴와 툴바는 좌측의 세로 점선 부분을 마우스 왼쪽 버튼으로 드래그하여 위치의 이동이 가능하다.

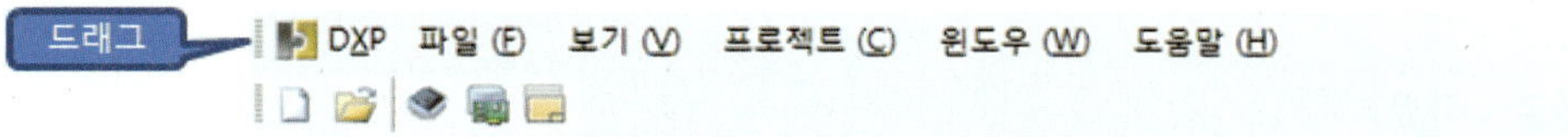


[그림 3-2] Altium Designer의 메뉴와 툴바

#### 2) 서버와 클라이언트

Altium Designer는 각 기능에 따라서 메인 메뉴가 수시로 변경된다. 이것은 Altium Designer가 채택하고 있는 독특한 서버-클라이언트 구조에 의한 것이다.

Altium Designer는 여러 가지의 기능 모듈을 서버이고 이 서버들을 호출하여 실행하는 메인 프로그램을 클라이언트이다. DXP는 클라이언트에 해당하고 PCB 모듈은 서버에 해당한다. 다음 그림은 서버의 종류를 나열한 그림이다.

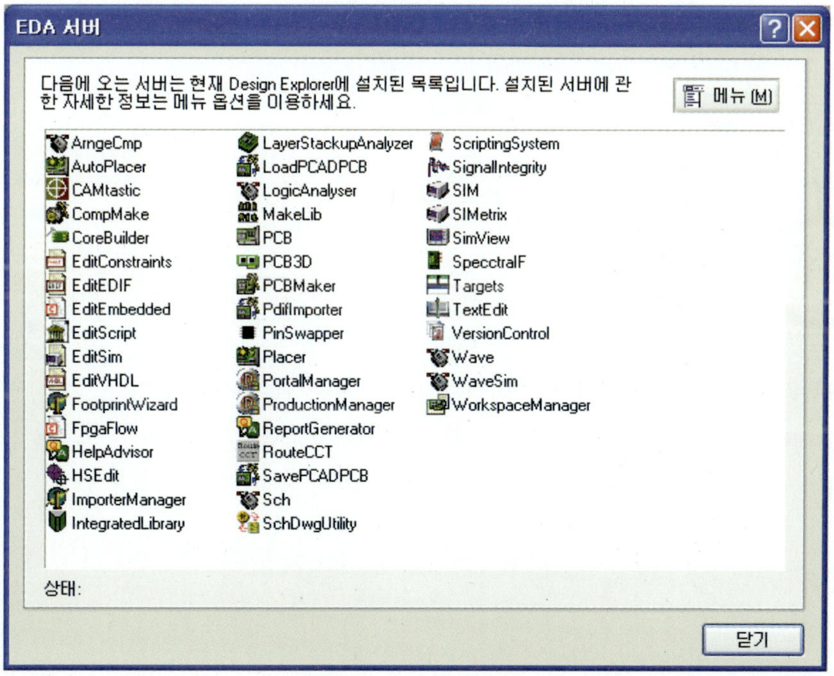


[그림 3-3] 서버의 종류를 나열

기본적으로 많은 서버들이 설치되며 사용자가 서버를 직접 프로그램으로 만들어 넣을 수도 있다. 각 서버들이 실행되면 서버에 필요한 메뉴 및 툴바, 패널, 상태 바, 명령 상태, 단축키 등이 함께 변경된다.



## 수행 내용 알티움 디자이너의 화면구조(1) 사용법 이해하기

**재료 · 자료**

- 상세 회로도면, 기구도면, A4 용지, 필기구

**기기(장비 · 공구)**

- 인터넷 가능한 컴퓨터, 한글 오피스, 프린터

**안전 · 유의사항**

- 회로동작 및 기능을 충분히 숙지하도록 한다.
- 컴퓨터에 바이러스가 침투하지 않도록 유의한다.

## 수행 순서

### 01 메뉴 실행하기

메뉴는 메인 메뉴와 하단으로 내려가는 서브 메뉴로 구성되어 있다. 경우에 따라서는 하단으로 여러 번 내려갈 수 있으며, 하단으로 내려가는 메뉴는 메뉴의 오른쪽에 삼각형 화살표가 있다.

① 메인 메뉴는 한번 클릭하여 1차 서브 메뉴를 띄우고 이후부터는 마우스를 잠시 정지하는 것으로 하단의 2차, 3차 서브 메뉴를 띄울 수 있다. 최종 선택할 명령에서 마우스로 클릭하면 메뉴가 선택된다.

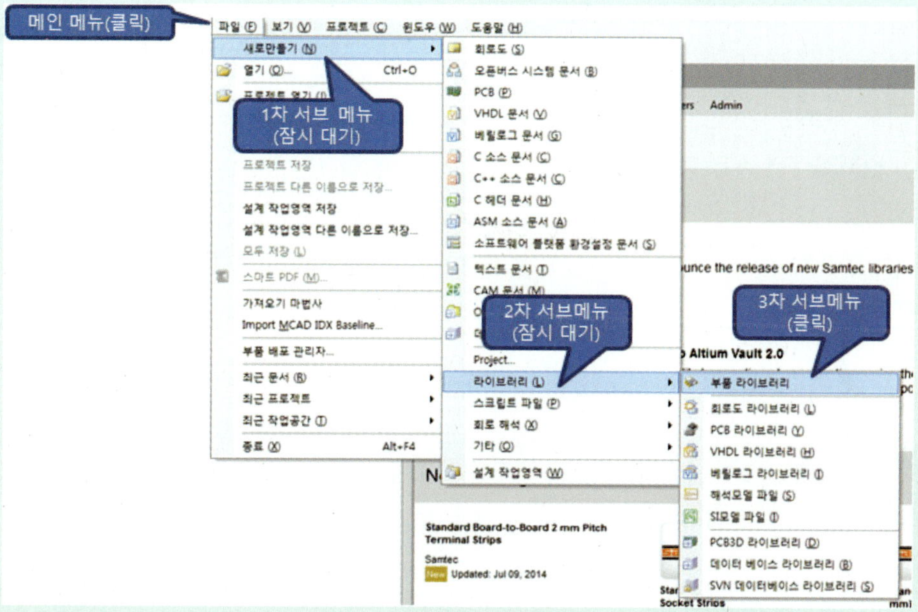


[그림 3-4] 메인 메뉴 클릭

② 그림과 같은 "부품 라이브러리"라는 메뉴를 선택하는 의미를 다음과 같이 표기한다. **파일 ≫새로만들기≫라이브러리≫부품 라이브러리**

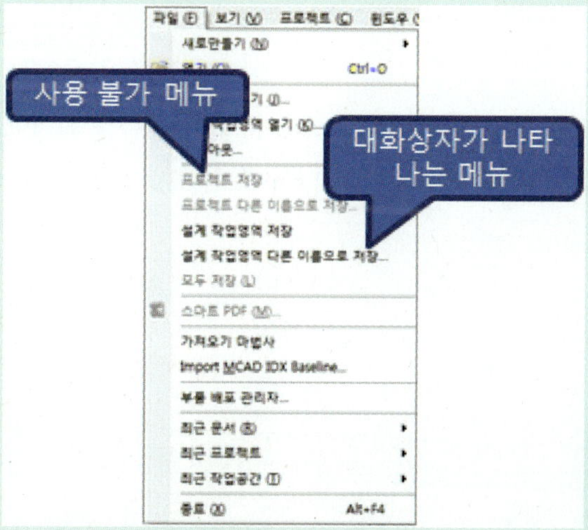


[그림 3-5] "부품 라이브러리" 선택

뷰어 라이센스 또는 라이센스 충돌, 현재의 작업 단계에서 사용할 수 없는 기능 등 오른쪽의 그림에서 흐린 색상으로 표시된 메뉴는 사용할 수 없는 메뉴임을 나타낸다. 또한 메뉴의 뒤로 3개의 점을 찍어둔 메뉴는 사용자가 메뉴를 클릭하였을 때에 대화상자가 나타나는 메뉴를 의미한다.

③ 메뉴를 마우스로 선택하지 않고 키보드로 선택하려면 Alt키를 누르고 밑줄 문자를 순서대로 누르면 된다. 예를 들어 **파일≫새로만들기≫라이브러리≫회로도 라이브러리** 메뉴를 선택한다면 Alt, F, N, L, L의 순서로 누르면 된다.

## 02 툴바 실행하기

툴바는 사용빈도가 많은 기능을 아이콘으로 표시한 것이다. 툴바가 메인 창과 결합되어 있는 경우와 별도로 분리되어 있는 경우의 모양은 조금 다르다.

① 메인 창과 결합되어 있는 상태에서는 왼쪽의 점선 부분을 드래그하여 위치를 이동할 수 있고, 분리되어 있는 상태에서는 파란색의 제목줄을 드래그하여 위치를 이동할 수 있다.

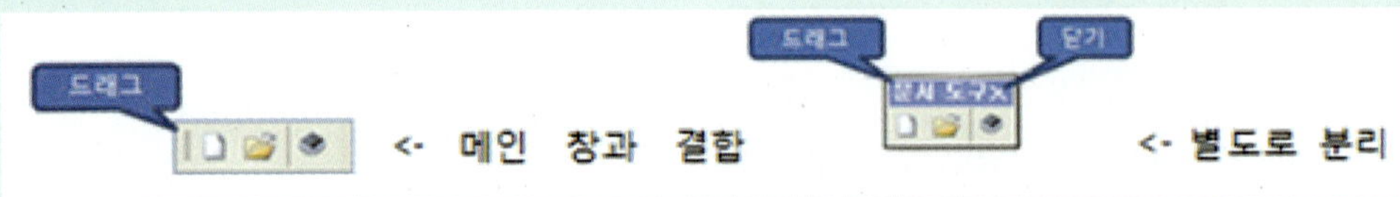


[그림 3-6] 툴바가 메인 창과 결합되어 있는 경우와 별도로 분리되어 있는 경우

② 분리상태에서 제목줄 우측 상단의 ×표시를 눌러 툴바를 화면에서 제거할 수 있으며 다시 표시하려면 **보기≫툴바** 메뉴에서 나타나게 할 수 있다.

## 03 패널 실행하기

패널이란 많은 정보의 표시나 자세한 내용 설정 등의 목적으로 만들어졌다.

Altium Designer의 패널은 100여개가 있지만 그 중에서 사용빈도가 높은 것 60개만 용도별로 아래에 나열하였다.

〈표 3-1〉 알티움 디자이너의 주요 패널 종류(1)

| 서버 종류 | 영문 패널 이름 | 한글 패널 이름 | 설 명 |
|---|---|---|---|
| System | Libraries | 라이브러리 | 부품을 불러올 때 사용 |
| | Storage Manager | 저장 관리자 | 문서 이력 관리 |
| | Snippets | 조각 | 조각 문서 관리 |
| | Favorites | 즐겨찾기 | 즐겨찾는 파일 관리 |
| | Output | 출력 | 출력 파일 |
| | Clipboard | 클립보드 | 클립보드 내용 표시 |
| | To-Do | 할일 | 수정할 내용 관리 |
| | Files | Files | 파일 생성 및 열기 도우미 |
| | Messages | Messages | 출력 메시지 |
| | Projects | Projects | 프로젝트 관리 |
| Design Compiler | Compiled Object Debugger | 컴파일된 대상 디버거 | 문서 컴파일 오류 관리 |
| | Compile Errors | Compile Errors | 컴파일 오류 메시지 |
| | Differences | Differences | 차이점 표시 |
| | Navigator | Navigator | 문서 네비게이터 |
| Help | Shortcuts | 단축키 | 단축키 도움말 |
| | Knowledge Center | 지식 센터 | 지식 센터에서 검색 |
| Instruments | Instrument Rack-Hard Devices | Instrument Rack-Hard Devices | 하드 디바이스 상태 |
| | Instrument Rack-Nanoboard Controllers | Instrument Rack-Nanoboard Controllers | 나노보드 상태 |
| | Instrument Rack - Soft Devices | Instrument Rack - Soft Devices | 소프트 디바이스 상태 |

〈표 3-2〉 알티움 디자이너의 주요 패널 종류(2)

| 서버 종류 | 영문 패널 이름 | 한글 패널 이름 | 설 명 |
|---|---|---|---|
| 오픈버스 파레트 | OpenBus Palette | 오픈버스 팔레트 | 오픈버스 아이콘 모음 |
| | OpenBus Filter | OpenBus Filter | 오픈버스 필터 검색 |
| | OpenBus Inspector | OpenBus Inspector | 오픈버스 조사자 |
| | OpenBus List | OpenBus List | 오픈버스 목록 |
| SCH | Sheet | 도면 | 도면 축소보기 |
| | SCH Filter | SCH Filter | 회로도 필터 검색 |
| | SCH Inspector | SCH Inspector | 회로도 조사자 |
| | SCH List | SCH List | 회로도 목록 |
| PCB | 3D Visualization | 3차원 시각화 | PCB 단면 3차원 절개 |
| | Board Insight | Board Insight | 보드 통합관찰 |
| | PCB | PCB | PCB 기본 패널 |
| | PCB Filter | PCB Filter | PCB 필터 검색 |
| | PCB Inspector | PCB Inspector | PCB 조사자 |
| | PCB List | PCB List | PCB 목록 |
| SCHLIB | SCH Library | SCH Library | 회로 라이브러리 기본 패널 |
| | SCHLIB Filter | SCHLIB Filter | 회로 라이브러리 필터 검색 |
| | SCHLIB Inspector | SCHLIB Inspector | 회로 라이브러리 조사자 |
| | SCHLIB List | SCHLIB List | 회로 라이브러리 목록 |
| PCBLIB | PCB Library | PCB Library | PCB 라이브러리 기본 패널 |
| | PCBLIB Filter | PCBLIB Filter | PCB 라이브러리 필터 검색 |
| | PCBLIB Inspector | PCBLIB Inspector | PCB 라이브러리 조사자 |
| | PCBLIB List | PCBLIB List | PCB 라이브러리 목록 |
| PCB3D Lib | PCB3D Lib | PCB3D Lib | PCB 3D 라이브러리 기본 패널 |
| CAMtastic | CAMtastic | CAMtastic | CAMtastic 기본 패널 |
| Embedded | Watches | 관찰 | 변수 관찰 |
| | Cross References | 교차 참조 | 변수 교차 참조 |
| | Debug Console | 디버그 콘솔 | 디버그 제어 패널 |
| | Registers | 레지스터 | 레지스터 값 표시 |
| | Locals | 로컬 | 로컬 변수 관찰 |
| | Call Stack | 스택 호출 | 처리/함수의 연결고리 추적 |
| | Breakpoints | 중단점 | 중단점 목록 |
| | Code Explorer | 코드 검색기 | 코드 검색 도우미 |
| | Evaluate | 평가 | 빠른 변수 관찰 |
| | C To Hardware | 하드웨어 함수 가속 | 하드웨어 함수 가속 목록 |
| | RTOS | RTOS | RTOS 목록 |

〈표 3-3〉 알티움 디자이너의 주요 패널 종류(3)

| 서버 종류 | 영문 패널 이름 | 한글 패널 이름 | 설 명 |
|---|---|---|---|
| Script | Watch List | 관찰 목록 | 변수 관찰 |
| | Call Stack | 스택 호출 | 처리/함수의 연결고리 추적 |
| | Breakpoints | 중단점 | 중단점 목록 |
| | Code Explorer | 코드 검색기 | 코드 검색 도우미 |
| | Tool Palette | 툴 팔레트 | 스크립트 객체 팔레트 |
| | Object Inspector | Object Inspector | 객체 조사자 |

## 04 패널의 표시 / 숨김 실행하기

① 패널을 화면상에 표시하는 방법은 **보기≫작업공간 패널** 메뉴의 하단에서 종류별로 선택하여 화면에 표시할 수 있다.
메뉴의 앞에 체크 표시를 On/Off하여 패널을 표시 및 숨길 수 있다.
(체크된 상태의 패널을 다시 선택하면 Off 된다)

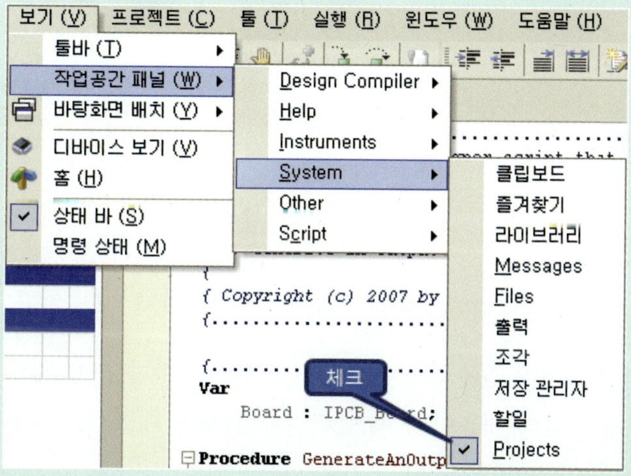


[그림 3-7] 보기≫작업공간 패널 메뉴의 하단에서 종류별로 선택

② 좀 더 빠르게 패널의 표시 및 숨기는 방법은 화면 하단의 패널 그룹 모음에서 직접 제어할 수 있다(체크된 패널을 다시 선택하면 Off 된다).

[그림 3-8] 화면 하단의 패널 그룹 모음에서 직접 제어

③ 패널의 표시를 즉시 Off하려면 그림과 같이 패널의 제목줄 오른쪽의 ×아이콘을 클릭한다. 주의할 점은 해당 패널 하나만 Off되는 것이 아니라 그룹으로 묶인 모든 패널이 함께 Off 된다.

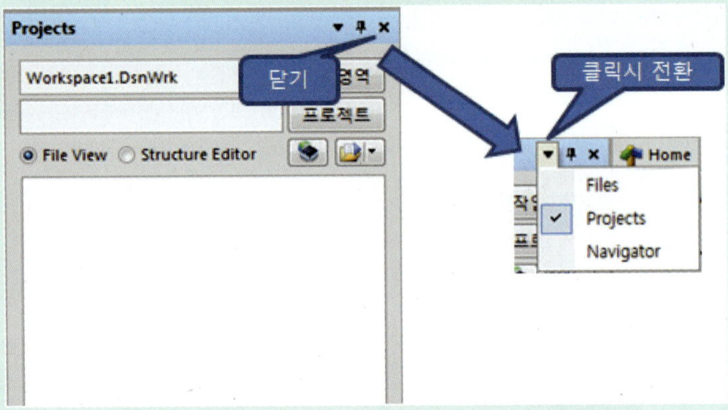


[그림 3-9] 패널의 표시를 즉시 Off

④ 패널이 그룹으로 묶여 있는 내용을 보려면 위의 오른쪽과 같이 아래 방향 화살표를 클릭하면 묶여 있는 패널의 내용이 보이며 클릭하면 해당 패널로 전환된다.

## 05 도킹모드 실행하기

① 패널의 제목줄 오른쪽의 아이콘 모양을 오른쪽 그림에 비교한다. 왼쪽은 도킹모드 상태인 패널이고 오른쪽은 부유 모드 상태의 패널이다.

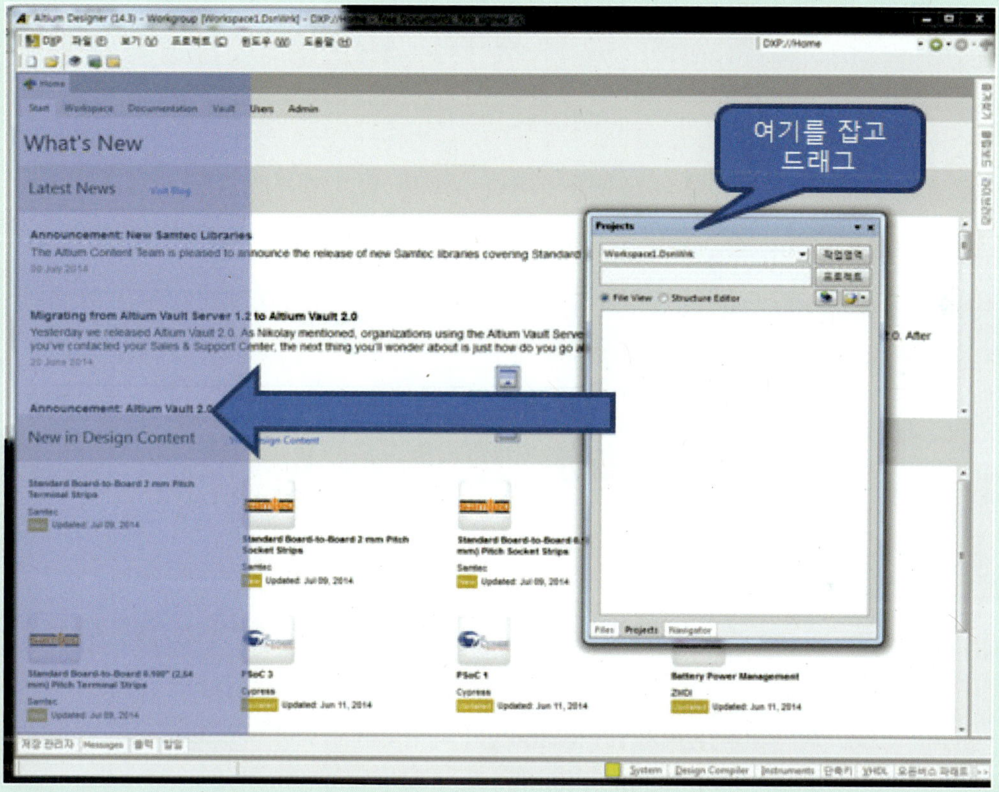


[그림 3-10] 패널의 표시를 즉시 Off

② 부유 모드의 패널을 메인 창에 도킹하려면 패널의 제목줄을 마우스 왼쪽 버튼으로 드래그하여 원하는 위치(상하좌우)에 가져가면 놓일 위치가 음영으로 표시되며 마우스 버튼을 놓으면 그 자리에 도킹된다.

[그림 3-11] 부유 모드의 패널을 메인 창에 도킹

③ 도킹을 좀 더 편리하게 하려면 드래그 시 그림과 같이 중앙에 생성된 아이콘(상하좌우 4개)에 마우스 커서를 올려두고 버튼을 놓으면 해당 위치로 자동 도킹이 이루어진다.

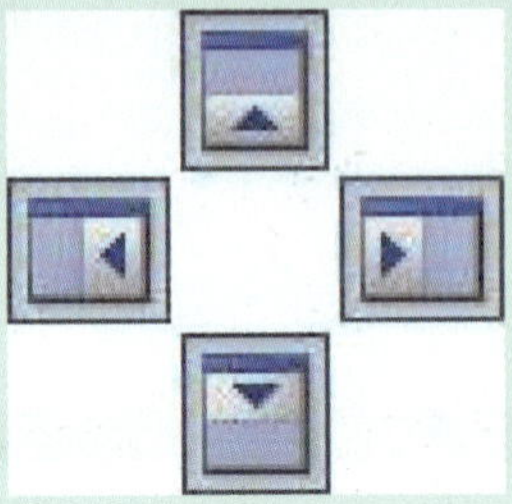

[그림 3-12] 중앙에 생성된 아이콘(상하좌우 4개)에 마우스 커서 사용

④ 패널의 제목줄에서 마우스 오른쪽 버튼을 누르면 팝업 메뉴가 다음 그림과 같이 나타난다.

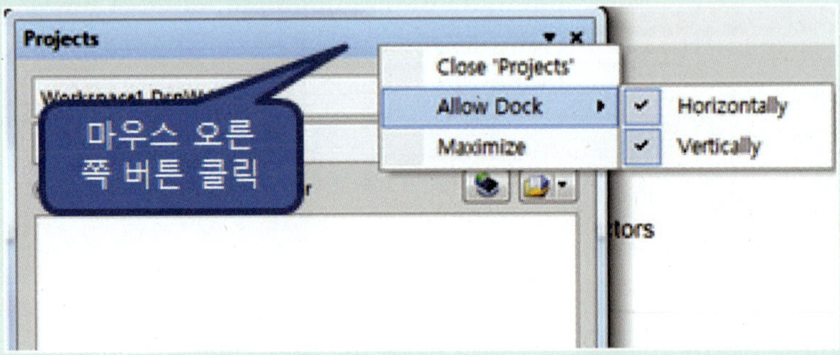


[그림 3-13] 중앙에 생성된 아이콘(상하좌우 4개)에 마우스 커서 사용

⑤ Allow Dock의 서브 메뉴에서 Horizontally가 체크되어 있으면 가로 방향으로 길게, 즉 메인 창 상하로만 도킹이 가능하고, Vertically가 체크되어 있으면 세로 방향으로 길게 즉 메인 창 좌우로만 도킹이 가능하게 설정할 수 있다. 물론 모두 체크가 되어 있다면 상하좌우 어느 곳이라도 모두 도킹이 가능하다.

## 06 도킹모드 시 패널 자동 숨김 실행하기

① 도킹 중인 모든 패널에는 제목줄에 왼쪽의 그림과 같이  압정 아이콘이 있다. 이 아이콘은 2가지의 모양으로 클릭 시 변경되는데 압정이 꽂혀 있는 모양은 고정된 도킹모드이고, 압정이 뽑혀 있는 모양은 자동 숨김 도킹모드이다.

[그림 3-14] 압정 아이콘에 따른 모드 선택

자동 숨김 도킹모드는 마우스 커서가 패널 밖으로 벗어나면 일정 시간 후 자동으로 사라지며 숨겨진 패널의 제목에 마우스 커서를 올려놓고 기다리거나 클릭하면 다시 나타나는 기능이다.
자동 숨김 도킹모드는 기본적으로 그룹묶기가 자동 해지되고 고정된 도킹모드는 자동을 그룹묶기가 적용된다.

② 패널이 자동 숨김 도킹모드인 경우 표시되는 시간과 숨겨지는 시간의 설정을 DXP≫**환경 설정** 메뉴에서 System-View 항목의 팝업 패널 값을 변경하면 된다.

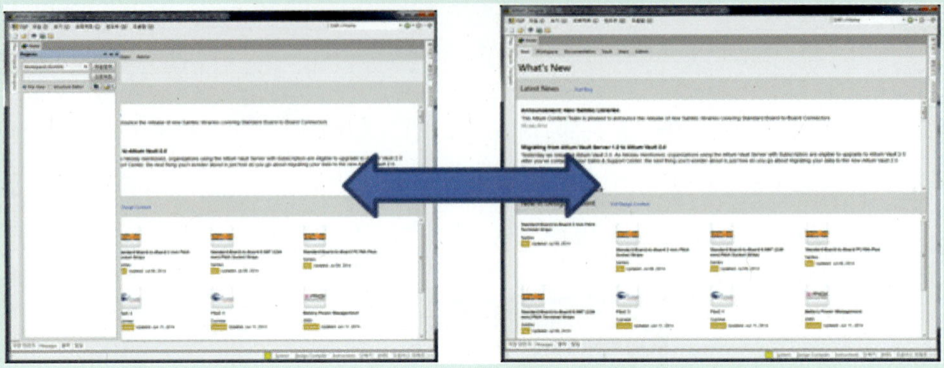

[그림 3-15] 팝업 패널 값을 변경

③ 팝업 지연(나타나는 시간), 숨김 지연(숨겨지는 시간), 동작 사용(움직이는 애니메이션 효과적용), 동작 속도(애니메이션 효과시간) 변경 가능하다(그림 3-16).

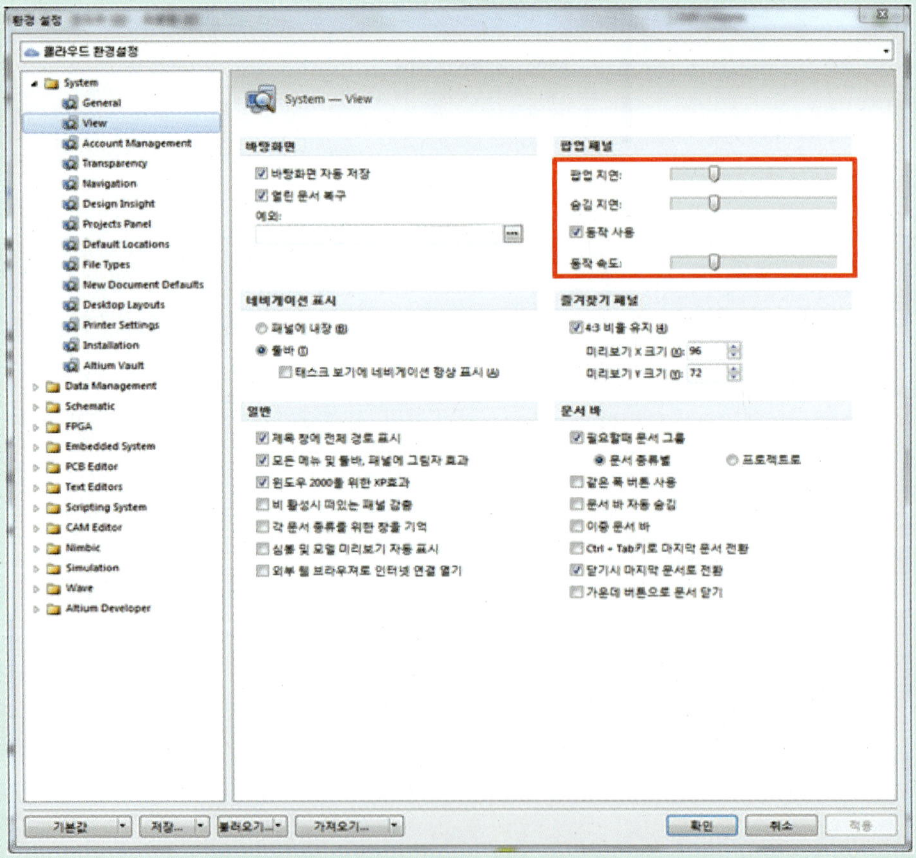


[그림 3-16] 팝업 패널 상태표시

## 07 부유 모드 실행하기

고정된 도킹모드의 패널을 부유 모드로 분리하려면 패널의 제목줄을 마우스 왼쪽 버튼으로 드래그하여 작업영역 또는 메인 창 밖으로 이동하여 놓으면 된다. 이때 그룹으로 묶인 패널은 함께 분리되어 나온다.

① 고정된 도킹모드라도 패널의 제목줄이 아닌 하단의 탭을 드래그로 분리하면 개별 패널만 분리되어 나온다.

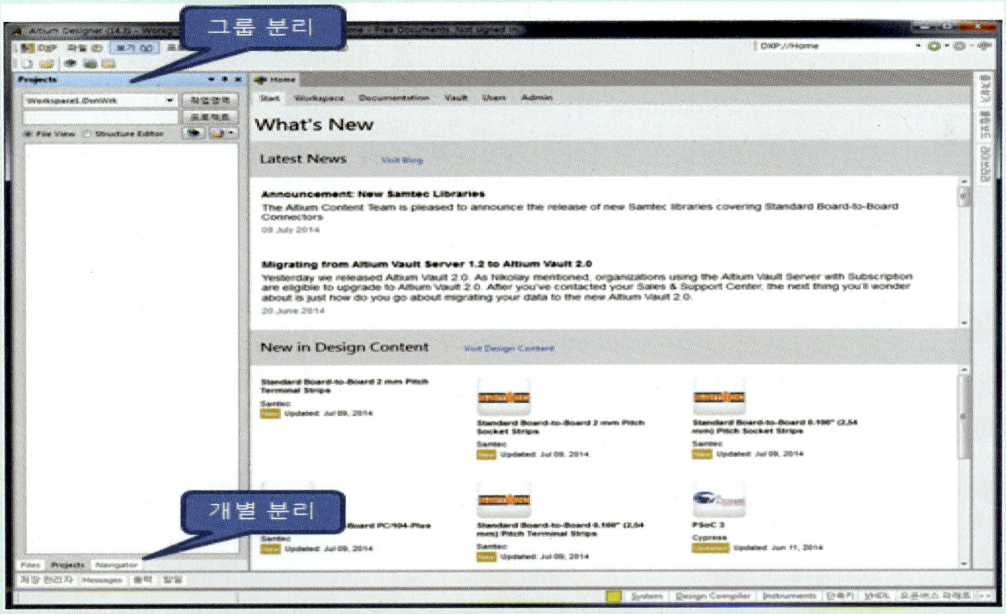


[그림 3-17] 개별 패널만 분리

만약 자동 숨김 도킹모드일 경우에는 해당 패널의 숨은 이름을 드래그하면 분리되는데 이때는 그룹으로 묶이지 않고 개별 패널만 분리된다.

② 패널의 크기는 각 면 또는 모서리를 드래그하여 크기를 조정할 수 있다.

[그림 3-18] 패널 크기조정

③ 도면작업 중 객체를 드래그하여 이동하는 과정에서 패널의 밑으로 커서를 이동하면 자동으로 해당 패널의 투명도가 변경되어 작업화면을 확인할 수 있도록 지원한다.
객체를 드래그하여 이동할 때에 커서가 패널과 가까워지면 투명도는 높아지고 패널과 멀어지면 투명도가 낮아진다.

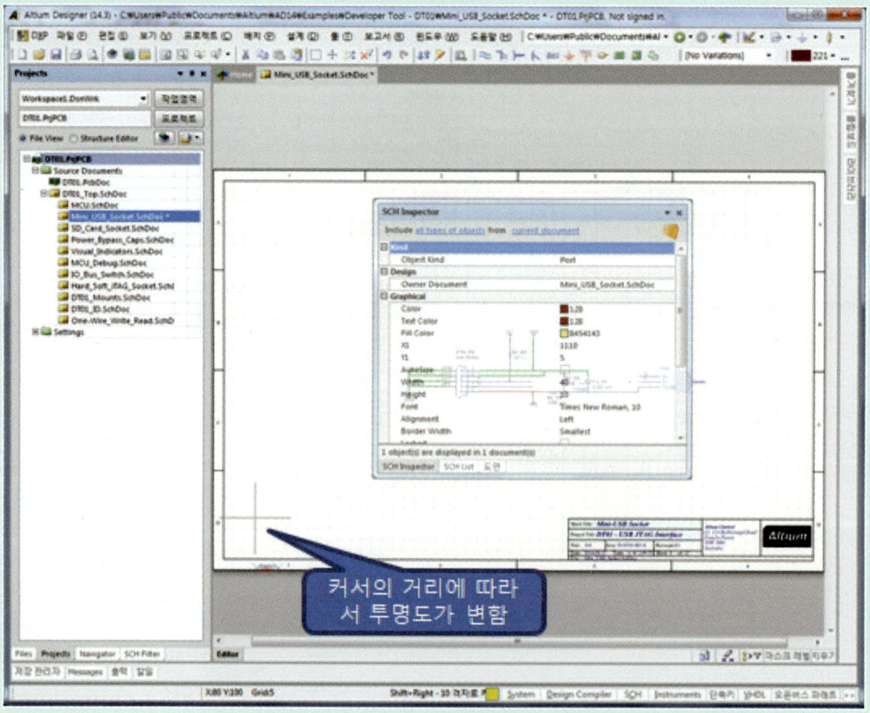


[그림 3-19] 패널의 투명도가 변경

④ 투명도의 설정은 DXP≫**환경 설정** 메뉴에서 System - Transparency 항목에서 변경할 수 있다.

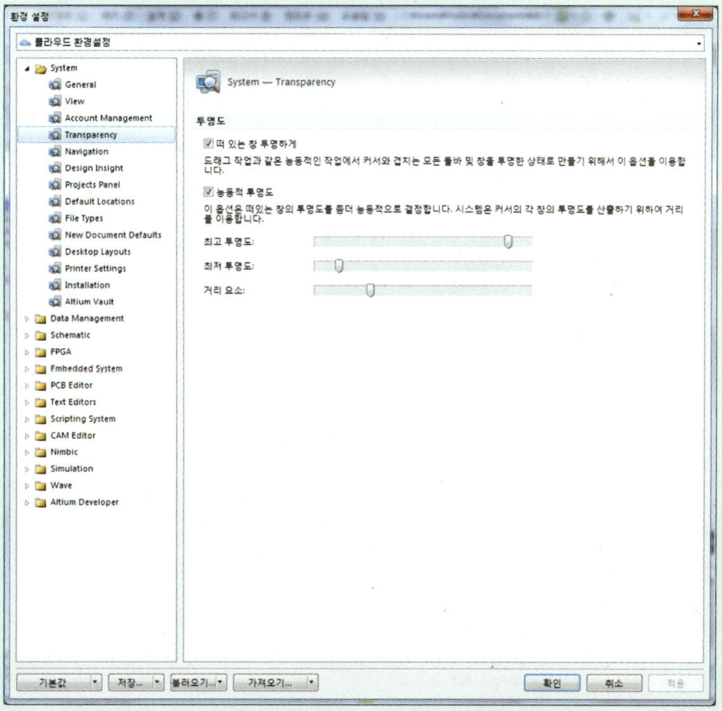


[그림 3-20] 투명도의 설정

## 08 패널 그룹 묶기 / 풀기 실행하기

패널의 공간을 줄이려면 패널을 묶어서 그룹으로 설정하는 방법이 있다. 이 방법을 이용하면 공간을 효과적으로 활용할 수 있다. 2개의 패널을 묶는 방법은 완전하게 겹쳐서 묶는 방법과 상하 또는 좌우로 분할하여 묶는 방법이 있다.

① 2개의 패널 중 하나를 커서로 드래그하여 나머지 하나로 커서를 이동하면 다음 그림과 같이 패널의 전면 색상이 변한다. 커서를 패널 상하좌우에 보이는 아이콘에 올리면 패널의 일부 색상이 변한다.

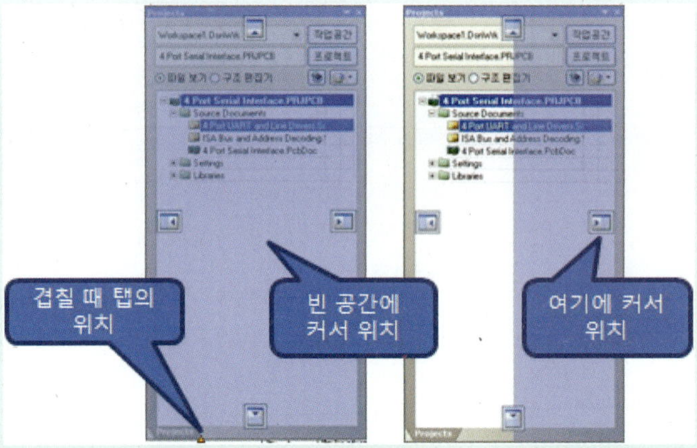


[그림 3-21] 패널의 일부 색상이 변경

위의 그림에서 왼쪽의 그림은 완전히 겹쳐서 묶는 과정을 보여준 그림이고, 오른쪽의 그림은 좌우 분할로 묶는 과정을 보여준 그림이다.

② 다음 그림은 완전하게 겹쳐진 후 패널의 모습으로 패널의 하단에 겹쳐진 패널의 탭이 보이며 이 탭을 클릭하여 패널 간의 전환을 수행할 수 있다.

[그림 3-22] 패널 간의 전환을 수행

③ 완전히 겹쳐진 패널의 분리는 하단의 패널 탭을 마우스 왼쪽 버튼으로 드래그하여 분리할 수 있다. 분할로 겹쳐진 패널의 비율조정은 경계선에 마우스를 위치하면 커서의 모양이 변하는데 왼쪽 버튼으로 드래그하여 비율을 변경할 수 있다.

분할로 겹쳐진 패널의 분리는 키보드에서 **Shift**키를 누른 상태로 마우스 오른쪽 버튼으로 패널 제목줄을 드래그하여 분리할 수 있다.

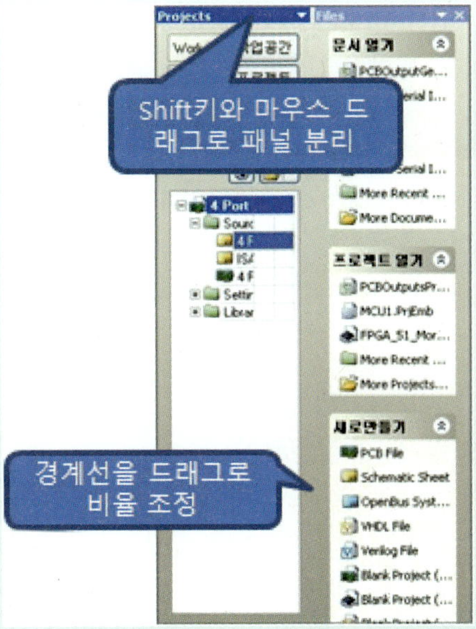


[그림 3-23] 분할로 겹쳐진 패널의 분리

④ 2개의 패널을 인접하게 놓으면 자동으로 스냅되어 붙는 프렉탈 그룹 기능을 이용할 수 있다.

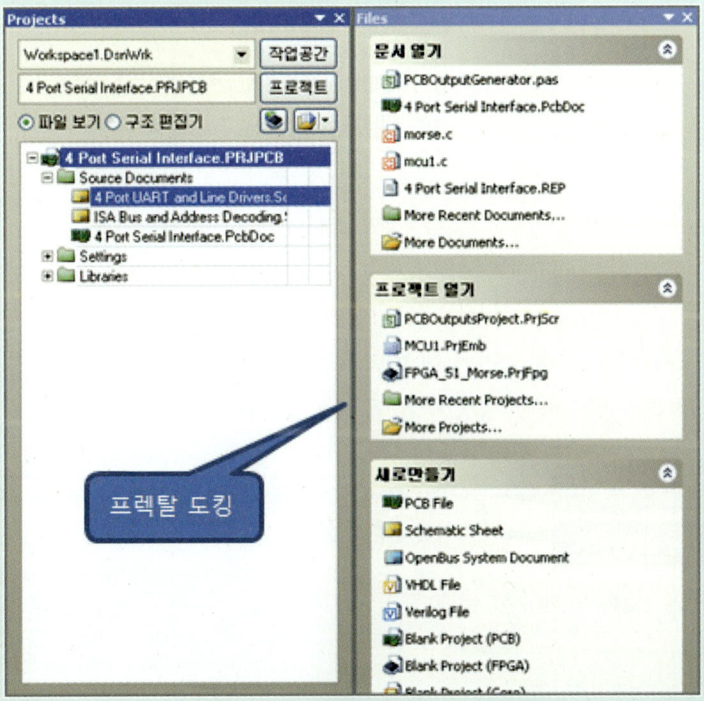


[그림 3-24] 팝업 패널 상태표시

학습 3. PCB 설계 사용법 이해하기

⑤ 설정된 각 패널의 위치 및 패널의 도킹 상태 등을 파일로 저장하여 활용하려면 **보기≫바탕화면 배치≫Save layout 메뉴로 저장하고** Load layout 메뉴로 불러올 수 있다.

⑥ 패널에 자세한 더 많은 내용을 보려면 「http://techdocs.altium.com/display/ADOH/Working+with+Panel」의 링크를 참고하기 바란다.

## 09 상태 바 및 명령 상태 실행하기

마우스 커서가 작업영역에 있을 때의 좌표값, 격자 등의 정보를 표시하는 상태 바와 현재 명령의 상태를 알려주는 명령 상태가 화면의 하단에 위치한다.

① 각각 **보기≫상태 바, 보기≫명령 상태** 메뉴를 이용하여 화면에서 On/Off할 수 있다.

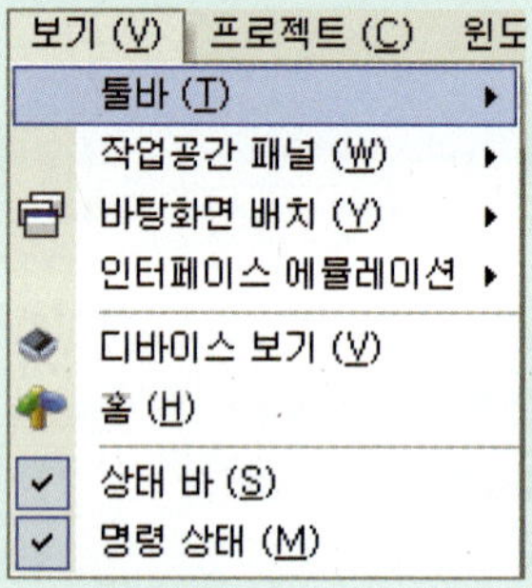


[그림 3-25] 상태 바 및 명령 상태 위치

② 다음 그림에서 첫 번째 줄이 상태 바이고, 두 번째 줄이 명령 상태이다. 명령 상태는 현재 다각형 플랜을 배치하는 명령이 수행 중임을 나타내고 있다.

[그림 3-26] 첫 번째 줄이 상태 바이고 두 번째 줄이 명령 상태

## 3-2 알티움 디자이너의 화면구조(2)

| 학습 목표 | • 알티움 디자이너의 작업영역, 단축키, 마우스 조작법을 이해할 수 있다. |
|---|---|

### 필요지식



#### 1. 작업영역

도면작업, PCB 작업, 부품제작, 코딩, CAM 등의 모든 작업을 할 때에 사용되는 전체 작업영역을 말한다. Altium Designer의 화면에서 가장 큰 영역을 차지하고 있는 영역이기도 하다.

특정 문서를 열면 Altium Designer는 그 문서에 알맞은 서버를 자동으로 호출하여 서버에서 필요한 메뉴, 작업영역, 단축키, 패널 등을 자동으로 설정하여 화면을 구성하여 준다. 따라서 사용자는 서버를 개별적으로 호출할 필요없이 필요한 문서를 열기만 하면 된다.

#### 2. 단축키

Altium Designer의 단축키는 각 서버마다 약간의 기능에 차이가 있지만 기본적인 기능은 공통적으로 같다. 예를 들어 Shit+C의 기능은 회로도와 PCB가 동일하게 선택 해제로 동일하게 동작한다. 하지만 P, T의 기능은 회로도에서는 텍스트 문자 기능이지만 PCB에서는 능동 배선 기능으로 동작한다.

#### 3. 마우스 조작법

마우스의 조작은 왼쪽 클릭, 왼쪽 더블클릭, 왼쪽 드래그, 오른쪽 클릭, 오른쪽 드래그, 휠 스크롤, 휠 드래그 등의 작업이 있다.

## 수행 내용 알티움 디자이너의 화면구조(2) 사용법 이해하기

### 재료 · 자료

- 상세 회로도면, 기구도면, A4 용지, 필기구

### 기기(장비 · 공구)

- 인터넷 가능한 컴퓨터, 한글 오피스, 프린터

### 안전 · 유의사항

- 회로동작 및 기능을 충분히 숙지하도록 한다.
- 컴퓨터에 바이러스가 침투하지 않도록 유의한다.

## 수행 순서

### 01 작업영역 실행하기

① 파일≫프로젝트 열기 메뉴를 이용하여 C:₩Users₩Public₩Documents₩Altium₩AD14₩Examples₩DeveloperTool-DT01 ₩DT01.PrjPCB 파일을 열어보면 그림과 같이 프로젝트 패널에 DT01.PrjPCB 프로젝트가 열린 것을 볼 수 있다.

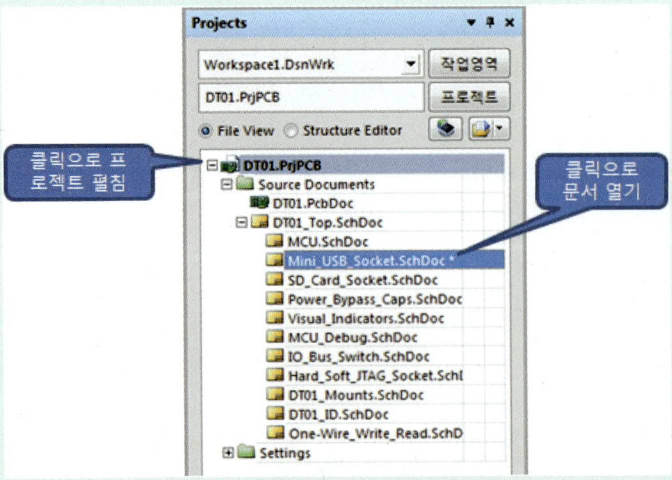


[그림 3-27] 프로젝트 패널에 DT01.PriPCB 프로젝트가 열린 것

② Source Documents 폴더 내의 Mini_USB_Socket.SchDoc 파일을 마우스 왼쪽 버튼으로 더블클릭하고 SD_Card_Socket.SchDoc 파일도 같은 방법으로 더블클릭하면 2개의 문서가 다음의 그림과 같이 열린다.
2개의 문서가 열린 것을 확인하려면 작업영역의 상단 탭을 보면 열린 파일의 이름이 표기되며, 마우스 왼쪽 버튼으로 클릭하여 2개의 문서를 서로 전환할 수 있다.

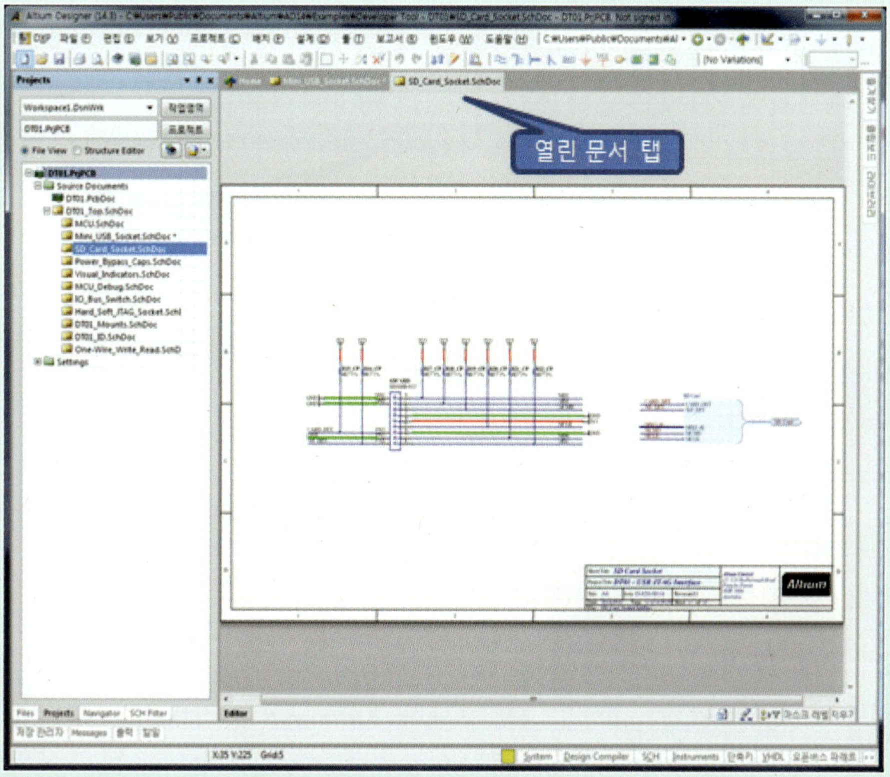


[그림 3-28] 2개의 문서가 열린 것

③ 2개의 문서를 서로 전환하려면 작업영역 상단의 탭을 클릭하거나 왼쪽의 프로젝트 패널에서 해당 문서를 클릭하여 문서를 전환할 수 있다. 단 이미 열린 문서에 대해서만 프로젝트 패널에서 해당 문서를 클릭 시 전환되며 열리지 않은  문서는 더블클릭을 해야만 볼 수 있다.

같은 방법으로 프로젝트 패널에서 DT01.PcbDoc 파일을 더블클릭하여 열어 보겠다.

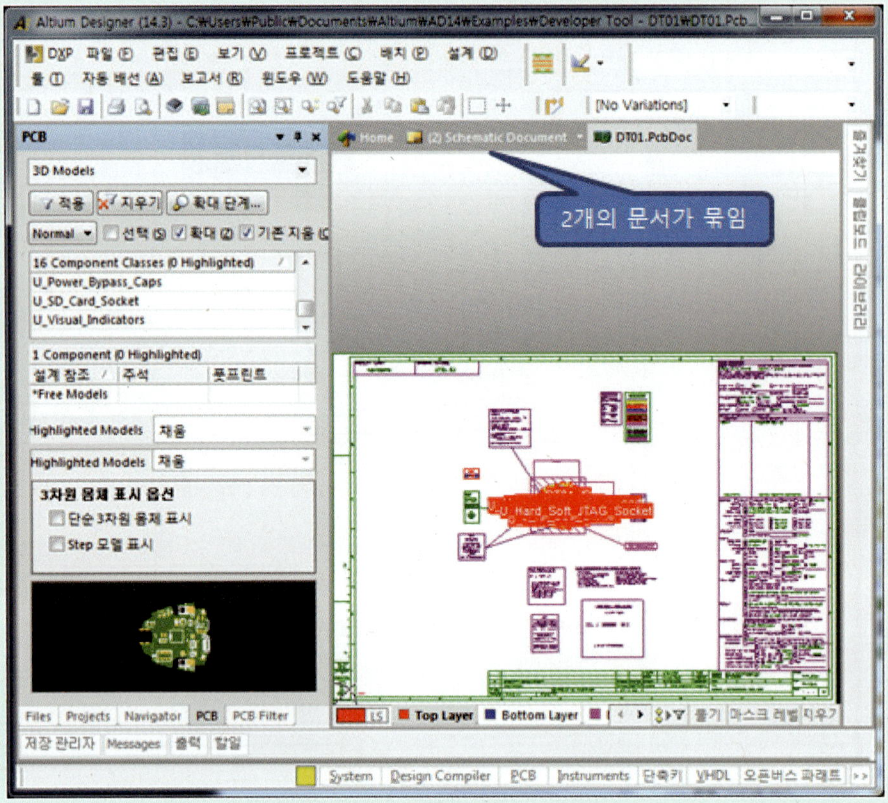


[그림 3-29] 2개의 문서를 서로 전환

④ 3개의 문서를 열면 작업영역 상단의 탭 공간이 부족하여 자동으로 같은 종류의 도면을 묶어서 표기하며 오른쪽 측면에 아래 방향 화살표가 생성된다. 단 메인 창의 크기가 크면 자동으로 그룹으로 묶어주지 않는다. 때문에 메인 창의 크기를 조금 작게 줄이고 변화를 관찰하는 것이 좋다. 다음의 그림은 메인 창의 크기가 클 때 문서 탭의 공간이 여유가 있어 묶이지 않은 화면이다.

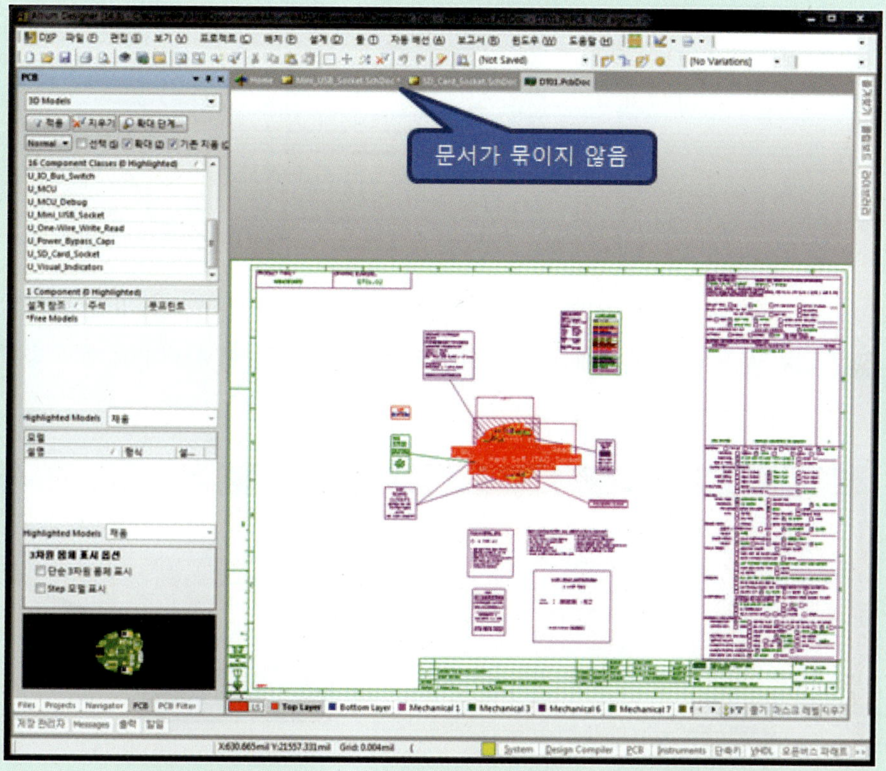


[그림 3-30] 메인 창의 크기가 클 때 문서 탭의 공간이 여유가 있어 묶이지 않은 화면

⑤ 문서가 묶인 경우 문서의 전환 시 PCB 문서는 클릭만으로 전환이 되지만 회로도 문서는 클릭하면 묶인 문서의 목록이 아래로 펼쳐지며 2개의 문서 중 전환을 원하는 문서를 클릭하면 된다.

[그림 3-31] 2개의 문서 중 전환을 원하는 문서를 클릭

⑥ 이제 프로젝트 패널에서 2개의 문서를 더 열어보겠다. Settings 폴더 아래의 Harness Definitions Files 폴더를 열고 **Hard_Soft_JTAG_Socket.Harness** 파일을 더블클릭 한다.

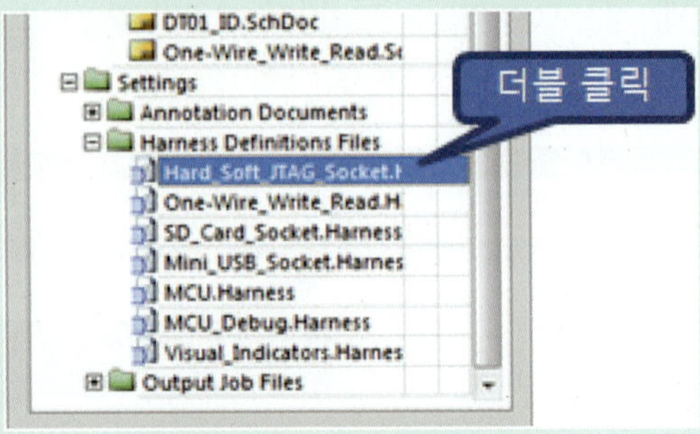


[그림 3-32] Hard_Soft_JTAG_Socket.Harness 파일을 더블클릭

⑦ 다음 그림과 같이 작업영역 상단의 탭 공간에 변화가 생겼다. 기존 3개의 문서는 없고 새로 열린 문서의 탭만 존재한다. 탭의 오른쪽 상하 화살표를 클릭하여 탭의 공간을 확장할 수 있다.

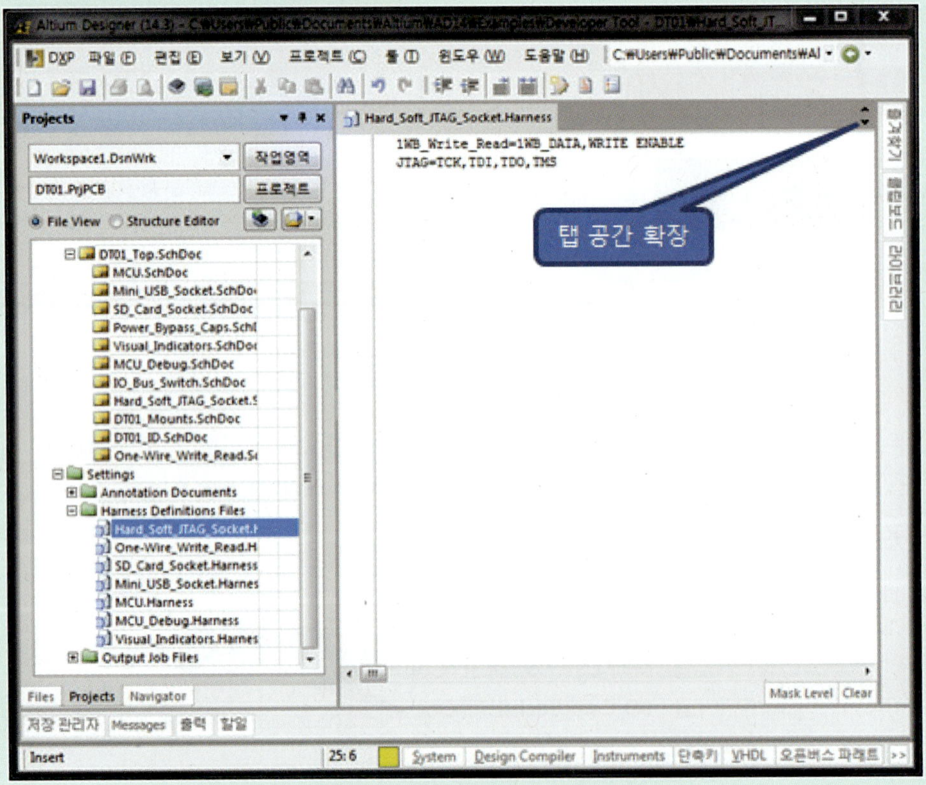


[그림 3-33] 탭의 오른쪽 상하 화살표를 클릭하여 탭의 공간을 확장

## 02 작업영역의 문서닫기 실행하기

① 열려진 문서를 닫으려면 문서 탭에서 마우스 오른쪽 버튼을 눌러 팝업 메뉴를 띄운 뒤 **Close 문서이름**을 클릭하여 문서를 닫을 수 있다. 만약 문서의 수정사항이 있는 경우에는 다음의 그림과 같이 문서의 이름 옆에 "*" 표시가 나타나는데 이때 문서를 닫으면 문서를 저장할 것인지를 묻는 대화상자가 나타난다.

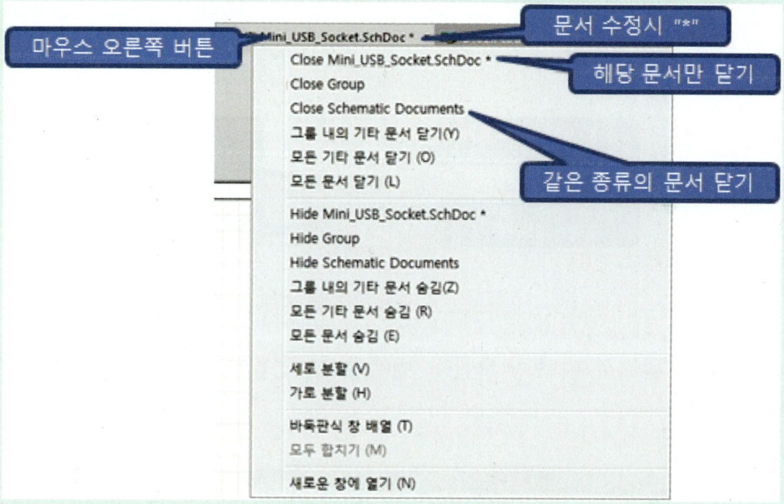


[그림 3-34] 열려진 문서를 닫기

② 상기 대화상자는 문서의 수정사항이 있는 경우 저장을 할 것인지를 묻는 내용으로 Yes를 선택하면 저장하고 문서를 닫고, No를 선택하면 저장하지 않고 문서를 닫으며 Cancel을 선택하면 문서를 닫는 명령 자체를 취소한다.

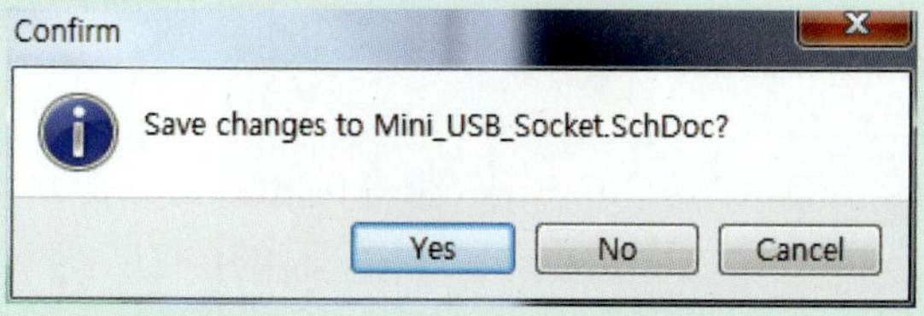


[그림 3-35] 열려진 문서수정

## 03 작업영역의 분할 실행하기

① 하나의 화면에서 다음의 그림과 같이 세로분할, 가로분할, 바둑판식 창분할, 모두 합치기 문서를 표시한다.

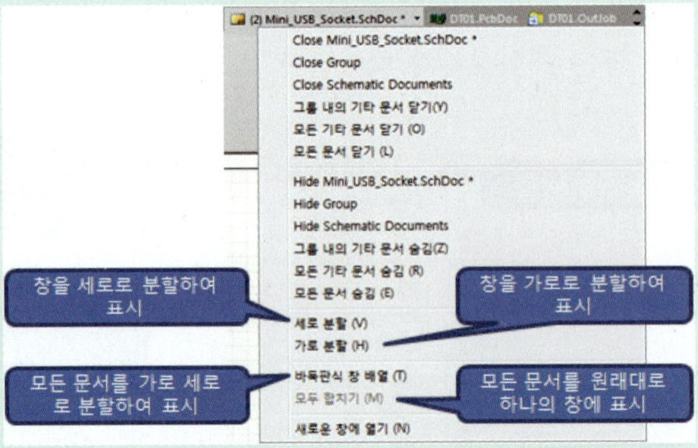


[그림 3-36] 작업영역의 분할

② 해당 문서의 탭에서 마우스 오른쪽 버튼을 눌러 팝업 메뉴를 띄우고 **세로 분할** 메뉴를 선택한다.

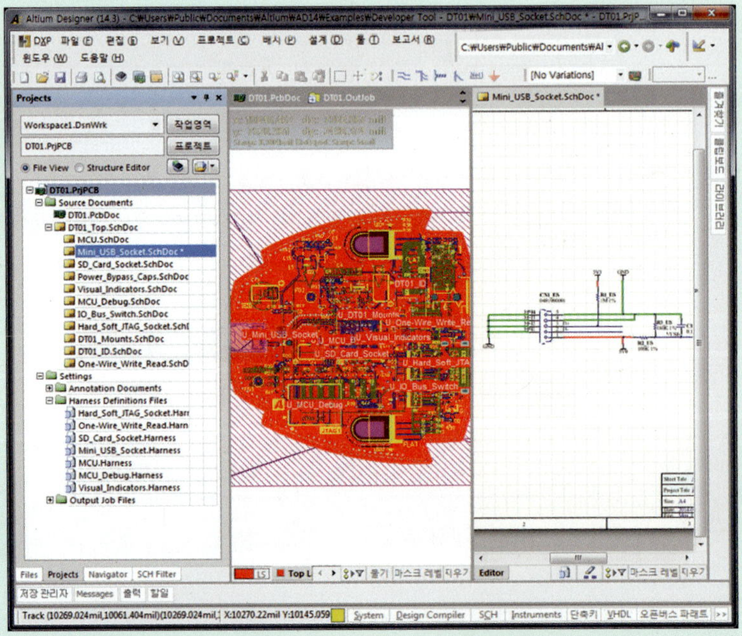

[그림 3-37] 작업영역의 세로 분할

③ 분할된 창은 경계선을 커서로 이동하여 화면 전체의 비율을 변경하실 수 있다.

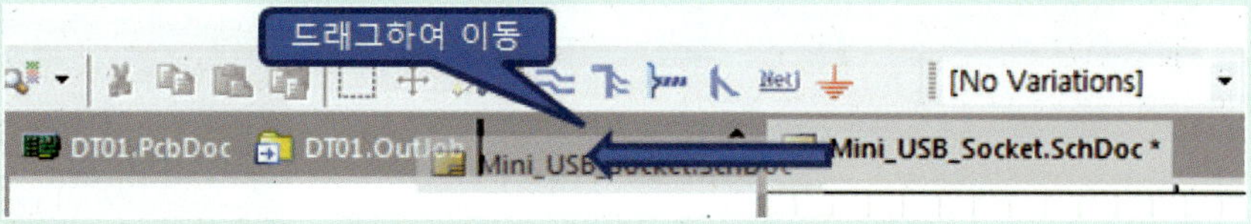


[그림 3-38] 화면 전체 비율의 변경

④ 분할된 창을 하나의 창으로 합치려면 팝업 메뉴에서 **모두 합치기** 메뉴를 선택하거나 탭을 드래그하여 나머지 창에 놓아도 된다.

## 04 메인 창의 사본 생성하기

① 컴퓨터 모니터를 2대 이상 사용하는 경우 메인 창을 2개로 분할하여 2대의 모니터에 각각 표시할 수 있다. 문서 탭에서 마우스 오른쪽 버튼을 눌러 팝업 메뉴를 띄우고 **새로운 창에 열기** 메뉴를 선택하면 다음 그림과 같이 새로운 창에 해당 문서가 표시된다.

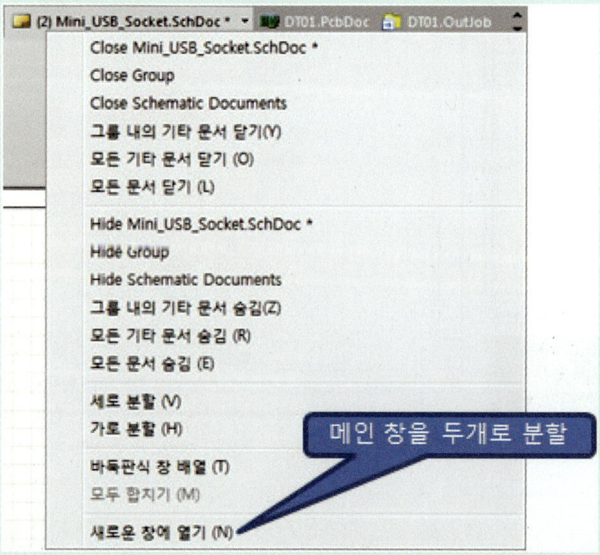


[그림 3-39] 메인 창을 2개로 분할

② 다른 방법으로 문서의 탭을 드래그하여 화면 밖에 놓아도 같은 동작을 한다.

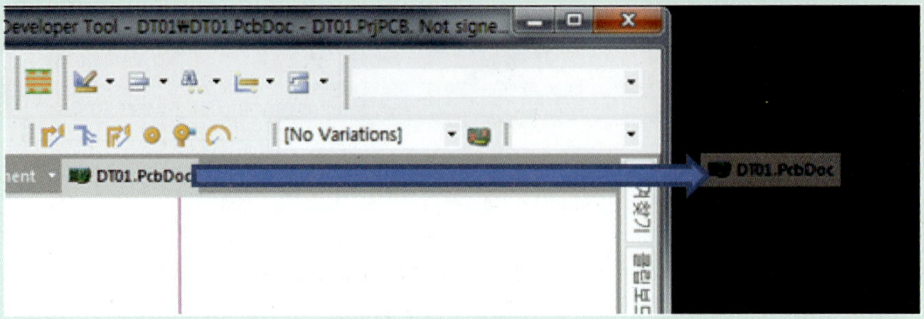

[그림 3-40] 문서의 탭을 드래그하여 2개로 분할

③ 다음 그림은 메인 창이 분할된 화면이다.

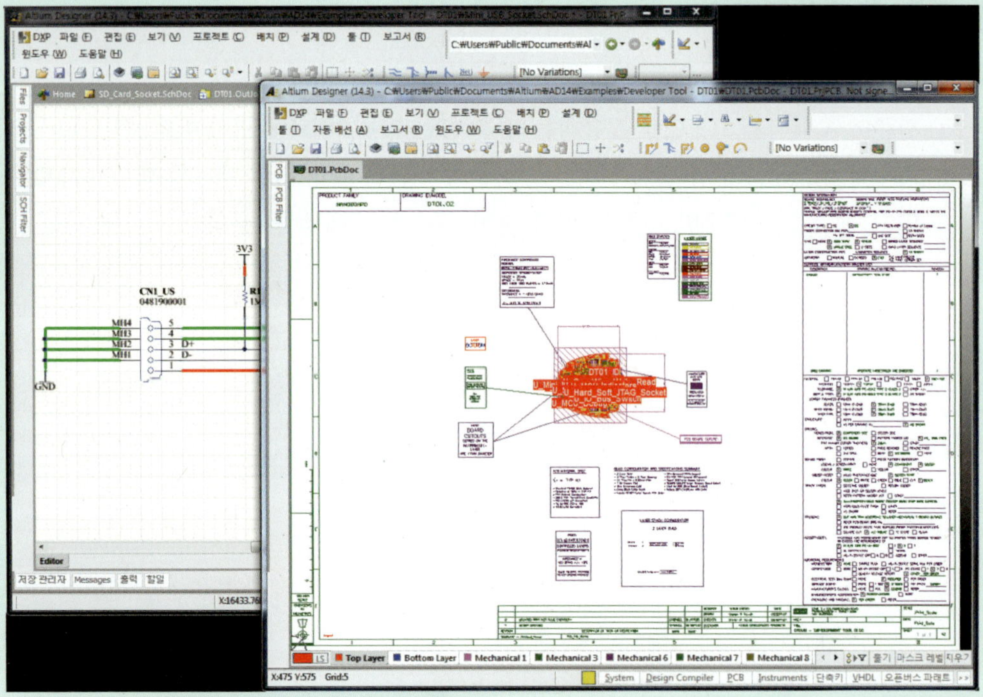

[그림 3-41] 메인 창이 분할된 화면

④ 분할된 메인 창의 문서 탭을 드래그하여 2개의 창간을 이동할 수 있다.

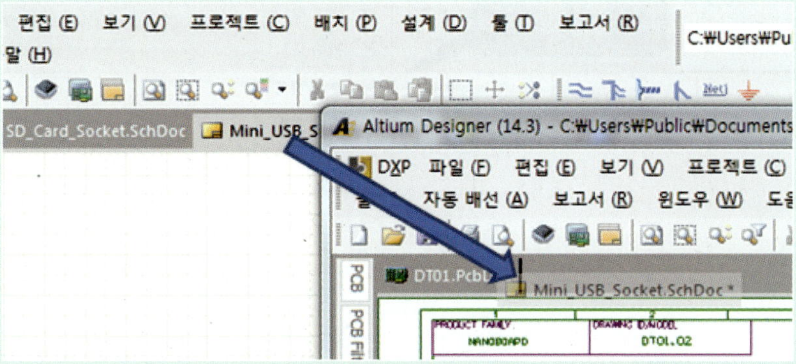


[그림 3-42] 문서 탭을 드래그하여 2개의 창간을 이동

⑤ 분할된 2개의 창 중에서 하나의 창에서 X표시를 클릭하면 다음과 같은 대화상자가 나타난다.

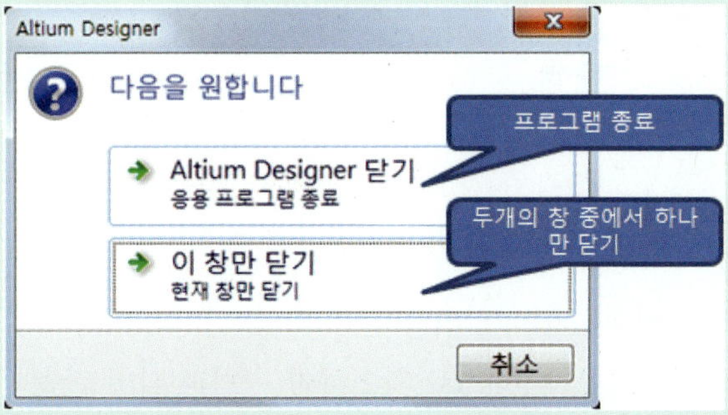


[그림 3-43] 하나의 창에서 X표시를 클릭하면 대화상자 표시

## 05 단축키 실행하기

① 한번에 선택하여 실행하는 단축키와 두번을 눌러 실행하는 단축키가 있다. 한번에 선택하여 실행하는 단축키는 Shift+C와 같이 Shift키를 누른 상태로 C키를 누르는 것이고, 두번에 선택하여 실행하는 단축키는 P, T와 같이 P키를 한번 누르고 T키를 다음에 누르는 것이다.

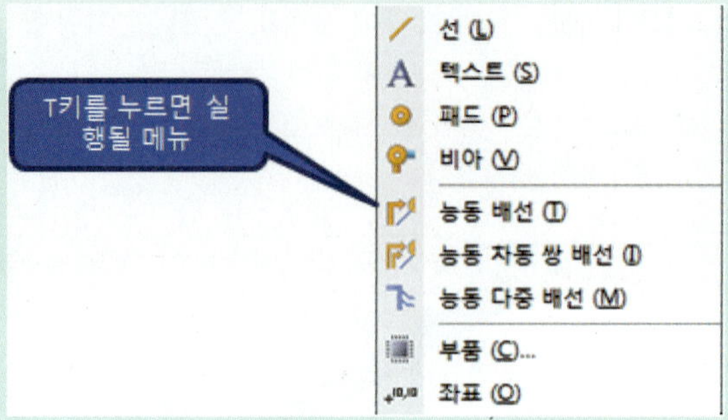


[그림 3-44] T키를 누르면 실행된 화면

② 다음의 그림은 회로도에서 P키를 눌렀을 때에 나오는 화면의 일부이다.

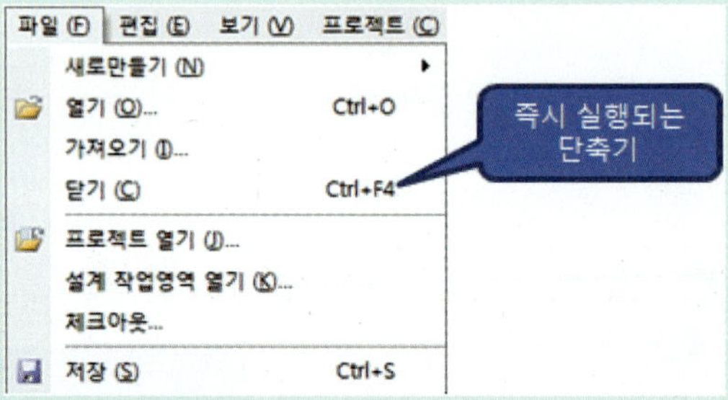


[그림 3-45] P키를 누르면 실행된 화면

③ 한 번에 선택하여 실행되는 단축키의 목록을 확인하는 손쉬운 방법은 메인 메뉴에서 확인하는 방법이다. 메인 메뉴를 마우스로 확인하면 그림과 같이 단축키가 정의되어 있는 메뉴인 경우 해당 단축키의 이름이 표시된다.

좀 더 자세한 단축키의 내용을 확인하려면 도움말≫시작≫단축 키 메뉴를 클릭하여 해당 서버의 단축키를 확인할 수 있다.

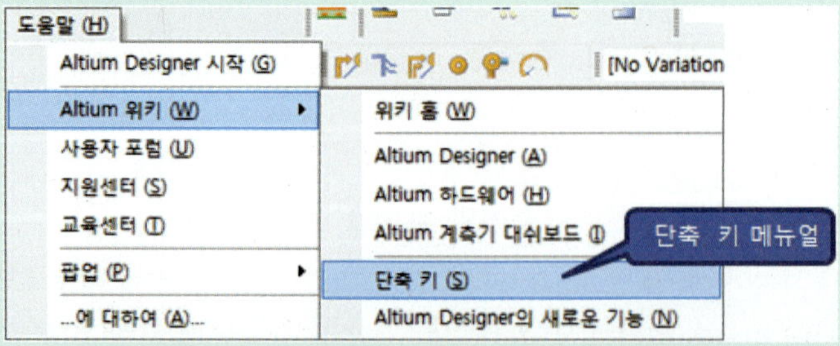


[그림 3-46] 도움말≫시작≫단축 키 메뉴를 클릭

④ Altium Designer의 단축키 요약이다.

Altium

# Shortcut Keys

## Summary

Guide
GU0104 (v1.9) February 11, 2008

This guide provides a list of shortcut keys available for use within Altium Designer, ranging from those used at the environment level, through to those associated with particular document editors.

## Environment Shortcuts

| | |
|---|---|
| F1 | Access Documentation Library (in context with object under cursor) |
| CTRL + O | Access *Choose Document to Open* dialog |
| CTRL + F4 | Close active document |
| CTRL + S | Save current document |
| CTRL + P | Print current document |
| ALT + F4 | Close Altium Designer |
| CTRL + TAB | Cycle through open documents (to the right) |
| SHIFT + CTRL + TAB | Cycle through open documents (to the left) |
| Drag & drop from Windows Explorer into Altium Designer | Open document as a free document |
| F4 | Hide/display all floating panels |
| SHIFT + F4 | Tile open documents |
| SHIFT + F5 | Toggle between active panel and workspace |
| SHIFT + F1 | Access Natural Language Search facility (Smart Search) |
| Hold CTRL while moving a panel | Prevent automatic docking, grouping or snapping |

## Project Shortcuts

| | |
|---|---|
| C, C | Compile the current design project |
| C, R | Recompile the current design project |

[그림 3-47] Altium Designer의 단축 키의 요약

## 06 마우스 조작법 실행하기

① 마우스 왼쪽 버튼은 클릭, 더블클릭, 드래그 등의 작업을 수행할 수 있다. 먼저 왼쪽 버튼을 클릭하면 마우스 커서에 위치한 객체를 선택하는 기능으로 동작한다.

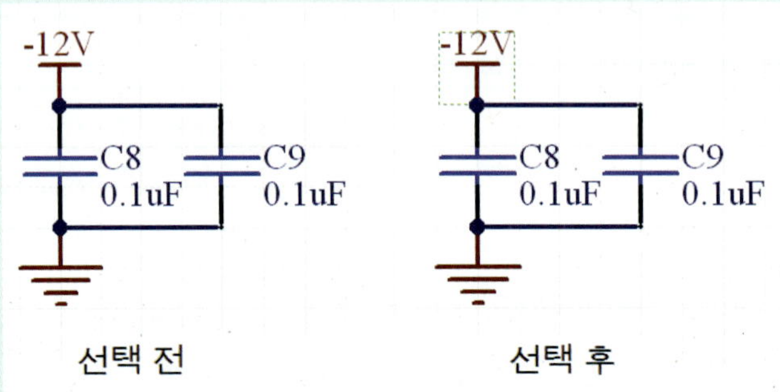


[그림 3-48] 왼쪽 버튼을 클릭하면 마우스 커서에 위치한 객체를 선택하는 기능

② 하나의 객체를 선택 시 사용하며 2개 이상의 객체를 선택할 때에는 키보드 Shift키를 누른 상태로 선택할 수 있으며, 선택된 객체를 해제할 때에는 빈 공간을 마우스 왼쪽 버튼으로 클릭하거나 키보드 단축키 Shift+C키를 누른다.
화면의 빈 공간에서 마우스 왼쪽 버튼을 누른 상태로 드래그하여 사각형의 블록이 생성되며 블록 내의 객체를 선택할 수 있다.

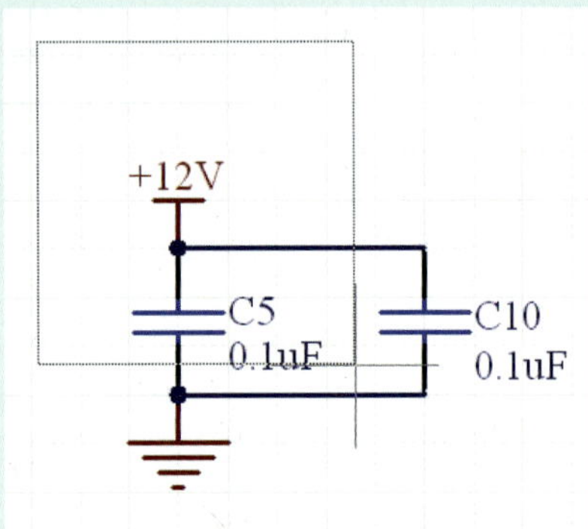


[그림 3-49] 왼쪽 버튼을 클릭하면 마우스 커서에 위치한 객체를 선택하는 기능

③ 마우스의 더블클릭은 해당 객체의 속성을 변경할 경우 사용한다. 다음의 그림은 선을 더블클릭했을 때에 나타나는 대화상자이다.

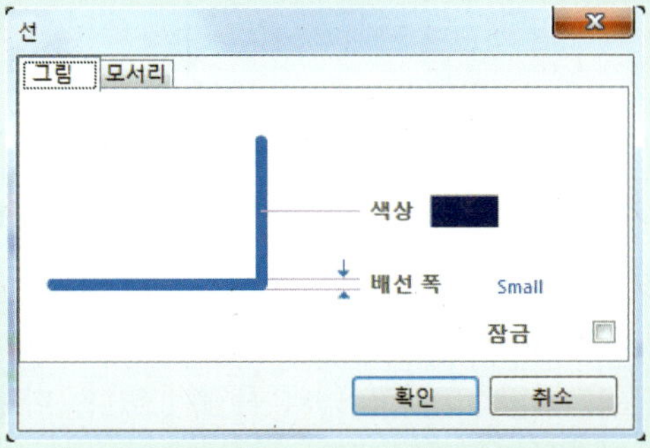


[그림 3-50] 마우스의 더블클릭은 해당 객체의 속성을 변경할 경우

④ 해당 객체의 위치를 변경할 경우 객체 위에 마우스 커서를 위치한 뒤에 왼쪽 버튼을 누른 상태로 드래그한다. 2개 이상의 객체를 동시에 이동하려면 **Shift**키를 누른 상태로 2개의 객체를 각각 클릭하여 선택하고 **Shift**키를 놓고 드래그한다.

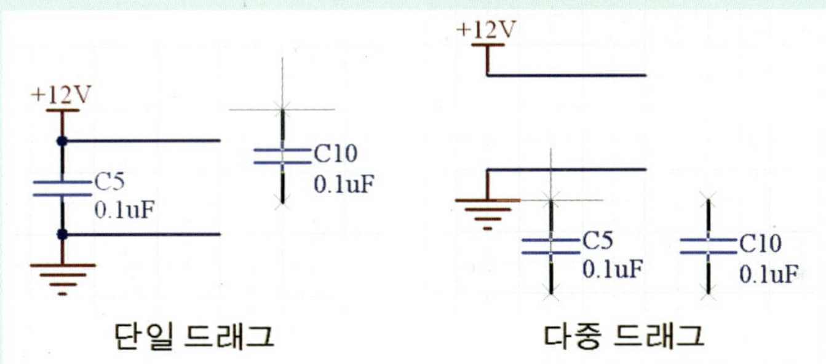


[그림 3-51] 해당 객체의 위치를 변경할 경우

⑤ 객체가 부품이라면 드래그 과정에서 연결된 배선이 끊어진다. 연결된 배선을 유지하고 드래그하려면 **Ctrl**키를 누른 상태로 드래그한다.

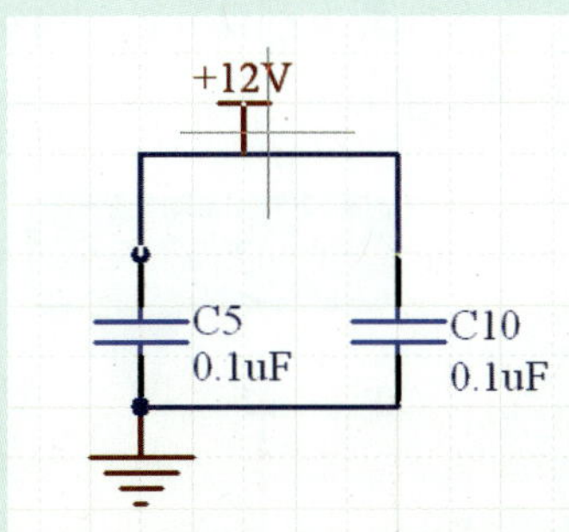


[그림 3-52] 연결된 배선을 유지하고 드래그하려면 Ctrl키를 누른 상태로 드래그

⑥ 드래그 과정에서 Space bar를 눌러 방향의 전환 및 X 또는 Y키를 눌러 좌우, 상하의 반전이 가능하며 Tab키를 눌러 더블클릭 시와 동일하게 속성 편집 대화상자를 띄울 수 있다.

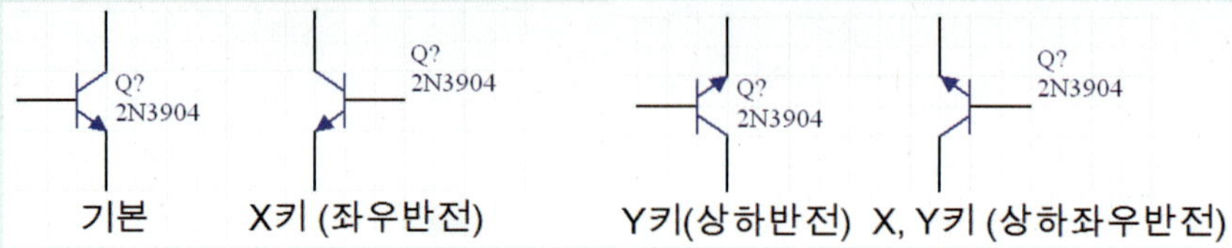


[그림 3-53] Space bar를 눌러 방향의 전환 및 X 또는 Y키를 눌러 좌우, 상하의 반전

⑦ 마우스 오른쪽 버튼은 클릭, 드래그 등의 작업이 있다. 마우스 오른쪽 버튼을 클릭하면 팝업 메뉴를 띄울 수 있다. 팝업 메뉴에는 사용빈도가 높은 메뉴가 표시되며, 해당 메뉴로 마우스 커서를 이동하여 왼쪽 버튼으로 클릭하여 실행할 수 있다. 팝업 메뉴를 취소하려면 ESC키를 누르거나 화면의 빈 공간을 왼쪽 버튼으로 클릭한다.

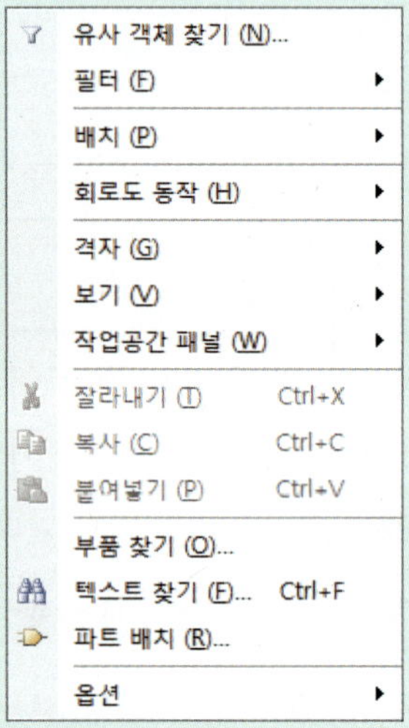


[그림 3-54] 마우스 오른쪽 버튼을 클릭하면 팝업 메뉴 표시

⑧ 마우스 오른쪽 버튼을 누른 상태로 드래그하면 커서의 모양이 손바닥 모양으로 변경되면서 화면이 상하좌우로 드래그된다.

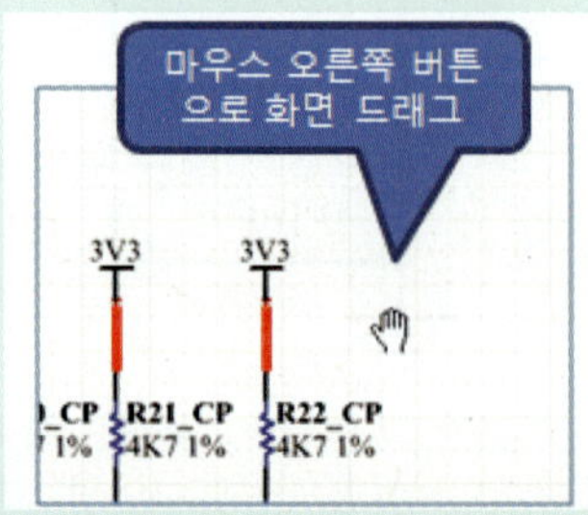


[그림 3-55] 마우스 오른쪽 버튼으로 화면 드래그

⑨ Ctrl키를 누른 상태로 마우스 오른쪽 버튼을 누르고 드래그하여 화면의 확대/축소가 가능하다. 이때 마우스는 위아래로 움직여야 한다.

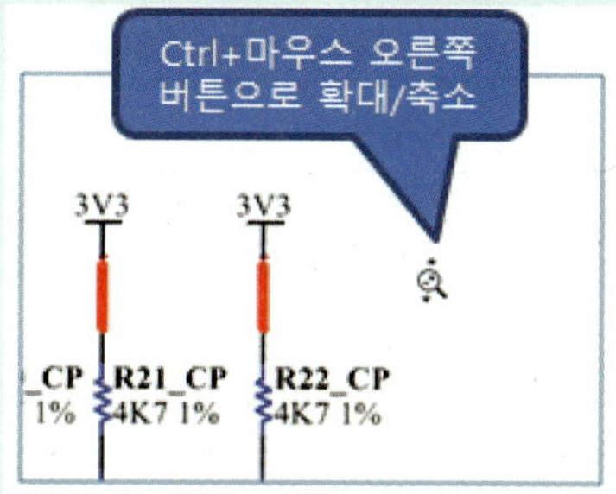


[그림 3-56] Ctrl키를 누른 상태로 마우스 오른쪽 버튼을 누르고 드래그하여 화면의 확대/축소

⑩ 휠 마우스를 사용하는 경우 휠을 이용하여 다양한 추가 작업이 가능하다. 휠을 스크롤하여 화면을 상하로 이동하거나 Shift키를 누른 상태로 휠을 스크롤하여 화면을 좌우로 이동할 수 있다. Ctrl키를 누른 상태로 휠을 스크롤하여 화면의 확대/축소가 가능하며 휠을 누른 상태로 마우스를 상하로 드래그하여 확대/축소가 가능하다.

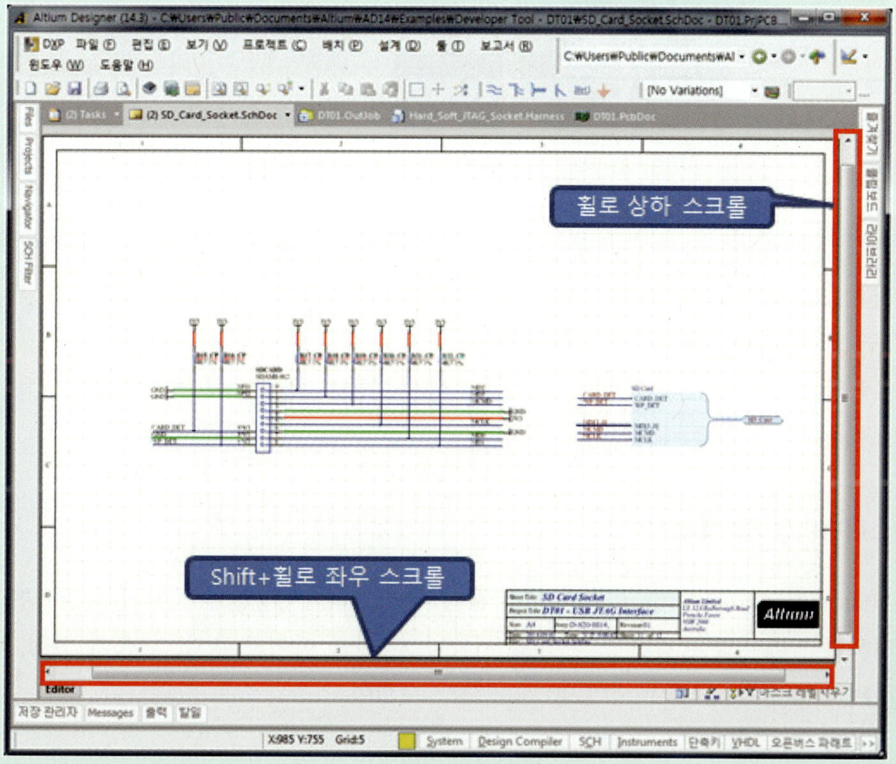


[그림 3-57] 휠 마우스를 사용하는 경우

# 3-3 알티움 디자이너의 화면구조(3)

| 학습 목표 | • 알티움 디자이너의 객체의 선택 및 수정, 커스터마이징 및 복구, 도움말을 이해할 수 있다. |
|---|---|

## 필요지식

### 1. 객체의 선택 및 수정

여러 객체를 효율적으로 선택하고 수정하는 다양한 방법을 소개한다.

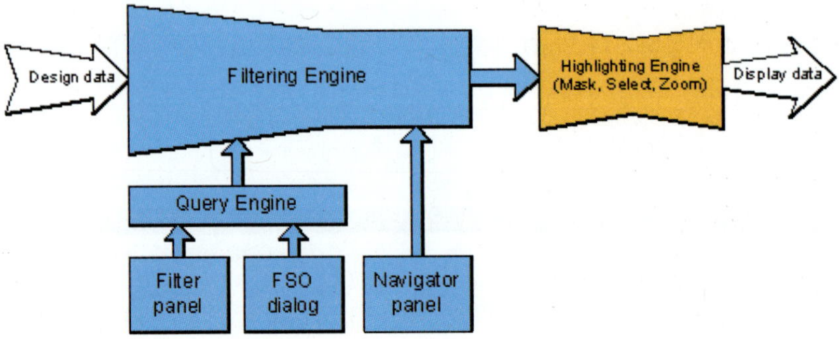


[그림 3-58] 파란색의 객체 선택방법과 노란색의 강조기능 표현

위의 그림에서 파란색의 객체 선택방법은 "유사 객체 찾기"와 "회로 필터(SCH Filter)", "탐색기(Navigator)"를 이용한 방법으로 선택할 수 있으며, 선택된 객체는 노란색의 강조기능으로 표현(마스크, 선택, 확대)된다.

선택된 객체는 일반적인 수정작업(이동, 삭제, 복사, 회전)과 일괄 수정(SCH Inspector, SCH List)을 진행할 수 있다.

### 2. 커스터마이징 및 복구

Altium Designer의 모든 메뉴는 사용자가 커스터마이징할 수 있다. 불필요한 메뉴를 삭제하거나 메뉴의 위치변경, 메뉴의 이름변경, 단축 아이콘 추가, 단축키 설정, 단축 아이콘의 그림변경 등 모든 작업을 사용자가 수정이 가능하도록 지원된다.

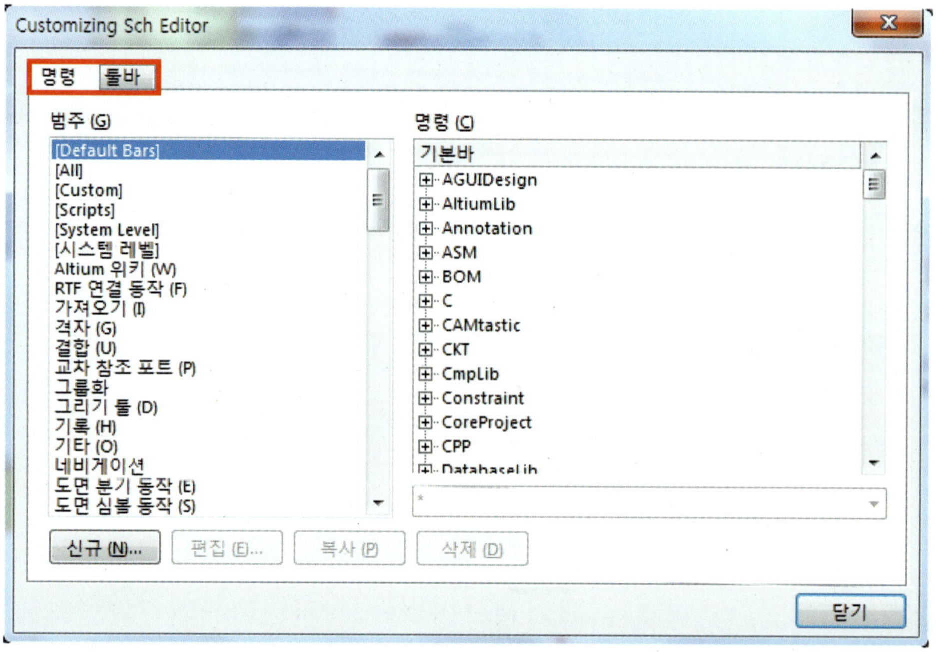


[그림 3-59] 커스터마이징 SCH 편집

**수행 내용** 알티움 디자이너의 화면구조(3) 사용법 이해하기

### 재료 · 자료

- 상세 회로도면, 기구도면, A4 용지, 필기구

### 기기(장비 · 공구)

- 인터넷 가능한 컴퓨터, 한글 오피스, 프린터

### 안전 · 유의사항

- 회로동작 및 기능을 충분히 숙지하도록 한다.
- 컴퓨터에 바이러스가 침투하지 않도록 유의한다.

## 수행 순서

### 01 객체의 선택 및 수정 실행하기

(1) 유사객체 찾기

① 유사 객체 찾기는 선택하려는 객체와 유사한 것을 찾아 선택하는 기능이다.

[그림 3-60] 유사 객체 찾기

② 다음의 그림에서 빨강색 배선만을 선택해 보겠다. 먼저 빨강색 배선에 마우스 커서를 놓고 오른쪽 버튼을 눌러 팝업 메뉴를 띄운 뒤 유사 객체 찾기 명령을 선택한다.

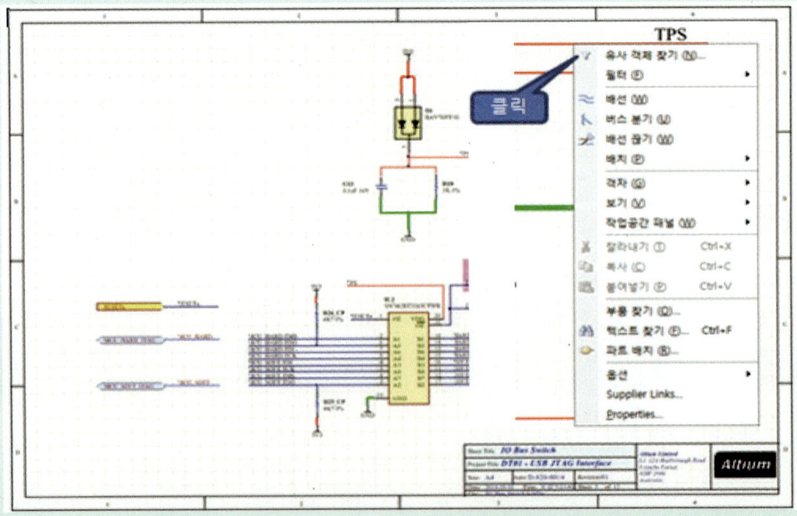


[그림 3-61] 유사 객체 찾기 명령 선택

③ Color 항목의 우측 끝의 Any로 되어 있는 부분을 Same으로 변경하고 대화상자 하단의 확인 버튼을 누른다.

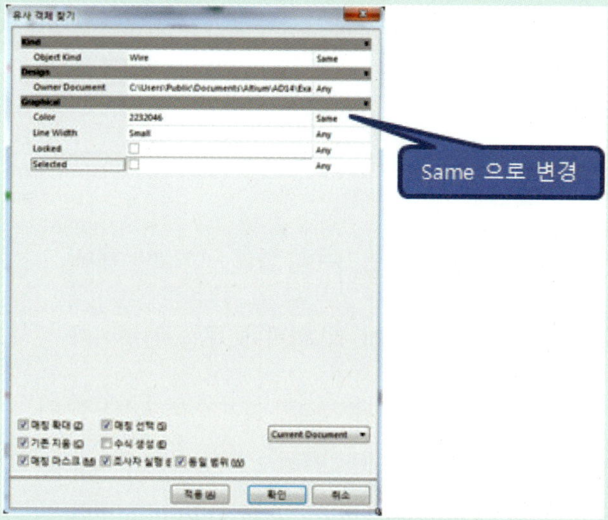


[그림 3-62] Same으로 변경

④ 다음의 그림과 같이 빨강색의 선만 선택된 것을 확인할 수 있다. 객체가 선택된 다음에는 기타 나머지 객체들은 모두 흐린 색으로 변경된다.

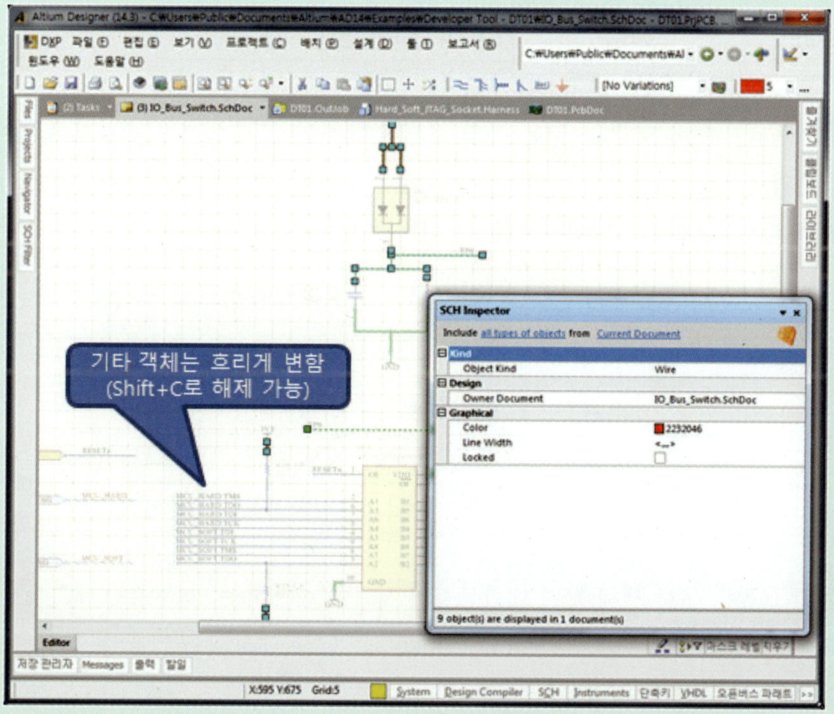


[그림 3-63] 나머지 객체들은 모두 흐린 색으로 변경

⑤ 이것은 빈 공간을 클릭해서는 해제되지 않으며 반드시 Shift+C키로만 해제 가능하다.

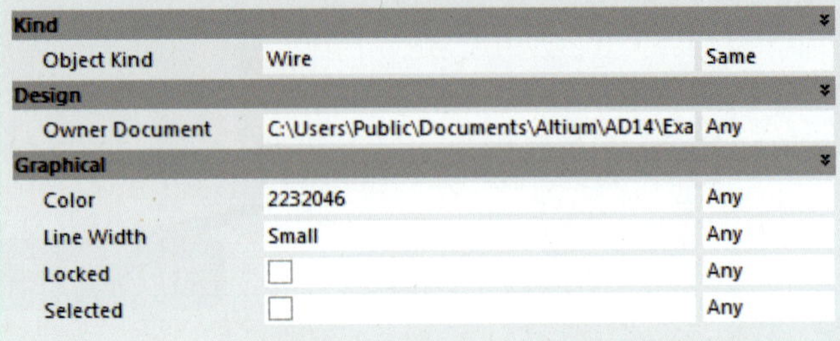


[그림 3-64] Shift+C키로만 해제

⑥ 유사 객체 찾기의 대화상자에서 각 항목에 대한 설명이다.

〈표 3-4〉 유사 객체 찾기의 대화상자 항목

| 원 문 | 뜻 | 설 명 |
|---|---|---|
| Object Kind | 객체 종류 | Wire, Part, Pad, Via, Component 등의 객체 종류 |
| Owner Document | 소유 문서 | 해당 객체가 속한 문서의 파일 이름 |
| Color | 색상 | 객체의 색상 코드 |
| Line Width | 선 폭 | 선의 두께 |
| Locked | 잠김 | 객체의 잠김 상태 |
| Selected | 선택 | 객체의 선택 상태 |

⑦ 우측의 Any, Same, Different는 해당 조건에 대하여 일치 여부를 결정한다. 앞의 방법은 빨강색의 선을 선택하기 위하여 Color 부분을 Same으로 설정하였으나 Different로 선택하면 빨강색을 제외한 나머지 선들이 선택된다.

〈표 3-5〉 Any, Same, Different의 해당 조건에 대한 일치여부

| 원 문 | 뜻 | 설 명 |
|---|---|---|
| Any | 무관 | 해당 항목은 비교 대상에서 제외 |
| Same | 동일 | 해당 항목과 동일한 조건의 객체 탐색 |
| Different | 다름 | 해당 항목과 다른 조건의 객체 탐색 |

⑧ 다음의 그림은 유사 객체 찾기 대화상자의 하단에 존재하는 항목이다. 대화상자의 우측하단의 Current Document와 Open Documents는 탐색 대상의 도면을 현재 도면 또는 열려 있는 전체 도면으로 설정할 수 있다.

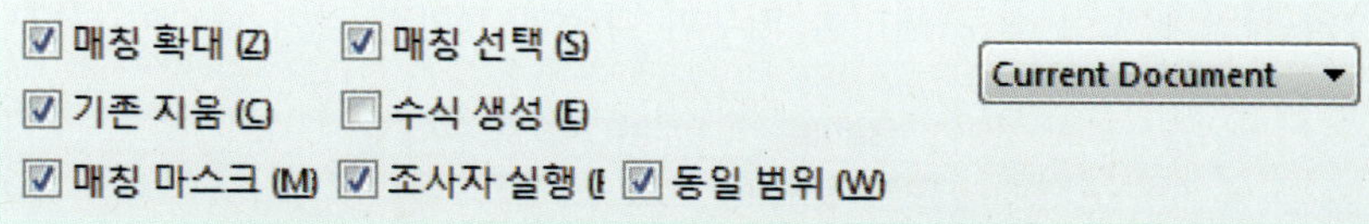


[그림 3-65] 유사 객체 찾기 대화상자의 존재하는 항목

⑨ 유사 객체 찾기 대화상자의 하단에 존재하는 항목에 대한 설명이다.

〈표 3-6〉 유사 객체 찾기 대화상자의 존재하는 항목 설명

| 항 목 | 설 명 |
|---|---|
| 매칭 확대 | 선택된 객체를 화면에 확대하여 보인다. |
| 기존 지움 | 먼저 선택되어 있었던 객체의 선택을 해제한다. |
| 매칭 마스크 | 일치된 객체 이외의 객체에 대하여 마스크(흐리게) 처리한다. |
| 매칭 선택 | 일치된 객체를 선택한다. |
| 수식 생성 | 회로 필터(SCH Filter) 패널에 수식을 생성한다. |
| 조사자 실행 | 일치된 객체에 대하여 수정할 수 있도록 회로 조사자 패널을 띄운다. |
| 동일 범위 | 회로 조사자(SCH Inspector)의 적용 대상을 대상 도면으로 한정한다. |

(2) 회로 필터(SCH Filter) 실행하기

① 여러 객체를 효율적으로 선택하고 수정하는 다양한 방법을 소개한다.

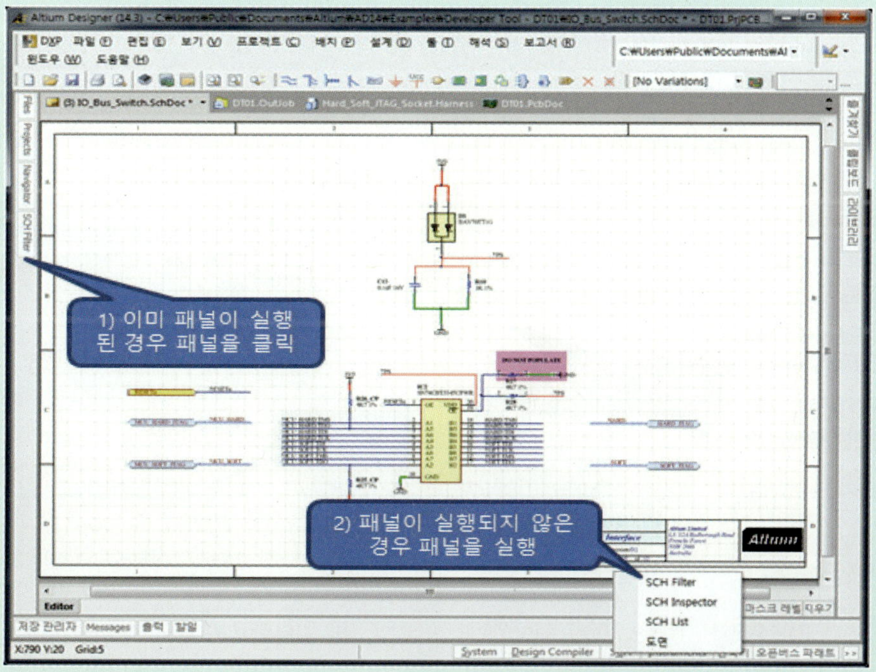


[그림 3-66] 회로 필터 띄우기

② 앞의 화면과 같이 회로 필터를 띄우면 다음의 그림과 같이 패널이 나타난다.

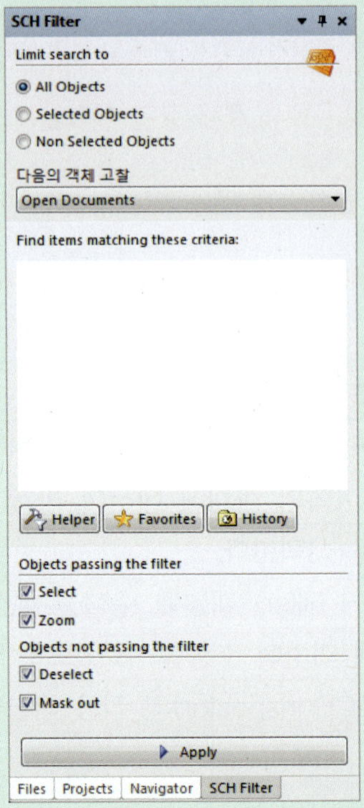


[그림 3-67] 패널 표시

③ 패널 모습은 가로가 긴 경우와 세로가 긴 경우 모습이 차이가 있다. 패널이 나타나면 "Find items matching these criteria:"항목에 "IsWire And(LineWidth='Small')"로 입력하고 Apply 버튼을 누른다.

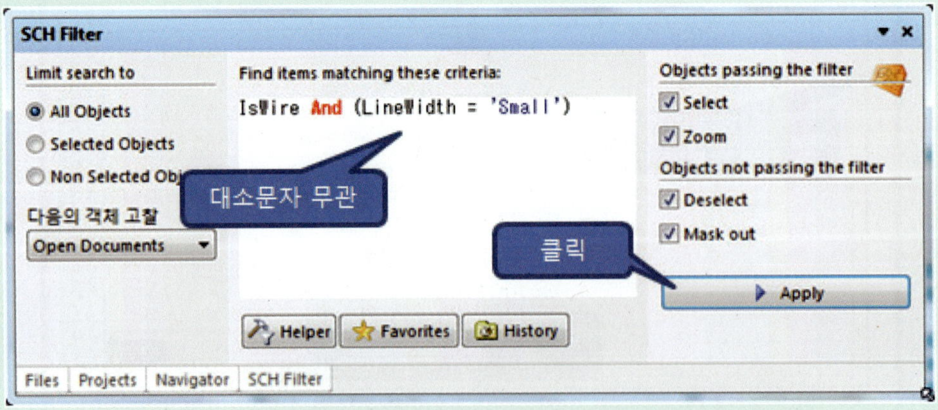


[그림 3-68] "IsWire And (LineWidth='Small')"로 입력하고 Apply 버튼 누름

④ 다음의 그림은 객체가 선택된 회로도의 모습이다.

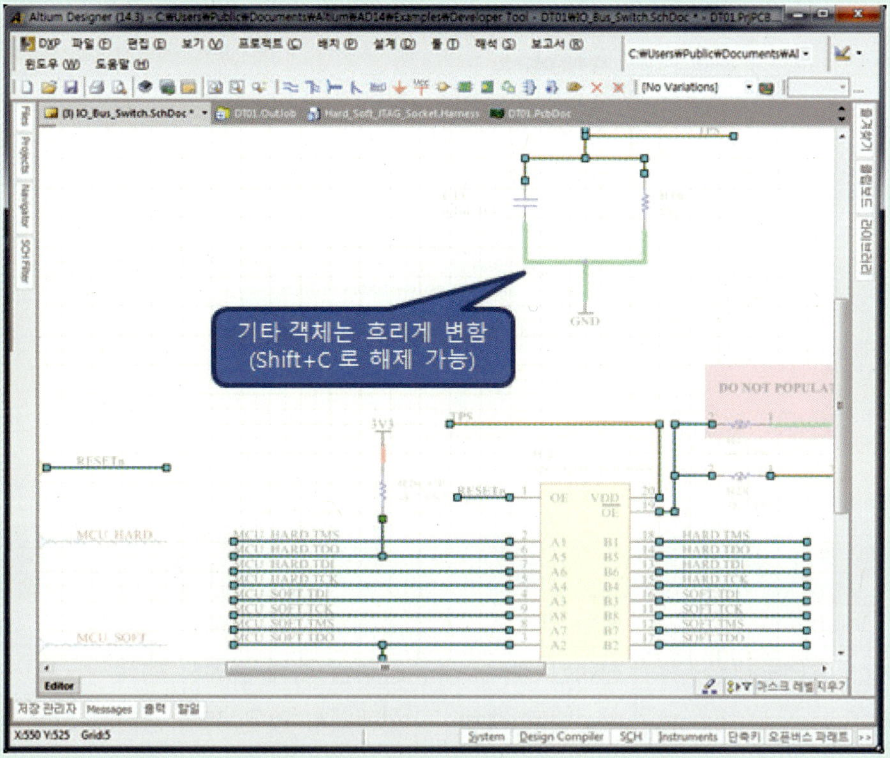


[그림 3-69] 객체가 선택된 회로도의 모습

⑤ 다음은 회로 필터(SCH Filter) 패널의 설명이다.

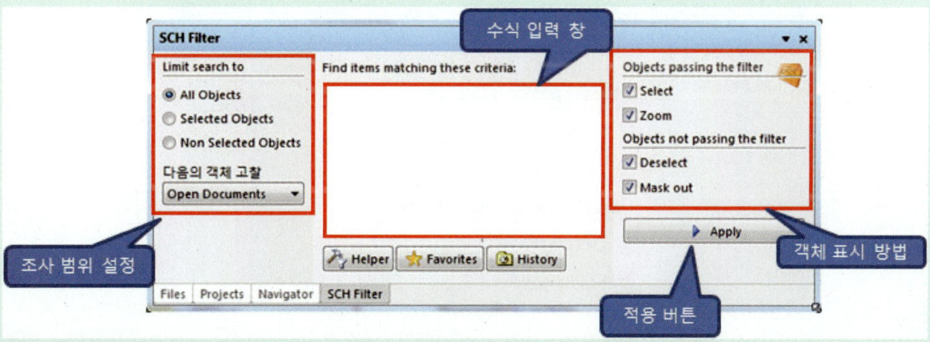


[그림 3-70] 회로 필터(SCH Filter) 패널의 설명

⑥ 다음은 탐색될 객체의 범위를 설정하는 항목이다.

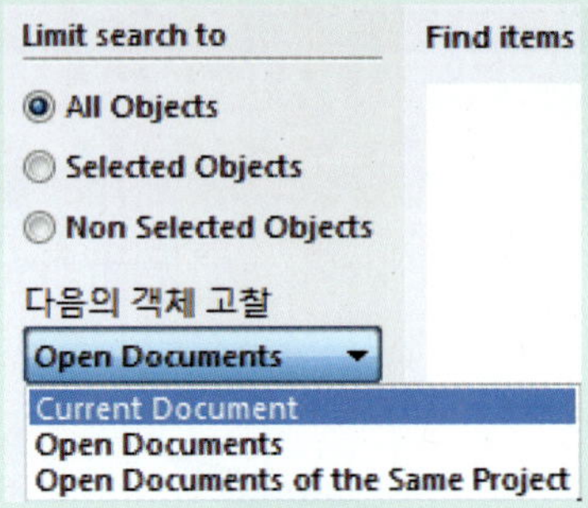


[그림 3-71] 탐색될 객체의 범위를 설정하는 항목

⑦ 다음 탐색될 객체의 범위를 설정하는 항목 설명이다.

〈표 3-7〉 탐색될 객체의 범위를 설정하는 항목 설명

| 원 문 | 뜻 | 설 명 |
|---|---|---|
| All Objects | 모든 객체 | 모든 객체를 탐색 |
| Selected Objects | 선택된 객체 | 선택된 객체 중에서 탐색 |
| Non Selected Objects | 비선택된 객체 | 선택되지 않은 객체 중에서 탐색 |

⑧ 콤보 박스에는 Current Document인 경우 현재의 도면에서 탐색하고, Open Documents 인 경우에는 열려 있는 모든 도면에서 탐색한다. Open Documents of the Same Project 인 경우에는 열려 있는 도면 중 같은 프로젝트에서 탐색한다.
다음은 선택된 객체 또는 선택되지 않은 객체를 구별하여 화면에 나타내는 방법이다.

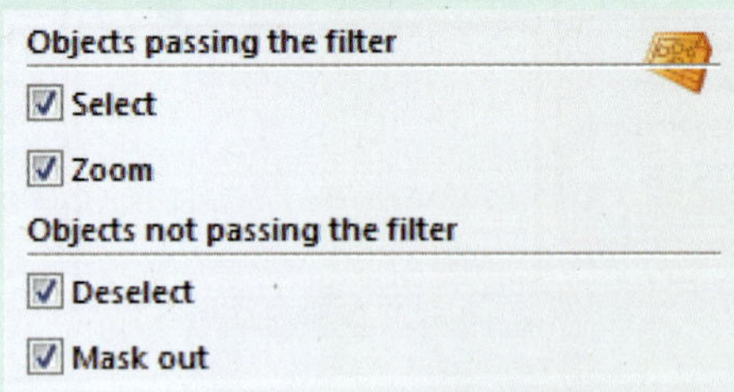


[그림 3-72] 선택된 객체 또는 선택되지 않은 객체를 구별하여 화면에 나타내는 방법

⑨ 선택된 객체 또는 선택되지 않은 객체를 구별하여 화면에 나타내는 방법에 대한 설명이다.

〈표 3-8〉 선택된 객체 또는 선택되지 않은 객체를 구별하여 화면에 나타내는 방법에 대한 설명

| 원 문 | 뜻 | 설 명 |
|---|---|---|
| Select | 선택 | 일치된 객체를 선택한다. |
| Zoom | 확대 | 일치된 객체가 화면에 모두 보이도록 확대한다. |
| Deselect | 선택하지 않는다 | 일치되지 않은 객체를 선택하지 않는다. |
| Mask out | 마스크 처리 | 일치되지 않은 객체를 흐리게 처리한다. |

⑩ 하단에 있는 3개의 버튼 중 **Helper** 버튼을 누르면 Query Helper 대화상자가 나타난다.

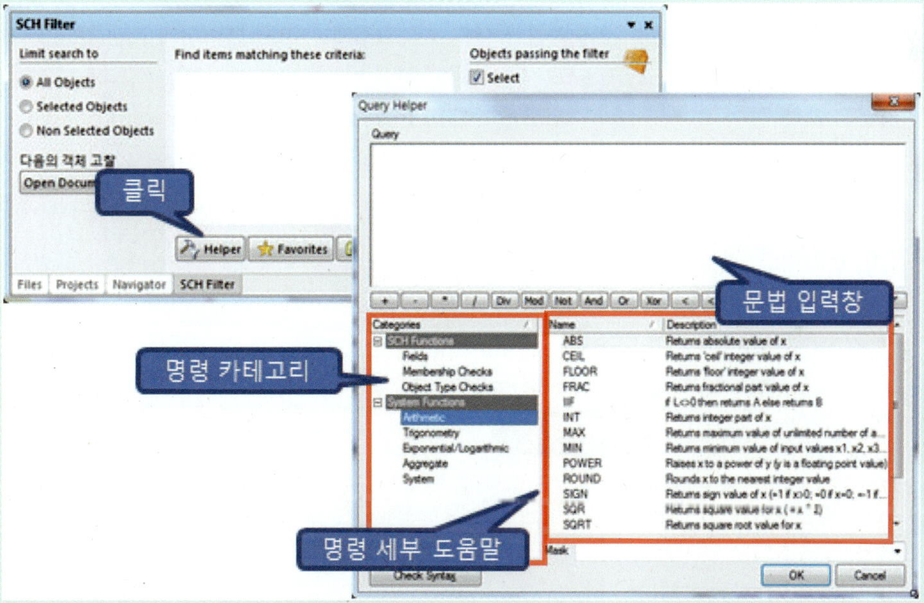


[그림 3-73] Helper 버튼을 누르면 Query Helper 대화상자가 나타남

⑪ Query Helper는 입력하는 문법이 정확한지 쉽게 확인이 가능하며 하단의 카테고리에서 각종 명령어에 대한 도움말을 볼 수 있다. Favorites 버튼을 누른다.

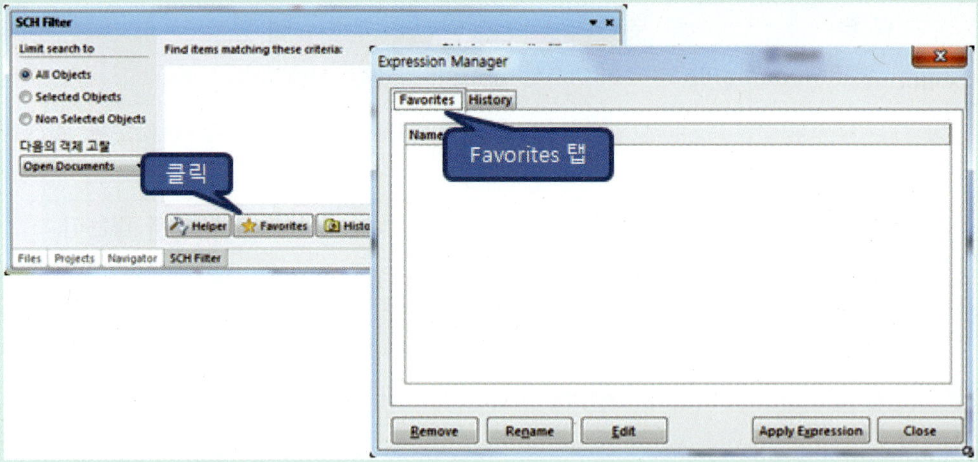


[그림 3-74] 문법이 확인이 가능하며 하단의 카테고리에서 각종 명령어에 대한 도움말

⑫ 앞의 그림과 같이 Expression Manager 대화상자가 나타난다. Expression Manager에서는 즐겨 사용하는 문법의 관리와 지금까지 입력한 문장의 이력을 관리한다. 상단에 Favorites탭에서 즐겨 사용하는 문법을 등록, 삭제, 수정할 수 있으며 History탭에서는 지금까지 입력한 문장의 이력이 목록으로 표시된다.

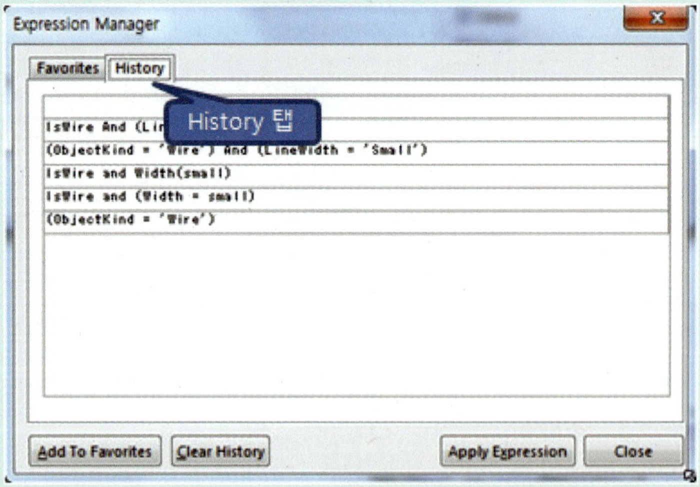


[그림 3-75] Expression Manager 대화상자가 나타남

### (3) 탐색기(Navigator) 실행하기

① 탐색기는 전체 회로도의 내용을 쉽게 조사하여 탐색할 수 있는 방법을 제시한다. 우선 탐색기를 동작하기 전에 모든 프로젝트는 컴파일이 되어 있어야 한다. 컴파일은 **프로젝트≫Compile PCB Project XXX.PrjPCB** 명령을 사용한다. 또한 **DXP≫환경 설정 명령**을 누르고, **System≫Navigation**을 선택하면 다음의 그림과 같은 화면이 나온다. **연결 그림**을 체크하고 하단의 **확인** 버튼을 누른다.

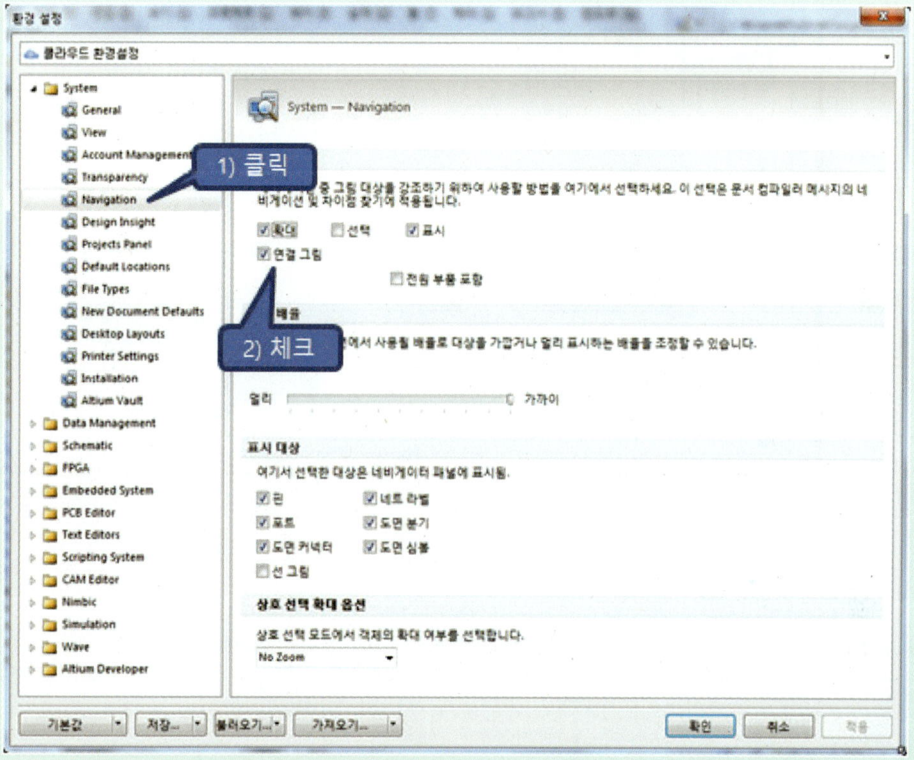


[그림 3-76] DXP≫환경 설정 명령을 누르고 System≫Navigation을 선택

② 다음의 그림은 Navigator 패널을 띄우는 방법이다. 다음의 그림에서 왼쪽의 Navigator 버튼을 누르거나 오른쪽 하단의 Design Compiler에서 Navigator 명령을 누르면 탐색기 패널이 나타난다.

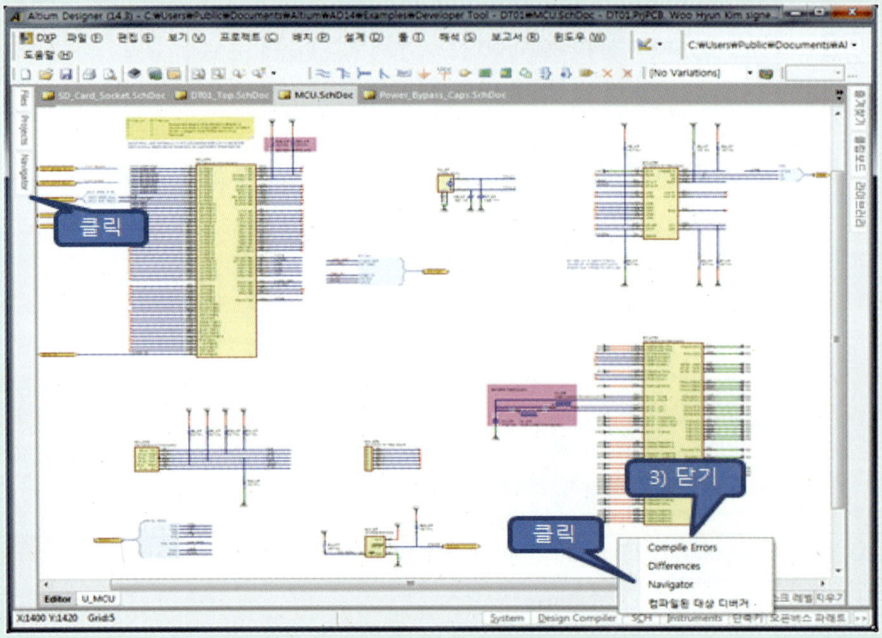


[그림 3-77] Navigator 패널을 띄우는 방법

③ 다음의 그림은 탐색기 패널이 나타난다.

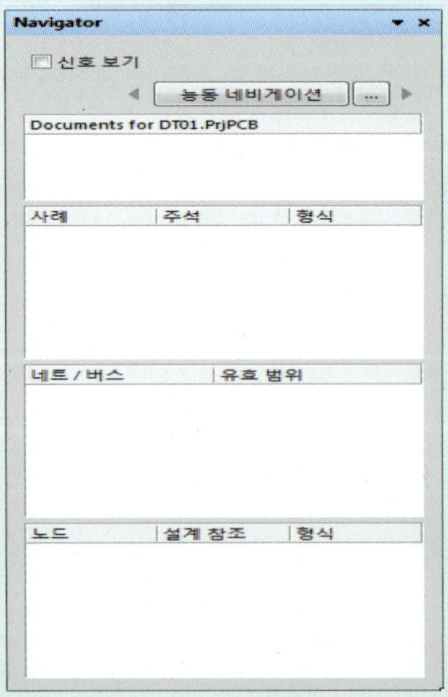


[그림 3-78] Navigator 패널이 나타남

④ 탐색기에서는 2가지 방법을 이용하여 회로도를 탐색할 수 있다.
첫 번째는 능동 네비게이션 버튼을 눌러 도면에서 직접 부품을 선택하여 탐색하는 방법이고, 두 번째는 패널에 존재하는 4개의 목록에서 객체별 탐색하는 방법이다.

⑤ 우선 능동 네비게이션 버튼을 누르고 탐색을 시작할 부품을 선택한다. 다음의 그림과 같이 MCU.SchDoc 파일에서 IC2_CP라는 부품을 선택한다. 선택한 부품과 연계성이 있는 부품만 강조되고 나머지 무관한 부품들은 모두 흐리게 색상이 변경된다.

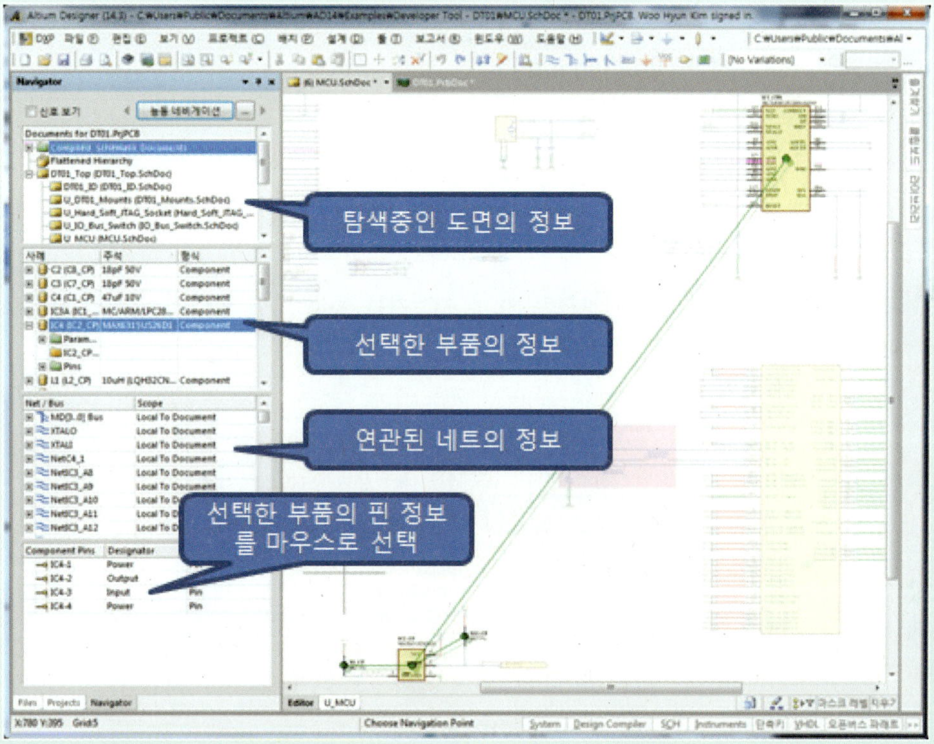


[그림 3-79] 능동 네비게이션 버튼을 누르고 탐색을 시작할 부품을 선택

⑥ 다음 화면의 “Navigator” 패널에는 선택한 부품의 내용과 연관된 네트, 핀 등이 나열된다. 마우스 오른쪽 버튼을 누르고 왼쪽의 “Nabigator” 패널에서 특정 핀을 선택하면 해당 핀의 연결된 네트의 추적이 가능하다. 추적된 부품은 다음의 그림과 같이 적색으로 연결된 상대 부품을 가리키고 “Navigator” 패널에도 변화된 정보가 표시된다.

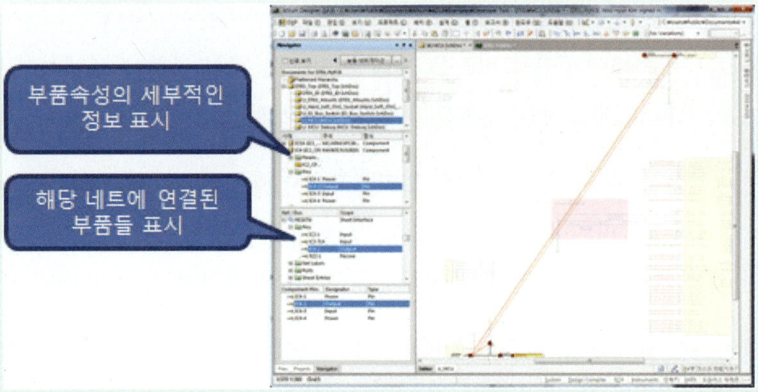


[그림 3-80] "Navigator" 패널에는 선택한 부품의 내용과 연관된 네트, 핀 등이 나열

⑦ 목록에 표시된 다양한 정보를 클릭하여 도면을 탐색하고 변화를 관찰한다. 탐색 중에 이전의 상태로 되돌아가거나 다시 다음 화면으로 이동할 때에는 다음의 그림과 같이 "Navigator" 패널에서 좌우 화살표를 클릭하여 이동할 수 있다.

탐색 기능을 종료하려면 키보드로 Shift+C 키를 눌러 화면을 다시 원래의 상태로 되돌릴 수 있다.

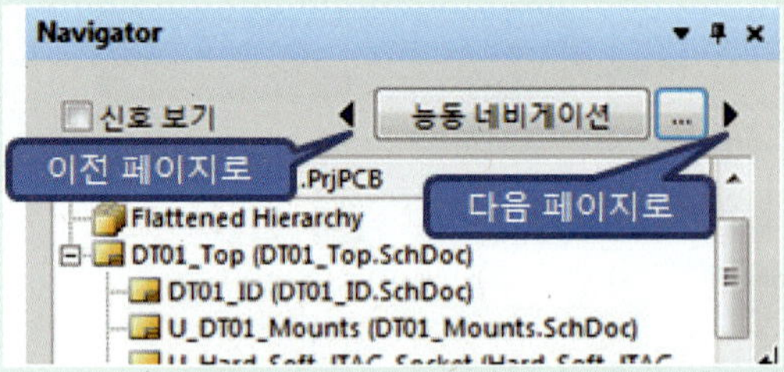


[그림 3-81] "Navigator" 패널에서 좌우 화살표를 클릭하여 이동

### (4) 회로 조사자(SCH Inspector) 실행하기

① 여러 가지 방법으로 선택된 부품을 다중 편집하는 방법 중에서 첫 번째 방법은 회로 조사자를 이용하여 편집하는 방법이다. 다음의 그림과 같이 "SCH Inspector" 패널을 띄운다.

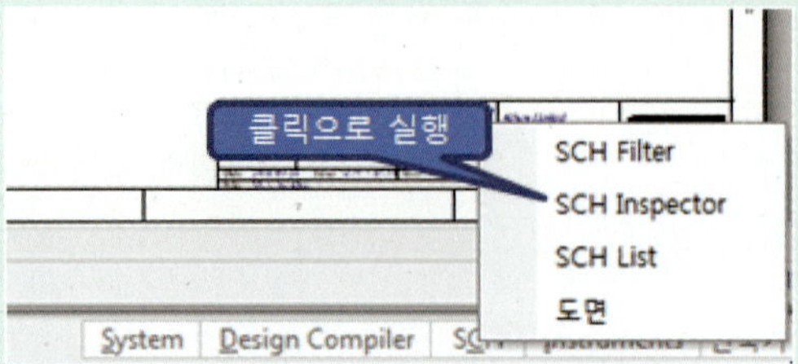


[그림 3-82] "Navigator" 패널에서 좌우 화살표를 클릭하여 이동

② 회로 조사자는 현재 선택되어진 객체의 속성이 표시된다. 다음의 그림은 선택된 객체가 없기 때문에 어떤 속성도 표시되지 않는다.

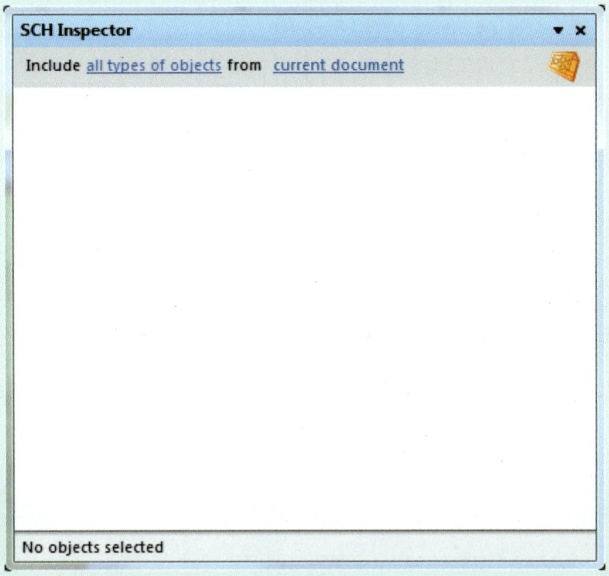


[그림 3-83] 선택된 객체가 없기 때문에 어떤 속성도 표시되지 않음

③ 다음 그림과 같이 객체를 선택하면 "SCH Inspector" 패널에는 선택된 객체내의 속성이 표시되지만 그 속성의 개수는 제한적이다. 선택한 객체가 부품, 전원 심볼, 배선, 네트 라벨 등 다양한 객체를 선택하였을 때에 그 객체의 중첩된 속성만을 표시하도록 되어 있기 때문이다.

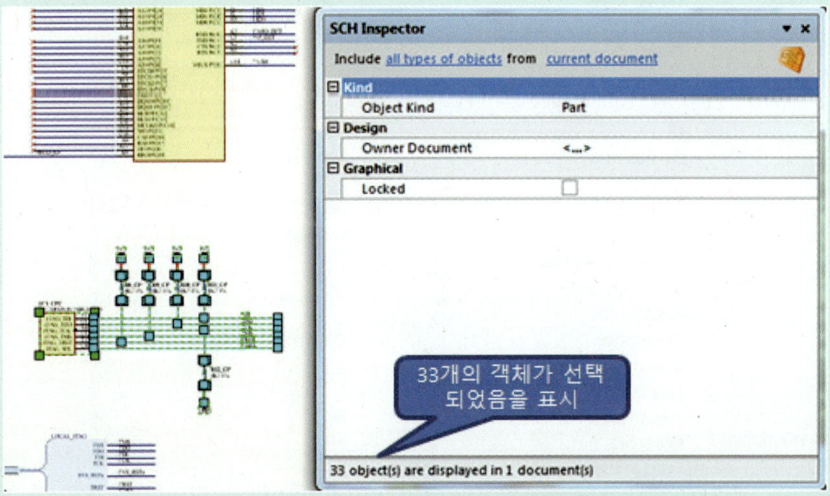


[그림 3-84] 33개의 객체가 선택되었음을 표시

④ 다음 그림은 객체를 선별적으로 한 가지만 선택하였을 때 나타나는 패널의 속성이다. 그림에서 나열된 속성 중에서 같은 값을 가진 경우와 다른 값을 가진 경우이다.

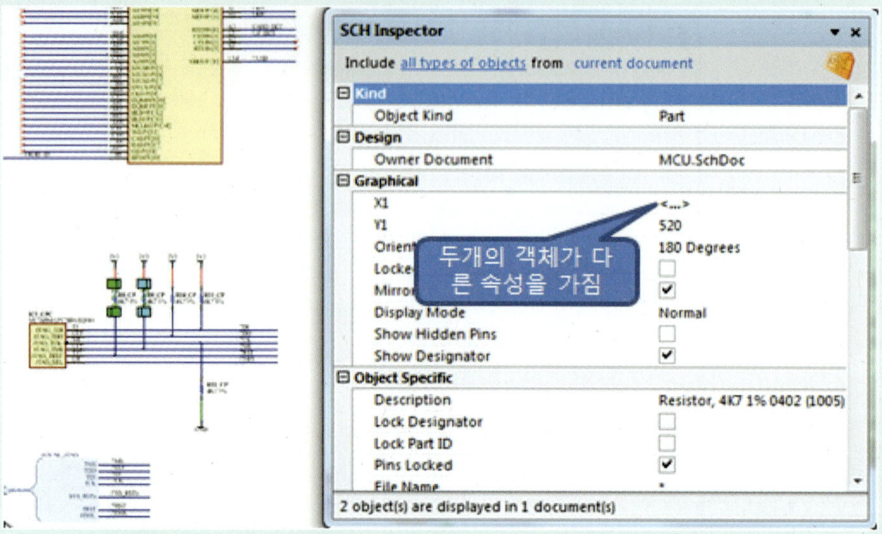


[그림 3-85] 2개의 객체가 다른 속성을 가짐

⑤ 다음 그림에서 나열된 속성 중에서 같은 값을 가진 경우와 다른 값을 가진 경우에는 그림과 같이 표현방법의 차이가 있다.

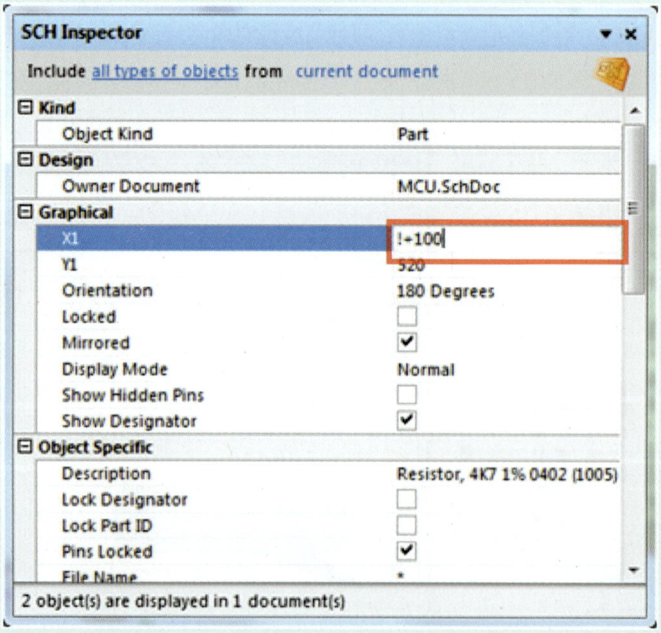


[그림 3-86] 같은 값을 가진 경우와 다른 값을 가진 경우에 표현방법의 차이

X1의 좌표는 선택한 2개의 부품이 다른 좌표를 가지고 있기 때문에 〈…〉로 표현되고, Y1의 좌표는 같은 좌표를 가지고 있기 때문에 520이라는 숫자로 표현된다.

만약 다른 좌표를 가진 X1에 어떤 값을 입력하면 2개의 부품은 동일한 위치로 겹치게 된다.

그러나 X1의 값을 "! +100"과 같이 입력하면 현재의 위치에서 오른쪽으로 100만큼 이동하여 상대적으로 이동하게 된다. !의 기호는 각자가 가진 값을 의미한다.

⑥ 오른쪽의 스크롤바를 내리면 중간쯤에 "Component Designator"와 "Part Comment"라는 속성이 다른 속성과 비교하였을 때에 다른 모습을 볼 수 있다.

파란색의 밑줄이 그어진 속성은 마우스로 클릭하여 좀 더 세부적인 속성을 확인할 수 있다.

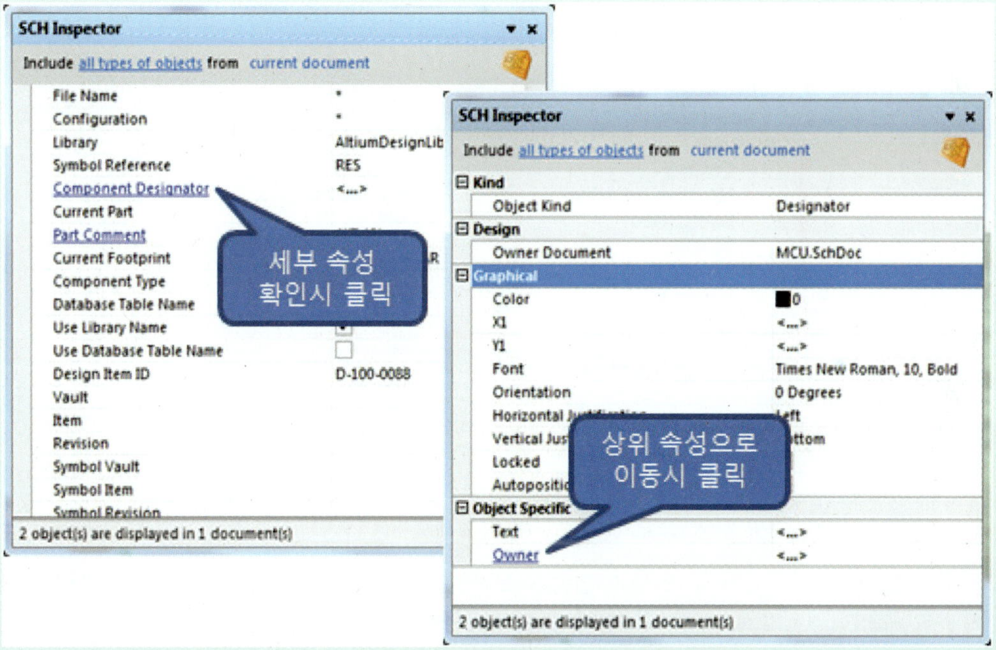


[그림 3-87] 세부 속성확인 및 상위 속성으로 이동

⑦ 다음 그림은 세부적인 속성의 확인을 위하여 클릭했을 때의 패널 모습이다. 세부 속성의 편집과정 후 다시 상위로 이동하려면 하단의 "Owner"를 클릭하여 상위 속성으로 이동할 수 있다.
스크롤바를 가장 마지막까지 이동하면 "Parameters" 속성이 표시된다. 이 항목은 각종 매개변수로 "X" 기호를 눌러 삭제하거나 하단의 "Add User Parameter"를 클릭하여 새로운 매개변수의 추가가 가능하다.

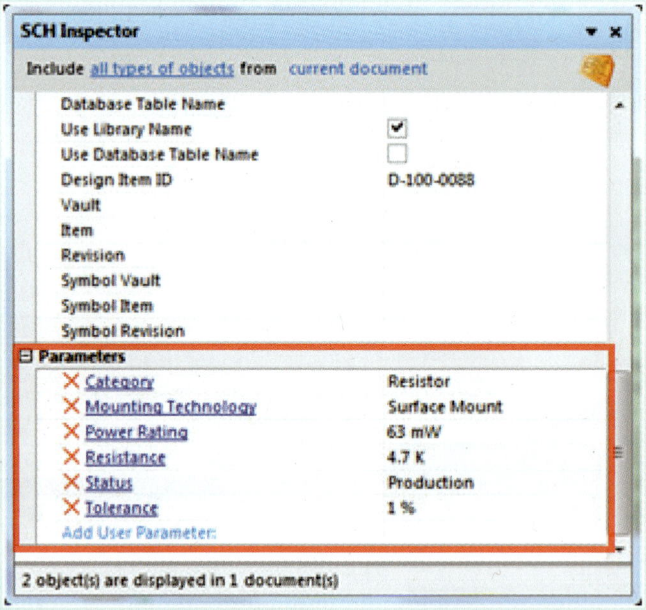


[그림 3-88] 세부적인 속성의 확인을 위하여 클릭했을 때의 패널 모습

(5) 회로 목록(SCH List)의 기본 사용법 이해하기

① 부품의 다중 편집의 두 번째 방법은 회로 목록을 이용하는 방법이다. 다음의 그림과 같이 "SCH List"를 클릭하면 패널이 실행된다.

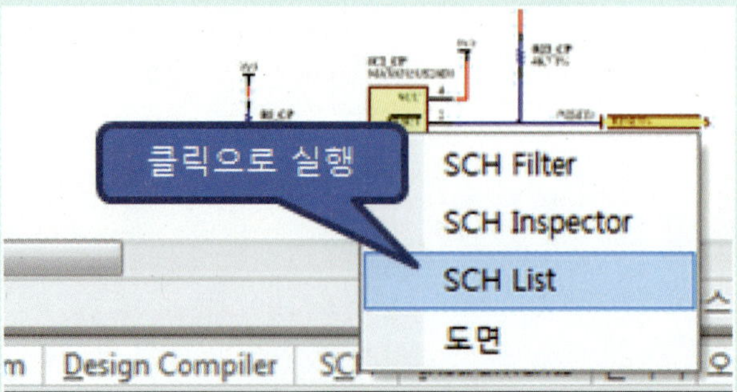


[그림 3-89] "SCH List"를 클릭하면 패널이 실행

② 회로도에서 특정 객체를 선택하면 다음 화면과 같이 그 속성이 패널에 표시된다. 회로 목록은 현재 선택되어진 객체의 속성이 표시된다. 화면은 선택된 객체가 없기 때문에 어떤 속성도 표시되지 않는다.

[그림 3-90] 선택된 객체가 없기 때문에 어떤 속성도 표시되지 않음

③ 다음 그림과 같이 객체를 선택하면 "SCH List" 패널에는 선택된 객체 내의 속성이 표시되지만 그 속성의 개수는 제한적이다.
선택된 객체의 개수가 많기 때문에 객체들이 세로로 나열되어 있으며 우측의 세로 스크롤바를 이동하여 이동할 수 있다.

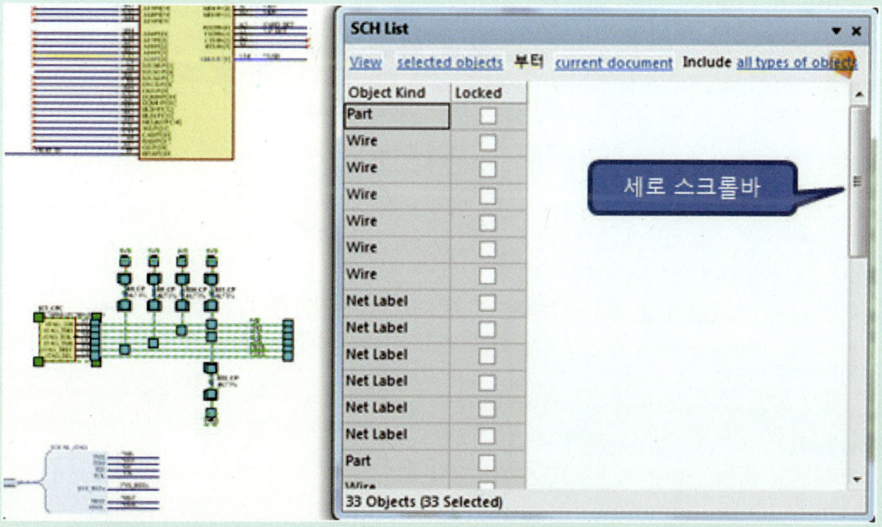


[그림 3-91] 선택된 객체의 개수가 많기 때문에 객체들이 세로로 나열

④ 다음의 그림은 동일한 종류의 객체를 선택하였을 때에 표시되는 속성이다. 좀 더 많은 속성을 나타내고 있다. 선택된 객체가 2개이기 때문에 "SCH List" 패널에 나타난 항목도 2줄로 표시되어 있다. 가로 방향으로는 각 속성들이 나열되어 있으며 하단의 가로 스크롤바를 이용하여 이동할 수 있다.

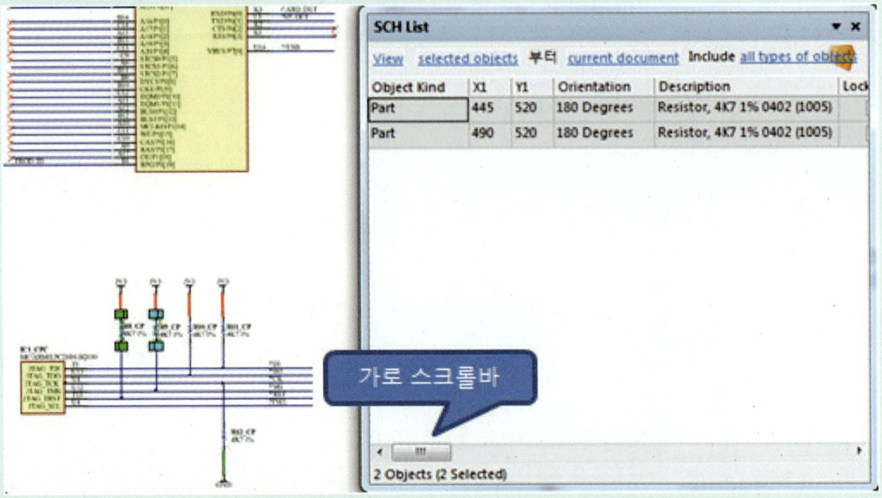


[그림 3-92] 동일한 종류의 객체를 선택하였을 때에 표시되는 속성

⑤ 표시된 속성들은 수정할 수 없는 상태이며 수정하려면 패널의 좌측 상단의 "View"를 "Edit"로 변경해야 한다. "View"의 상태에서는 객체의 속성을 보기만 가능한 상태이고 "Edit"의 상태에서는 객체의 속성을 수정할 수 있는 상태이다.

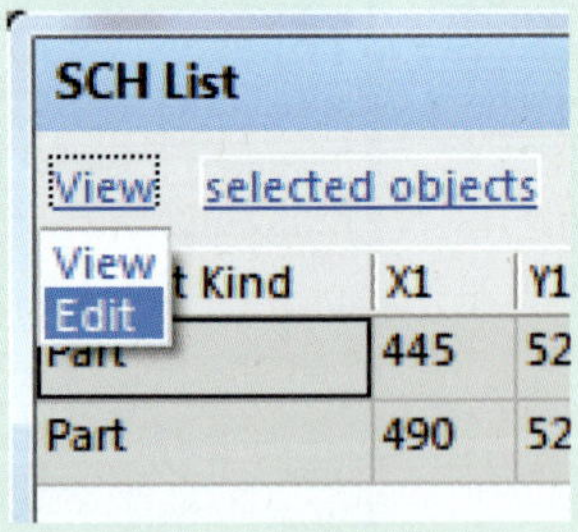


[그림 3-93] 수정하려면 패널의 좌측 상단의 "View"를 "Edit"로 변경

⑥ 내용이 표시되는 셀의 형태는 엑셀의 조작방법과 유사하며 내용을 클립보드를 사용하여 상호 복사 및 붙여넣기 작업도 가능하다. 다음의 그림과 같이 복사를 원하는 셀을 선택하고 마우스 오른쪽 버튼을 누른 뒤에 팝업 메뉴에서 복사 **명령**을 누르면 클립보드로 복사된다.

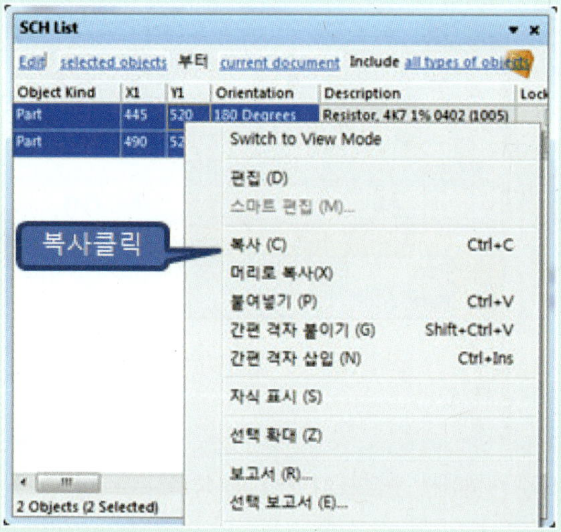


[그림 3-94] 팝업 메뉴에서 복사 명령을 누르면 클립보드로 복사

⑦ 복사된 내용을 엑셀에서 붙여넣기 명령을 눌러 다음의 그림과 같이 내용을 복사할 수 있다.

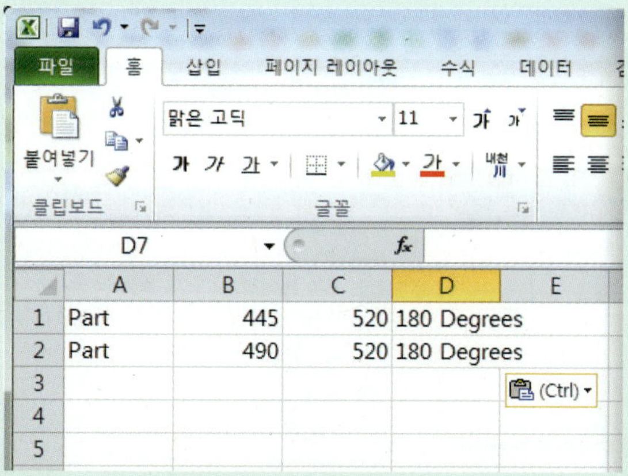


[그림 3-95] 팝업 메뉴에서 복사 명령을 누르면 클립보드로 복사

⑧ 반대의 방법으로 엑셀에서 수정된 내용을 복사하여 Altium Designer로 붙여넣기를 수행할 수 있다. 다음의 그림과 같이 복사된 내용 중에서 B1의 445라는 값을 430으로 수정한 뒤에 복사했던 전체 셀을 선택하고 Ctrl+C키를 누른다.

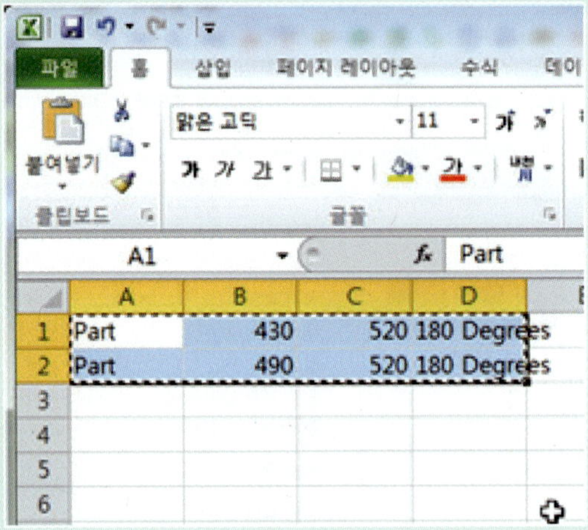


[그림 3-96] 엑셀에서 수정된 내용을 복사하여 Altium Designer로 붙여넣기

⑨ 다시 Altium Designer로 이동하여 SCH List 패널에서 해당 셀과 일치되는 부분을 미리 선택하고 그림과 같이 마우스 오른쪽 버튼을 눌러 팝업 메뉴를 띄운 뒤에 붙여넣기 명령을 선택한다.

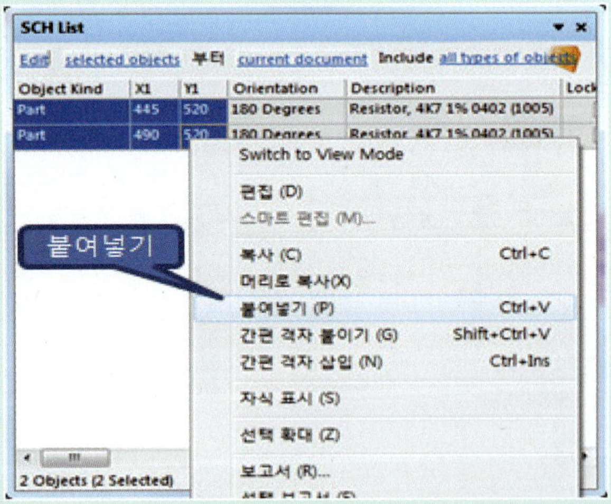


[그림 3-97] 마우스 오른쪽 버튼을 눌러 팝업 메뉴를 띄운 뒤에 붙여넣기 명령을 선택

⑩ 엑셀에서 X좌표 값을 수정하였기 때문에 다음의 그림과 같이 부품의 좌표가 실제로 이동된 것을 확인할 수 있다. 이 기능은 기존의 객체가 없는 상태에서도 새로운 객체를 생성하는 방법으로 응용할 수 있다.

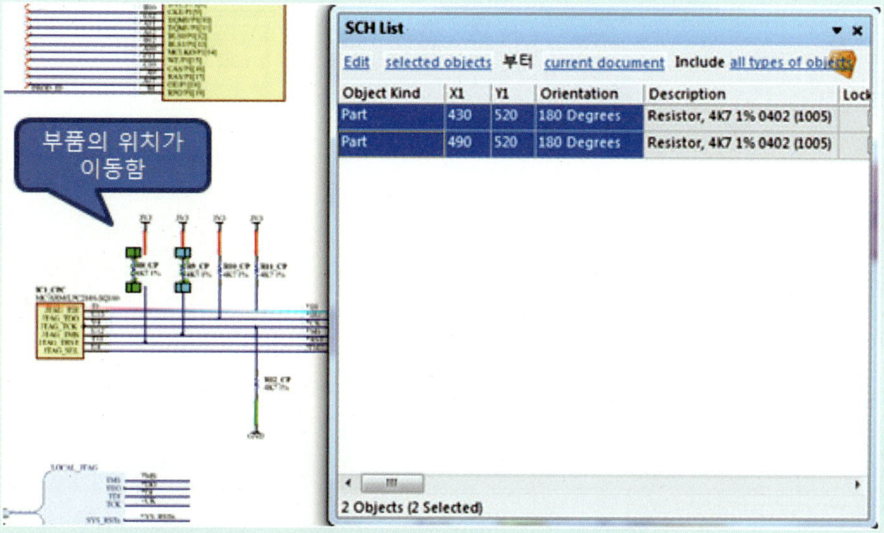


[그림 3-98] 부품의 좌표가 실제로 이동된 것을 확인

(6) 회로 목록(SCH List)을 이용한 새로운 객체 생성하기

① 다음의 그림과 같이 엑셀에서 내용을 입력하고 해당 셀을 선택하여 **복사**(Ctrl+C)를 선택한다. 내용 중 첫 번째 줄의 내용은 제목 줄로써 복사된 내용을 자동적으로 알맞는 셀에 적용하기 위하여 넣어 준다. 물론 생략이 가능하지만 이 경우에는 수작업으로 컬럼을 맵핑해 주어야 한다.

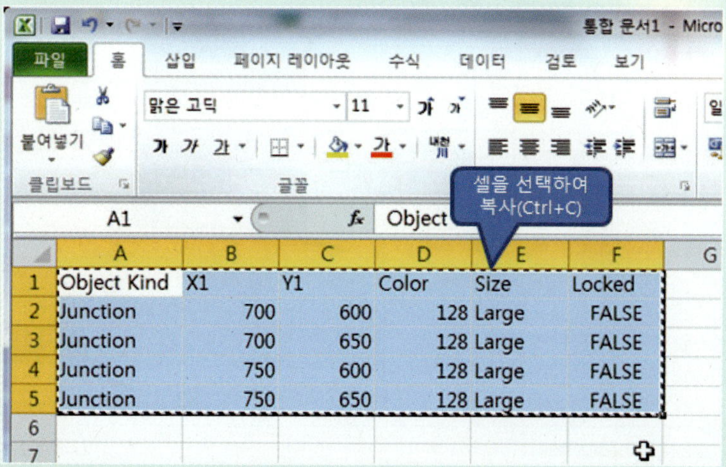


[그림 3-99] 복사를 선택

② Altium Designer에서 어떤 객체도 선택되어 있지 않을 상태로 SCH List의 패널에서 마우스 오른쪽 버튼을 누르고 팝업 메뉴가 나타나면 **간편 격자 삽입** 명령을 선택한다.

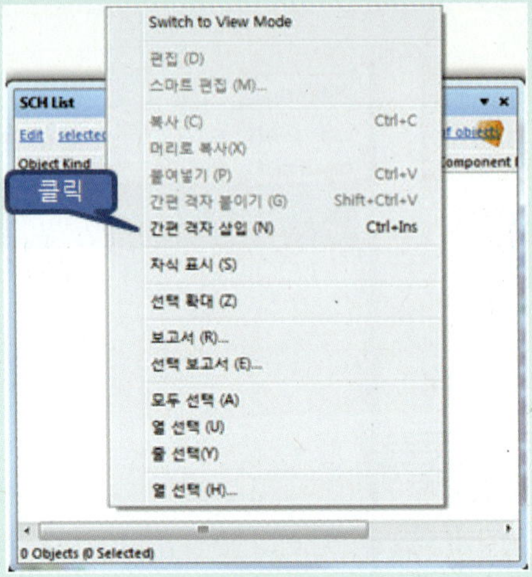


[그림 3-100] 간편 격자 삽입 명령을 선택

③ 다음의 그림과 같이 Smart Grid Insert라는 대화상자가 나타난다. 2개의 셀 영역이 있으며, 위쪽의 셀 영역에는 클립보드에서 가져온 내용이 표시되고 아래쪽의 셀 영역에는 붙여질 객체의 내용이 표시된다.
자동으로 셀의 내용을 맵핑하기 위하여 오른쪽 하단의 Automatically Determine Paste 버튼을 누르면 자동으로 맵핑된 것을 확인할 수 있다.

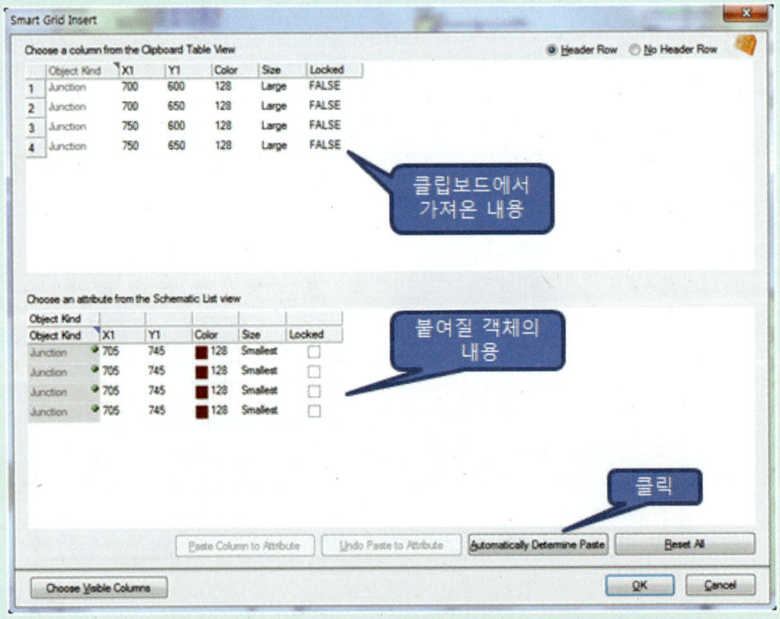


[그림 3-101] Smart Grid Insert라는 대화상자

④ 오른쪽 하단의 OK 버튼을 누르면 화면의 그림과 같이 새롭게 생성된 4개의 도트를 볼 수 있다.

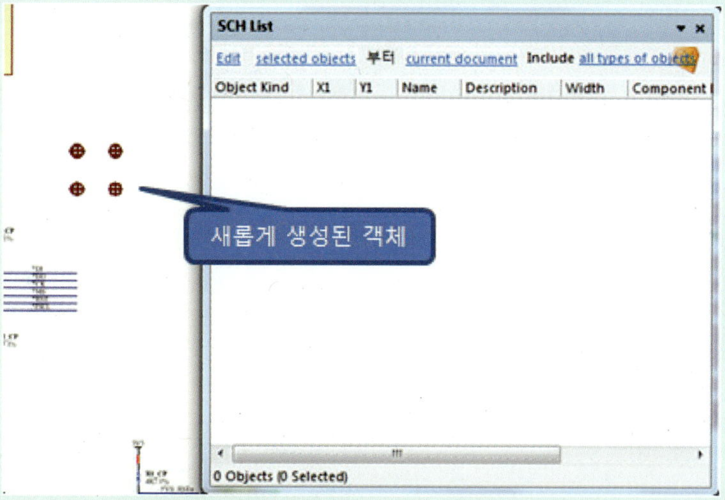


[그림 3-102] 새롭게 생성된 4개의 도트 객체

(7) 회로 목록(SCH List)을 이용한 손쉬운 객체 수정하기

① 도면상의 객체 중에서 동일한 수정을 적용하는 방법에 대하여 설명하겠다. 우선 도면상에서 다음의 그림과 같이 네트 라벨을 드래그로 선택한다. 객체를 선택하면 그림과 같이 SCH List 패널에 객체의 목록이 표시된다. 표시된 목록 중에서 Text에 해당하는 셀을 세로로 선택한 뒤에 마우스 오른쪽 버튼을 눌러 팝업 메뉴를 띄운다.

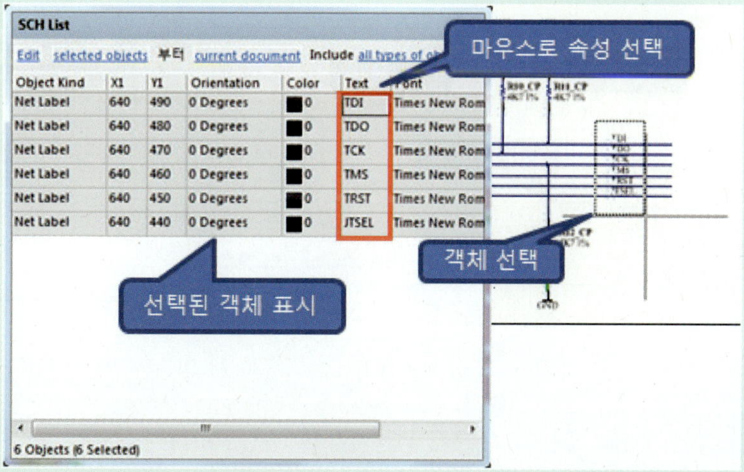


| Object Kind | X1 | Y1 | Orientation | Color | Text | Font |
|---|---|---|---|---|---|---|
| Net Label | 640 | 490 | 0 Degrees | 0 | TDI | Times New Rom |
| Net Label | 640 | 480 | 0 Degrees | 0 | TDO | Times New Rom |
| Net Label | 640 | 470 | 0 Degrees | 0 | TCK | Times New Rom |
| Net Label | 640 | 460 | 0 Degrees | 0 | TMS | Times New Rom |
| Net Label | 640 | 450 | 0 Degrees | 0 | TRST | Times New Rom |
| Net Label | 640 | 440 | 0 Degrees | 0 | JTSEL | Times New Rom |

[그림 3-103] 도면상의 객체 중에서 동일한 수정을 적용하는 방법

② 팝업 메뉴에서 **스마트 편집** 명령을 선택하면 Smart Edit라는 대화상자가 나타난다.

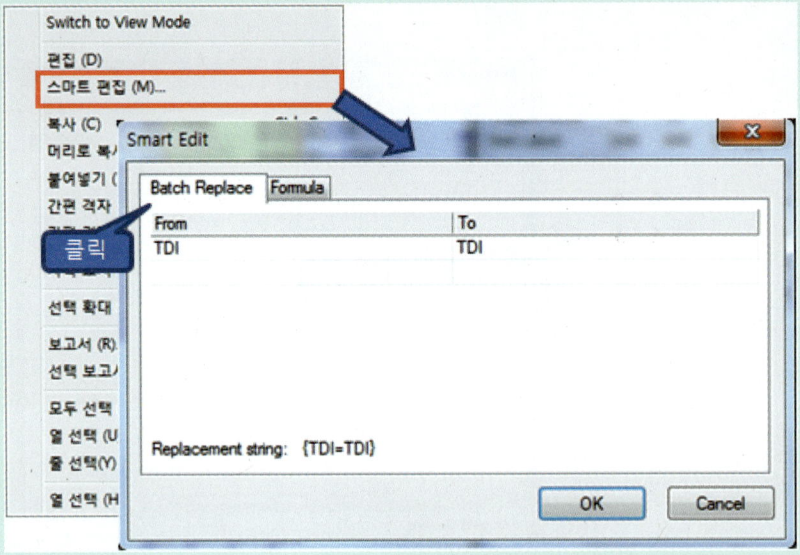


[그림 3-104] 스마트 편집 명령을 선택

③ 스마트 편집 대화상자의 **Batch Replace** 탭에서 변경하려는 글자를 입력하면 선택한 객체의 글자들 중에서 일치되는 글자를 찾아서 해당 글자로 변경한다. 예를 들어 From에 **T**를 입력하고 To에 **S**를 입력하면 모든 T라는 글자를 찾아서 S로 변경하게 된다.

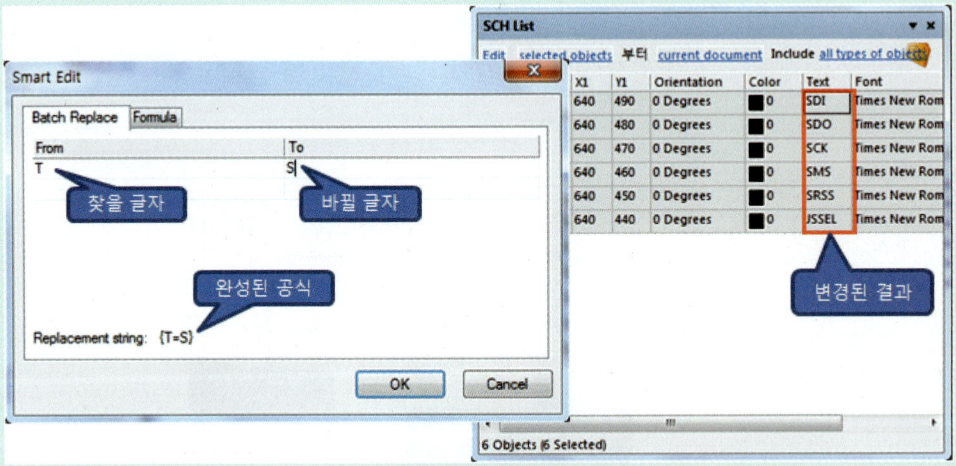


[그림 3-105] Batch Replace 탭에서 변경하려는 글자를 입력

④ 다음 그림은 앞의 그림에서 오른쪽의 그림이 변경된 이후의 결과를 캡처한 내용이다.

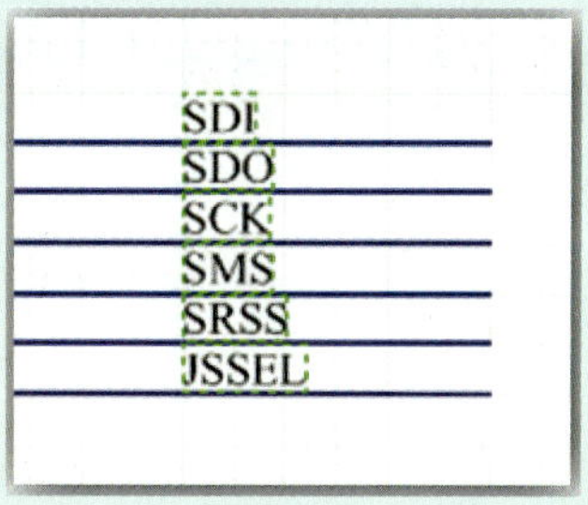


[그림 3-106] 변경된 이후의 결과를 캡처한 내용

⑤ 변경작업을 수식으로 다양하게 변경하려는 경우에는 두 번째 탭인 Formula를 클릭한 뒤에 공식을 입력할 수 있다. 다음의 그림과 같이 대화상자에서 Formula 탭을 클릭한 뒤에 "Copy(Text,1,1)+'_'+Copy(Text,2,100)"으로 입력한다.

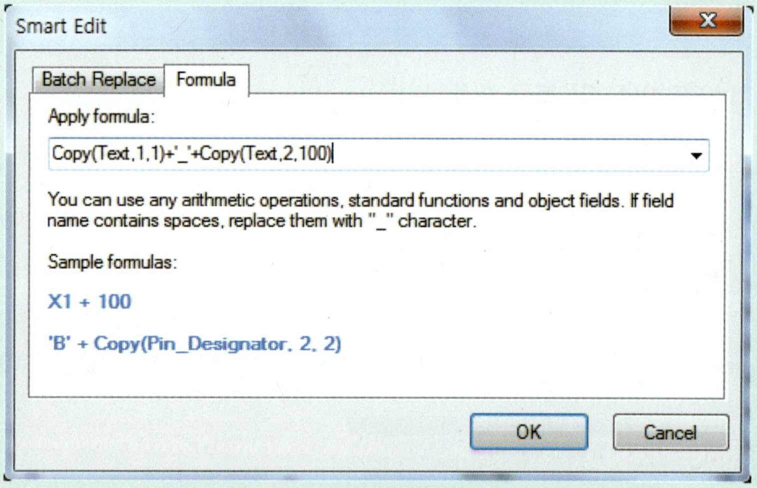


[그림 3-107] 변경작업을 수식으로 다양하게 변경하려는 경우

⑥ 공식을 입력한 뒤에 하단의 OK 버튼을 누르면 다음의 그림과 같이 네트 라벨이 변경된 것을 확인할 수 있다. 적용된 공식은 Text라는 세로 셀들의 내용 중에서 첫 번째 문자 하나를 복사하고 _기호를 추가한 다음 Text라는 세로 셀들의 내용 중에서 두 번째 문자부터 100번째의 문자까지를 복사하는 과정이다.

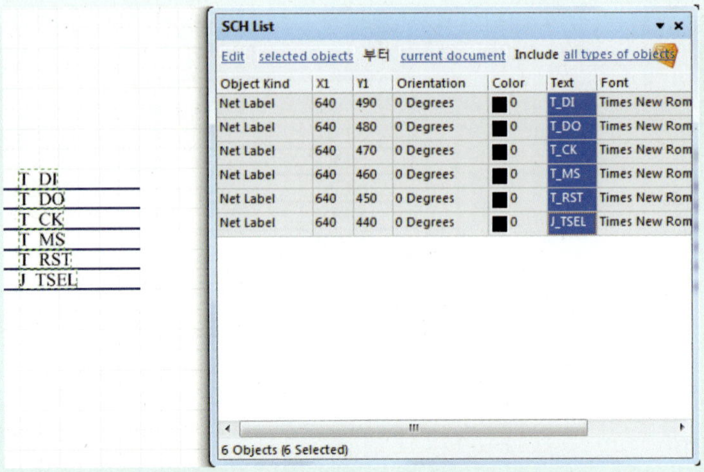


| Object Kind | X1 | Y1 | Orientation | Color | Text | Font |
|---|---|---|---|---|---|---|
| Net Label | 640 | 490 | 0 Degrees | 0 | T_DI | Times New Rom |
| Net Label | 640 | 480 | 0 Degrees | 0 | T_DO | Times New Rom |
| Net Label | 640 | 470 | 0 Degrees | 0 | T_CK | Times New Rom |
| Net Label | 640 | 460 | 0 Degrees | 0 | T_MS | Times New Rom |
| Net Label | 640 | 450 | 0 Degrees | 0 | T_RST | Times New Rom |
| Net Label | 640 | 440 | 0 Degrees | 0 | J_TSEL | Times New Rom |

[그림 3-108] 네트 라벨이 변경된 것을 확인

## 02 커스터마이징 및 복구 실행하기

### (1) 커스터마이징 모드 실행하기

① 커스터마이징 모드로 들어가려면 메뉴 또는 아이콘 위에서 마우스 오른쪽 버튼을 누른 뒤 Customize 명령을 누르거나 상단의 메뉴에서 **DXP≫사용자 정의** 명령을 누른다. 다음의 대화상자는 커스터마이징 모드로 변환된 상태를 나타내어주는 대화상자이다.

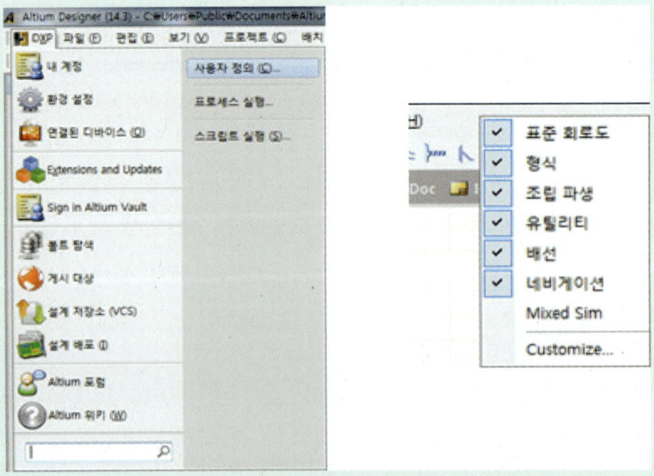


[그림 3-109] DXP≫사용자 정의 명령

② 대화상자의 상단에는 명령, 툴바 2개의 탭으로 구성되어 있다. 명령 탭에서는 새로운 명령의 추가, 삭제, 복사, 편집 등의 작업을 수행하며 툴바 탭에서는 등록되어 있는 명령들을 실제 메뉴에 넣거나 아이콘 등으로 넣을 수 있다.

메인 메뉴 또는 단축 아이콘의 편집은 명령을 추가하고 명령을 메뉴 또는 단축 아이콘에 넣는 과정으로 편집이 가능하다. 이미 기존에 있는 명령인 경우에는 명령을 추가할 필요가 없다.

### (2) 새로운 명령 추가하기

① 대화상자의 하단에 "**신규**" 버튼을 눌러 새로운 명령을 추가할 수 있다. 다음의 대화상자는 새로운 명령을 추가할 때에 나타나는 대화상자이다.

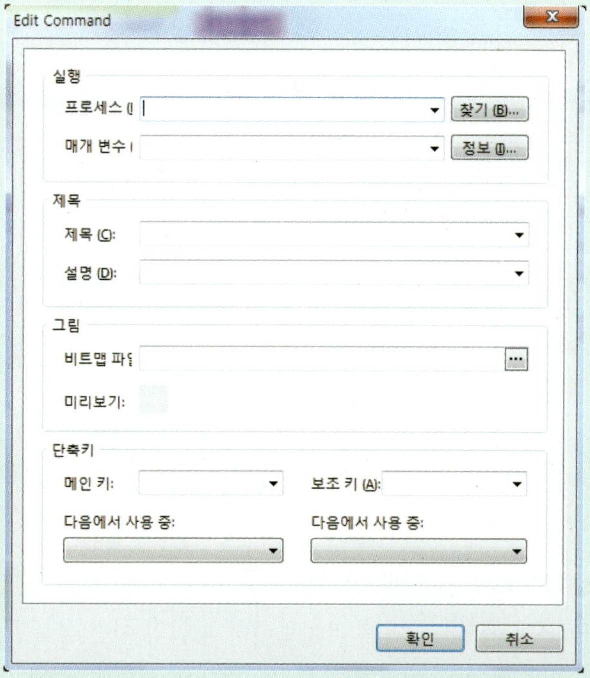


[그림 3-110] "신규" 버튼을 눌러 새로운 명령을 추가

② 프로세스 부분에 실행하려는 명령의 프로세스를 입력한다.

프로세스는 "프로세스명 : 명령어"의 형식으로 구분된다. 프로세스명에는 서버의 이름을 넣어주고 명령어에는 실행될 명령의 이름을 적어준다.

예를 들어 회로도 서버의 부품 불러오기 명령을 호출한다면 "SCH:PlaceIntegrated Component"로 입력할 수 있다. SCH는 서버의 이름이고 PlaceIntegratedComponent는 실제 명령이다.

[그림 3-111] 실행하려는 명령의 프로세스를 입력

③ 입력할 서버의 이름이나 명령어를 모른다면 오른쪽의 "찾기" 버튼을 눌러 "프로세스 찾기" 대화상자를 이용하여 쉽게 서버의 이름을 찾을 수 있다.
프로세스 찾기 대화상자에서 "프로세스 보기"의 내용을 Sch로 변경한 다음 상단의 목록에서 "Sch:AddComponentPart"를 선택 후 확인 버튼을 누른다.

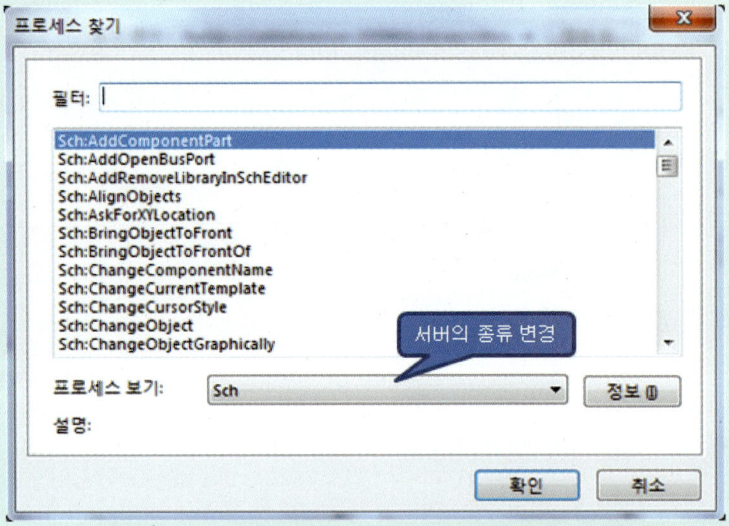


[그림 3-112] Sch:AddComponentPart를 선택 후 확인

④ 매개변수에는 확장하여 입력해야 되는 값을 넣어줄 수 있다. 프로세스에서 부품배치에 관련된 명령을 선택하였다면 어떤 라이브러리 파일의 어떤 부품인지를 결정하는 부분이다. 키보드로 다음과 같이 입력한다. 모든 내용은 하나의 줄에 입력해야 한다.

```
PartId=1¦
LibReference=2N3904¦
Library=Miscellaneous Devices:\SchLib\0.schlib¦
SourceLibraryName=Miscellaneous Devices.IntLib¦
CurFootPrint=TO-92A
```

[그림 3-113] 라이브러리 파일의 어떤 부품인지를 결정하는 부분

⑤ "제목"은 화면상에 표시될 명령의 이름이다. 명령의 이름을 넣거나 (&2)등과 같이 밑줄 문자를 넣어줄 수 있다. 키보드로 2N3904라고 입력한다.

"설명"은 마우스커서를 명령에 위치했을 때에 나타나는 툴 팁의 설명 문자열이다. 키보드로 트랜지스터라고 입력한다.

[그림 3-114] 제목은 화면상에 표시될 명령의 이름

⑥ "비트맵 파일"은 화면상에 표시될 아이콘의 그림을 지정할 수 있다. 오른쪽의 "…" 버튼을 누르고 해당 파일을 선택한다. 지원되는 파일의 형식은 비압축형식인 BMP만 지원된다. "C:₩Program Files (x86)₩Altium₩AD14₩System₩Buttons"에는 기본적으로 제공되는 다양한 이미지들이 존재한다. 이 이미지를 참고하여 변경하거나 수정할 수 있다.

[그림 3-115] 그림 파일 불러오기

⑦ "단축키"는 단축키로 사용할 문자를 입력할 수 있다. "메인 키" 부분을 마우스로 클릭 후 키보드에서 원하는 단축키를 누르면 된다.

예를 들어 Ctral+A를 입력하려면 "메인 키" 클릭한 뒤에 Ctrl키를 누른 상태로 A키를 누르면 된다. 메인 키와 보조키로 나누어지며 이미 다른 명령어의 단축키로 사용 중이라면 다음에서 사용 중이란 부분에 표시된다. 중복된 단축키의 설정은 허용되지 않으므로 이 경우 다른 키로 변경해야 한다.

[그림 3-116] 단축키 변경

(3) 스크립트 등록하기

① 스크립트를 직접 제작한 경우나 다운로드받아 설치할 경우에는 다음의 방법을 이용하여 설치하여 메뉴상의 클릭만으로 쉽게 실행이 가능하다.

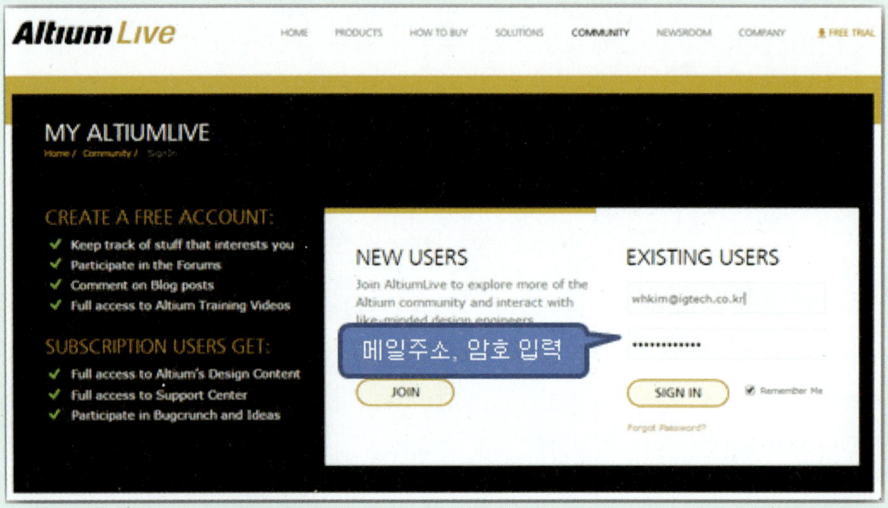


[그림 3-117] 스크립트 등록

② 우선 AltiumLive에 접속하여 스크립트를 다운로드받기 위하여 다음의 그림과 같이 브라우저를 열고 주소창에 live.altium.com을 입력한 뒤에 로그인한다. 상위 메뉴에서 COMMUNITY 메뉴의 하단 DESIGN CONTENT를 선택한다.

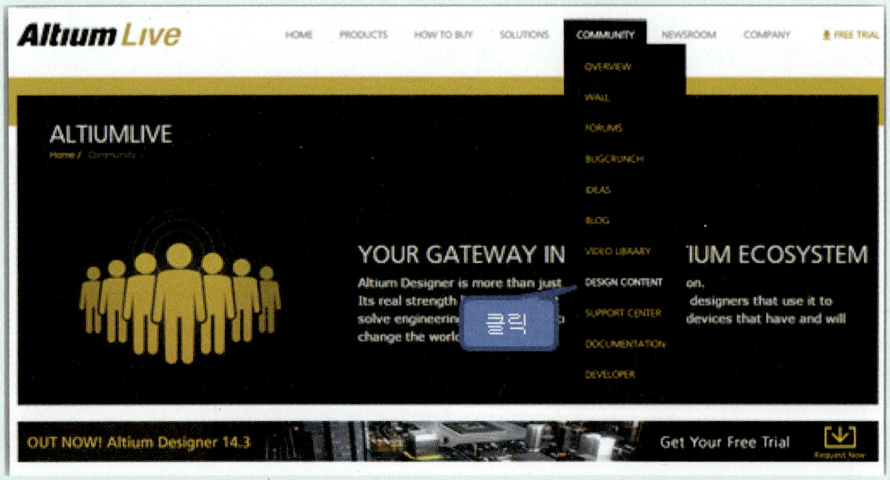


[그림 3-118] COMMUNITY 메뉴의 하단 DESIGN CONTENT를 선택

③ 다음의 그림과 같은 화면이 나타나면 Reference Designs 항목을 클릭한다.

[그림 3-119] Reference Designs 항목을 클릭

④ 다음의 그림과 같이 화면이 변경되면 화면의 All Categories에 마우스를 올려놓으면 숨겨진 메뉴가 나타나며 여기서 오른쪽 하단의 Scripting System을 선택한다. 화면에 Example Scripts를 클릭하여 다운로드할 수 있다.

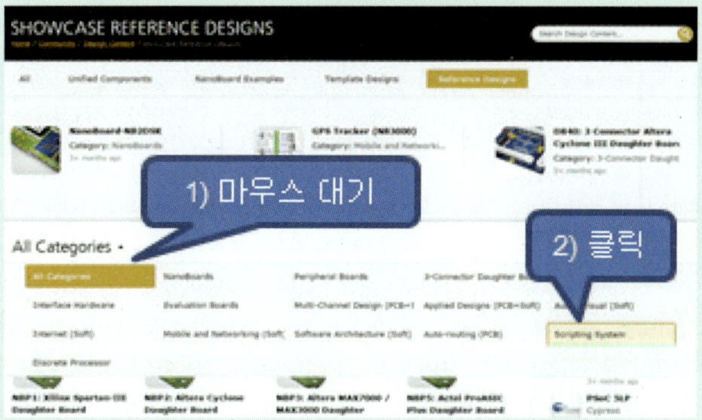


[그림 3-120] 화면에 Example Scripts를 클릭하여 다운로드

⑤ 다음의 그림은 다운로드한 스크립트 파일을 하드디스크에 압축을 푼 상태의 모습이다. 만들어진 스크립트는 Delphi, EnableBasic, JScript, Query, Visual Basic 등의 언어로 작성할 수 있다. 폴더는 각 언어별 스크립트의 예제를 가지고 있는 폴더를 나타내고 있으며 Delphi가 가장 많은 스크립트를 가지고 있기 때문에 Delphi를 기준으로 설명을 한다.

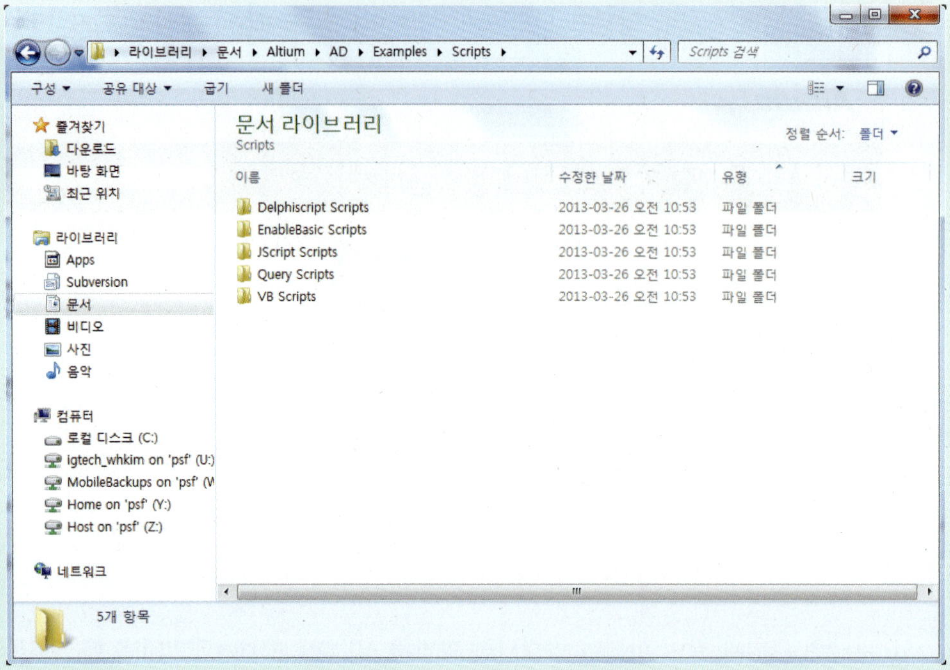


[그림 3-121] 스크립트 파일을 하드디스크에 압축을 푼 상태

⑥ 다음의 그림은 Delphi 폴더의 하위구조이다.

[그림 3-122] Delphi 폴더의 하위구조

⑦ 각 Delphi 폴더의 하위구조 항목에 대한 설명은 다음과 같다.

〈표 3-9〉 Delphi 폴더의 하위구조 항목에 대한 설명

| 폴더명 | 구 분 |
|---|---|
| DXP | DXP 플랫폼의 클라이언트, 서버 구조에 관련된 스크립트 |
| FPGA | FPGA 설계에 관련된 스크립트 |
| General | 기본적인 스크립트의 구조 및 기초에 대한 내용 |
| PCB | PCB 설계에 관련된 스크립트 |
| Processes | 기타 데이터 처리에 관련된 스크립트 |
| SCH | 회로도 설계에 관련된 스크립트 |
| WSM | 프로젝트의 관리에 관련된 스크립트 |

⑧ PCB에서 2개의 부품을 선택하여 서로의 위치를 바꿔주는 스크립트를 불러와 등록하도록 하겠다. 우선 **파일≫프로젝트 열기** 명령을 선택하여 Delphiscript Scripts₩PCB₩SwapOrRotateComponents 폴더로 이동한 후 SwapOrRotateComponents.PRJSCR 파일을 불러온다.

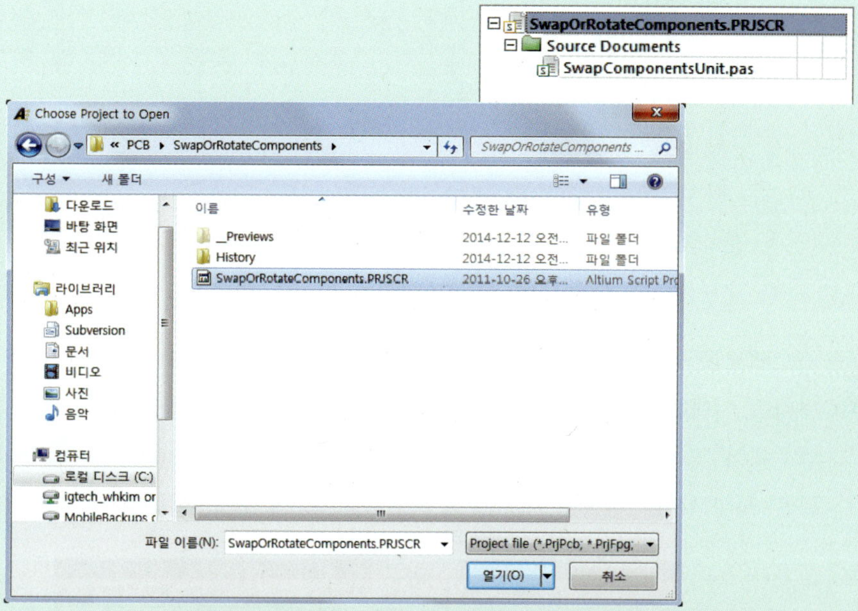


[그림 3-123] SwapOrRotateComponents.PRJSCR 파일을 불러옴

⑨ 프로젝트 파일을 불러오면 프로젝트 패널에 불려온 파일이 다음의 그림과 같이 나타난다. SwapOrRotateComponents.PrjScr은 프로젝트 파일이고 SwapComponentsUnit.pas는 스크립트의 메인 소스이다.

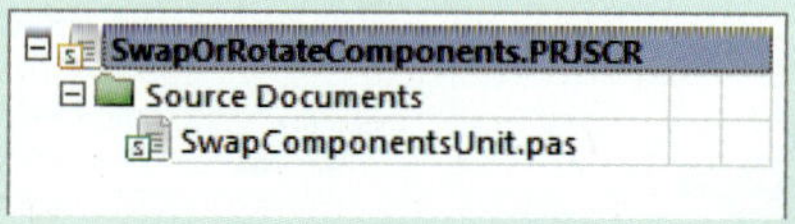


[그림 3-124] 프로젝트 패널에 불려온 파일

⑩ 메뉴의 추가 및 변경은 항상 해당 메뉴가 활성화되어 있는 상태에서 진행해야 한다. 스크립트의 등록도 메뉴의 추가에 해당하므로 등록할 스크립트가 PCB 작업에 사용될 스크립트라면 PCB 작업 파일을 하나 열어놓고 PCB 메뉴가 나타난 상태에서 등록해야 한다.

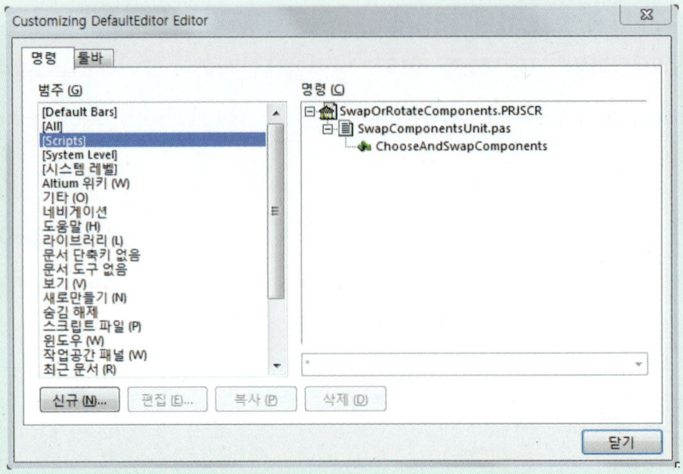


[그림 3-125] 메뉴의 추가 및 변경

⑪ 스크립트를 메뉴로 등록하기 위하여 PCB 메뉴가 나타난 상태에서 **DXP≫사용자 정의** 명령을 선택하면 다음과 같은 메뉴가 나타난다.
범주에서 “Scripts”를 선택하면 오른쪽의 명령에서 ChooseAndSwapComponents 부분을 드래그하여 원하는 위치에 놓으면 메뉴로 등록이 완료된다.

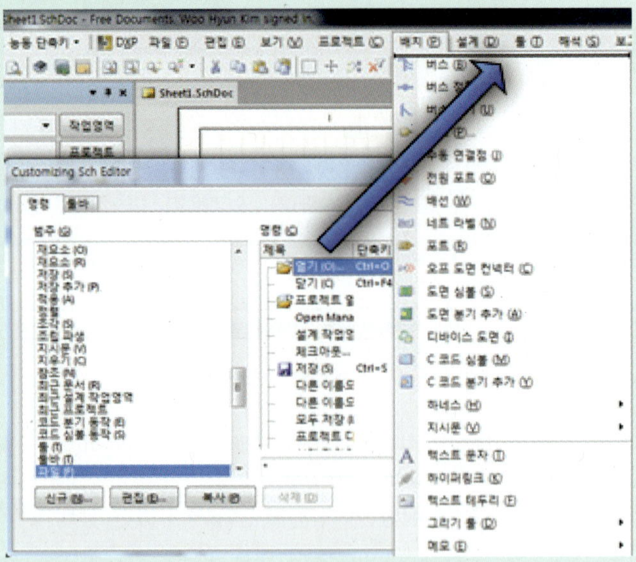

[그림 3-126] 드래그하여 원하는 위치에 놓으면 메뉴로 등록이 완료

(4) 메뉴 및 단축 아이콘 편집하기

① 메뉴 또는 단축 아이콘에 명령을 추가하려면 대화상자에서 해당 메뉴를 찾아서 메뉴에 놓으면 된다. 메인 메뉴 **배치**에 **열기**명령을 넣어 **배치≫열기** 명령을 만들어 보겠다.

② 우선 범주를 아래로 스크롤하여 파일이란 항목을 찾아 클릭하고 명령에서 열기를 선택한다. 마우스 왼쪽 버튼으로 **열기**를 드래그하여 메인 메뉴의 **"배치"** 항목으로 끌면 하단의 메뉴가 펼쳐지면서 위치를 알려주는 가로줄이 표시된다. 원하는 위치에 놓으면 해당 메뉴가 생성된다.
다음의 그림과 같이 추가된 메뉴를 확인할 수 있다.

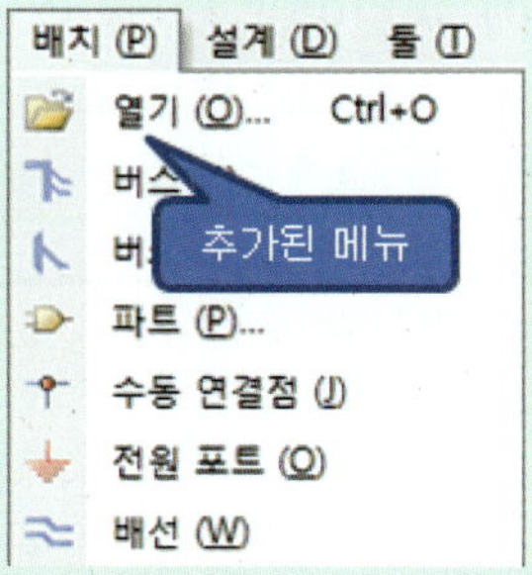


[그림 3-127] 배치≫열기 명령하여 메뉴 추가

③ 메뉴의 이동은 해당 메뉴의 명령을 마우스 왼쪽 버튼으로 드래그하여 원하는 위치로 이동할 수 있다.

④ 메뉴의 삭제는 해당 메뉴를 찾아서 마우스 왼쪽 버튼으로 선택한 뒤에 마우스 오른쪽 버튼을 누른 뒤 팝업 메뉴상에서 Delete 명령으로 삭제할 수 있다. 이때 삭제되는 대상의 명령은 유지되고 메뉴상의 연결만 삭제된다.

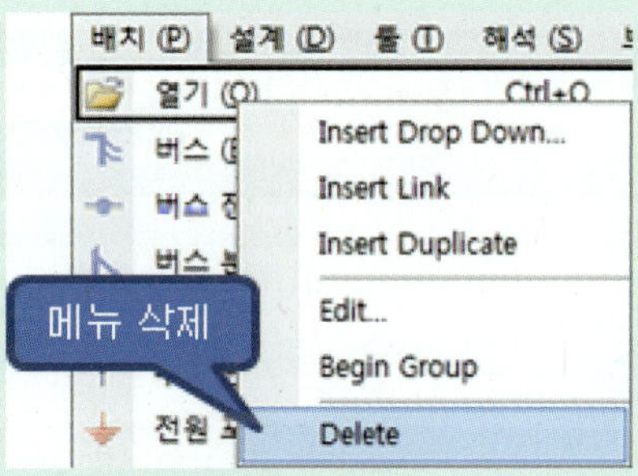


[그림 3-128] 메뉴 삭제

학습 3. PCB 설계 사용법 이해하기

⑤ 마우스 오른쪽 버튼을 눌렀을 때에 나타나는 팝업 메뉴에 대한 설명이다.

〈표 3-10〉 팝업 메뉴에 대한 설명

| 메뉴 이름 | 기 능 |
|---|---|
| Insert Drop Down | 하위 메뉴를 가지는 명령을 생성한다. 예를 들어 배치≫파일≫열기 명령을 생성하려면 Insert Drop Down 명령으로 배치 메뉴에 파일이란 Drop Down을 생성하고 Insert Link 또는 Insert Duplicate 명령으로 추가한다.<br>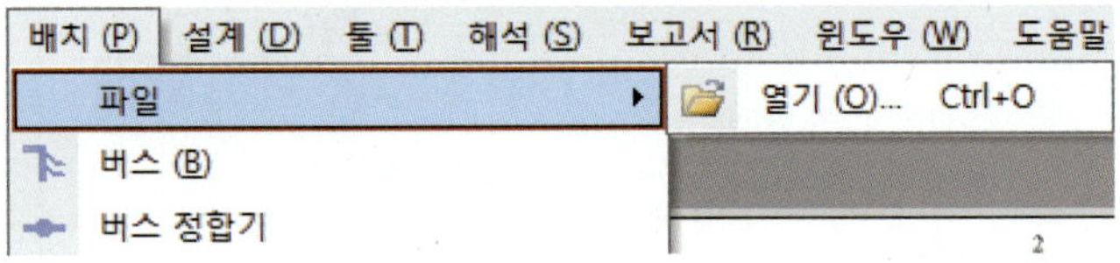<br> |
| Insert Link | 메뉴 또는 단축 아이콘을 링크 형식으로 복제한다. |
| Insert Duplicate | 메뉴 또는 단축 아이콘을 복제한다. |
| Edit | 메뉴 또는 단축 아이콘의 속성을 편집한다. |
| Begin Group | 해당 위치 앞에 새로운 그룹 표시인 줄을 그려준다. |
| Delete | 해당 위치의 메뉴를 삭제한다. |

(5) 새로운 툴바 추가/편집/삭제하기

① 커스터마이징 대화상자의 상단에 **툴바** 탭을 선택하면 다음과 같은 대화상자로 변경된다. 새로운 툴바를 생성하려면 하단의 신규 버튼을 클릭하면 New ToolBar가 생성된다.

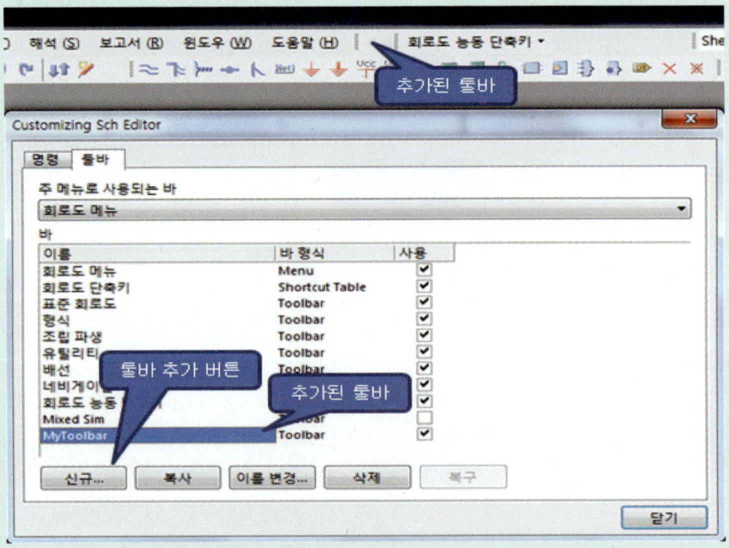


[그림 3-129] 추가된 툴바

생성된 New ToolBar를 선택하고 **이름 변경** 버튼을 클릭하여 이름을 변경할 수 있다. 다음의 그림은 추가된 툴바가 메인 메뉴 옆에 표시된 그림이다. 툴바가 추가되었으므로 필요한 명령들을 끌어다 놓으면 나만의 새로운 툴바를 생성하게 된다.

② 바 형식을 두 번 클릭(더블클릭이 아닌 0.5초 쉼)하면 ToolBar 또는 Shortcut Table로 변경할 수 있다. ToolBar는 단축 아이콘 모음을 말하며, Shortcut Table은 화면에 보이지 않는 단축키 모음을 말한다.

③ 바 형식이 Menu로 되어 있는 부분은 유일하게 하나만 지원된다. 바 형식의 Menu로 변경은 상단의 주 메뉴로 사용되는 바를 변경하여 다른 바를 메뉴로 변경할 수 있다.

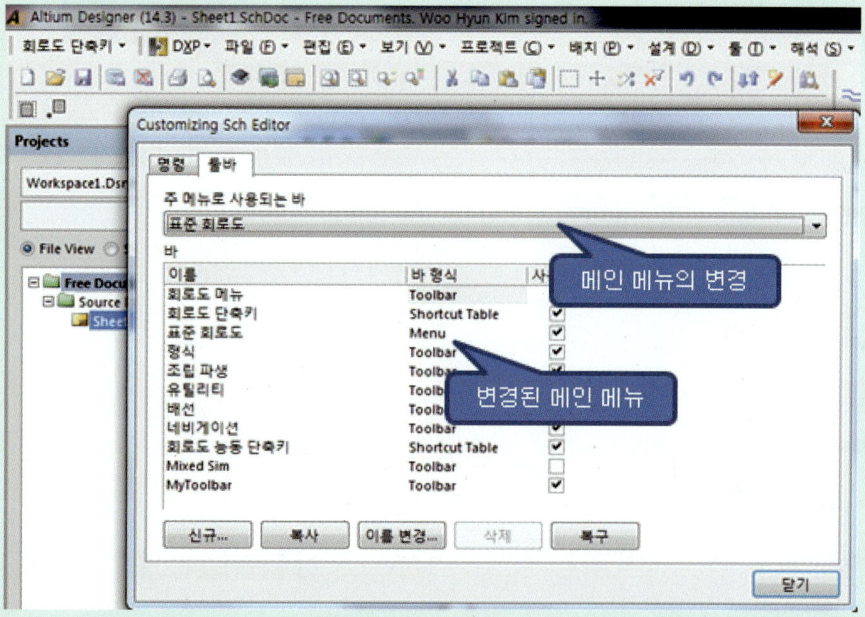


[그림 3-130] 메인 메뉴 변경

④ 사용자가 등록한 툴바의 삭제는 해당 툴바를 선택 후 삭제 버튼을 눌러 삭제할 수 있다. 모든 툴바 중에서 프로그램 설치 시 기본 설정인 것들은 삭제가 불가능하다.

### (6) 초기 상태로 복원하기

① 메뉴의 변경 툴바의 변경 등으로 내용을 변경한 것을 초기의 상태로 되돌리려면 해당 바의 이름을 선택 후 하단의 복구 버튼을 클릭한다. 복구 버튼은 사용자가 수정한 사항이 있는 경우에만 활성화된다.

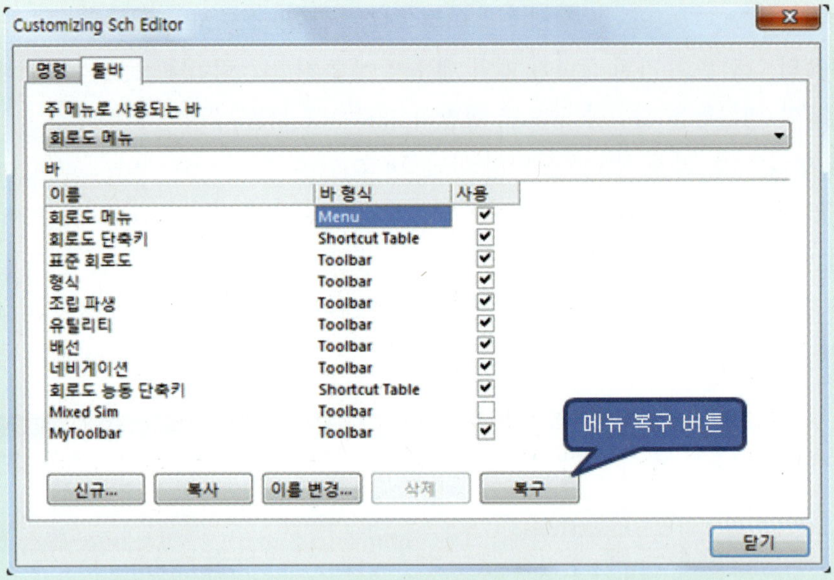


[그림 3-131] 메뉴 복구

## 03 도움말 실행하기

Altium Designer는 위키라는 도움말 시스템을 사용하고 있다. 위키 도움말 시스템은 Altium 본사의 홈페이지와 연동되는 시스템으로 사용자의 컴퓨터가 인터넷에 연결되어 있어야 사용이 가능하다.

① 위키 시스템은 도움말>Altium 위키>위키 홈 명령을 누르면 다음과 같은 화면이 나타난다. Altium Designer의 화면에 나타난 화면은 위키 홈의 모습이며 오른쪽 상단의 Search Altium Documentation에 검색하려는 단어를 입력하여 도움말을 확인할 수 있다.

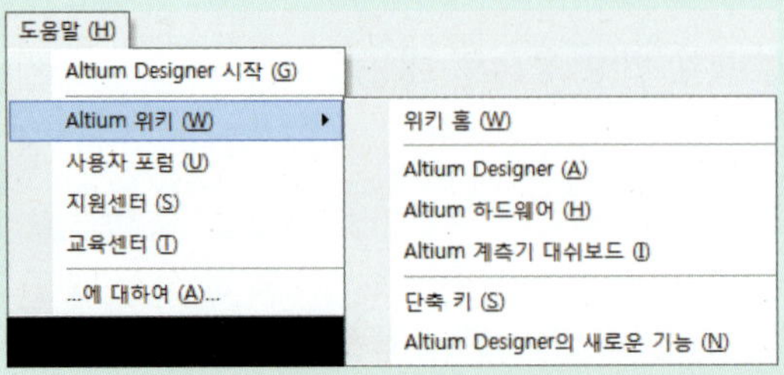


[그림 3-132] 도움말>Altium 위키>위키 홈 명령을 누르면 표시

② PCB Project file이란 검색어를 넣고 엔터키 또는 오른쪽의 돋보기 모양을 누르면 해당 단어가 포함된 도움말을 검색하여 화면에 표시한다.

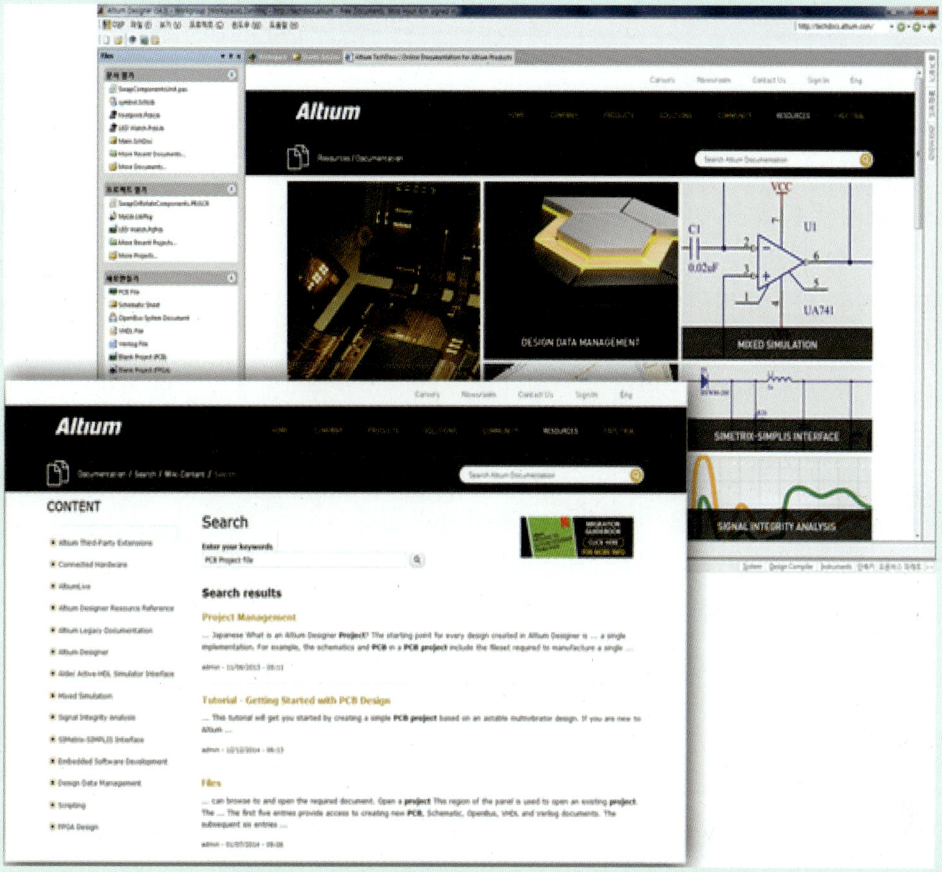


[그림 3-133] 도움말을 검색하여 화면에 표시

학습활동.1 **교수학습 방법**

## 교수 방법

- PCB 설계의 기본개념, 부품배치, 라이브러리 작성 등을 PCB 실물 기판과 PPT 자료로 제시한 후 설명한다.
- PCB 설계에서 회로 블록의 특성, 신호의 종류, 회로의 구성 등에 따라 회로 블록을 배치하는 방법을 설명한다.
- PCB의 Size, 제품의 기구적인 특성을 고려하여 부품을 배치하고, 고정 부품의 배치를 우선해야 하는 이유와 방법을 설명한다.
- PCB 설계 도구를 선정하는 방법을 설명하고, 사용되고 있는 설계 도구의 장·단점을 설명할 수 있도록 지도한다.
- PCB 설계 도구의 사용법은 선수학습으로 되어 있어야 하나, 그렇지 못한 경우에는 설계 도구 사용법을 별도의 시간을 할애하여 교육하여야 한다.
- 라이브러리로 등록되어 있지 않은 부품에 대해서는 부품 스케치부터 지도하여 라이브러리로 등록할 수 있도록 지도한다.
- PCB 설계를 위한 환경 설정 및 각종 Option을 지정할 수 있는 능력을 기르도록 한다.

## 학습 방법

- PCB 설계 도구를 능숙히 사용할 수 있도록 충분히 연습한다.
- PCB 설계 및 PCB 설계 도구에서 사용되는 다양한 용어를 충분히 숙지하도록 한다.
- PCB 설계가 회로의 전기적 특성에 영향을 줄 수 있음을 강조하여 회로 블록 및 부품의 배치 방법을 숙지한다.
- PCB 설계를 위한 설계 도구의 환경 설정, Option 지정을 필요에 따라 스스로 수행할 수 있도록 하고, 부품배치의 중요성을 강조한다.
- PCB 설계가 완료된 후 Gerber Data를 생성하여 PCB 제작 발주까지 할 수 있는 능력을 배양한다.
- PCB 설계에서 회로 블록간 인터페이스를 효과적으로 실현할 수 있도록 한다.

## 학습활동.1 평가 및 피드백

### 평가 준거

- 평가자는 피평가자가 수행 준거 및 평가내용에 제시되어 있는 내용을 성공적으로 수행할 수 있는지를 평가해야 한다.
- 평가자는 다음 사항을 평가해야 한다.

| 학습내용 | 평가항목 | 성취수준 | | |
|---|---|---|---|---|
| | | 상 | 중 | 하 |
| 알티움 디자이너의 화면구조(1) | 알티움 디자이너의 메뉴, 툴바, 패널, 도킹모드, 부유모드, 상태바, 명령어상태 등을 이해할 수 있다. | | | |
| 알티움 디자이너의 화면구조(2) | 알티움 디자이너의 작업영역, 단축키, 마우스 조작법을 이해할 수 있다. | | | |
| 알티움 디자이너의 화면구조(3) | 알티움 디자이너의 객체의 선택 및 수정, 커스터마이징 및 복구, 도움말을 이해할 수 있다. | | | |

### 평가 방법

- 평가자는 능력단위 PCB 설계하기의 수행준거에 제시되어 있는 내용을 평가하기 위해 이론과 실기를 나누어 평가하거나, 종합적인 결과물의 평가 등 다양한 평가 방법을 이용할 수 있다.
- 필기시험

| 학습내용 | 평가항목 | 성취수준 | | |
|---|---|---|---|---|
| | | 상 | 중 | 하 |
| 알티움 디자이너의 화면구조(1) | 알티움 디자이너의 메뉴, 툴바, 패널, 도킹모드, 부유모드, 상태바, 명령어상태 등을 이해할 수 있다. | | | |
| 알티움 디자이너의 화면구조(2) | 알티움 디자이너의 작업영역, 단축키, 마우스 조작법을 이해할 수 있다. | | | |
| 알티움 디자이너의 화면구조(3) | 알티움 디자이너의 객체의 선택 및 수정, 커스터마이징 및 복구, 도움말을 이해할 수 있다. | | | |

• 체크리스트에 의한 관찰

| 학습내용 | 평가항목 | 성취수준 | | |
|---|---|---|---|---|
| | | 상 | 중 | 하 |
| 알티움 디자이너의 화면구조(1) | 알티움 디자이너의 메뉴, 툴바, 패널, 도킹모드, 부유모드, 상태바, 명령어상태 등을 이해할 수 있다. | | | |
| 알티움 디자이너의 화면구조(2) | 알티움 디자이너의 작업영역, 단축키, 마우스 조작법을 이해할 수 있다. | | | |
| 알티움 디자이너의 화면구조(3) | 알티움 디자이너의 객체의 선택 및 수정, 커스터마이징 및 복구, 도움말을 이해할 수 있다. | | | |

• 작업장 평가

| 평가항목 | 성취수준 | | |
|---|---|---|---|
| | 상 | 중 | 하 |
| 각 조별로 실습준비 및 실습과정에 있어 효율적이고 성실한 실습태도로 임하고 작업 후에 실습도구 등을 정리한다. | | | |

### 피 드 백

1. 작업 포트폴리오
   - 제출한 내용을 평가한 후 주요 사항을 표시하여 설명해준다.
2. 필기시험
   - 평가결과 일정 점수 이하인 학생들은 추가 학습 후 그 결과를 제출하도록 한다.
3. 체크리스트를 통한 관찰
   - 실습과정에서 평가한 후 주요 사항을 표시하여 돌려준다.

| | |
|---|---|
| 학습 1 | PCB 설계 이해하기 (19220206_13v1.4) |
| 학습 2 | 알티움 디자이너 시작하기 |
| 학습 3 | PCB 설계 사용법 이해하기 |
| **학습 4** | **프로젝터와 프로그램 설정하기** |
| 학습 5 | PCB 설계하기 |
| 학습 6 | 라이브러리 제작하기 |

## 4-1 알티움 디자이너의 프로젝트 이해하기

**학습 목표**
- 알티움 디자이너의 프로젝트 구조, 프로젝트 관리, 작업영역을 이해할 수 있다.



**필요지식**

### 1. 알티움 디자이너(Altium Designer)의 프로젝트

Altium Designer는 설계 과정에서 발생되는 모든 문서의 관리를 위한 프로젝트 개념을 사용한다. 물론 단일 문서를 생성하고 저장할 수도 있지만 프로젝트로 관리되어야만 동작하는 기능이 있으므로 작업을 시작하기 전에 반드시 프로젝트를 생성하는 것을 추천한다.

#### (1) 프로젝트 패널

[그림 4-1]은 프로젝트 패널이다.

#### (2) 프로젝트의 파일 종류

프로젝트 내에는 파일의 종류에 따라서 그룹화되어 있다. Source Documents에는 회로도, PCB, VHDL, OpenBus, C, H, ASM 등 다양한 작업문서의 원본이 위치한다.

##### 1) Settings

Settings에는 각종 설정의 내용을 저장한 파일로 Database Link Files에는 데이터베이스 연동에 관한 설정을 기록한 파일(*.DBLINK)과 Output Job Files에는 출력 데이터 설정을 기록한 파일(*.OUTJOB)이 위치한다.

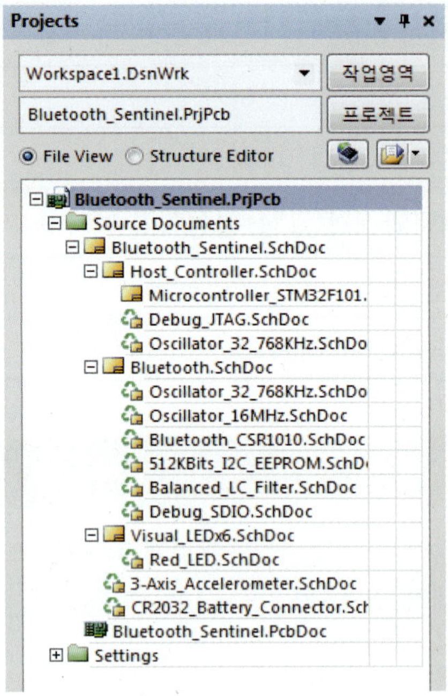


[그림 4-1] 프로젝트 패널

### 2) Libraries

Libraries에는 통합화되지 않은 라이브러리 파일로 Schematic Library Documents에는 회로도용 심볼 파일(*.SCHLIB)과 PCB Library Documents에는 PCB용 풋프린트 파일(*.PCBLIB), PCB3D Library Files에는 3차원 모델 파일(*.PCB3DLIB)이 위치한다.

### 3) Generated

Generated에는 출력 결과물로서 CAMtastic! Documents에는 거버 파일 및 ODB++, NC-Drill 등의 파일과 Text Documents에는 텍스트 파일인 자삽 파일, BOM 등의 파일이 위치한다.

## 수행 내용 알티움 디자이너의 프로젝트 이해하기

### 재료 · 자료

- 상세 회로도면, 기구도면, A4 용지, 필기구

### 기기(장비 · 공구)

- 인터넷 가능한 컴퓨터, 한글 오피스, 프린터

### 안전 · 유의사항

- 회로동작 및 기능을 충분히 숙지하도록 한다.
- 컴퓨터에 바이러스가 침투하지 않도록 유의한다.



## 수행 순서

### 01 프로젝트에 연결된 파일 저장하기

① 프로젝트에 연결된 각종 파일은 반드시 프로젝트 파일의 위치와 동일하거나 하위에 존재해야 한다. 만일 다른 위치나 상위에 존재하는 경우에는 프로젝트를 벗어난 파일로 간주되어 링크의 기호가 생성된다. 이 경우 해당 파일에서 마우스 오른쪽 버튼을 누르고 팝업 메뉴에서 다른 이름으로 저장을 선택하여 프로젝트 파일의 위치와 동일하게 저장해 주면 해결된다.

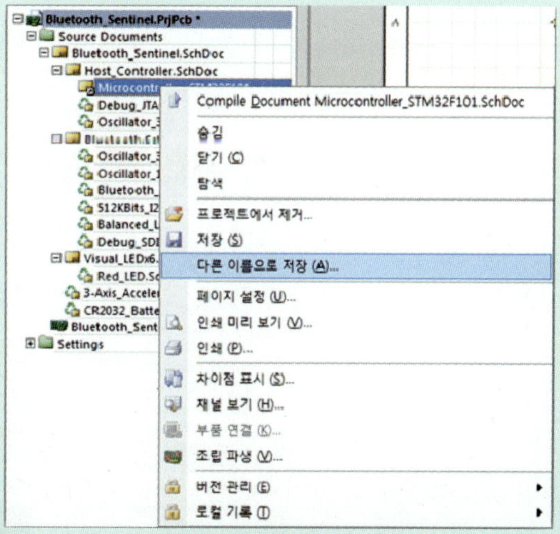


[그림 4-2] 다른 이름으로 저장

② 프로젝트의 문서들 중에서 특정 문서의 위치를 탐색기로 직접 찾아가려면 프로젝트 패널의 해당 파일에서 마우스 오른쪽 버튼을 눌러 팝업 메뉴의 탐색명령을 선택하면 다음의 그림과 같이 탐색기가 나타나며 해당 위치를 표시한다.

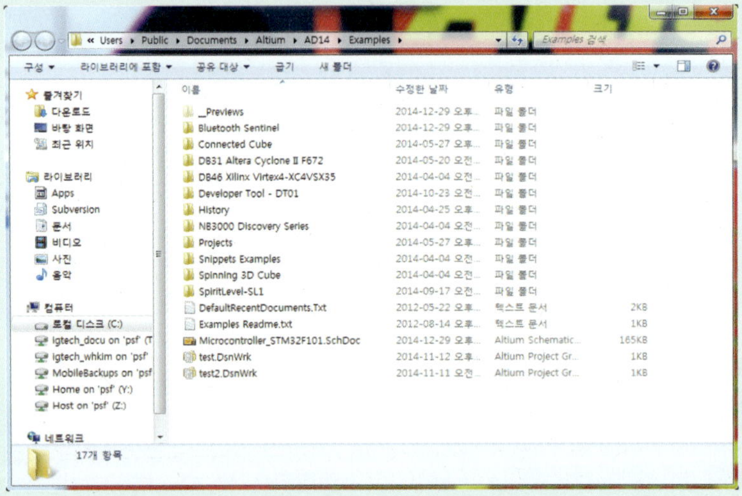


[그림 4-3] 탐색기에 의한 해당 위치표시

## 02 프로젝트의 구조 이해하기

① 프로젝트 파일을 새롭게 생성하려면 파일≫새로만들기≫프로젝트 명령을 눌러 다음과 같은 대화상자를 띄운 뒤에 확인할 수 있다.

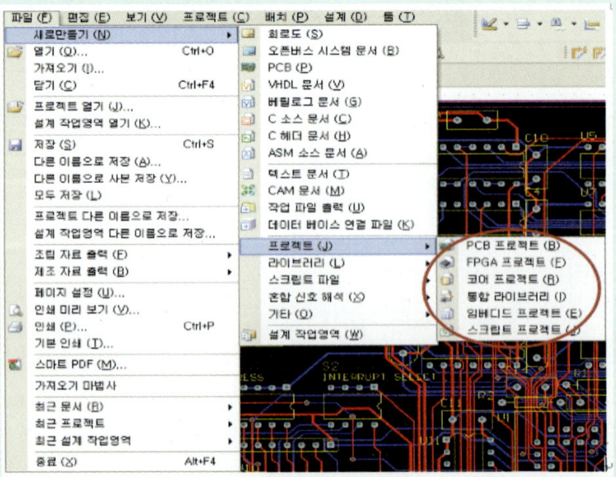


[그림 4-4] 파일≫새로만들기≫프로젝트 명령

② 프로젝트의 종류에 대한 확장자와 설명은 다음과 같다.

〈표 4-1〉 알티움 디자이너의 프로젝트 종류

| 프로젝트 종류 | 확장자 | 설 명 |
|---|---|---|
| PCB Project | PrjPcb | 회로도와 PCB로 구성된 프로젝트로 최종 결과물은 PCB 생산을 위한 데이터이다. |
| FPGA Project | PrjFpg | 회로도와 VHDL, VerilogHDL, OpenBus, C 등으로 구성된 프로젝트로 최종 결과물은 FPGA용 PROM 이미지 파일이다. |
| Core Project | PrjCor | 회로도와 VHDL, VerilogHDL, OpenBus, C 등으로 구성된 프로젝트로 최종 결과물은 FPGA용 코어 라이브러리 파일이다. |
| Embedded Project | PrjEmb | C와 H, ASM 등으로 구성된 프로젝트로 최종 결과물은 마이크로프로세서용 Hex 파일이다. |
| Integrated Library | LibPkg | 심볼과 풋프린터로 구성된 프로젝트로 최종 결과물은 통합 라이브러리 파일이다. |
| Script Project | PrjScr | PAS, BAS, JS, VBS 등으로 구성된 프로젝트로 최종 결과물은 Altium Designer에서 동작되는 스크립트이다. |

③ 프로젝트는 하나의 프로젝트로 끝나지 않고 다른 프로젝트를 하위에 물고 연결되는 경우도 있다. 이 경우에는 최상위 프로젝트가 최종 결과물이 된다.

그림의 그림은 PCB 프로젝트의 아래에 FPGA 프로젝트, 임베디드 프로젝트의 순서로 연결된 상태를 볼 수 있다. 이런 독특한 프로젝트의 연결은 FPGA 설계에서 필요한 작업으로 여기에서는 언급되지 않는다.

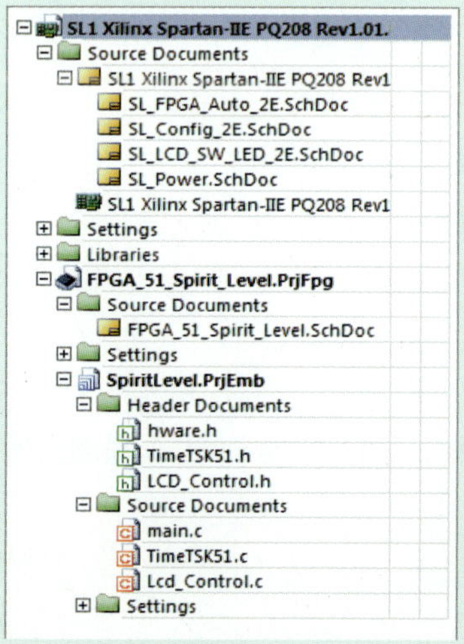


[그림 4-5] PCB 프로젝트의 아래에 FPGA 프로젝트, 임베디드 프로젝트의 순서로 연결된 상태

## 03 프로젝트 관리 이해하기

① **파일≫프로젝트 열기** 명령을 이용하여 기존 프로젝트를 열 수 있다.

② 다음은 해당 프로젝트에 마우스 커서를 놓고 마우스 오른쪽 버튼을 눌렀을 때에 나타나는 팝업 메뉴의 설명이다.

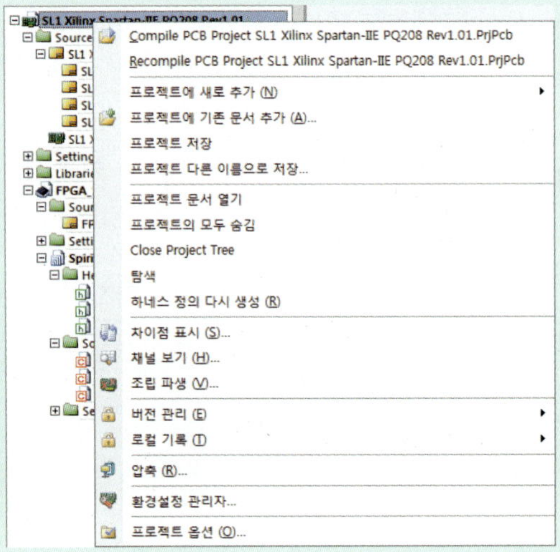


[그림 4-6] 프로젝트 팝업 메뉴

1) Compile XXXXXXX.XXXXXX

프로젝트를 컴파일하여 문서의 연결구조, 회로도의 오류 검사 등을 갱신할 수 있다. XXX 부분은 프로젝트의 이름으로 나타나는 부분이다.

2) 프로젝트에 새로 추가

프로젝트에 회로도, PCB 등 각종 새 문서를 추가할 수 있다.

3) 프로젝트에 기존 문서 추가

이미 존재하는 회로도, PCB 등을 추가할 수 있다. 다른 설계자가 설계한 파일을 프로젝트 없이 받았을 때에 이 명령을 이용하여 해당 프로젝트에 포함시킬 수 있다.

4) 프로젝트 저장

프로젝트의 구성요소(회로도, PCB 등 각종 문서들)의 추가, 삭제 등의 변화가 발생되면 해당 프로젝트는 "프로젝트 저장" 명령으로 그 내용을 저장해야 한다. 만약 추가된 도면은 저장하였지만 프로젝트를 저장하지 않았다면 다음 작업 시에는 추가된 도면은 프로젝트에 나타나지 않는다. 이런 경우 앞의 명령인 "프로젝트에 기존 문서 추가" 명령을 이용하여 다시 추가할 수 있다.

5) 프로젝트 문서 열기

프로젝트에 속한 모든 문서를 열어준다.

6) Close Project

프로젝트를 닫으려면 해당 프로젝트에 마우스 커서를 놓고 마우스 오른쪽 버튼을 눌러 팝업 메뉴 상에서 "Close Project" 명령을 이용하여 열린 프로젝트를 닫을 수 있다. 프로젝트가 닫힐 때에는 프로젝트에 포함된 문서 중에서 현재 작업공간에 열려있는 문서가 있다면 함께 닫힌다. 또한 닫히는 프로젝트의 문서 중에서 변경된 내용이 있을 경우에 변경된 내용의 저장 유/무를 묻는 창이 나타난다.

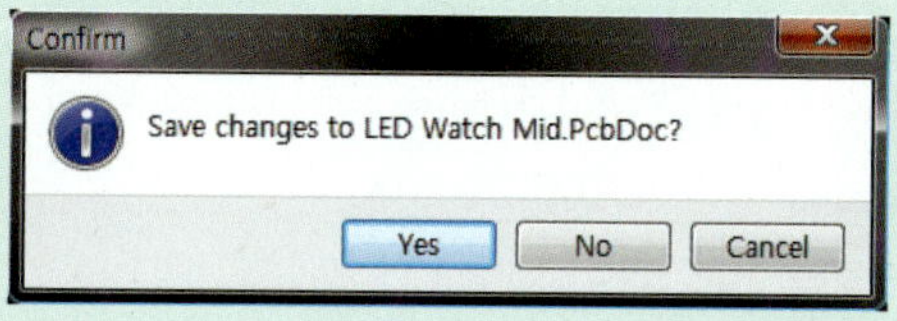


[그림 4-7] 변경된 내용의 저장 유/무를 묻는 창

7) 조립 파생

하나의 PCB를 여러 종류로 파생하여 관리할 수 있다.

예를 들어 하나의 PCB를 내수용과 수출용으로 나누거나 민수용, 군수용 등으로 나눌 수 있다. 이렇게 나누어진 정보에는 각 부품의 값, 세부 온도특성 등을 변경할 수 있다.

8) 압축

프로젝트의 보관을 위하여 생성된 파일 또는 문서 파일을 모두 Zip으로 압축한다. 이때 압축 파일의 이름은 기본 프로젝트의 이름 및 생성날짜, 시간 등을 포함할 수 있다.

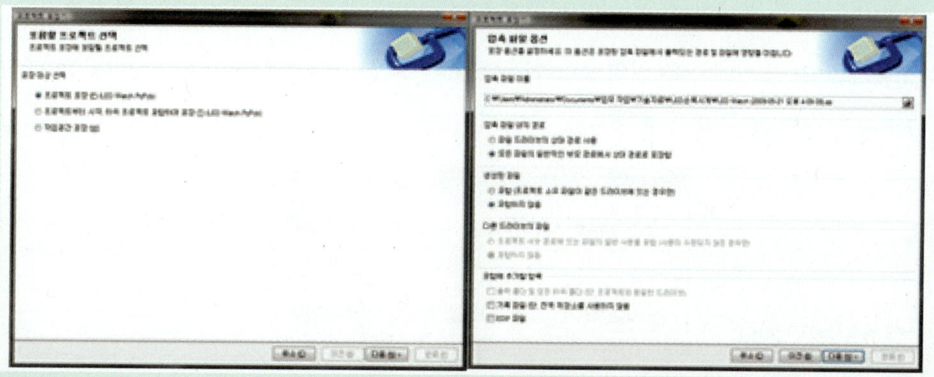

[그림 4-8] 포함된 프로젝트 선택과 압축 파일 옵션

### 9) 프로젝트 옵션

프로젝트의 환경을 설정하는 옵션이다. ERC 체크의 옵션, 컴파일 옵션, ECO 옵션, 채널 옵션, 계층구조의 옵션 등 프로젝트에 관련된 모든 옵션을 수정할 수 있다.

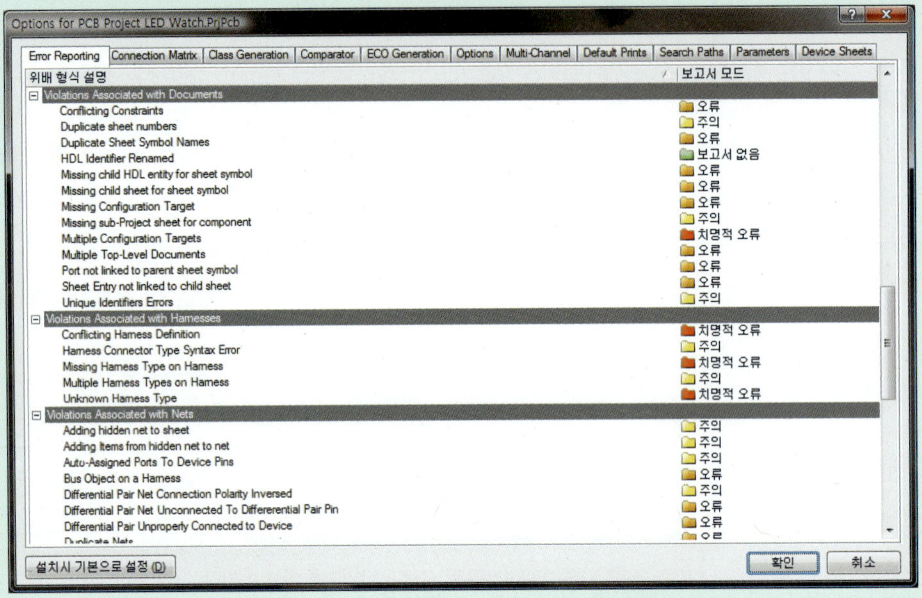


[그림 4-9] 프로젝트의 환경을 설정하는 옵션

## 04 작업영역 실행하기

하나의 제품에는 2가지의 PCB가 사용될 수도 있다. 하지만 기본적으로 프로젝트는 하나의 PCB만을 허용하기 때문에 이 경우에는 여러 개의 프로젝트로 생성하고 관리해야 한다. 이렇게 다수의 프로젝트를 하나의 그룹으로 관리할 수 있도록 지원하는 것이 바로 작업영역이다.

① 그림과 같이 초기에는 작업영역의 이름이 기본 이름인 "Workspace1.DsnWrk"로 설정되어 있다. 여기에 필요한 프로젝트를 추가하고 새로운 작업영역으로 저장할 수 있다.

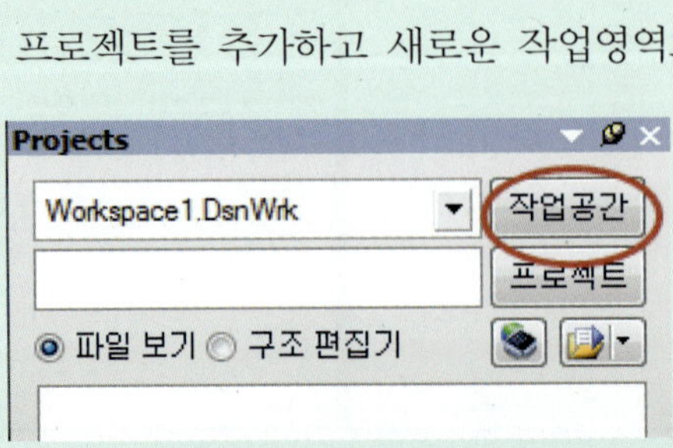


[그림 4-10] 작업영역의 이름을 "Workspace1. DsnWrk"로 설정

② **"작업공간"** 버튼을 클릭하면 팝업 메뉴로 다음과 같은 메뉴가 나타난다.

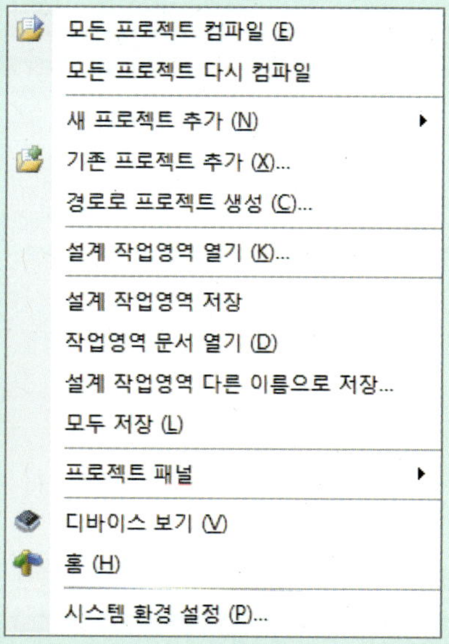


[그림 4-11] 작업영역의 팝업 메뉴

㉠ 모든 프로젝트 컴파일 : 작업영역에 속한 프로젝트를 일괄적으로 컴파일한다.

㉡ 모든 프로젝트 다시 컴파일 : 작업영역에 속한 프로젝트를 일괄적으로 다시 컴파일한다.

㉢ 새 프로젝트 추가 : 작업영역에 새로운 프로젝트를 생성하여 추가한다.

㉣ 기존 프로젝트 추가 : 작업영역에 기존 프로젝트를 추가한다.

㉤ 경로로 프로젝트 생성 : 특정 경로를 지정하면 해당 경로의 이름에 동일한 프로젝트를 자동으로 생성하고 작업영역에 저장한다.

㉥ 설계 작업영역 열기 : 기존 저장되어 있던 작업영역을 불러온다.

㉦ 설계 작업영역 저장 : 현재 열려 있는 작업영역을 저장한다.

㉧ 작업영역 문서 열기 : 현재 열려 있는 작업영역의 문서들을 저장한다.

㉨ 설계 작업영역 다른 이름으로 저장 : 현재 열려있는 작업영역을 다른 이름으로 저장한다.

㉩ 모두 저장 : 현재 열려 있는 문서들 중에서 수정된 내용이 있는 문서를 저장한다.

㉪ 프로젝트 패널 : 프로젝트 패널의 환경을 설정한다.

㉫ 디바이스 보기 : FPGA 설계를 위한 디바이스 보기 화면을 띄워준다.

㉬ 홈 : 프로그램 시작 시 나타났던 홈 화면을 띄워준다.

㉭ 시스템 환경 설정 : "DXP/환경 설정" 메뉴와 동일하게 환경 설정 대화상자를 띄워준다.

# 4-2 알티움 디자이너의 프로그램 설정

| 학습 목표 | • 알티움 디자이너의 프로그램의 환경 설정, 프로젝트 옵션, 문서 옵션을 이해할 수 있다. |
|---|---|

## 필요지식

### 1. 프로그램 설정

프로그램의 설정은 환경 설정, 프로젝트 옵션, 문서 옵션 등의 3가지로 나눌 수 있다.

〈표 4-2〉 알티움 디자이너의 프로그램 설정 종류

| 종 류 | 설 명 | 적용 대상 |
|---|---|---|
| 환경 설정 | Altium Designer의 기본설정 | 프로그램 전체 |
| 프로젝트 옵션 | 프로젝트의 설정 | 해당 프로젝트 |
| 문서 옵션 | 문서의 설정 | 해당 문서 |

#### (1) 환경 설정

환경 설정은 시스템에 관한 기본설정, 회로도 편집기에 대한 설정, FPGA의 설정, 설계이력 관리의 설정, 임베디드 컴파일의 설정, PCB 편집기의 설정, 텍스트 편집기의 설정, 스크립트 설정, CAM 편집기의 설정, 생산관리기의 설정, 해석 프로그램의 설정, 파형표시기의 설정으로 구성되어 있다.

#### (2) 프로젝트 옵션

프로젝트의 옵션은 PCB Project, FPGA Project, Core Project, Embedded 프로젝트, Script 프로젝트, 통합 라이브러리(Integrated Library) 등의 파일에 대한 옵션들이 저장되어 있다.

#### (3) 문서 옵션

문서 옵션은 각각의 문서에 적용되어 있는 내용으로 회로도 문서 옵션, PCB 문서 옵션으로 구성되어 있다.

## 수행 내용 알티움 디자이너의 프로그램 설정 이해하기

### 재료 · 자료

- 상세 회로도면, 기구도면, A4 용지, 필기구

### 기기(장비 · 공구)

- 인터넷 가능한 컴퓨터, 한글 오피스, 프린터

### 안전 · 유의사항

- 회로동작 및 기능을 충분히 숙지하도록 한다.
- 컴퓨터에 바이러스가 침투하지 않도록 유의한다.

## 수행 순서

### 01 환경 설정하기

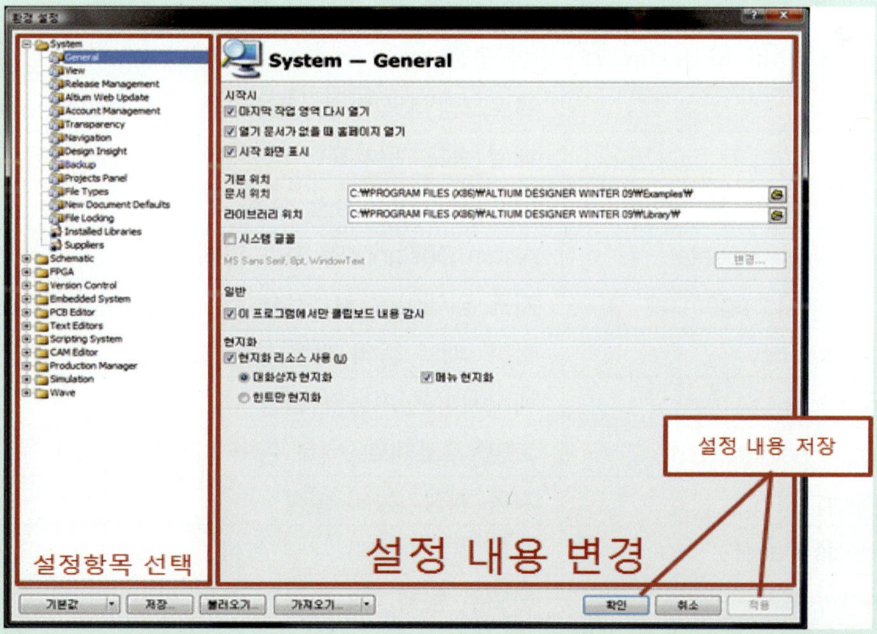


[그림 4-12] DXP/환경 설정

① 환경 설정은 Altium Designer의 기본적인 설정으로 프로그램에 기록되는 설정사항이다. 따라서 여기서 설정하는 내용들은 어떤 작업을 수행하든지 공통으로 적용되게 된다.

② "DXP/환경 설정" 명령을 선택하면 [그림 4-12]와 같은 대화상자가 나타난다.
기본적인 구조는 왼쪽의 트리 항목에서 설정항목을 선택하고 오른쪽의 설정 부분에서 설정을 변경한 뒤에 하단의 "확인" 또는 "적용" 버튼을 클릭하여 설정내용을 저장할 수 있다.

③ 하단의 버튼의 기본 값, 저장, 불러오기, 가져가기를 설명한다.

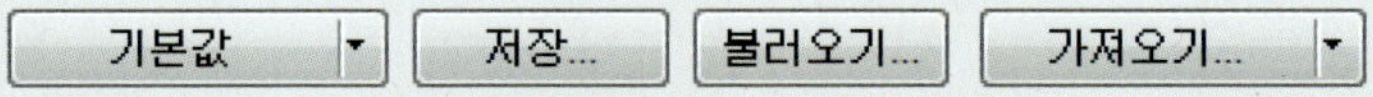


[그림 4-13] 하단 버튼의 구성

㉠ 기본값 버튼은 환경 설정의 내용을 프로그램 초기의 상태로 되돌리는 버튼이다.
㉡ 저장 버튼은 설정내용을 따로 저장하는 명령이다. 다른 컴퓨터의 설정을 동일하게 하거나 또는 설정의 내용을 백업해 둘 수 있다.
㉢ 불러오기 버튼은 설정내용을 불러오는 명령이다. 다른 컴퓨터의 설정을 불러와 동일하게 하거나 기존의 백업된 설정을 불러올 수 있다.
㉣ 가져오기 버튼은 하위 버전에서 저장한 설정내용을 불러오는 명령이다.

④ 다음의 표는 트리 항목의 설정항목을 개략적으로 설명한 내용이다.

〈표 4-3〉 환경 설정의 설정항목 설명(1)

| **System – Altium Designer의 기본 설정** | |
|---|---|
| General | 프로그램 시작방법, 글꼴, 언어 등 일반적인 설정 |
| View | 패널 속도, 문서표현 등 화면표시 관련 설정 |
| Release Management | 배포 관리자의 환경 설정 |
| Altium Web Update | Altium Designer의 자동 업데이트 설정 |
| Account Management | 자동 업데이트 시 요구되는 사용자 계정 설정 |
| Transparency | 툴바, 패널 등의 자동 투명기능 설정 |
| Navigation | 네비게이션 기능의 설정 |
| Design Insight | 도면, 프로젝트, 네트 등의 미리보기 설정 |
| Backup | 자동 저장기능의 설정 |
| Projects Panel | 프로젝트 패널의 세부 설정 |
| File Types | 윈도우 탐색기의 확장자 연결 설정 |
| New Document Defaults | 새로 만들기 명령에서 참조할 문서연결 설정 |

〈표 4-4〉 환경 설정의 설정항목 설명(2)

| | |
|---|---|
| File Locking | 프로젝트 소유권한 설정 |
| Installed Libraries | 라이브러리 설정 |
| Suppliers | 부품공급자 데이터 베이스 연결 설정 |
| **Schematic - 회로도 편집기의 설정** | |
| General | 도면번호, 전원 네트 등 회로도의 일반적인 설정 |
| Graphical Editing | 회면 스크롤, 확대 등 화면표시 관련 설정 |
| Mouse Wheel Configuration | 마우스 휠의 동작 설정 |
| Compiler | 컴파일 오류에 관련된 설정 |
| AutoFocus | 편집과정에서 자동 확대에 관한 설정 |
| Library AutoZoom | 부품 편집과정에서 자동 확대에 관한 설정 |
| Grids | 격자의 색상, 크기, 종류 등의 설정 |
| Break Wire | 배선자르기에 관한 설정 |
| Default Units | 기본 작업단위 설정 |
| Default Primitives | 선, 원, 핀 등의 기본 초본 설정 |
| OrCAD ™ | OrCAD 변환 설정 |
| Device Sheets | 디바이스 도면의 경로 설정 |
| **FPGA - FPGA의 설정** | |
| General | VHDL, 베릴로그 등 FPGA의 일반적인 설정 |
| Simulation Compiler | 해석 컴파일러 설정 |
| Simulation Debugger | 해석 디버거 설정 |
| Synthesis | 신디시스 설정 |
| Devices View | 디바이스 보기동작 설정 |
| **Version Control - 설계 이력 관리의 설정** | |
| General | 설계 이력 관리용 프로그램 설정 |
| Local History | 로컬 디스크에 저장되는 설계 이력 설정 |
| SVN Libraries | 네트워크 라이브러리의 설정 |
| **Embedded System - 임베디드 컴파일러의 설정** | |
| General | 임베디드 컴파일러 프로그램 설정 |
| Libraries | 임베디드 컴파일 라이브러리 설정 |
| Code Formatting, General | 일반적인 문법 설정 |
| Code Formatting, Spacing | 공백 문법 설정 |

〈표 4-5〉 환경 설정의 설정항목 설명(3)

| PCB Editor - PCB 편집기의 설정 | |
|---|---|
| General | PCB 편집기의 일반적인 설정 |
| Display | 다이렉트 X, 투명 모드, 강조 등 화면표시 관련 설정 |
| Board Insight Display | 실시간 강조, 이름표시 등의 설정 |
| Board Insight Modes | 헤드업 디스플레이의 설정 |
| Board Insight Lens | 돋보기 기능의 설정 |
| Interactive Routing | 능동 배선의 밀기, 회피 등의 설정 |
| True Type Fonts | 트루 타입 글꼴 설정 |
| Mouse Wheel Configuration | 마우스 휠의 동작 설정 |
| Defaults | 선, 원, 패드 등의 기본 초본 설정 |
| PCB Legacy 3D | 이전 PCB 3차원 표시 프로그램 설정 |
| Reports | 보고서 출력 설정 |
| Layer Colors | 레이어 색상 설정 |
| Models | 3차원 모델 경로 설정 |
| **Text Editors - 텍스트 편집기의 설정** | |
| General | 텍스트 편집기의 일반적인 설정 |
| Display | 여백, 글꼴, 줄 번호 등 화면표시 관련 설정 |
| Colors | 명령, 주석 등의 색상 설정 |
| **Scripting System - 스크립트 설정** | |
| Global Projects | 스크립트로 작성된 프로젝트의 등록 설정 |
| Form Designer | 스크립트에서 사용되는 폼의 설정 |
| **CAM Editor - CAM 편집기의 설정** | |
| General | 로그파일, 다각형 옵션 등 CAM 편집기의 일반적인 설정 |
| View / Language | 투명, 레이어 겹침언어 등 화면표시 관련 설정 |
| DRC | 설계규칙 검사 설정 |
| Import / Export | 거버 파일의 가져오기 / 내보내기 등의 설정 |
| Miscellaneous | 확장자 자동인식, 정밀도 등의 설정 |
| Drawing Modes | 격자, 스냅, 단위 등의 설정 |
| Film Box | 필름 상자의 설정 |
| Draw Dimension | 치수표시 설정 |
| **Production Manager - 생산관리기의 설정** | |
| General | 제조사 코드 설정 |

〈표 4-6〉 환경 설정의 설정항목 설명(4)

| **Simulation - 해석 프로그램의 설정** | |
|---|---|
| SIMetrix Interface | SIMetrix와 Altium Designer간의 인터페이스 설정 |
| **Wave - 파형표시기의 설정** | |
| General | 각종 그래프를 표시하는 프로그램의 설정 |

## 02 프로젝트 옵션 이해하기

프로젝트 옵션은 각각의 프로젝트 파일인 *.PrjPcb, *.PrgFpg 등의 파일에 저상되는 내용이다. 따라서 여기서 설정하는 내용들은 프로젝트에만 국한되는 내용이다. 프로젝트 옵션은 프로젝트의 종류에 따라서 표시 모양이 다를 수 있다.

### (1) PCB 프로젝트 옵션

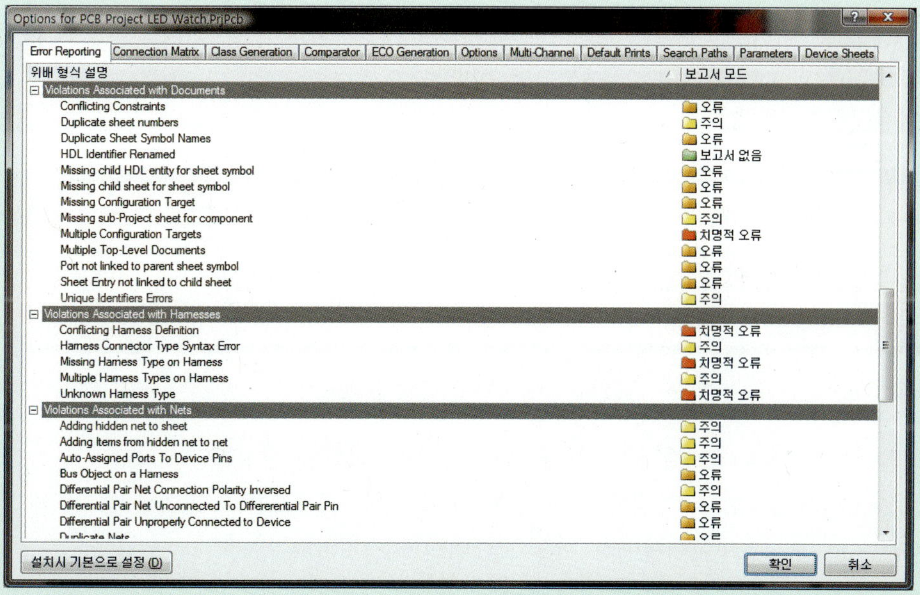


[그림 4-14] PCB 프로젝트 옵션

① Error Reporting : 컴파일 시 검사하는 오류의 범위를 설정한다.

② Connection Matrix : 컴파일 시 부품 핀 특성에 따른 오류의 범위를 설정한다.

③ Class Generation : 부품의 그룹화 범위를 설정한다.

④ Comparator : 비교명령에서 적용되는 범위를 설정한다.

⑤ ECO Generation : 회로에서 PCB로 또는 PCB에서 회로로 변경내용을 적용할 때의 범위를 정의한다.

⑥ Option : 도면의 연결 구조분석, 포트 및 네트 라벨의 동작방법 등을 설정한다.

⑦ Multi-Channel : 다중 채널의 명칭부여 방법을 설정한다.

⑧ Default Prints : 기본 인쇄방법을 설정한다.

⑨ Search Paths : 문서검색의 위치를 설정한다.

⑩ Parameters : 프로젝트의 매개변수를 설정한다.

⑪ Device Sheets : 디바이스 도면의 경로를 설정한다.



### (2) FPGA 프로젝트 옵션

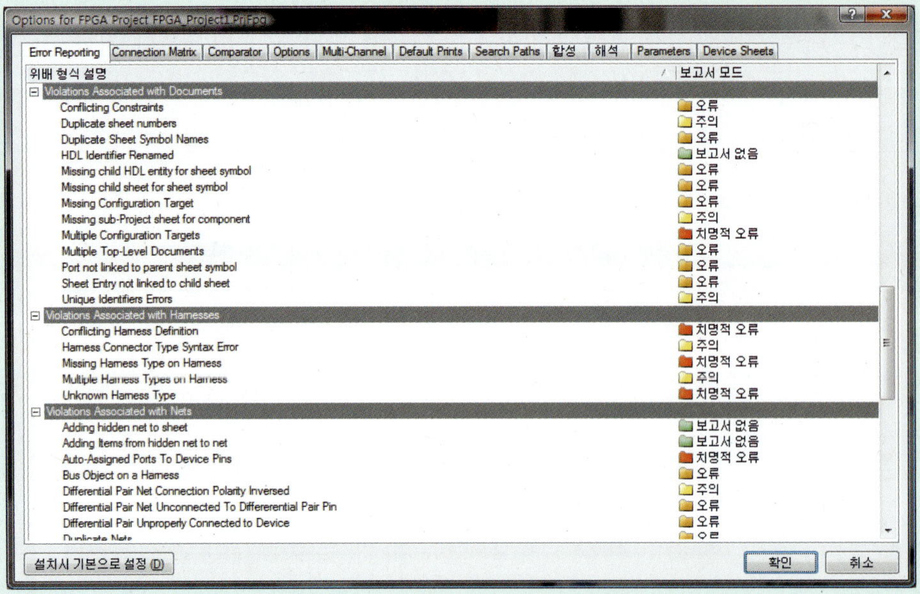


[그림 4-15] FPGA 프로젝트 옵션

① Error Reporting : 컴파일 시 검사하는 오류의 범위를 설정한다.

② Connection Matrix : 컴파일 시 부품 핀 특성에 따른 오류의 범위를 설정한다.

③ Comparator : 비교명령에서 적용되는 범위를 설정한다.

④ Options : VHDL의 옵션을 설정한다.

⑤ Multi-Channel : 다중 채널의 명칭부여 방법을 설정한다.

⑥ Default Prints : 기본 인쇄방법을 설정한다.

⑦ Search Paths : 문서검색의 위치를 설정한다.

⑧ 합성 : 신디시스 종류, 베릴로그, VHDL 등을 설정한다.

⑨ 해석 : 해석 종류, 테스트 벤치, SDF 등을 설정한다.

⑩ Parameters : 프로젝트의 매개변수를 설정한다.

⑪ Device Sheets : 디바이스 도면의 경로를 설정한다.

### (3) 코어 프로젝트 옵션

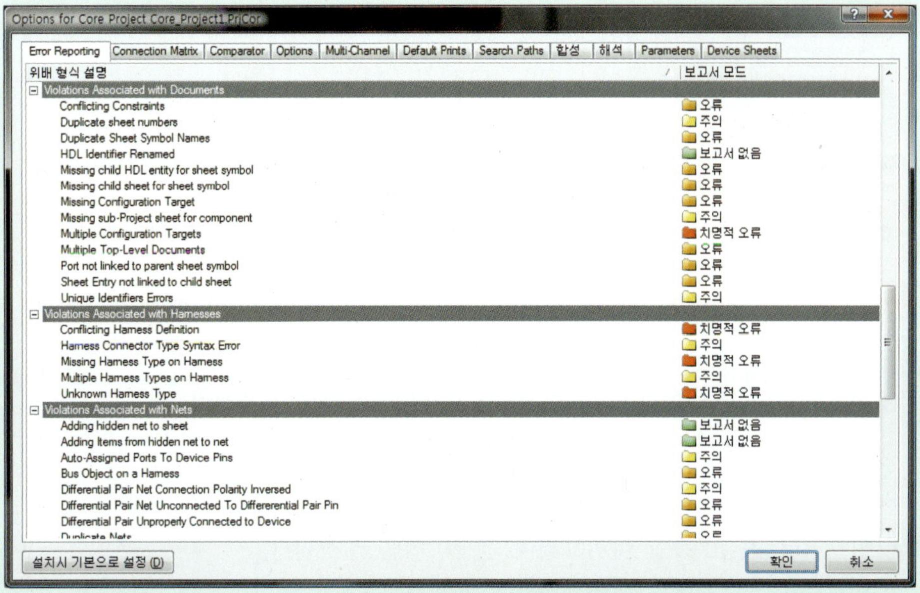


[그림 4-16] 코어 프로젝트 옵션

① Error Reporting : 컴파일 시 검사하는 오류의 범위를 설정한다.

② Connection Matrix : 컴파일 시 부품 핀 특성에 따른 오류의 범위를 설정한다.

③ Comparator : 비교명령에서 적용되는 범위를 설정한다.

④ Options : VHDL의 옵션을 설정한다.

⑤ Multi-Channel : 다중 채널의 명칭부여 방법을 설정한다.

⑥ Default Prints : 기본 인쇄방법을 설정한다.

⑦ Search Paths : 문서검색의 위치를 설정한다.

⑧ 합성 : 신디시스 종류, 베릴로그, VHDL 등을 설정한다.

⑨ 해석 : 해석 종류, 테스트 벤치, SDF 등을 설정한다.

⑩ Parameters : 프로젝트의 매개변수를 설정한다.

⑪ Device Sheets : 디바이스 도면의 경로를 설정한다.

### (4) 통합 라이브러리 옵션

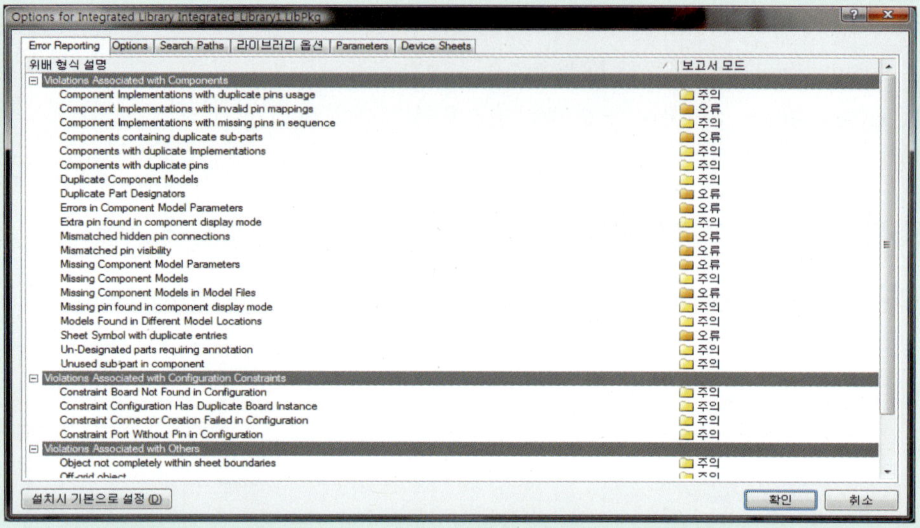


[그림 4-17] 통합 라이브러리 옵션

① Error Reporting : 컴파일 시 검사하는 오류의 범위를 설정한다.

② Option : 출력위치, ECO 등을 설정한다.

③ Search Paths : 문서검색의 위치를 설정한다.

④ 라이브러리 옵션 : 통합 라이브러리 생성방법을 설정한다.

⑤ Parameters : 프로젝트의 매개변수를 설정한다.

⑥ Device Sheets : 디바이스 도면의 경로를 설정한다.

### (5) 임베디드 프로젝트 옵션

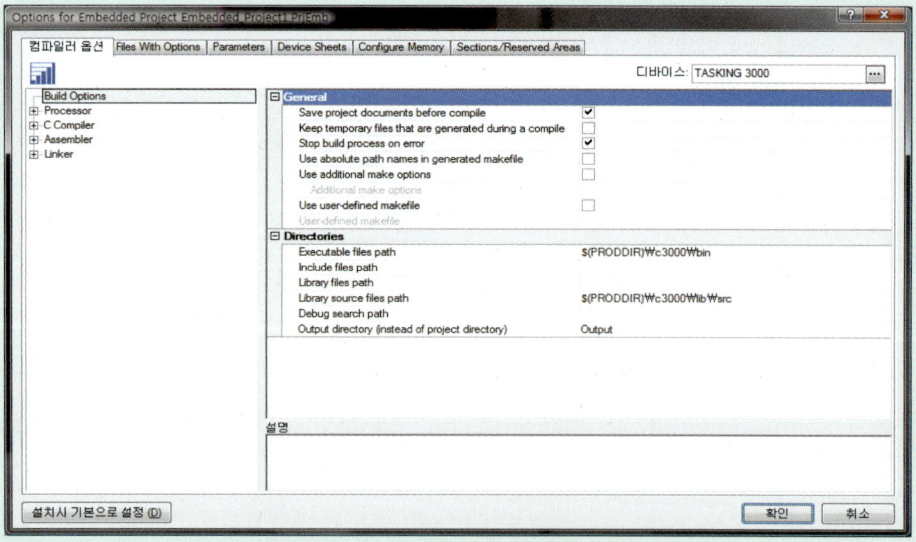


[그림 4-18] 임베디드 프로젝트 옵션

① 컴파일러 옵션 : 내장된 컴파일러, 링커 등을 설정한다.

② Files With Options : 옵션에서 사용되는 첨부 파일을 설정한다.

③ Parameters : 프로젝트의 매개변수를 설정한다.

④ Device Sheets : 디바이스 도면의 경로를 설정한다.

⑤ Configure Memory : 메모리, 주변장치 등의 메모리 맵핑을 설정한다.

⑥ Section/Reserved Area : 주소분할, 예약 등을 설정한다.

### (6) 스크립트 프로젝트 옵션

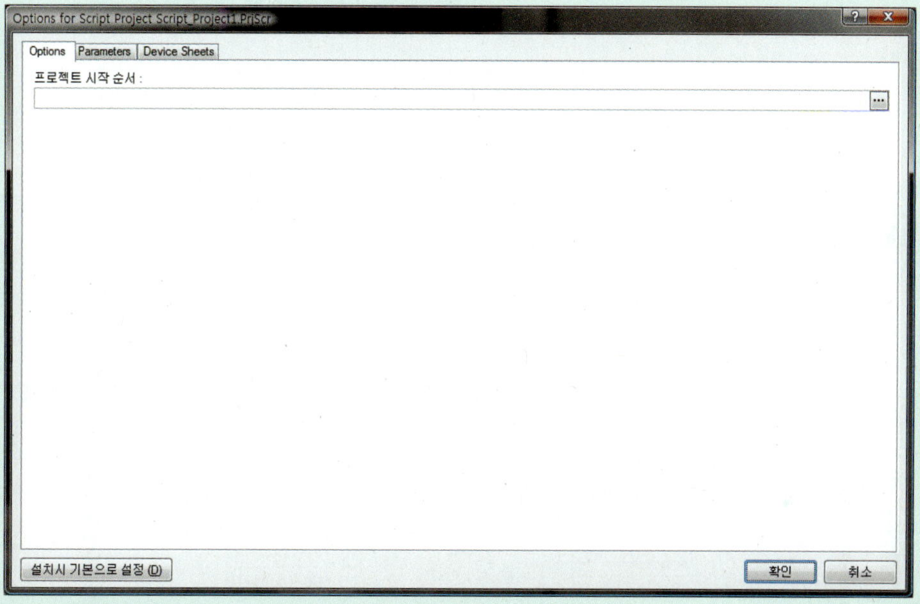


[그림 4-19] 스크립트 프로젝트 옵션

① Options : 스크립트의 실행방법을 설정한다.

② Parameters : 프로젝트의 매개변수를 설정한다.

③ Device Sheets : 디바이스 도면의 경로를 설정한다.

## 03 문서 옵션 이해하기

다음 그림의 문서 옵션은 각각의 문서에만 적용되는 내용이다. 따라서 여기서 설정하는 내용들은 문서에만 국한되는 내용이다.

### (1) 회로도 문서 옵션

1) 도면 옵션

서식, 표제란, 격자, 도면 크기 등을 설정한다.

2) 매개 변수

도면의 매개변수를 설정한다.

3) 단위

작업 단위를 설정한다.

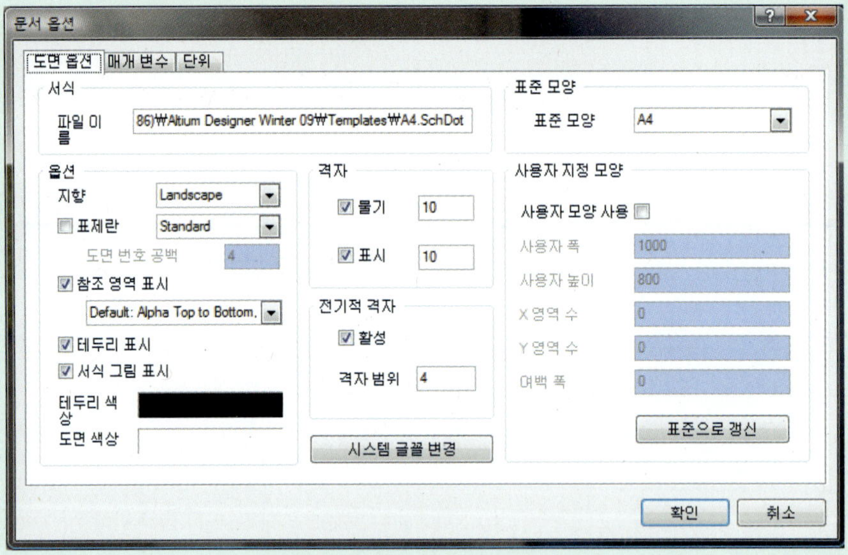


[그림 4-20] 회로도 문서 옵션

### (2) PCB 문서 옵션

작업 단위, 격자, 스냅 반경 등을 설정한다.

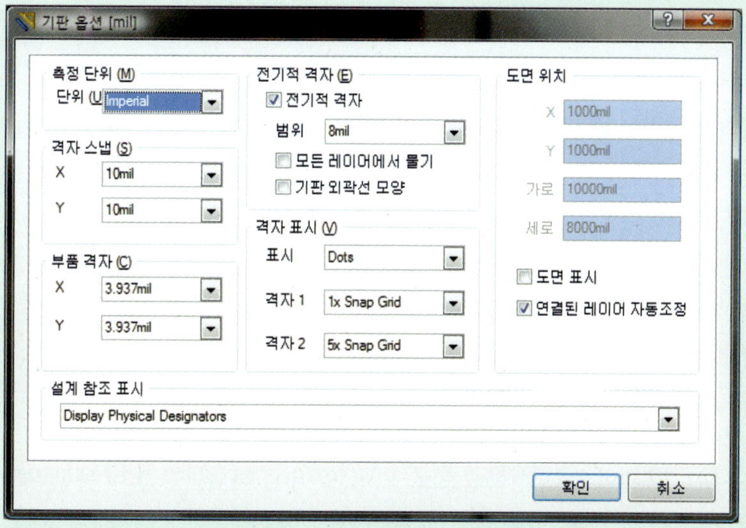


[그림 4-21] PCB 문서 옵션

## 학습활동.1 교수학습 방법

### 교수 방법

- PCB 설계의 기본개념, 부품배치, 라이브러리 작성 등을 PCB 실물 기판과 PPT 자료로 제시한 후 설명한다.
- PCB 설계에서 회로 블록의 특성, 신호의 종류, 회로의 구성 등에 따라 회로 블록을 배치하는 방법을 설명한다.
- PCB의 Size, 제품의 기구적인 특성을 고려하여 부품을 배치하고, 고정 부품의 배치를 우선해야 하는 이유와 방법을 설명한다.
- PCB 설계 도구를 선정하는 방법을 설명하고, 사용되고 있는 설계 도구의 장·단점을 설명할 수 있도록 지도한다.
- PCB 설계 도구의 사용법은 선수학습으로 되어 있어야 하나, 그렇지 못한 경우에는 설계 도구 사용법을 별도의 시간을 할애하여 교육하여야 한다.
- 라이브러리로 등록되어 있지 않은 부품에 대해서는 부품 스케치부터 지도하여 라이브러리로 등록할 수 있도록 지도한다.
- PCB 설계를 위한 환경 설정 및 각종 Option을 지정할 수 있는 능력을 기르도록 한다.

### 학습 방법

- PCB 설계 도구를 능숙히 사용할 수 있도록 충분히 연습한다.
- PCB 설계 및 PCB 설계 도구에서 사용되는 다양한 용어를 충분히 숙지하도록 한다.
- PCB 설계가 회로의 전기적 특성에 영향을 줄 수 있음을 강조하여 회로 블록 및 부품의 배치 방법을 숙지한다.
- PCB 설계를 위한 설계 도구의 환경 설정, Option 지정을 필요에 따라 스스로 수행할 수 있도록 하고, 부품배치의 중요성을 강조한다.
- PCB 설계가 완료된 후 Gerber Data를 생성하여 PCB 제작 발주까지 할 수 있는 능력을 배양한다.
- PCB 설계에서 회로 블록간 인터페이스를 효과적으로 실현할 수 있도록 한다.

학습활동.1 **평가 및 피드백**

### 평가 준거

- 평가자는 피평가자가 수행 준거 및 평가내용에 제시되어 있는 내용을 성공적으로 수행할 수 있는지를 평가해야 한다.
- 평가자는 다음 사항을 평가해야 한다.

| 학습내용 | 평가항목 | 성취수준 | | |
|---|---|---|---|---|
| | | 상 | 중 | 하 |
| 알티움 디자이너의 프로젝트 | 알티움 디자이너의 프로젝트 구조, 프로젝트 관리, 작업영역을 이해할 수 있다. | | | |
| 알티움 디자이너의 프로그램 설정 | 알티움 디자이너의 프로그램의 환경 설정, 프로젝트 옵션, 문서 옵션을 이해할 수 있다. | | | |

### 평가 방법

- 평가자는 능력단위 PCB 설계하기의 수행 준거에 제시되어 있는 내용을 평가하기 위해 이론과 실기를 나누어 평가하거나, 종합적인 결과물의 평가 등 다양한 평가 방법을 이용할 수 있다.
- 필기시험

| 학습내용 | 평가항목 | 성취수준 | | |
|---|---|---|---|---|
| | | 상 | 중 | 하 |
| 알티움 디자이너의 프로젝트 | 알티움 디자이너의 프로젝트 구조, 프로젝트 관리, 작업영역을 이해할 수 있다. | | | |
| 알티움 디자이너의 프로그램 설정 | 알티움 디자이너의 프로그램의 환경 설정, 프로젝트 옵션, 문서 옵션을 이해할 수 있다. | | | |

• 체크리스트에 의한 관찰

| 학습내용 | 평가항목 | 성취수준 | | |
|---|---|---|---|---|
| | | 상 | 중 | 하 |
| 알티움 디자이너의 프로젝트 | 알티움 디자이너의 프로젝트 구조, 프로젝트 관리, 작업영역을 이해할 수 있다. | | | |
| 알티움 디자이너의 프로그램 설정 | 알티움 디자이너의 프로그램의 환경 설정, 프로젝트 옵션, 문서 옵션을 이해할 수 있다. | | | |

• 작업장 평가

| 평가항목 | 성취수준 | | |
|---|---|---|---|
| | 상 | 중 | 하 |
| 각 조별로 실습준비 및 실습과정에 있어 효율적이고 성실한 실습태도로 임하고 작업 후에 실습도구 등을 정리한다. | | | |

## 피 드 백

1. 작업 포트폴리오
   - 제출한 내용을 평가한 후 주요 사항을 표시하여 설명해준다.
2. 필기시험
   - 평가결과 일정 점수 이하인 학생들은 추가 학습 후 그 결과를 제출하도록 한다.
3. 체크리스트를 통한 관찰
   - 실습과정에서 평가한 후 주요 사항을 표시하여 돌려준다.

| 학습 1 | PCB 설계 이해하기 (19220206_13v1.4) |
|---|---|
| 학습 2 | 알티움 디자이너 시작하기 |
| 학습 3 | PCB 설계 사용법 이해하기 |
| 학습 4 | 프로젝터와 프로그램 설정하기 |
| **학습 5** | **PCB 설계하기** |
| 학습 6 | 라이브러리 제작하기 |

## 5-1 LED 시계제작하기(1)

**학습 목표**

- 회로도에서 PCB까지 단계별 LED 시계제작과정(1)을 이해할 수 있다.
- 프로젝트 생성 및 설계 작업영역 추가, 프로젝트에 문서 추가, 환경 설정 과정을 이해한다.

### 필요지식

### 1. LED 시계제작

이 과정은 손목시계를 회로도부터 PCB까지 단계별로 따라하기 형태로 구성하였다. LED 시계를 구성하는 부속품은 3개의 PCB로 이루어져 있기 때문에 3개의 프로젝트가 필요하며 3개의 프로젝트는 하나의 작업영역으로 저장한다.

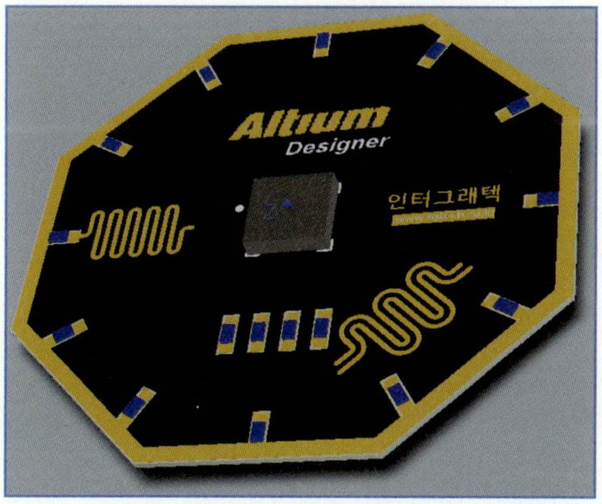


[그림 5-1] LED 시계제작

(1) 프로젝트 생성 및 설계 작업영역 추가

3개의 프로젝트를 생성하고 생성된 3개의 프로젝트를 다음 작업 시에도 손쉽게 불러오기 위하여 3개를 묶어서 하나의 작업영역으로 저장한다.

(2) 프로젝트에 문서 추가

생성된 3개의 프로젝트에는 각각의 회로도 문서와 PCB 문서를 추가한다.

(3) 환경 설정

환경 설정에서 시스템 환경 설정, 프로젝트 환경 설정, 문서 환경 설정을 한다.

## 수행 내용 PCB 정의, 산업현황 및 종류 이해하기

### 재료 · 자료

- 상세 회로도면, 기구도면, A4 용지, 필기구

### 기기(장비 · 공구)

- 인터넷 가능한 컴퓨터, 한글 오피스, 프린터

### 안전 · 유의사항

- 회로동작 및 기능을 충분히 숙지하도록 한다.
- 컴퓨터에 바이러스가 침투하지 않도록 유의한다.

## 수행 순서

### 01 프로젝트 생성 및 설계 작업영역 추가하기

① "**파일≫새로만들기≫프로젝트≫PCB 프로젝트**" 명령을 눌러 새로운 프로젝트를 생성한다.

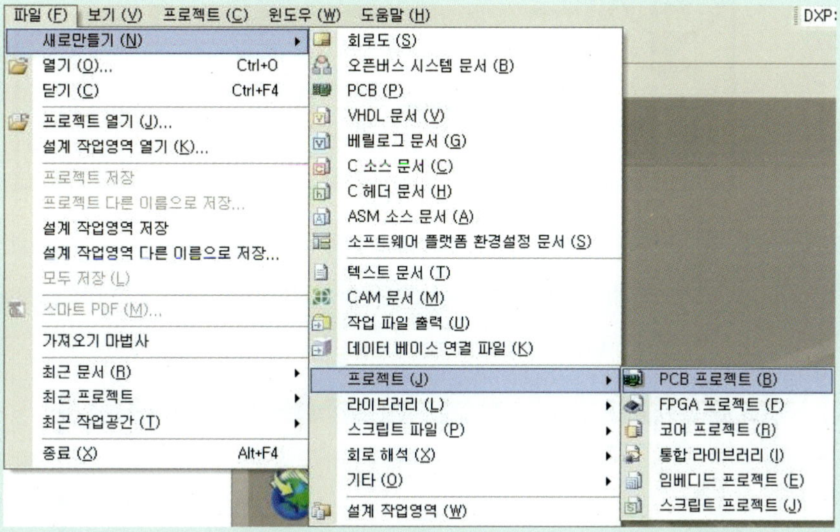


[그림 5-2] PCB 프로젝트 명령을 눌러 새로운 프로젝트를 생성

② 프로젝트 패널에서 생성된 프로젝트를 마우스로 선택 후 오른쪽 버튼을 눌러 팝업 메뉴를 나타내고 "**프로젝트 다른 이름으로 저장**" 명령을 선택한다.

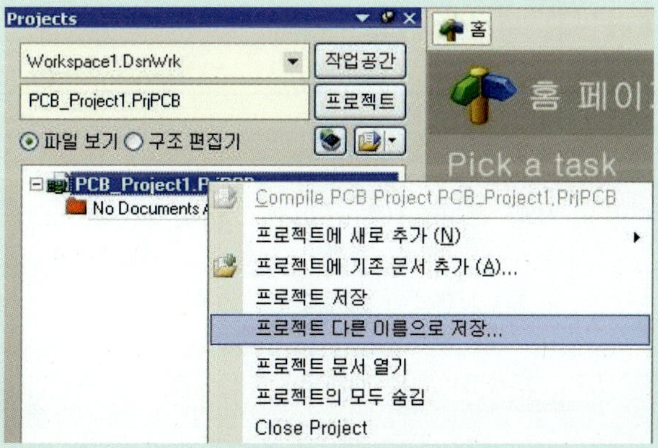


[그림 5-3] "프로젝트 다른 이름으로 저장" 명령을 선택

③ 왼쪽의 단축 아이콘 중에서 "**내 문서**"를 선택하고 오른쪽 상단의 새 폴더 만들기 아이콘을 눌러 "My Design" 폴더를 하나 생성한다.

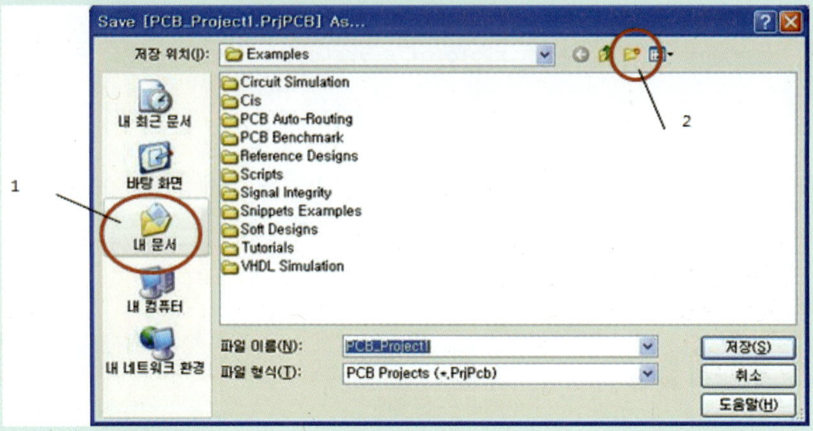


[그림 5-4] 내 문서를 선택하고 My Design 폴더를 하나 생성

④ My Design 폴더 아래에 "**LED Watch**" 폴더를 다시 생성한다. 생성된 LED Watch 폴더로 이동하여 파일 이름을 "**LED Watch.PrjPcb**"로 입력하고 저장한다.

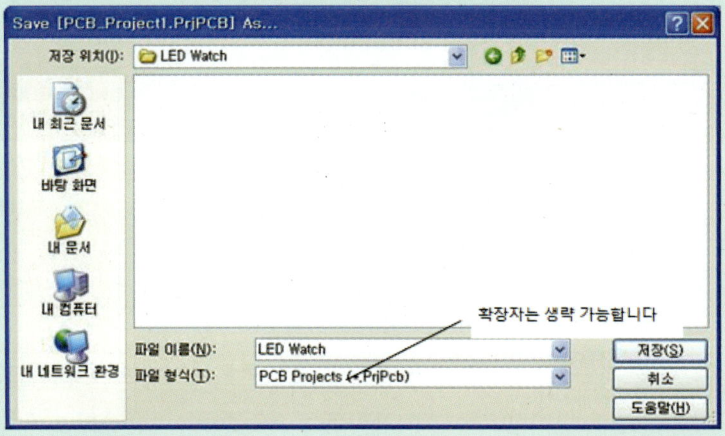


[그림 5-5] "LED Watch" 폴더를 다시 생성하고 파일 이름을 "LED Watch.PrjPcb"로 입력

⑤ 같은 방법으로 다음의 표와 같이 3개의 프로젝트를 생성한다. LED 시계를 구성하는 부속품은 3개의 PCB로 이루어져 있기 때문에 3개의 프로젝트가 필요하다.

〈표 5-1〉 3개의 프로젝트 생성

| 폴더명 | 프로젝트 이름 | 설 명 |
|---|---|---|
| LED Watch | LED Watch.PrjPcb | MPU 및 LED가 있는 메인 PCB |
| LED Watch Mid | LED Watch Mid.PrjPcb | 중간 배터리가 들어가는 공간 PCB |
| LED Watch End | LED Watch End.PrjPcb | 마지막 배터리 커버 PCB |

⑥ 다음의 그림은 프로젝트 패널에 생성된 3개의 프로젝트를 보여주고 있다.

[그림 5-6] 프로젝트 패널에 생성된 3개의 프로젝트

⑦ 생성된 3개의 프로젝트를 다음 작업 시에도 손쉽게 불러오기 위하여 3개를 묶어서 하나의 작업영역으로 저장한다.

⑧ **"파일≫설계 작업영역 다른 이름으로 저장"** 명령을 선택한다.

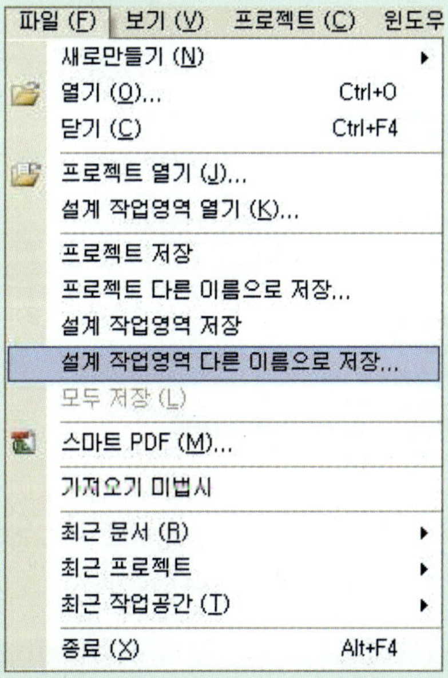


[그림 5-7] 파일≫설계 작업영역 다른 이름으로 저장 명령을 선택

⑨ 저장위치를 내 문서의 My Design으로 변경하고 파일 이름은 LED Watch란 이름으로 저장한다.

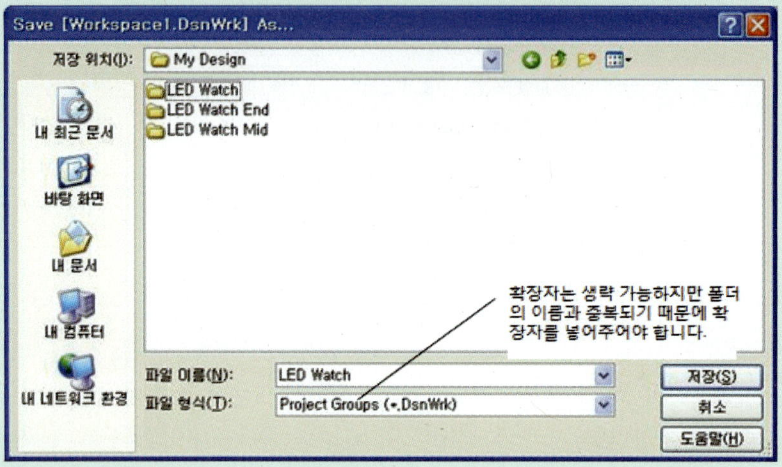


[그림 5-8] My Design으로 변경하고 파일 이름은 LED Watch란 이름으로 저장

⑩ 다음은 저장 후의 프로젝트 패널에 나타난 작업영역의 그림이다.

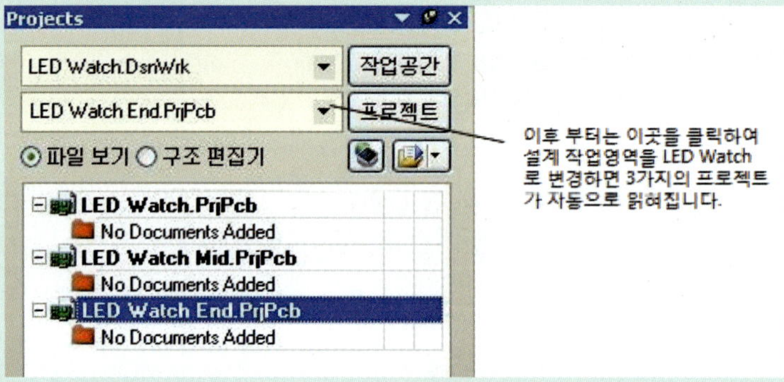


[그림 5-9] 프로젝트 패널에 나타난 작업영역

⑪ 이후부터는 작업 시 LED Watch.DsnWrk 파일만 선택하면 3가지의 프로젝트가 자동으로 불려진다.

## 02 프로젝트에 문서 추가하기

생성된 3개의 프로젝트에는 각각의 회로도 문서와 PCB 문서를 추가해야 된다.

### (1) 회로도 문서 추가하기

① 프로젝트 패널에서 LED Watch.PrjPcb를 선택하고 마우스 오른쪽 버튼을 눌러 "프로젝트에 새로 추가≫Schematic" 또는 "파일≫새로만들기≫회로도" 명령을 선택한다.

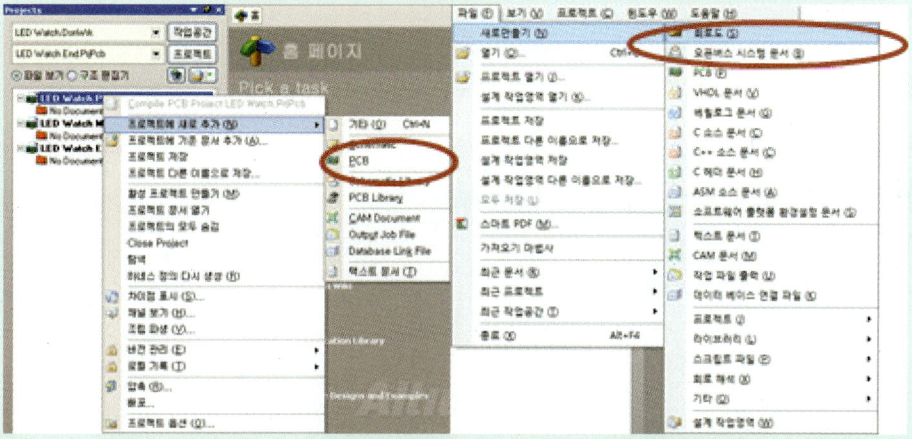

[그림 5-10] "파일≫새로 만들기≫회로도" 명령을 선택

② 다음의 그림은 파일 저장 대화상자이다. 파일의 이름은 "LED Watch..SchDoc "로 지정하고 **저장** 버튼을 누른다.

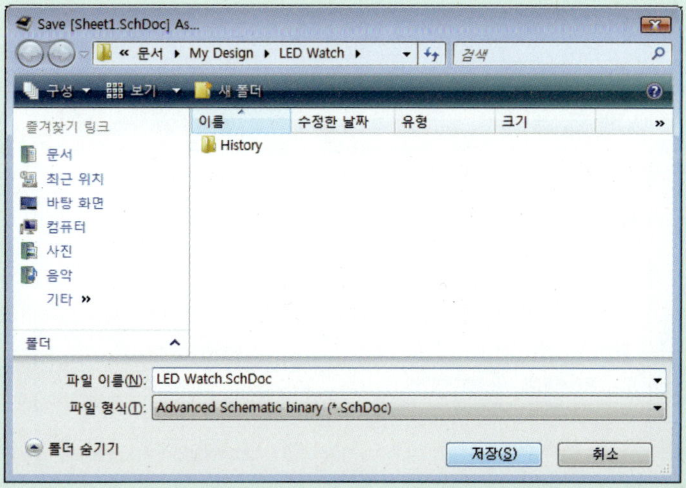


[그림 5-11] "LED Watch..SchDoc"로 지정

학습 5. PCB 설계하기

③ 프로젝트 패널에서 LED Watch Mid.PrjPcb를 선택하고 마우스 오른쪽 버튼을 눌러 "**프로젝트에 새로 추가≫Schematic**" 명령으로 위와 동일한 순서로 파일의 이름은 "LED Watch Mid.SchDoc"로 저장한다.

④ 프로젝트 패널에서 LED Watch End.PrjPcb를 선택하고 마우스 오른쪽 버튼을 눌러 "**프로젝트에 새로 추가≫Schematic**" 명령으로 위와 동일한 순서로 파일의 이름은 "LED Watch End.SchDoc"로 저장한다.

### (2) PCB 문서 추가하기

① 프로젝트 패널에서 LED Watch.PrjPcb를 선택하고 마우스 오른쪽 버튼을 눌러 "프로젝트에 새로 추가≫PCB" 명령을 선택한다.

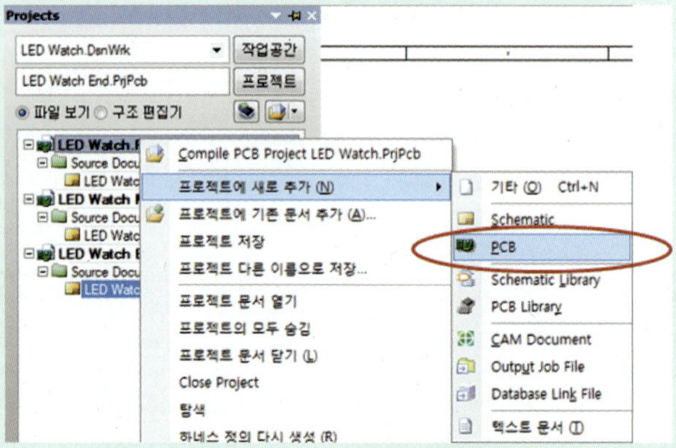


[그림 5-12] "프로젝트에 새로 추가≫PCB" 명령을 선택

② 빈 도면이 나오면 "**파일≫저장**" 또는 Ctrl+S 키를 눌러 파일을 저장한다.

③ 다음의 그림은 파일 저장 대화상자이다. 파일의 이름은 "LED Watch.PcbDoc "로 지정하고 저장 버튼을 누른다.

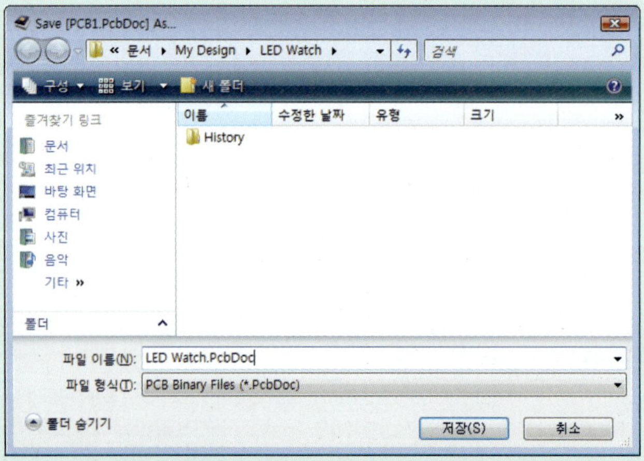


[그림 5-13] "LED Watch.PcbDoc"로 지정

④ 프로젝트 패널에서 LED Watch Mid.PrjPcb를 선택하고 위의 순서와 동일한 순서로 파일의 이름은 "LED Watch Mid.PcbDoc"로 저장한다.

⑤ 프로젝트 패널에서 LED Watch End.PrjPcb를 선택하고 위의 순서와 동일한 순서로 파일의 이름은 "LED Watch End.PcbDoc"로 저장한다.

⑥ 프로젝트의 구성 문서들 중 프로젝트와 다른 위치에 저장하는 경우에는 문서 아이콘에 바로가기 표시가 붙는다. 이 기호는 해당 문서가 프로젝트와는 다른 곳에 위치함을 뜻하며 이 프로젝트를 압축기능으로 포장할 때에 해당 문서를 참조할 수 없는 경우가 발생될 수 있으므로 프로젝트와 문서의 위치는 같은 곳으로 지정하는 것을 권장한다.

### (3) 프로젝트 저장하기

① 프로젝트의 내용이 변경된 경우에는 프로젝트를 다시 저장해야 한다.

[그림 5-14] 프로젝트의 내용이 변경된 경우

② 오른쪽 프로젝트 패널의 그림과 같이 프로젝트의 내용이 변경되면 프로젝트의 이름 오른쪽에 "*" 기호가 붙는다.

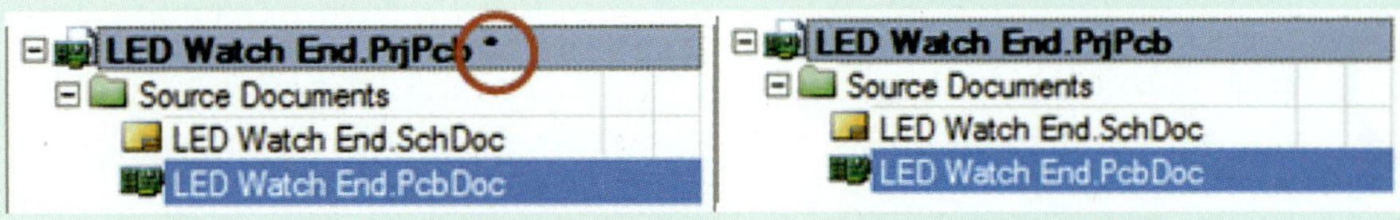


[그림 5-15] 프로젝트의 이름 오른쪽에 "*" 기호가 붙음

③ 프로젝트 패널에서 해당 프로젝트를 선택 후 오른쪽 버튼을 눌러 팝업 메뉴에서 "**프로젝트 저장**" 명령을 사용하면 프로젝트의 오른쪽 "*" 기호는 사라진다.

④ 또는 3개의 프로젝트를 3번 저장하기 보다는 **"파일≫모두 저장"** 명령을 사용하면 현재 수정된 파일을 한 번에 모두를 저장하여 준다.

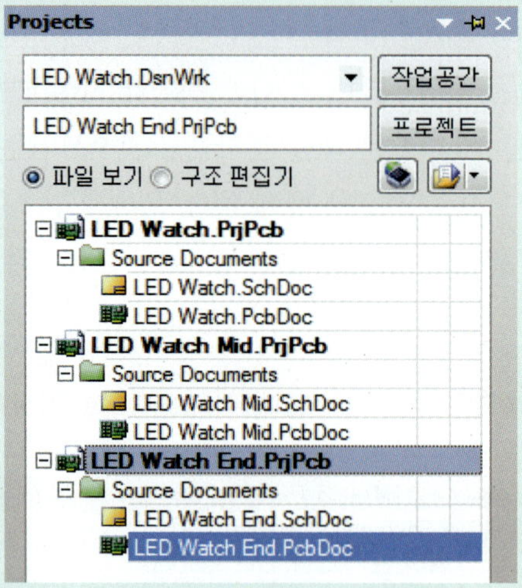


[그림 5-16] "파일≫모두 저장" 명령을 사용

⑤ 프로젝트를 저장한 뒤에 설계 작업영역은 다시 저장할 필요가 없다.

## 03 환경 설정하기

환경 설정에는 시스템 환경 설정, 프로젝트 환경 설정, 문서 환경 설정이 있다.

### (1) 시스템 환경 설정하기

① **"DXP≫환경 설정"** 메뉴 또는 단축키 O+P 키를 누르면 [그림 5-17]과 같은 대화상자가 나타난다.

② [그림 5-17]에서 왼쪽의 트리에서 "Schematic≫Generial" 항목을 선택한다.

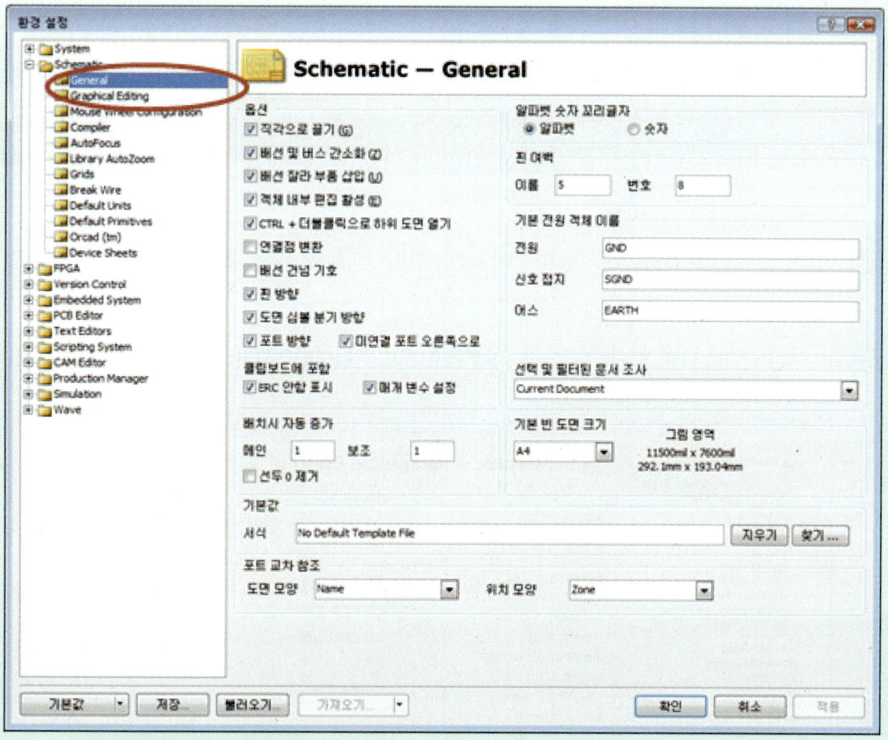


[그림 5-17] "DXP≫환경 설정" "Schematic≫Generial" 항목을 선택

③ 다음은 사용자의 작업특성에 따라서 바꿔주는 옵션 사항들이다.

㉠ 배선 및 버스 간소화 : 2개의 선이 교차되는 지점의 연결점을 자동으로 제거하는 기능이다. 십자모양으로 그려지는 경우에 자동으로 연결점이 제거된다. 사용자가 연결점을 넣고자 할 때에는 **"배치≫수동 연결점"** 명령을 이용하여 교차지점을 클릭하여 연결점을 수동으로 배치할 수 있다.

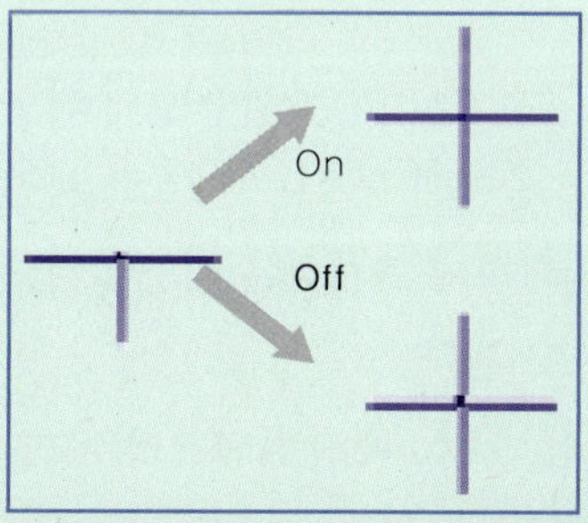


[그림 5-18] "배치≫수동 연결점" 명령

㉡ 배선 잘라 부품 삽입 : 이미 연결된 배선위에 새로운 부품을 추가할 경우 이 옵션이 체크되어 있으면 자동으로 배선을 자르고 중간에 부품을 넣어 준다.

㉢ 연결점 변환 : 교차되어 연결되는 배선의 경우 교차지점의 모양을 사선 형태로 표시하

여 쉽게 연결된 형태를 확인할 수 있도록 변경해 준다. 이 명령은 도면작업 도중에는 변경이 불가능하며 새롭게 그려지는 선에 대해서만 적용된다.

ㄹ 배선 건넘 기호 : 교차되어 건너가는 배선의 경우 교차지점의 모양을 원호 형태로 표시하여 쉽게 연결되지 않음을 확인할 수 있도록 변경해 준다. 이 명령은 도면작업 도중에 변경이 가능하다.

ㅁ 핀 방향 : 핀의 입출력 방향에 따라서 핀에 신호의 흐름을 표시하는 기능으로 PCB 설계보다는 FPGA 설계에서 많이 쓰이는 기능이다.

④ 다음 그림에서 왼쪽의 트리에서 "Schematic≫Graphical Editing" 항목을 선택한다.

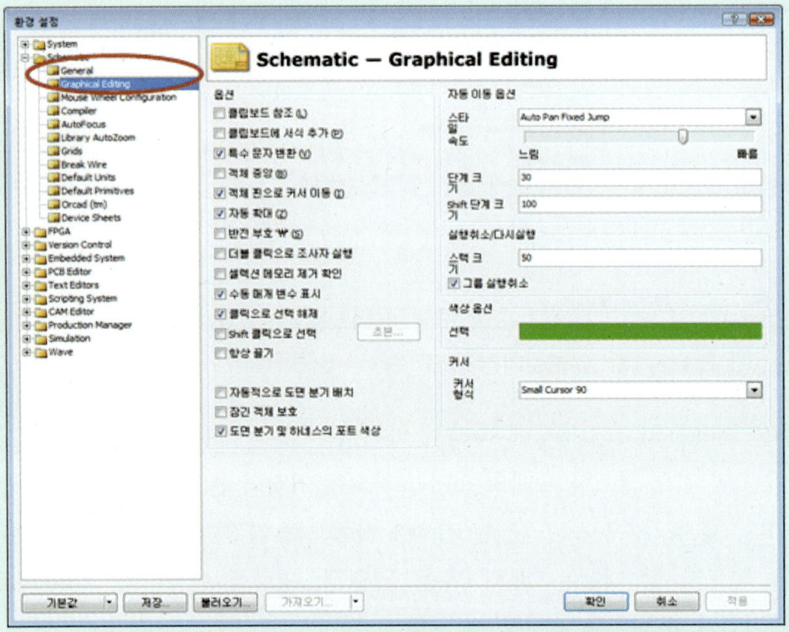


[그림 5-19] "Schematic≫Graphical Editing" 항목을 선택

⑤ 다음은 사용자의 작업특성에 따라서 바꿔주는 옵션 사항들이다.

ㄱ 특수 문자변환 : 문자열 중에서 등호(=)기호로 시작되는 예약어(Keyword)인 경우 해당 예약어를 값으로 치환하여 표시하는 기능이다. 이 명령이 꺼져 있는 경우에는 해당 예약어가 도면에 표시된다.

ㄴ 커서 형식 : 객체를 편집, 이동, 배치 등에 사용되는 편집 커서의 모양을 아래의 4가지 모양 중 선택하여 변경할 수 있다.

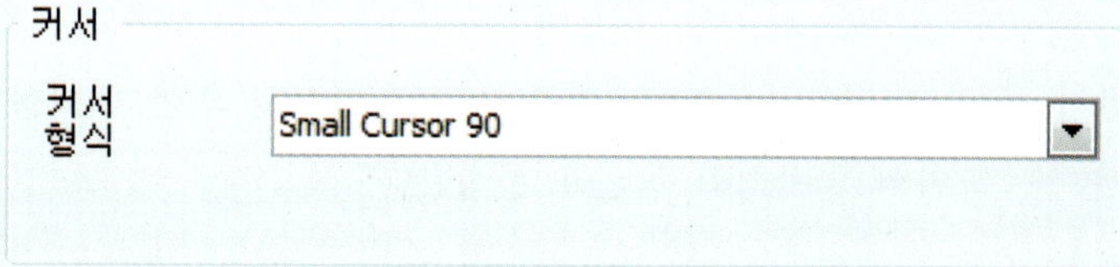


[그림 5-20] 커서 형식

| Large Cursor 90 (큰 십자형) | Small Cursor 90 (중 십자형) |
| --- | --- |
| 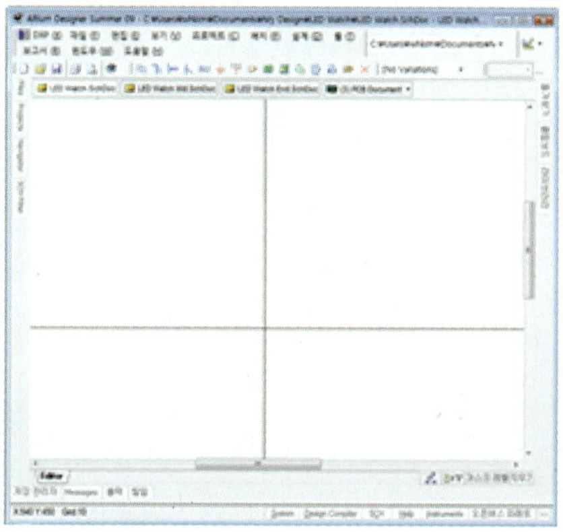 | 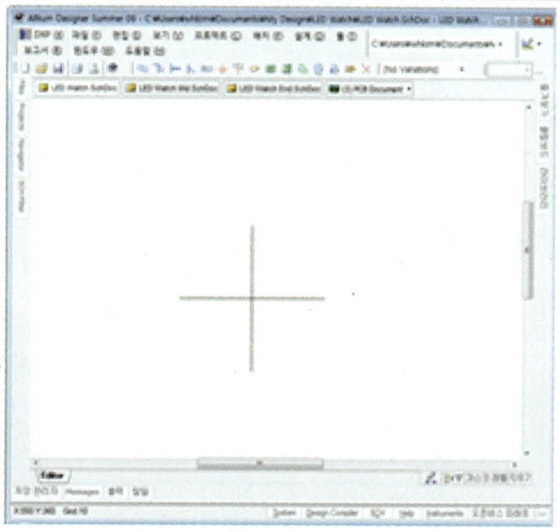 |
| **Small Cursor 45 (중 X자형)** | **Tiny Cursor 45 (소 X자형)** |
| 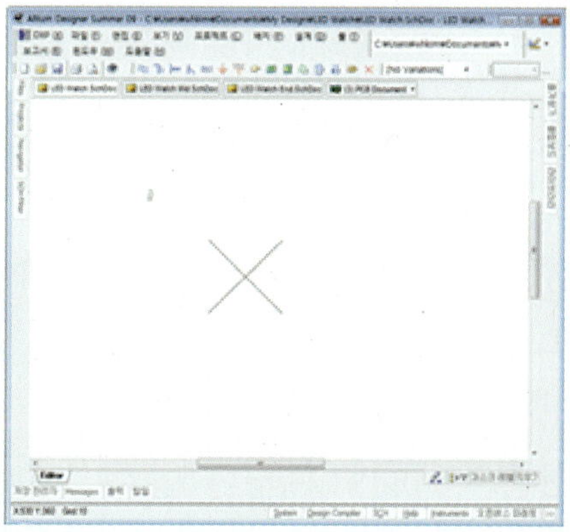 | 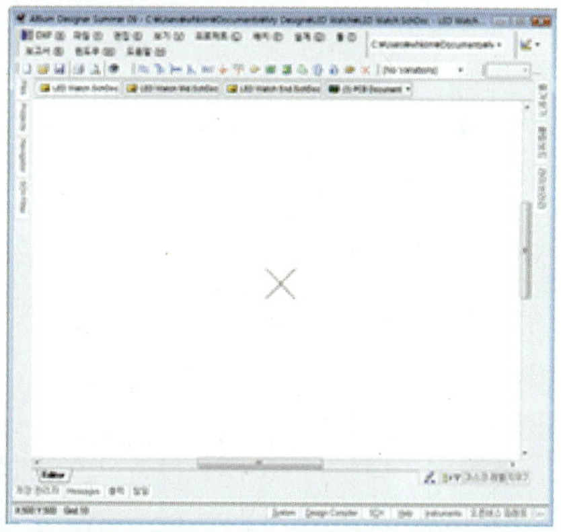 |

[그림 5-21] 편집 커서의 모양

### (2) 문서 환경설정하기

① **"설계≫문서 옵션"** 명령 또는 O+D 키를 누르면 다음과 같은 대화상자가 나타난다.

㉠ 도면 옵션 : 도면의 일반적인 옵션을 설정한다.

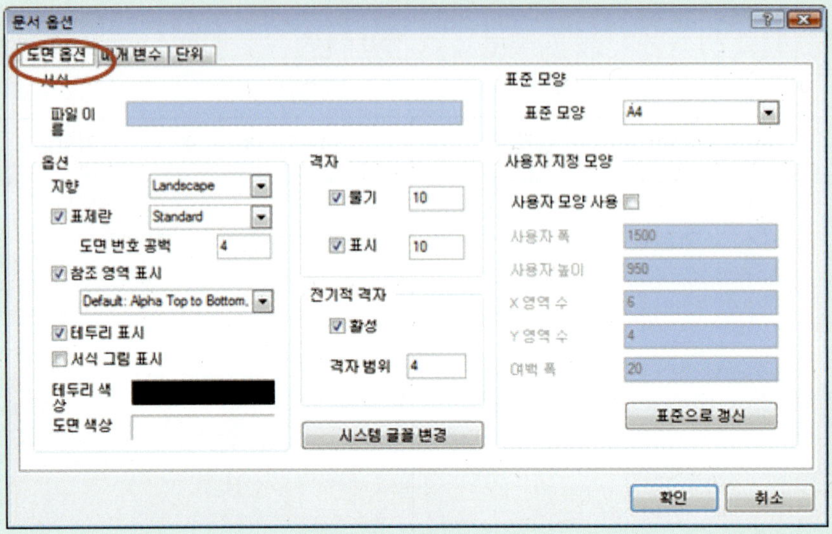


[그림 5-22] 도면 옵션 모양

㉡ 지향 : 도면의 방향을 가로방향(Landscape), 세로방향(Portrait) 중 선택할 수 있다.

㉢ 표제 : 도면의 오른쪽 하단의 표제란을 표시하는 옵션이다.

㉣ 참조영역 표시 : 도면의 외곽에 위치를 나타내는 숫자와 알파벳을 표시하는 옵션이다.

㉤ 테두리 표시 : 도면의 외곽선을 표시하는 옵션이다.

㉥ 표준 모양 : 도면의 크기를 설정하는 옵션으로 A4, A3, A2, A1, A0는 국내에서 사용되는 도면 크기의 단위이며 A, B, C, D, E는 IEEE규격의 용지 크기이다. 참고로 A4는 A와 비슷한 크기이며, B는 A3와 비슷하고 E는 A0와 비슷하다.
부품의 크기가 외국의 기준으로 제작되어 실제 인쇄되는 크기에 비해서 부품의 크기가 크게 보인다. 따라서 부품의 크기를 줄이는 것보다는 도면의 크기를 실제 인쇄용지의 크기보다 한 치수 큰 크기로 입력하는 것이 좋다. 인쇄 옵션에서 용지의 크기에 맞춰서 크기를 줄여서 출력할 수 있다.

㉦ 사용자 지정 모양 : 사용자가 직접 도면의 크기를 수동으로 입력할 경우에 사용한다.

㉧ 매개변수 : 표제란에 나타나는 각종 예약어의 실제 값을 수정하는 항목이다.

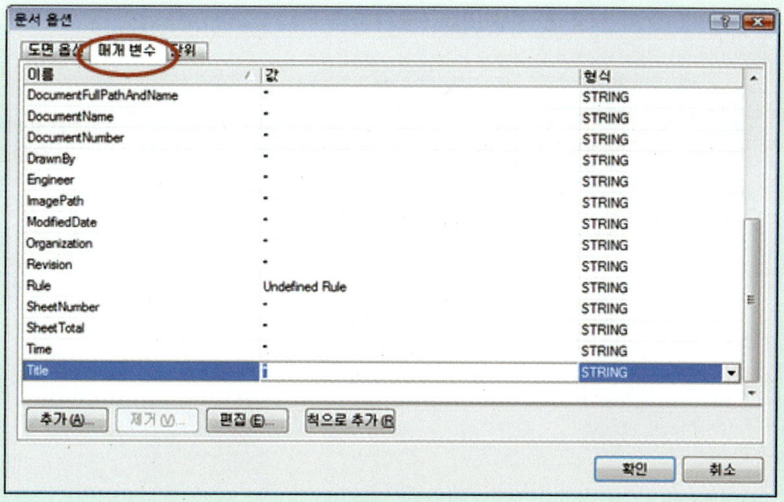


[그림 5-23] 매개변수 모양

② 수정하려는 항목의 값 부분을 마우스로 클릭하고 값을 변경할 수 있으며 하단의 "추가" 버튼을 눌러 새로운 이름의 매개변수를 추가할 수도 있다.

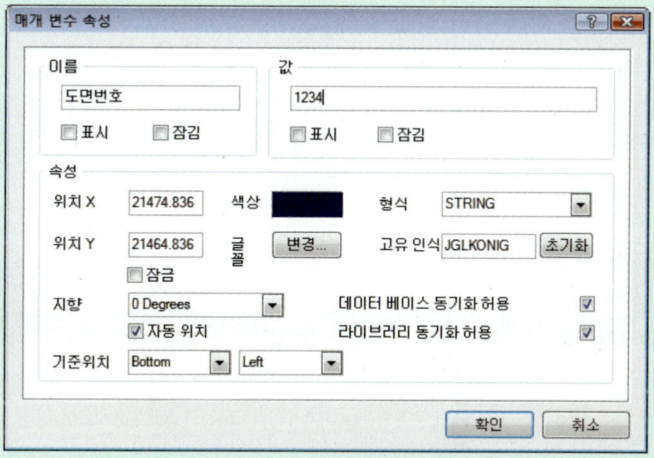


[그림 5-24] 매개변수 추가

③ 단위 : 도면에서 사용될 작업단위를 정의한다.

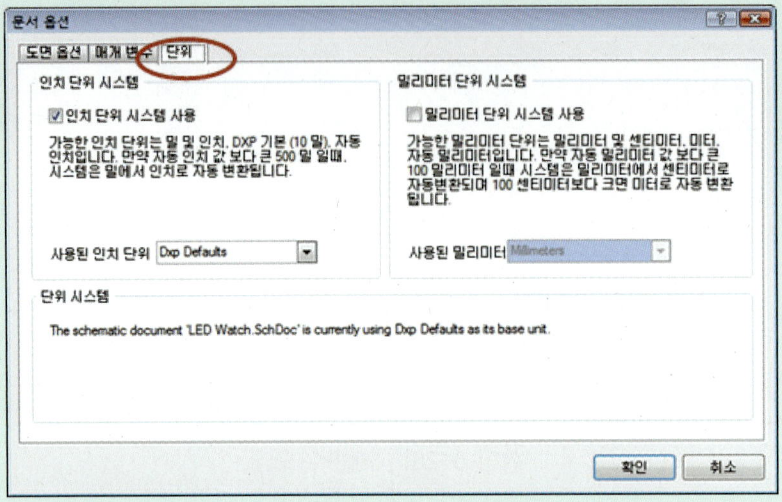


[그림 5-25] 단위 모양

(3) 서식 설정하기

도면의 서식을 사용자가 미리 만들어 놓고 도면을 시작할 때마다 해당 서식을 불러와 작업을 시작할 수 있다.

① **"설계≫서식≫서식 파일 이름 설정"** 명령을 선택하면 서식 파일을 선택하는 대화상자가 다음과 같이 나타난다.

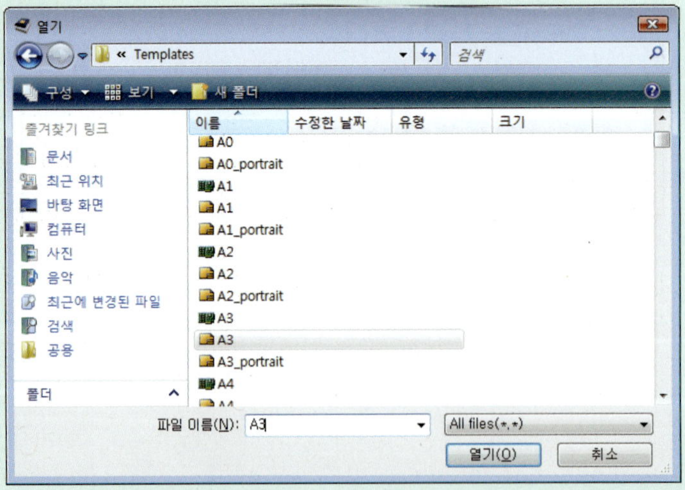


[그림 5-26] 서식 파일을 선택하는 대화상자

② 서식 파일은 C:₩Program Files₩Altium Designer Summer 09₩Template에 저장되어 있으며 회로도의 서식 파일은 *.SchDot, PCB의 서식 파일은 *.PcbDot로 저장되어 있다.

③ 서식 파일은 회로도 파일과 동일한 속성을 가지고 있고 파일의 확장자만 다를 뿐이다. 또한 서식 파일은 회로도 편집기에서 수정 및 생성이 가능하다.

④ 서식 파일 중에서 A3.SchDot 파일을 선택하고 열기 버튼을 누른다.

㉠ 조사 문서 선택 : 선택한 서식을 적용할 문서의 범위를 선택한다.

㉡ 매개변수 실행 선택 : 매개변수의 적용방법을 선택한다.

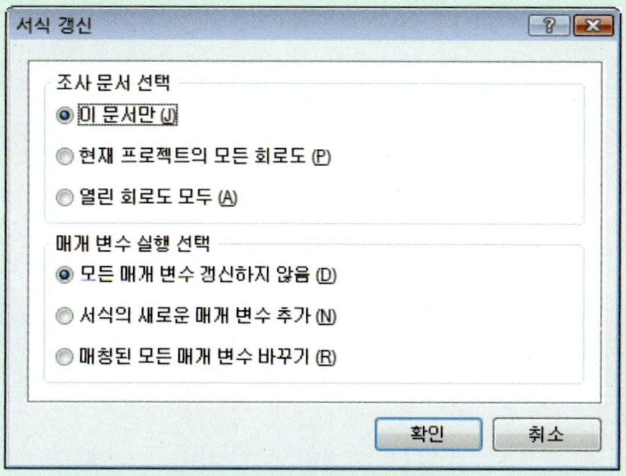


[그림 5-27] 서식 갱신

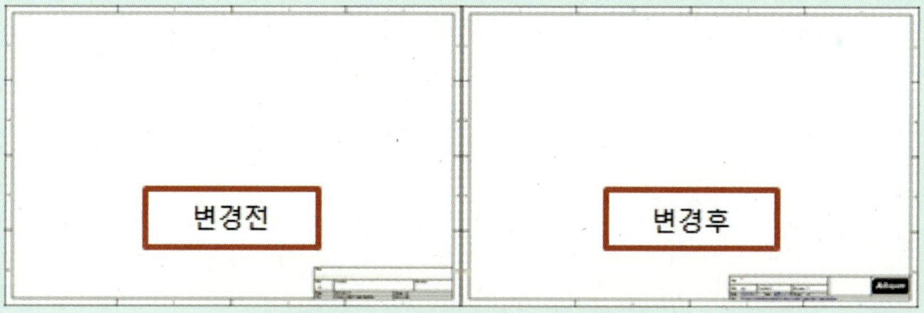


[그림 5-28] 서식 변경 전후

### (4) 표제란 작성하기

도면의 우측 하단 표제란 내용을 작성하는 방법이다.

① "설계≫문서 옵션" 명령을 선택하고 대화상자의 상단 탭에서 매개변수 항목을 클릭하면 다음과 같은 대화상자가 나타난다.

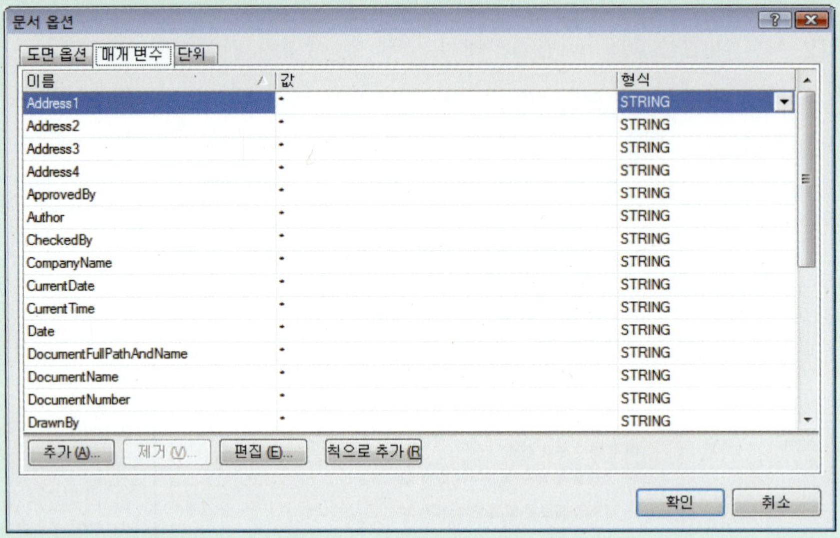


[그림 5-29] 매개변수 항목 클릭

② 대화상자의 매개변수 목록 중에서 표제란과 일치하는 항목의 내용을 더블클릭하여 내용을 편집할 수 있다. 입력되는 문자의 글꼴과 크기는 서식 파일에서 미리 지정되어 있다.

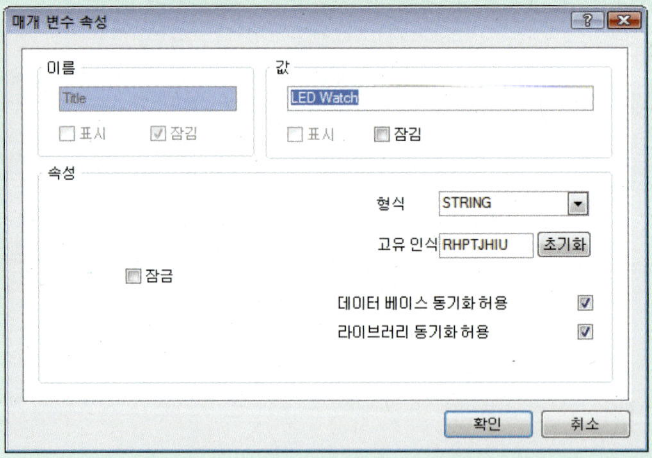


[그림 5-30] 매개변수 속성 편집

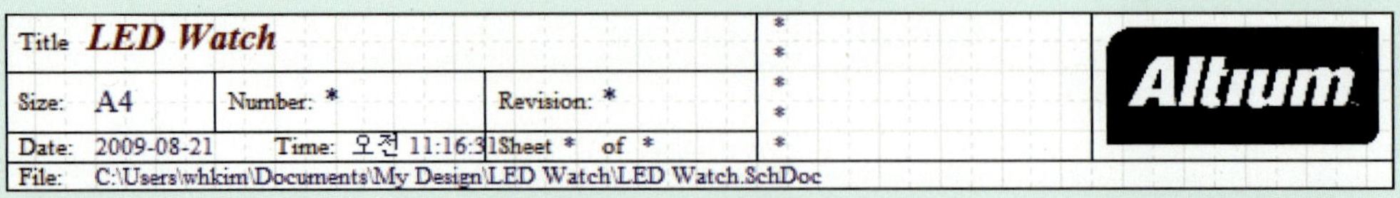


[그림 5-31] 표제란 편집

③ 표제란의 내용이 아래와 같이 표시되는 경우에 "DXP≫**환경 설정**" 메뉴의 Schematic≫ Graphical Editing"를 선택하고 "**특수 문자 변환**" 항목을 켜주어야 한다.

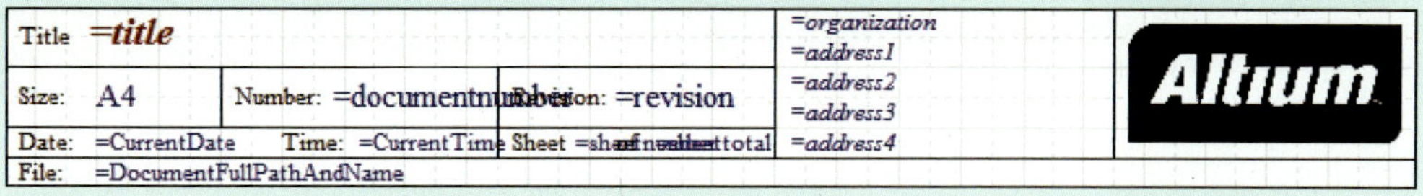


[그림 5-32] 표제란의 환경 설정이 안된 경우

(5) 라이브러리 파일 설치하기

① Altium Designer의 라이브러리 파일은 *.IntLib, *.SvnLib, *.NtLib, *.SchLib, *.PcbLib, *.3DLib, *.Mdl, *.Ckt 등이 있다.

〈표 5-2〉 라이브러리 파일의 종류

| 확장자 | 명 칭 | 설 명 |
|---|---|---|
| *.IntLib | Integrated Libraries | 통합 라이브러리 |
| *.NtLib | Network Libraries | 네트워크용 통합 라이브러리 |
| *.SvnLib | SVN Libraries | SVN용 통합 라이브러리 |
| *.SchLib | Schematic Libraries | 회로도용 라이브러리 |
| *.PcbLib | PCB Libraries | PCB용 라이브러리 |
| *.3DLib | 3D Libraries | 3차원 라이브러리 |
| *.Mdl | Model Libraries | SPICE용 모델 라이브러리 |
| *.Ckt | Sub Circuit Libraries | SPICE용 서브 서킷 라이브러리 |

② 통합 라이브러리, 네트워크용 통합 라이브러리, SVN용 통합 라이브러리는 회로도용 라이브러리, PCB용 라이브러리, 3차원 라이브러리, SPICE용 모델 라이브러리, SPICE용 서브 서킷 라이브러리를 컴파일하여 생성된 라이브러리 파일이다.

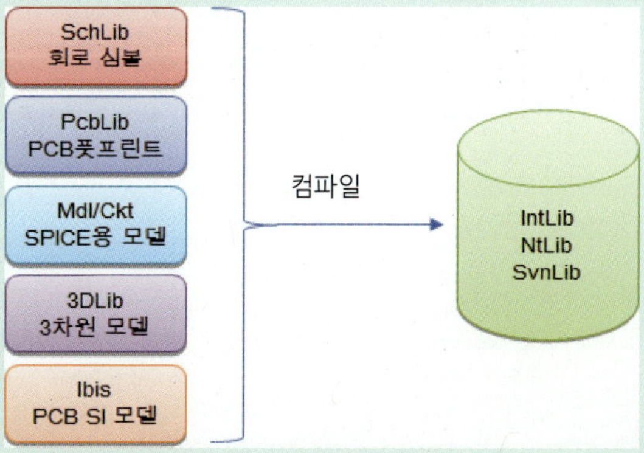


[그림 5-33] 표제란의 환경 설정이 안된 경우

③ 컴파일된 라이브러리 파일은 배포를 손쉽게 하기 위한 파일이다. 본인이 제작하여 혼자 만 사용한다면 굳이 컴파일 작업 없이 바로 원본 형태로 사용하는 것을 권장한다.

④ 모든 라이브러리 파일은 고유의 형식 그대로 또는 통합 라이브러리 형태로 설치하여 사용이 가능하다.

⑤ 다음의 그림은 "**라이브러리**" 패널에서 "**라이브러리 설치**" 버튼을 누른 화면이다.

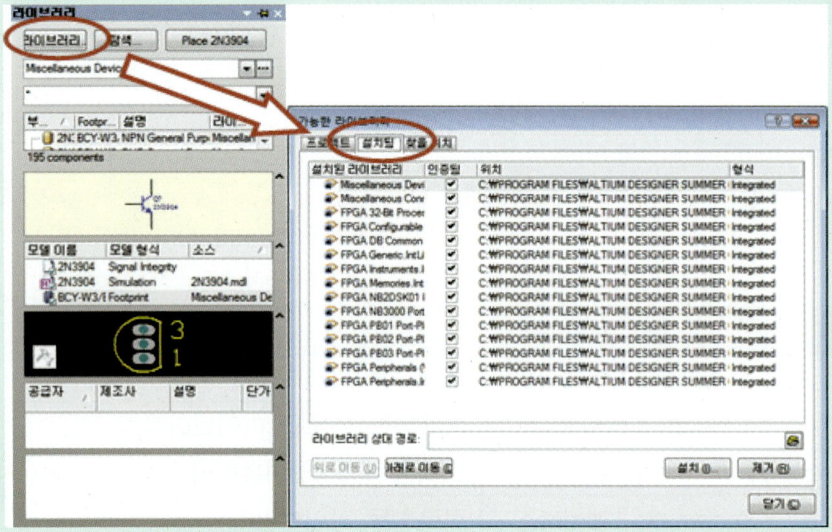

[그림 5-34] 라이브러리 설치 버튼을 누른 화면

⑥ 또는 "DXP≫**환경 설정**"에서 "System≫Installed Libraries" 항목에서 라이브러리 파일의 설치가 가능하며 설치된 라이브러리는 모든 프로젝트에 적용된다.

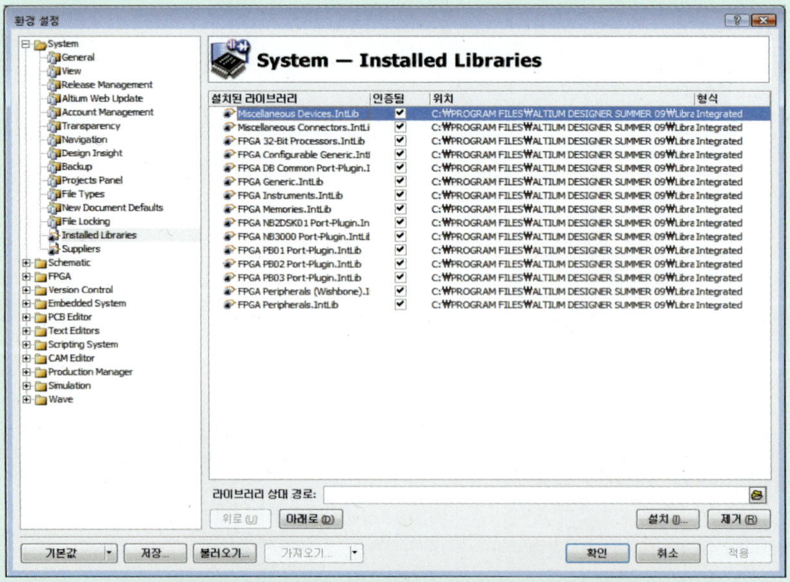

[그림 5-35] System≫Installed Libraries 항목

⑦ 불필요한 라이브러리 파일의 제거는 해당 라이브러리를 복수로 선택하고 하단의 제거 버튼을 클릭한다.

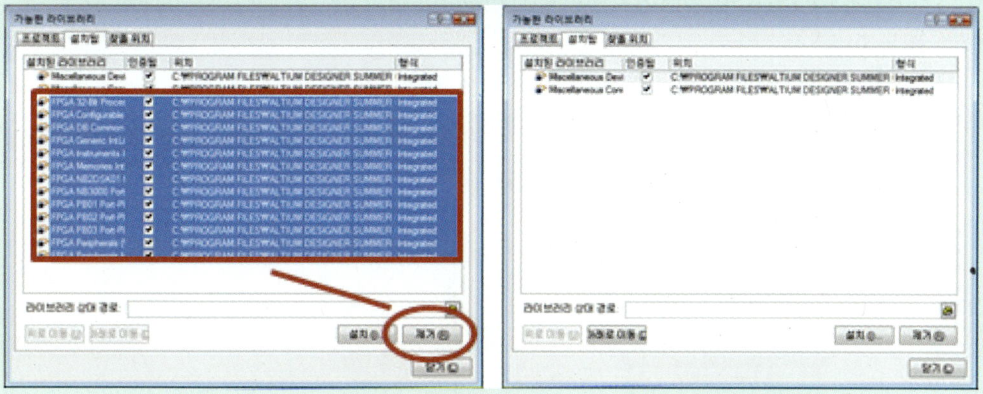

[그림 5-36] 불필요한 라이브러리 파일의 제거

⑧ 활성항목은 설치된 라이브러리 파일을 제거하지 않고 잠시 사용을 중단하고자 할 때에 체크를 끌 수 있다. 라이브러리 파일의 설치는 대화상자 하단의 설치 버튼을 눌러 해당 파일을 선택하여 추가할 수 있다.

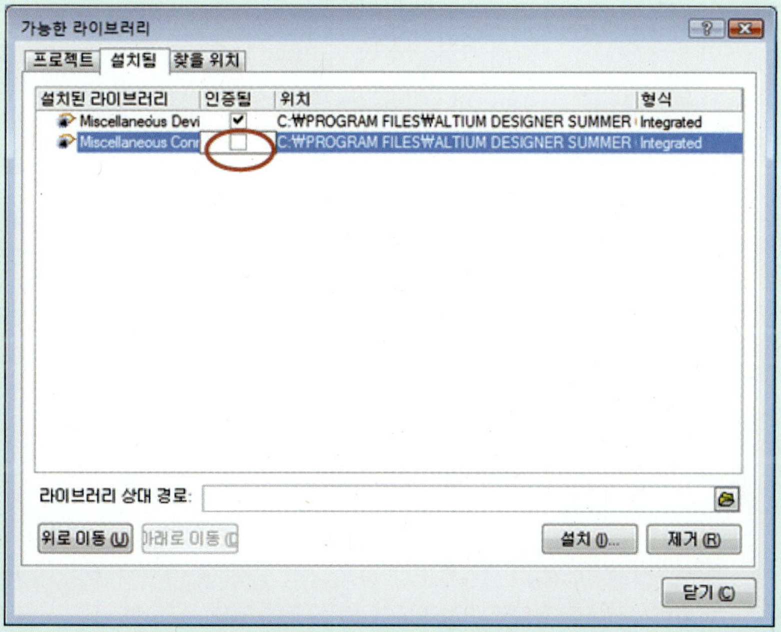


[그림 5-37] 라이브러리 파일을 잠시 사용을 중단과 해당 파일을 선택하여 추가

⑨ LED Watch에서는 Microchips Microcontroller 8-Bit PIC 16.IntLib 라이브러리가 필요하므로 "설치" 버튼을 누르고 "C:₩Program Files₩Altium Designer Summer 09₩Library₩Microchip₩Microchip Microcontroller 8-Bit PIC 16.IntLib"를 찾아서 등록한다.

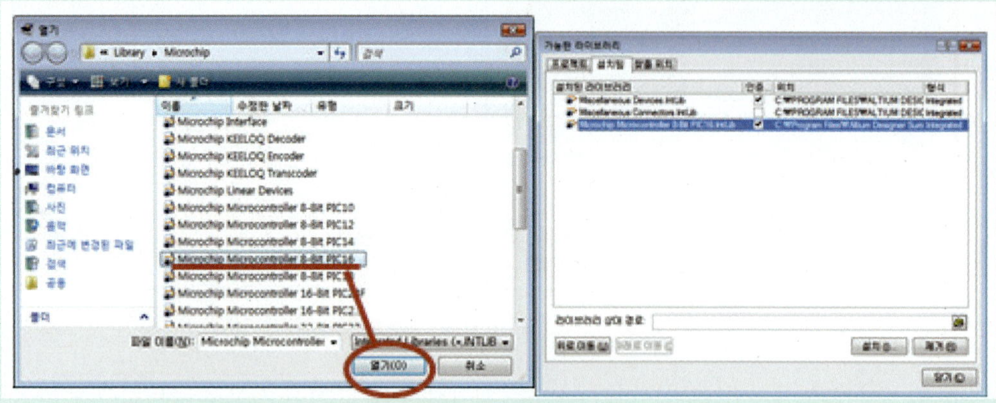

[그림 5-38] Microchips Microcontroller 8-Bit PIC 16.IntLib 라이브러리 등록

## 5-2 LED 시계제작하기(2)

| 학습 목표 | |
|---|---|
| | • 회로도에서 PCB까지 단계별 LED 시계제작과정(2)을 이해할 수 있다.<br>• 회로도 도면그리기 과정을 이해한다. |

### 필요지식

#### 1. 회로도 도면그리기

회로도 도면을 그리기 위하여 부품찾기, 부품 불러오기, 전원 심볼 및 숨은 핀 속성변경, 전원 심볼, 배선작업, 버스 배선, 네트 라벨의 빠른 변경, 부품설계 참조 및 매개변수 넣기, 논리적 연결자, 다중 도면 작성방법, 계층 도면 작성방법, 멀티 채널 작성방법, 사용하지 않는 영역지정 등 작업을 한다.

### 수행 내용 LED 시계제작하기(2) : 회로도 도면그리기

**재료 · 자료**

• 상세 회로도면, 기구도면, A4 용지, 필기구

**기기(장비 · 공구)**

• 인터넷 가능한 컴퓨터, 한글 오피스, 프린터

**안전 · 유의사항**

• 회로동작 및 기능을 충분히 숙지하도록 한다.
• 컴퓨터에 바이러스가 침투하지 않도록 유의한다.

## 수행 순서

### 01 부품찾기

① "라이브러리" 패널의 "탐색" 버튼을 누르면 아래와 같은 대화상자가 나타난다. 2개의 대화상자는 각각 "Advanced"와 "Simple"을 눌렀을 때에 변화되는 화면이다.

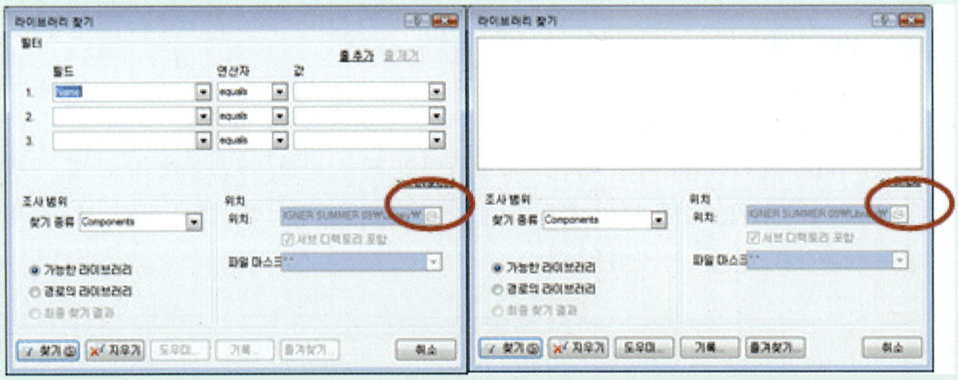

[그림 5-39] "라이브러리" 패널의 "탐색" 버튼을 누른 대화상자

② 필드는 부품명칭으로 찾을 때에는 "Name"으로 설정하고 연산자는 일치되는 이름인 경우 "equals", 포함되는 문자인 경우 "contains", 주어진 문장으로 시작되는 경우 "starts with", 주어진 문장으로 끝나는 경우 "ends with"를 입력한다. 다음의 그림과 같이 입력하면 PIC16F685를 찾을 수 있다.

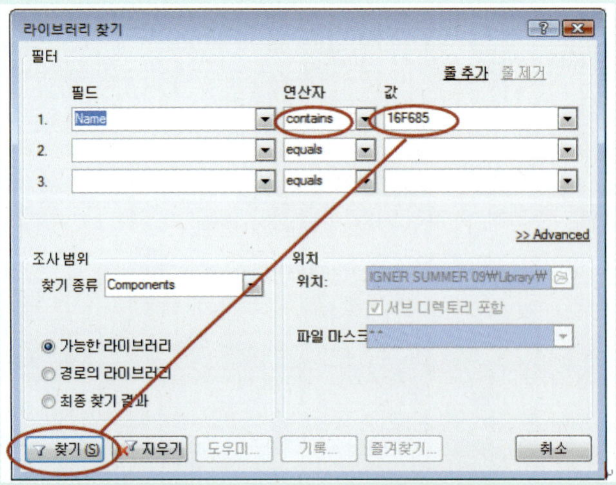


[그림 5-40] PIC16F685 부품찾기

㉠ 가능한 라이브러리 : 조사범위에서 "가능한 라이브러리"을 선택한 경우에는 설치된 라이브러리 파일에서 부품을 찾는다. 찾는 속도는 빠르지만 설치되지 않은 라이브러리에서는 찾을 수 없는 단점이 있다.

㉡ 경로의 라이브러리 : 조사범위에서 "경로의 라이브러리"를 선택한 경우에는 지정된 경로에서 부품을 찾는다. 찾는 속도는 느리지만 설치되지 않은 라이브러리에서도 찾을 수 있다. "경로의 라이브러리"로 선택한 경우에는 오른쪽 "위치" 항목이 활성화된다. "위치"에서는 파일을 검색할 경로와 하위 경로의 포함 유무를 선택하는 "서브 디렉토리 포함" 항목과 파일 확장자 제한을 위한 "파일 마스크"를 설정할 수 있다.

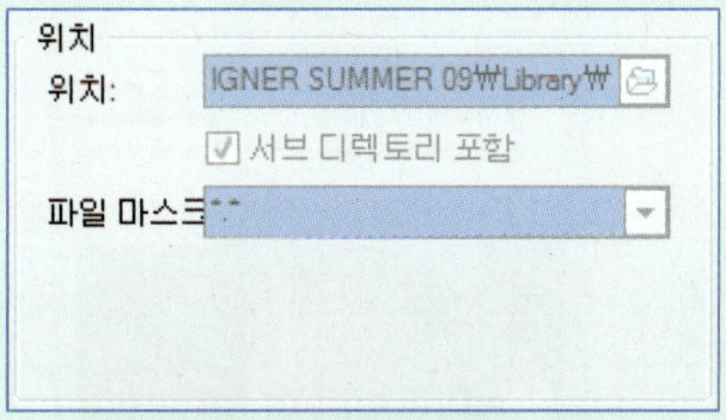


[그림 5-41] "파일 마스크" 설정

㉢ 최종 찾기 결과 : 조사범위에서 "최종 찾기 결과"를 선택한 경우에는 이전에 찾았던 결과에서 추가적인 값을 넣어 찾을 수 있으며 이전에 결과가 너무 많을 경우에 사용한다.

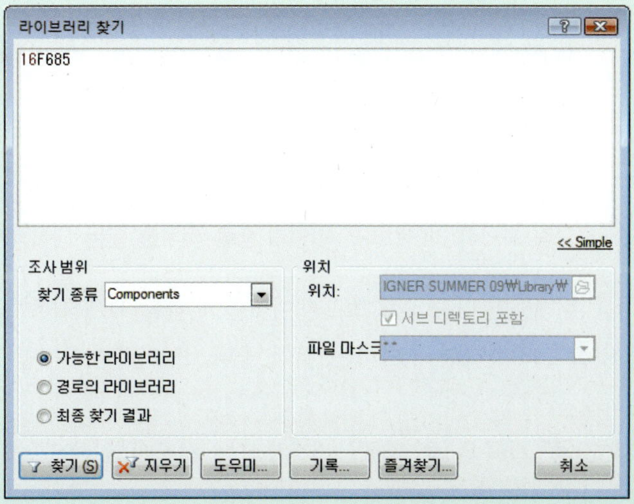


[그림 5-42] 추가적인 값을 넣어 찾기

③ 고급 기능으로 부품을 찾을 때에는 "Advanced"로 선택하여 부품을 찾을 수 있다. 부품을 찾을 때에는 부품의 이름만 입력하거나 *기호 또는 ?기호를 넣어서 찾을 수 있다.

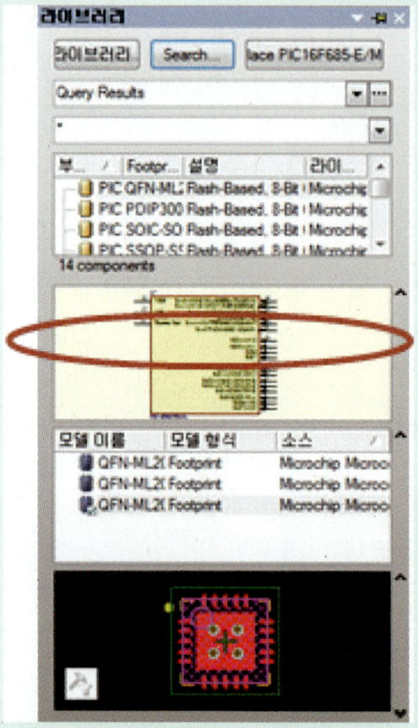


[그림 5-43] 부품의 이름만 입력하거나 *기호 또는 ?기호를 넣어서 찾기

④ 부품을 찾은 결과는 "Query Result" 항목에 나타나며 해당 부품이 속한 라이브러리 파일이 Installed 항목으로 등록되지 않은 경우에는 다음과 같이 라이브러리 파일의 등록 여부를 묻는 대화상자가 나타난다.

[그림 5-44] 라이브러리 파일의 등록 여부를 묻는 대화상자

⑤ 라이브러리를 추가하면 나중에 PCB로 데이터를 전환할 때에 사용하기 때문에 PCB로 데이터를 넘길 것을 고려한다면 추가하는 것이 좋다. PCB로 데이터를 넘기지 않을 경우라면 굳이 등록하지 않아도 된다.

⑥ "**다시 묻지 않음**" 항목을 체크하면 이후부터는 사용자의 동의 없이 자동으로 추가되는 부품의 라이브러리 파일을 추가한다.

## 02 부품 불러오기

① "라이브러리" 패널에서 부품을 선택하고 "Place 부품명" 버튼을 클릭하거나 부품을 더블클릭하여 작업영역으로 커서를 이동하면 부품이 커서를 따라 이동한다. 마우스 왼쪽 버튼을 클릭하여 부품을 놓을 수 있으며 오른쪽 버튼을 누르기 전까지 계속적으로 유지된다.

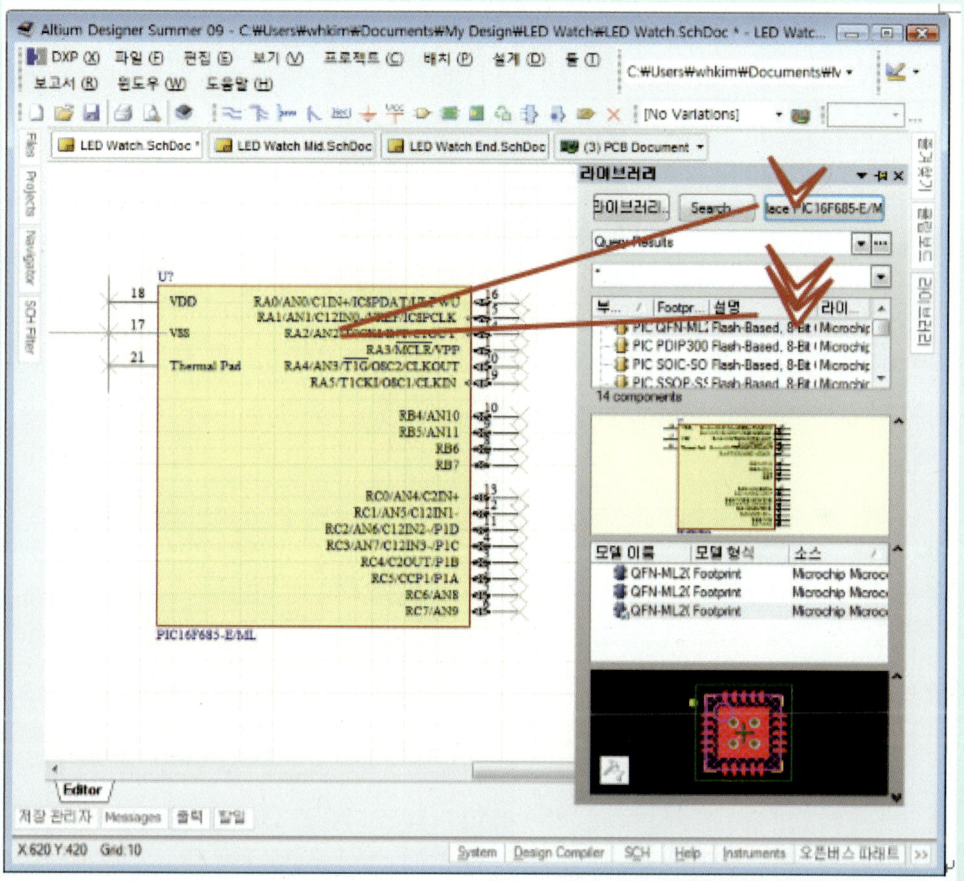


[그림 5-45] "라이브러리" 패널에서 부품을 선택하고 "Place 부품명" 버튼을 클릭

② 라이브러리 패널에서 부품을 선택하고 끌어 작업영역에 놓으면 부품을 배치할 수 있으며 이 기능은 연속적으로 부품을 놓을 수 없다. 부품 중에서 내부에 2개 이상의 심볼로 구성된 부품의 경우 부품명 앞에 "+" 기호를 클릭하여 게이트 번호를 볼 수 있으며 미리 원하는 게이트를 선택적으로 가져올 수 있다.

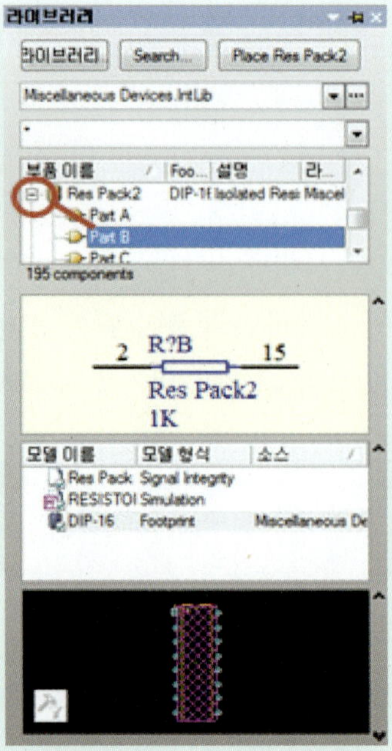


[그림 5-46] 원하는 게이트를 선택적으로 가져옴

③ 부품이 마우스 커서를 따라 이동할 때에 키보드 Tab키를 누르면 부품의 속성을 변경할 수 있는 대화상자가 나타나며 게이트 번호, 부품참조번호의 변경, 매개변수 변경 등의 작업을 수행할 수 있다.

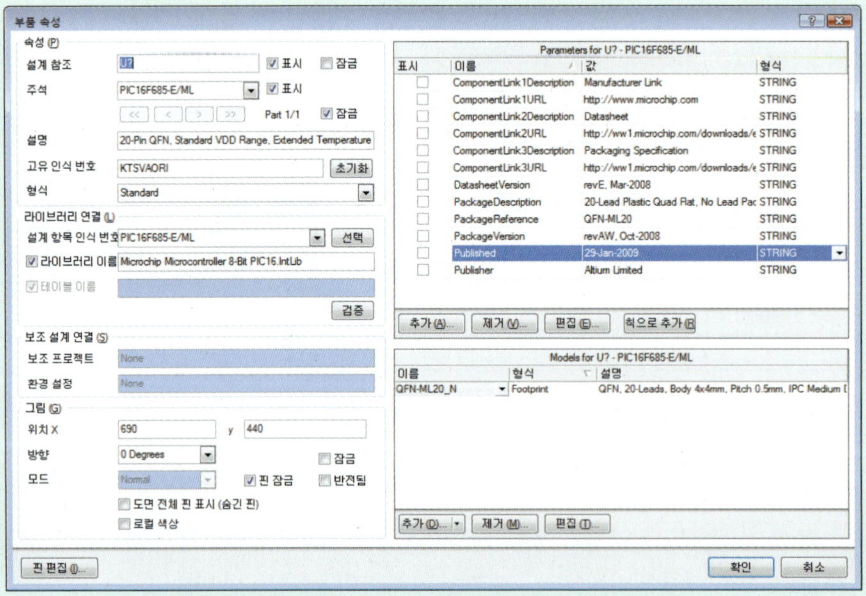


[그림 5-47] 부품의 속성을 변경할 수 있는 대화상자

④ 부품을 이동할 때에 사용하는 단축키(X, Y, 스페이스바)는 모두 사용할 수 있다.


Altium Designer를 이용한 PCB 설계하기

## 03 숨은 핀 속성 변경하기

부품을 제작할 때에 전원 핀 또는 기타 숨김 핀의 경우 화면에 표시되지 않는다. 표시되지 않은 숨김 핀을 화면에 나타내거나 속성을 변경하는 방법이다.

① 해당 부품을 더블클릭하여 속성 대화상자를 띄운다.
대화상자 하단의 "**도면 전체 핀 표시 (숨긴 핀)**" 항목을 체크하여 숨겨진 핀을 나타낼 수 있으며 "**핀 잠금**" 항목의 체크를 해지하여 핀의 위치를 변경할 수 있다.

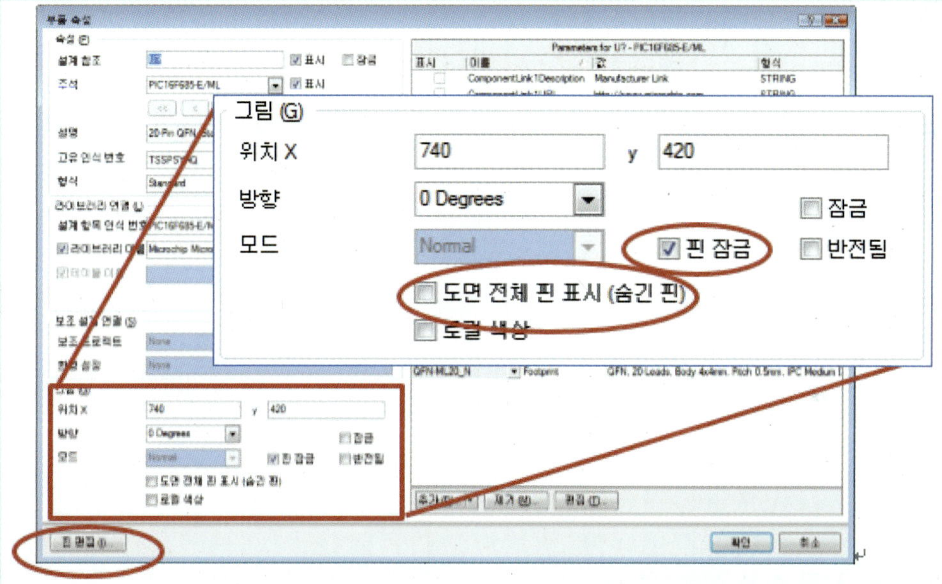


[그림 5-48] 부품의 속성을 변경할 수 있는 대화상자

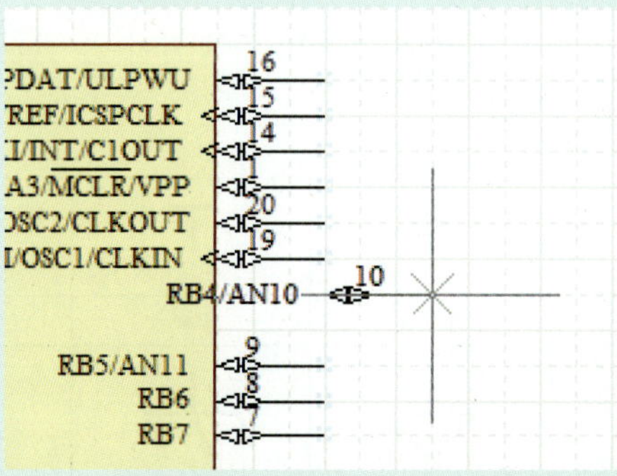


[그림 5-49] 핀의 위치를 변경

② 대화상자 하단의 핀 편집 버튼을 누르면 다음과 같은 대화상자가 나타난다.

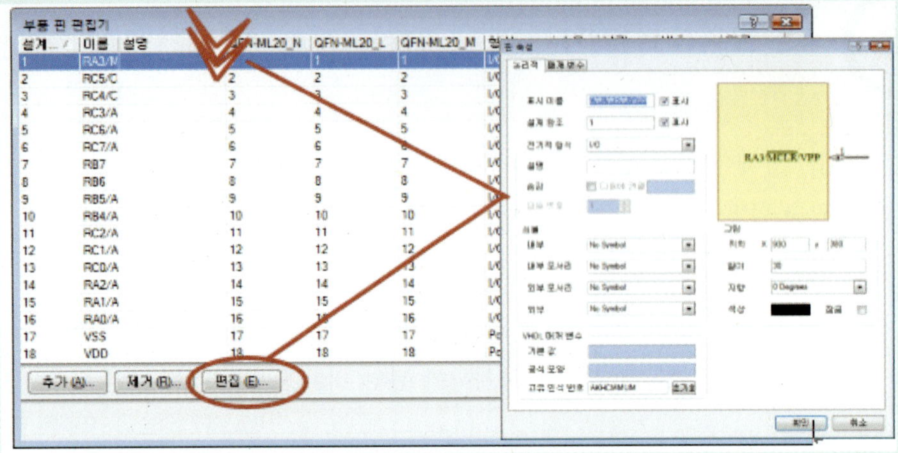


[그림 5-50] 핀의 편집 대화상자

㉠ 핀의 설계 참조 또는 이름, 표시상태 등을 편집하려면 해당 항목을 마우스로 클릭 후 내용을 수정할 수 있다.

㉡ 핀의 항목을 더블클릭하거나 선택 후 하단의 편집 버튼을 누르면 세부사항을 편집할 수 있다.

㉢ 부품의 속성 및 핀의 이름, 번호 등 각종 속성의 변경내용은 라이브러리의 원래 값과는 무관하게 편집되며 하나의 도면에 같은 부품이 2개 이상이 있더라도 각각 수정해야 한다(부품배치 후 참조번호만 넣은 상태).

## 04 전원 심볼 실행하기

① GND 및 VCC 등 전원 심볼을 불러와 배치하는 방법이다. 전원 심볼의 모양은 다음의 그림과 같이 7가지의 모양이 있다.

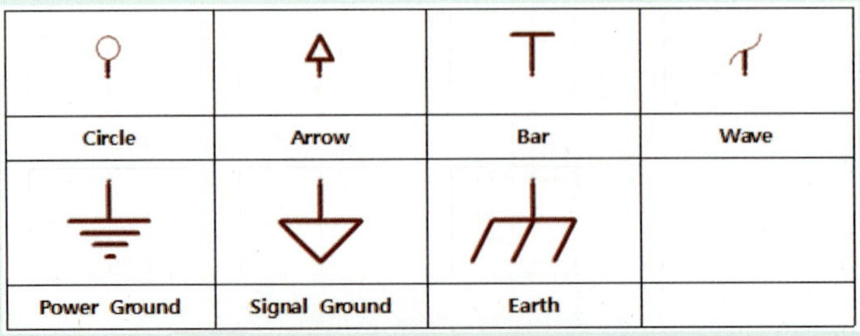


[그림 5-51] 전원 심볼 모양

② 화면 상단의 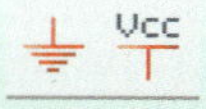

아이콘을 누르거나 "배치≫전원 포트" 명령을 선택하고 Tab키를 누르면 다음과 같은 대화상자가 나타난다. 대화상자에서 표시부분을 마우스로 변경하면 7가지의 모양을 변경할 수 있다.

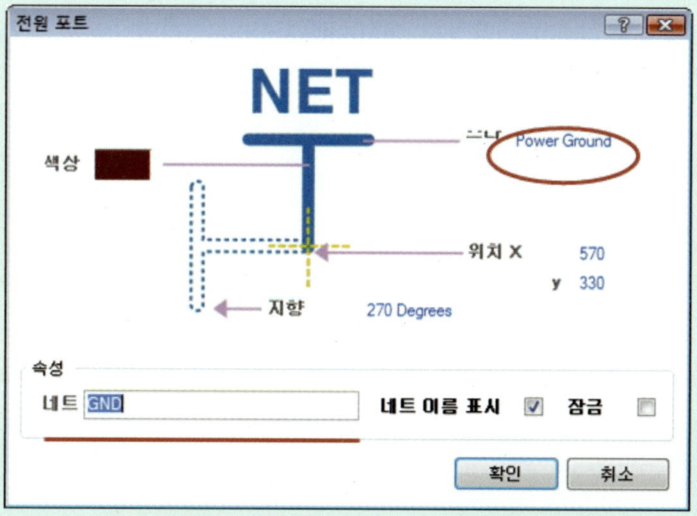


[그림 5-52] "배치≫전원 포트" 명령을 선택

③ 전원 심볼의 모양은 실제의 네트 이름과는 구별된다. 심볼의 모양이 동일해도 네트가 다르면 다른 네트로 인식되고 심볼의 모양이 다르더라도 네트의 이름이 같으면 같은 네트로 인식된다.

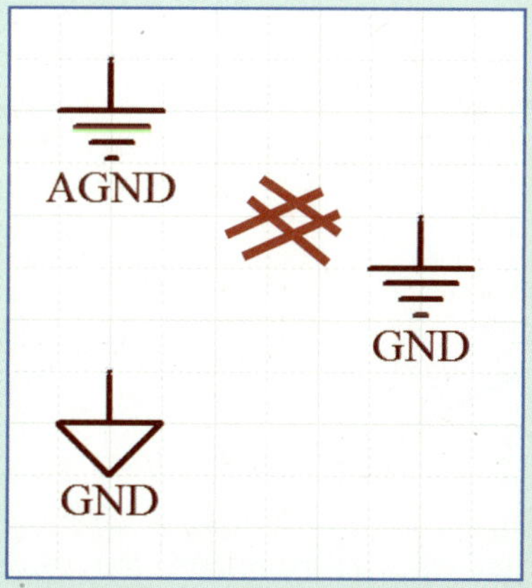


[그림 5-53] 전원 심볼의 모양은 실제의 네트 이름과는 구별

## 05 배선작업하기

① 부품의 핀과 핀을 연결하는 방법은 "**배치≫배선**" 명령을 선택하거나 "P+W" 단축키를 눌러 선택할 수 있다.

② 부품의 핀 위로 커서를 놓으면 적색 ×자 모양이 생성되어 정확하게 핀에 위치했는지 확인할 수 있다.

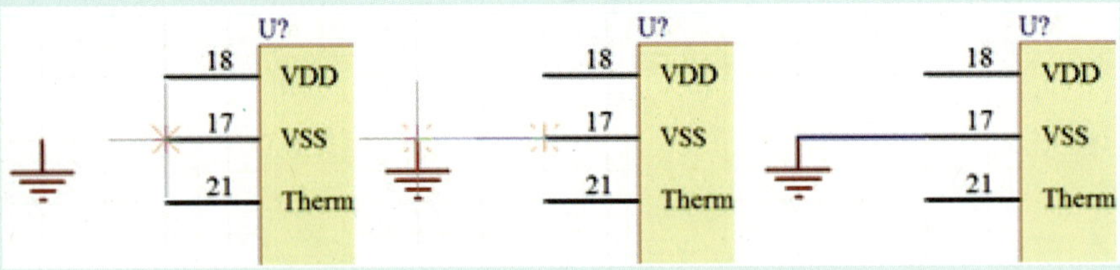


[그림 5-54] 적색 ×자 모양이 생성되어 정확하게 핀에 위치확인

③ 적색 ×자 모양을 확인 후 마우스 왼쪽 버튼을 한번 누른 뒤 커서를 이동하면 가상선이 그려진다. 가상선은 실제 그려질 선의 모양을 미리 보여주는 것으로 Shift+스페이스바키를 눌러 모양을 변경할 수 있다.

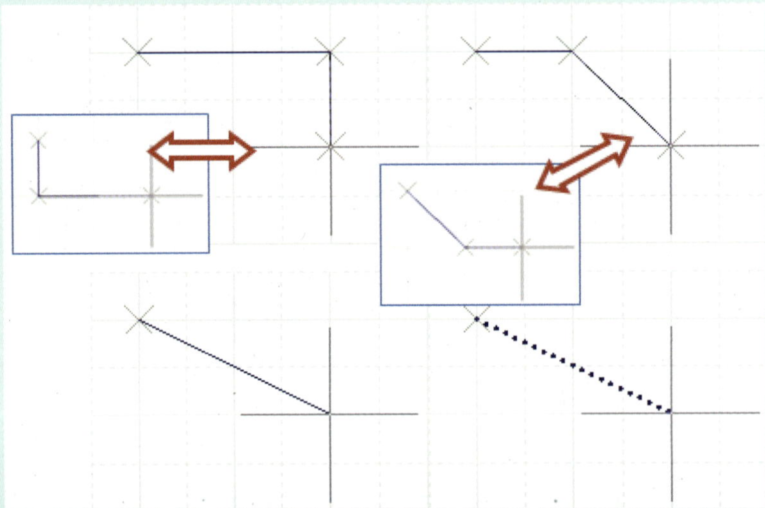

[그림 5-55] Shift+스페이스바 키를 눌러 모양을 변경

④ 선의 모양은 직각, 45˚, 임의각도 점선(자동 배선)으로 변경되며 직각과 45˚의 경우에는 **스페이스바**를 눌러 선의 축을 변경할 수 있다.

⑤ 자동 배선은 시작 핀과 종료 핀만을 클릭함으로써 중간에 생성될 모서리를 프로그램 스스로 생성하는 기능이다.

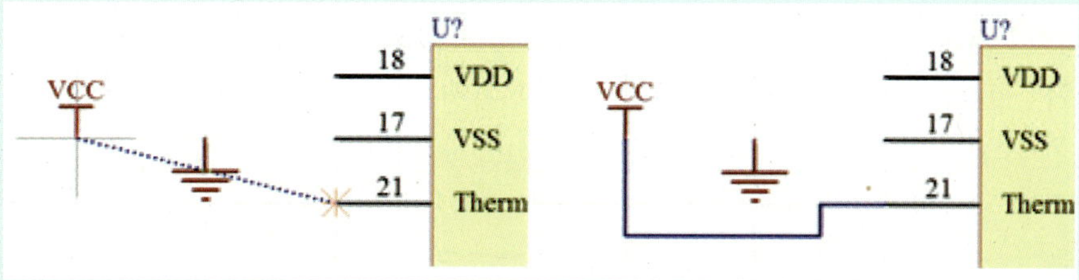


[그림 5-56] 자동 배선은 시작 핀과 종료 핀만을 클릭

⑥ 선을 그리는 과정에서 "Tab" 키를 누르면 선의 색상과 두께를 변경할 수 있다.

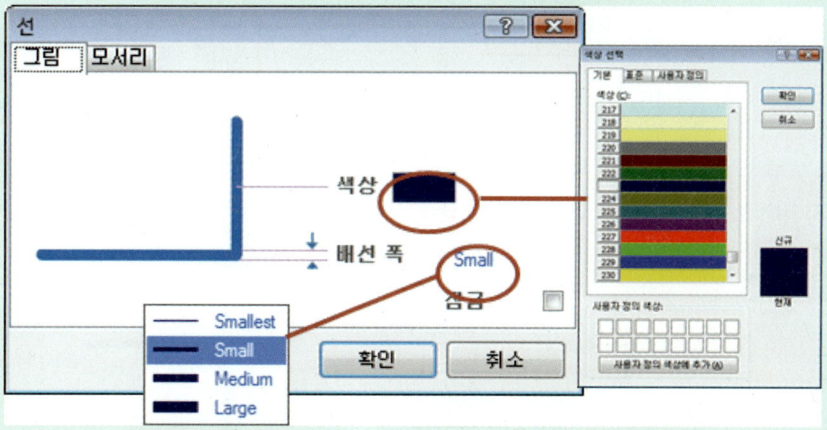


[그림 5-57] "Tab" 키를 누르면 선의 색상과 두께를 변경

⑦ 대화상자 상단의 **"모서리"** 탭을 선택하여 각 선의 좌표를 확인할 수 있으며 우측 하단의 잠금기능을 사용하면 객체를 이동, 편집, 삭제 등을 방지할 수 있다.

## 06 버스 배선하기

① **"배치≫배선"** 명령 또는 단축키 "P+W"으로 부품에서 선을 그려준 뒤 **"배치≫버스 분기"** 명령 또는 단축키 "P+U"로 버스 묶음선과 연결될 분기를 배치한다. 버스 분기는 "스페이스 바"키로 방향을 변경할 수 있다.

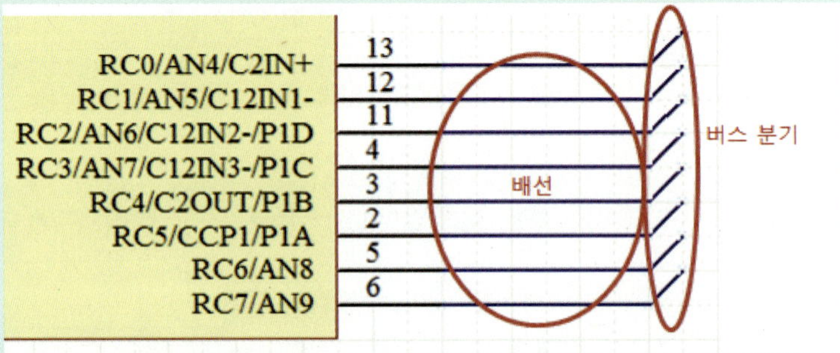


[그림 5-58] "배치≫배선" 명령과 "배치≫버스 분기" 명령

② **"배치≫버스"** 명령 또는 단축키 "P+B"로 버스 묶음선을 그려준다. 버스 묶음선은 연결 목적지까지 하나의 선으로 연결하거나 중간에 포트를 연결할 수 있다.

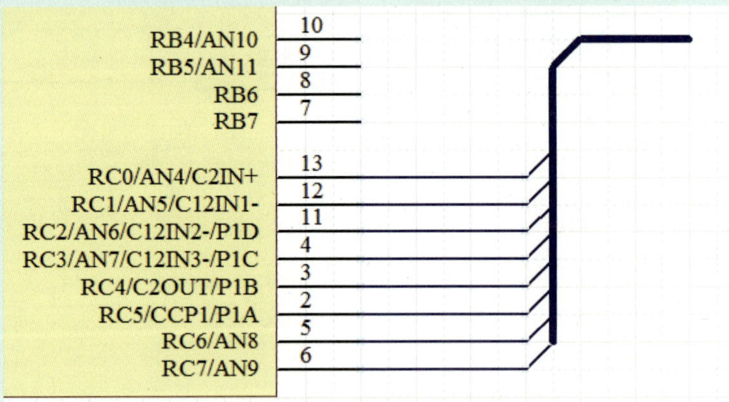


[그림 5-59] 버스 묶음선을 그려줌

③ 버스 묶음선과 연결 후 "**배치≫네트 라벨**" 명령 또는 단축키 "P+N"로 배선의 네트 라벨 및 버스 묶음선의 네트 라벨을 입력할 수 있다.

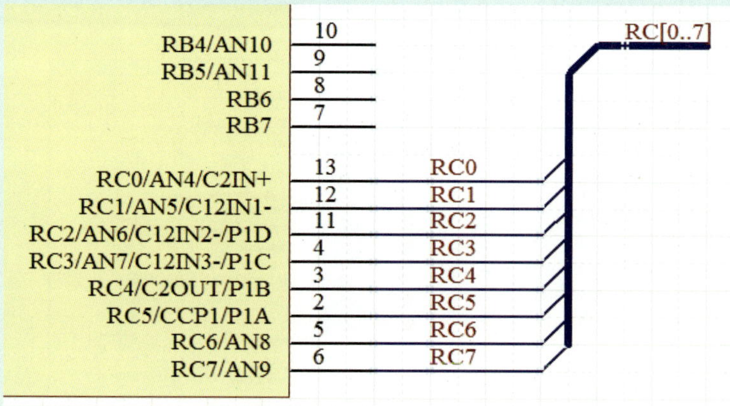


[그림 5-60] 버스 묶음선의 네트 라벨을 입력

④ 버스 묶음선에 네트 라벨을 입력할 때에는 포함되는 네트 라벨의 범위를 지정해서 "RC[0..7]"과 같은 형식으로 입력한다. 버스 묶음선의 끝에 포트를 연결할 때에는 라벨의 이름과 같은 범위를 지정하나 이름은 달라도 된다.

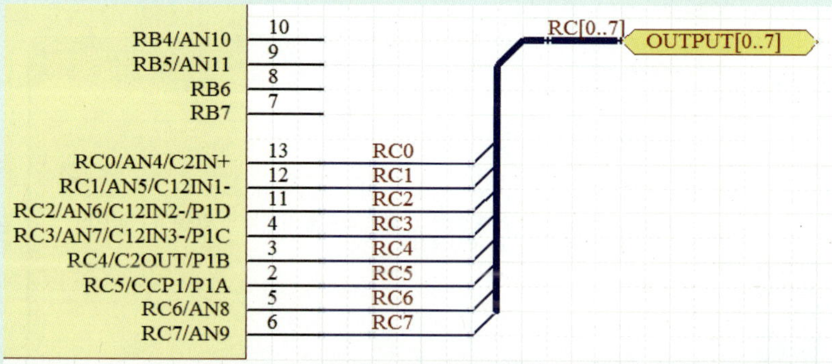


[그림 5-61] 버스 묶음선의 끝에 포트를 연결할 때

## 07 네트 라벨의 빠른 변경하기

① 기존의 네트 라벨의 이름을 일괄적으로 변경하는 방법이다. 마우스 왼쪽 버튼으로 네트 라벨을 드래그하고 "보기≫작업공간 패널≫SCH≫SCH List" 메뉴를 선택한다.

② 다음의 그림과 같이 화면 좌측 상단을 "Edit"와 "selected objects"로 변경한다. Text 부분의 내용을 Shift키와 함께 선택하고 마우스 오른쪽 버튼을 누른 뒤 팝업 메뉴에서 **"스마트 편집"** 메뉴를 선택한다.

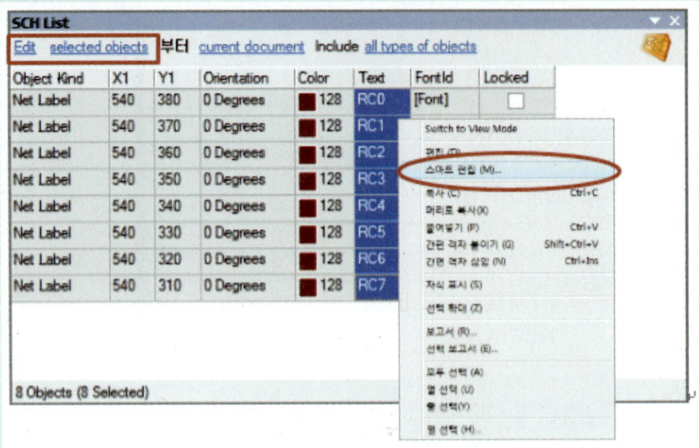

[그림 5-62] "Edit"와 "selected objects"로 변경/스마트 편집선택

③ **"스마트 편집"** 대화상자 상단 탭에서 **"공식"**을 선택하고 **"적용 공식"**에 "T+Copy(Text, 3, 1)"을 입력한 뒤 하단의 **"확인"** 버튼을 누른다.

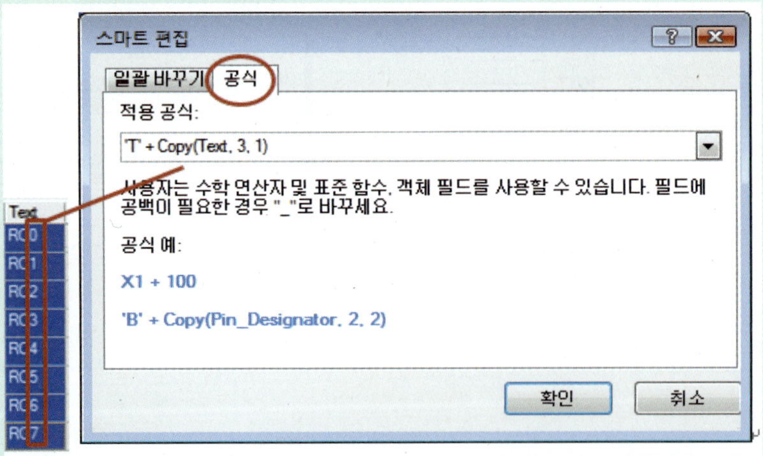


[그림 5-63] "스마트 편집" 대화상자 상단 탭에서 "공식"을 선택

④ 'T'는 문자 T를 첫 글자로 입력하고 Copy는 Text열의 3번째 글자부터 1글자를 복사해 넣는 의미이다.

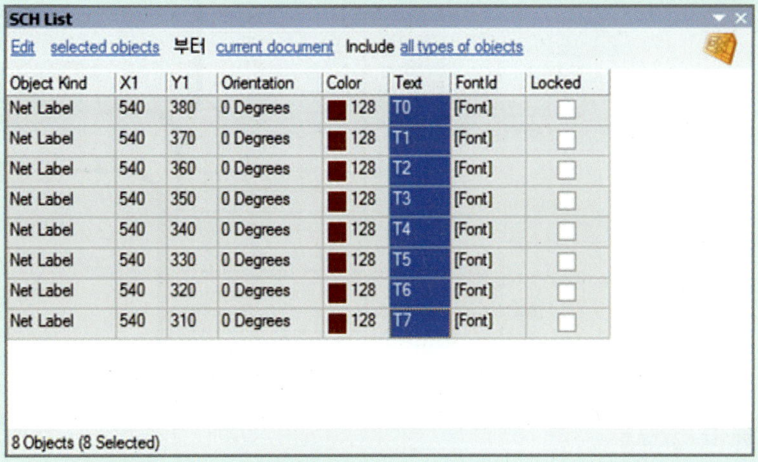
SCH List

Edit selected objects 부터 current document Include all types of objects

| Object Kind | X1 | Y1 | Orientation | Color | Text | FontId | Locked |
|---|---|---|---|---|---|---|---|
| Net Label | 540 | 380 | 0 Degrees | 128 | T0 | [Font] | |
| Net Label | 540 | 370 | 0 Degrees | 128 | T1 | [Font] | |
| Net Label | 540 | 360 | 0 Degrees | 128 | T2 | [Font] | |
| Net Label | 540 | 350 | 0 Degrees | 128 | T3 | [Font] | |
| Net Label | 540 | 340 | 0 Degrees | 128 | T4 | [Font] | |
| Net Label | 540 | 330 | 0 Degrees | 128 | T5 | [Font] | |
| Net Label | 540 | 320 | 0 Degrees | 128 | T6 | [Font] | |
| Net Label | 540 | 310 | 0 Degrees | 128 | T7 | [Font] | |

8 Objects (8 Selected)

[그림 5-64] Copy는 Text열의 3번째 글자부터 1글자를 복사

⑤ 수작업으로 변경한다.

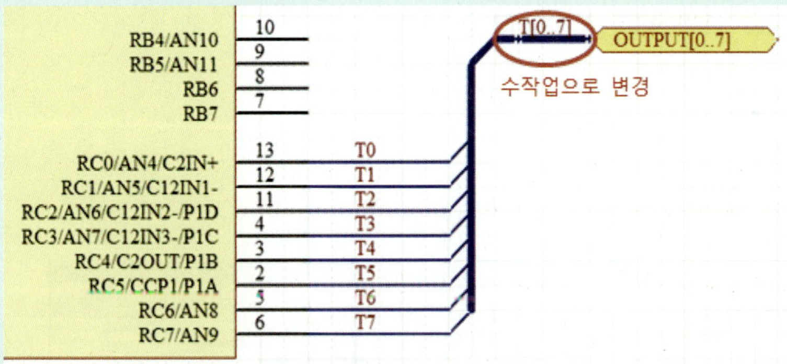


[그림 5-65] 수작업으로 변경

⑥ 다음의 도면은 완성된 도면이다.

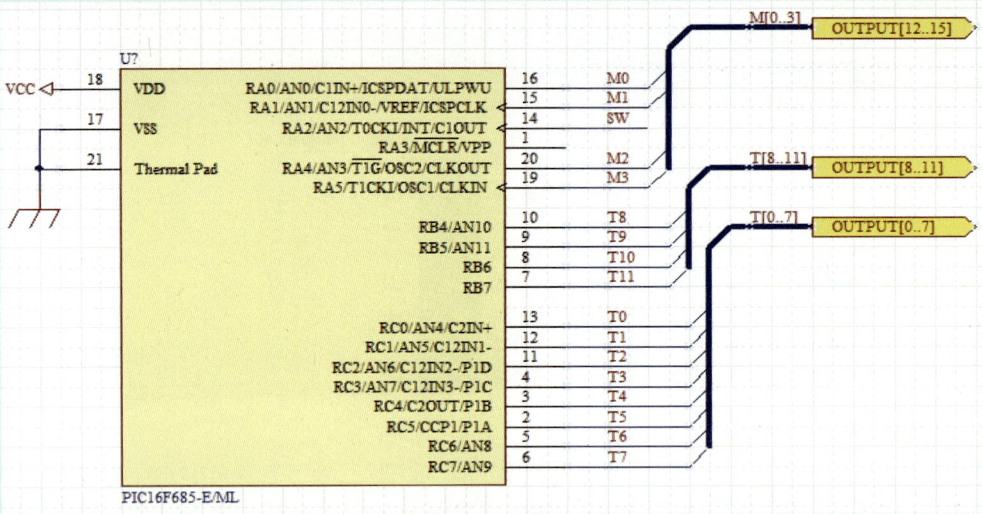

[그림 5-66] 완성된 도면

## 08 부품 설계 참조 및 매개변수 넣기

① 부품의 설계 참조는 부품을 더블클릭 또는 잡은 상태로 Tab키를 눌러 속성에서 수동으로 변경할 수 있다.

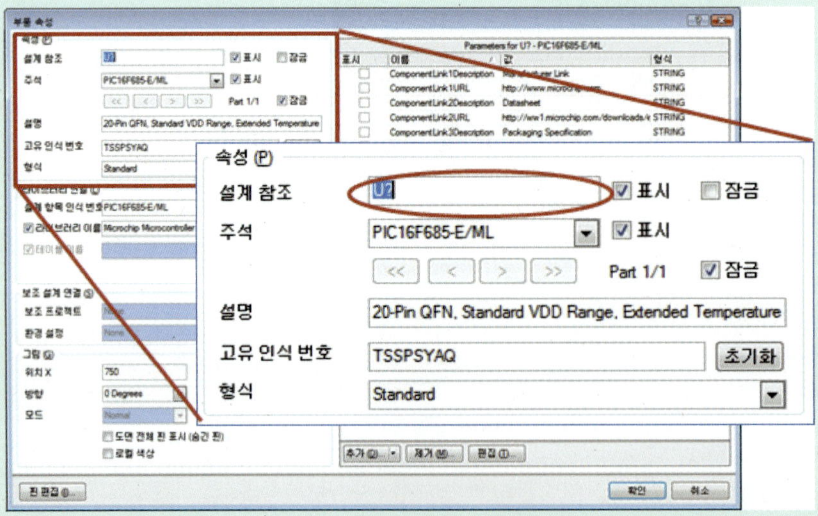

[그림 5-67] 부품의 설계 참조

② 설계 참조의 기본 초기값은 "U?" 등과 같이 물음표 기호로 되어 있다. 이 값을 사용자가 원하는 값으로 변경할 수 있으며 중복된 번호를 입력하는 경우에는 다음의 그림과 같이 부품의 아래쪽에 물결표시가 생성된다.

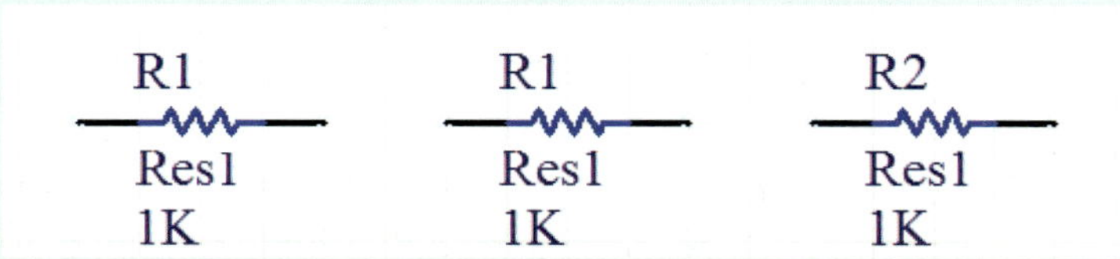


[그림 5-68] 중복된 번호를 입력하는 경우에는 부품의 아래쪽에 물결표시가 생성

③ 부품 참조번호가 중복된 경우 "**툴≫중복 초기화**" 명령을 사용하면 자동으로 중복된 부품 중 하나만 남겨두고 나머지는 초기화(U?)한다.

④ "**툴≫빠른 설계 참조 넣기**" 명령을 이용하면 프로그램이 스스로 중복되지 않도록 자동으로 입력된다.

⑤ "**툴≫설계 참조 넣기**" 명령을 이용하면 좀 더 세부적으로 자동으로 생성되는 설계 참조의 방식을 사용자가 지정할 수 있다.

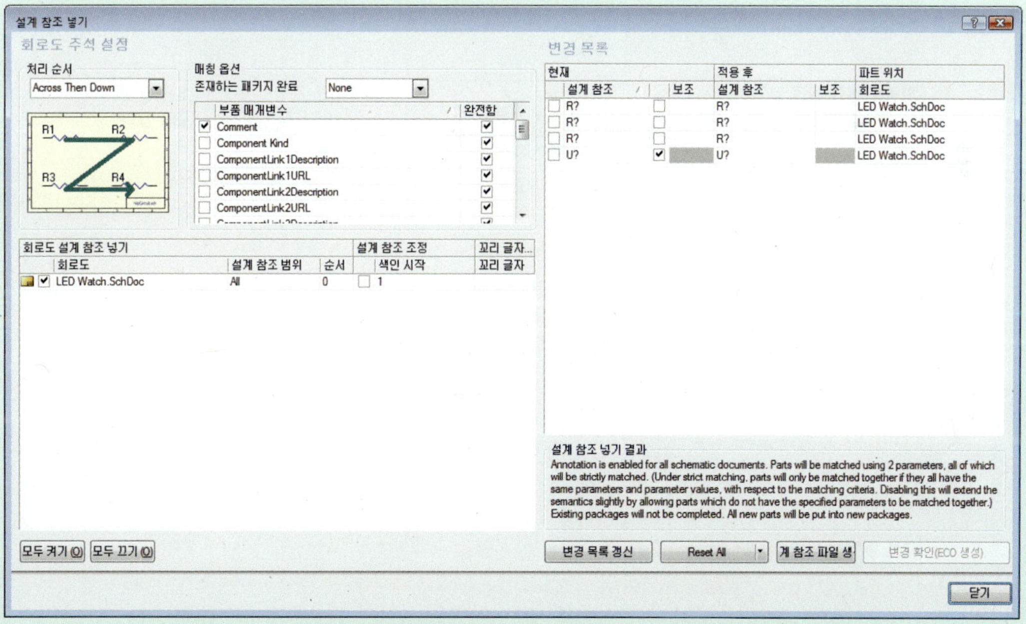


[그림 5-69] "툴≫설계 참조 넣기" 명령을 이용

⑥ **"설계 참조 넣기"** 대화상자의 좌측 상단에는 부품 참조번호를 넣는 방향을 다음의 4가지 중 선택하여 설정할 수 있다.

| Across Then Down | Across Then Up | Down Then Across | Up Then Across |
|---|---|---|---|

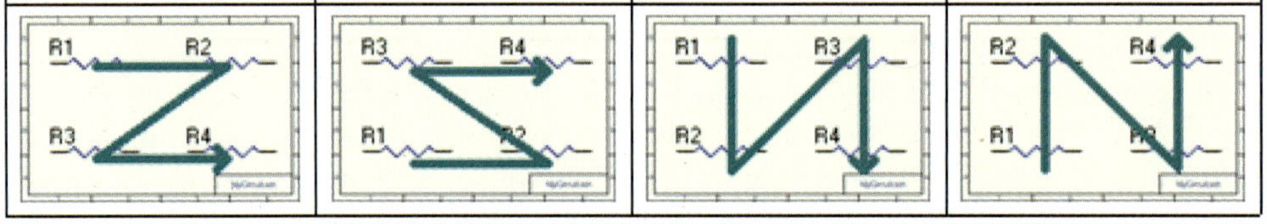


[그림 5-70] 부품 참조번호를 넣는 방향을 4가지 중 선택하여 설정

⑦ 다음의 그림은 "설계 참조 넣기" 대화상자의 "회로도 설계 참조 넣기" 부분이다. 프로젝트에 속해 있는 모든 도면의 목록이 나타나며 도면이름 앞의 체크 부분이 켜져 있어야 해당 도면이 참조번호가 입력된다.

"설계 참조 조정" 부분의 체크를 켜고 "색인 시작"의 값을 지정하는 것으로 각 도면의 참조번호의 시작번호를 변경할 수 있다. 예를 들어 첫 번째 도면은 100번대, 두 번째 도면은 200번대를 부여하려면 그림과 같이 입력한다.

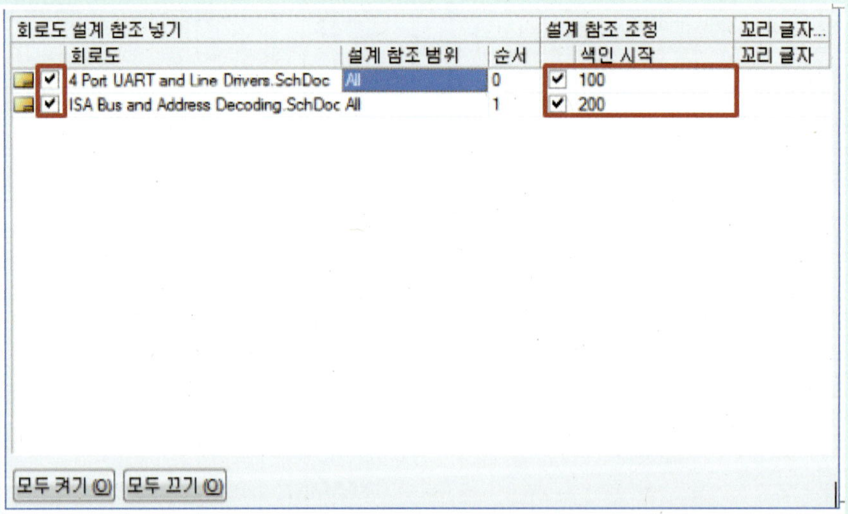


[그림 5-71] 부품 참조번호를 넣는 방향을 4가지 중 선택하여 설정

⑧ 우측 하단의 "Reset All" 버튼을 누르면 현재 부여된 값들을 모두 초기화한다.

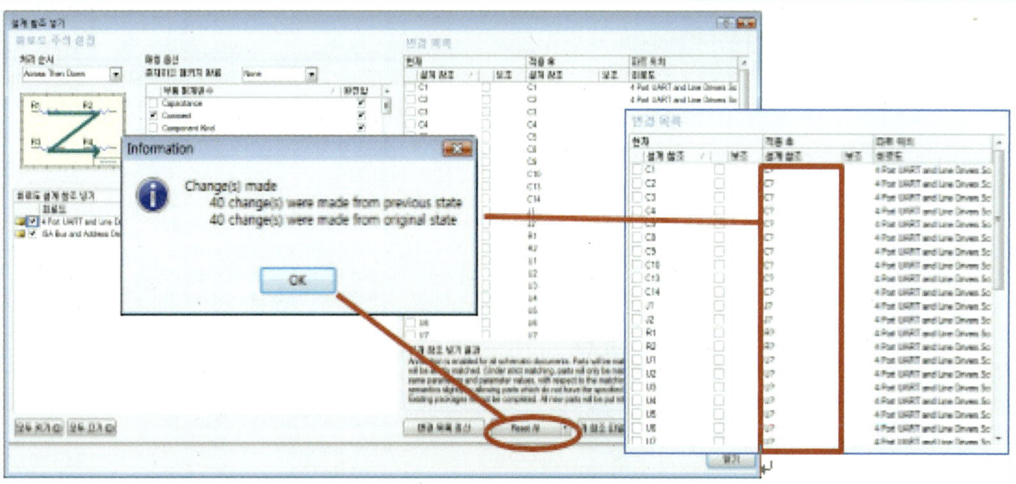

[그림 5-72] "Reset All" 버튼을 누르면 현재 부여된 값들을 모두 초기화

⑨ 우측 하단의 **"변경 목록 갱신"** 버튼을 누르면 사용자가 입력한 조건에 맞춰 설계 참조를 제시한다.

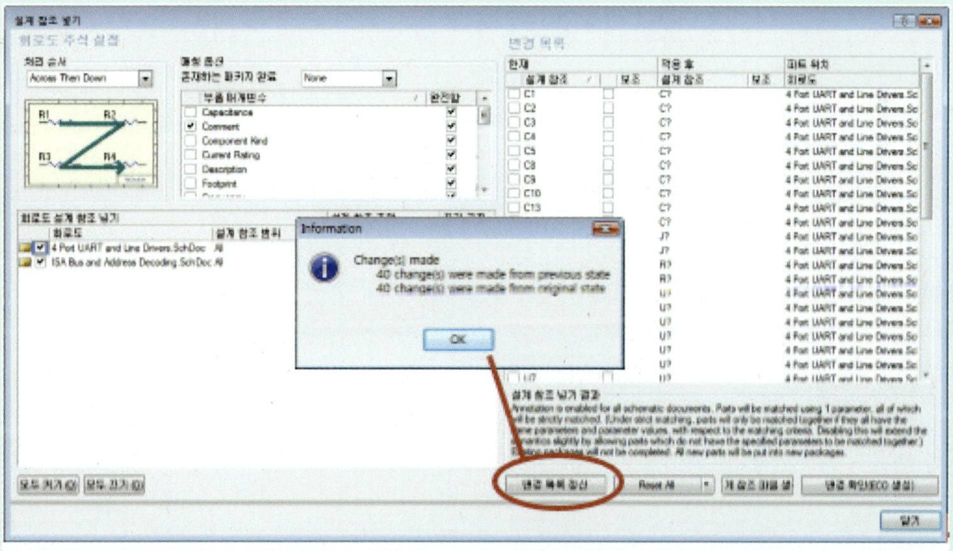

[그림 5-73] "변경 목록 갱신" 버튼을 누르면 사용자가 입력한 조건에 맞춰 설계 참조를 제시

⑩ **"변경 목록"** 부분에는 현재의 참조번호와 변경될 참조번호가 제시되어 있다. 제시된 결과를 확인하고 변경하지 않으려면 해당 줄의 맨 앞을 체크해 주면 해당 부품만 참조번호의 변경을 수행하지 않는다.

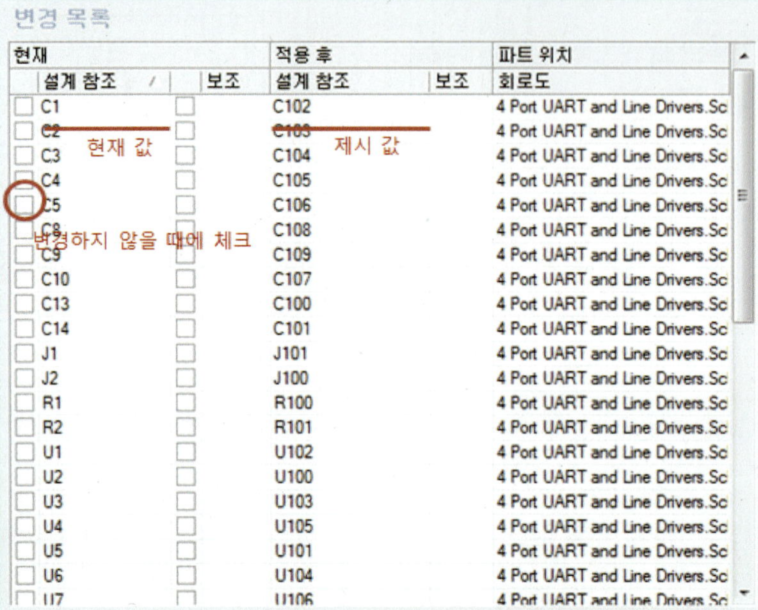


[그림 5-74] 변경하지 않으려면 해당 줄의 맨 앞을 체크

⑪ 모든 설정이 완료되면 하단의 **"변경 확인(ECO 생성)"** 버튼을 눌러 실행한다.

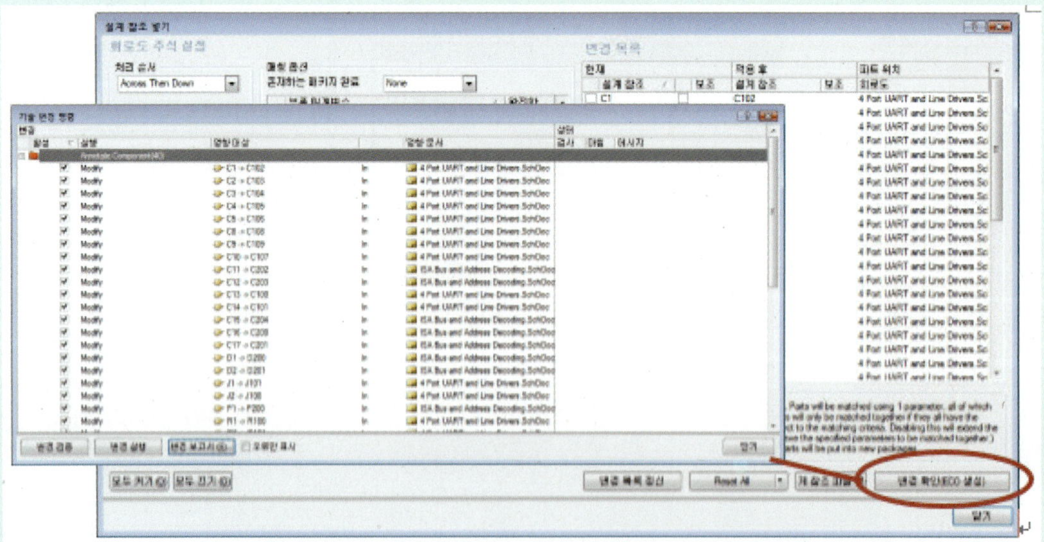


[그림 5-75] "변경 확인(ECO 생성)" 버튼을 눌러 실행

⑫ **"기술 변경 명령"** 대화상자는 제시된 값으로 변경을 수행하는 명령 대화상자이다. 하단의 **"변경 검증"** 버튼을 눌러 변경사항을 수행하는 과정에 오류가 있는지 검사할 수 있다.

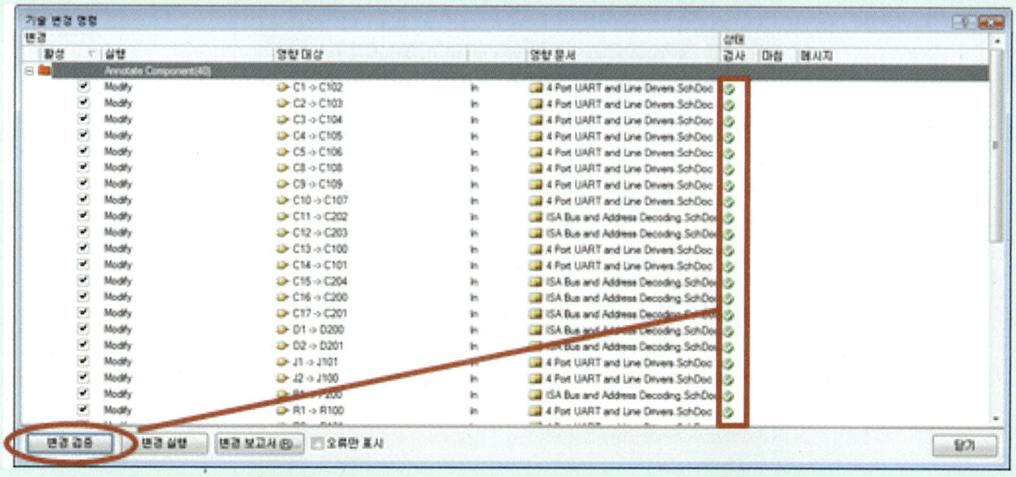


[그림 5-76] "변경 검증" 버튼을 눌러 변경사항을 수행하는 과정에 오류 검사

⑬ **"변경 실행"** 버튼을 눌러 실제 내용을 수정할 수 있다. 변경과정 중 오류가 발생되면 마침 열에 적색 "❌"기호가 나타나고 정상인 경우 초록색 "✅"표시가 나타난다. 생성된 오류만 확인하려면 하단의 **"오류만 표시"** 항목을 체크한다. 다음의 그림은 정상적으로 변경완료된 대화상자이다.

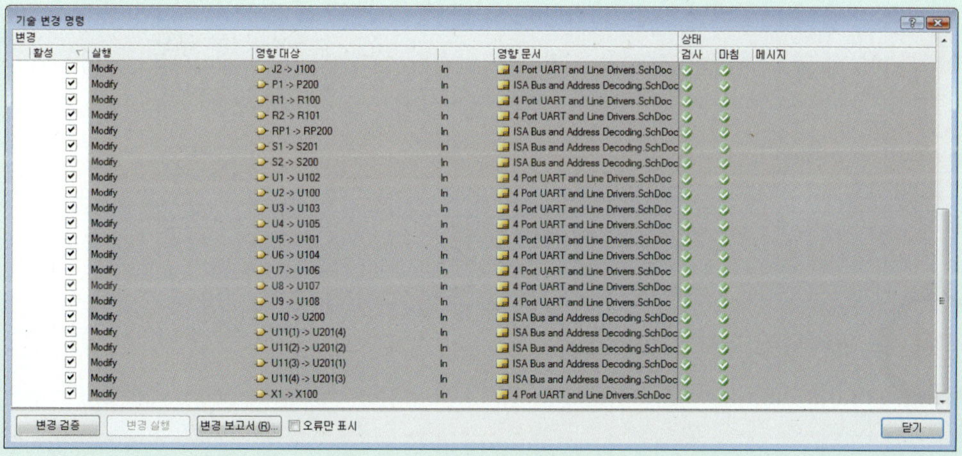


[그림 5-77] 정상적으로 변경완료된 대화상자

⑭ 변경된 내용을 보고서 형태로 보관하려면 "변경 보고서" 버튼을 눌러 보고서 파일 또는 프린터로 인쇄할 수 있다.

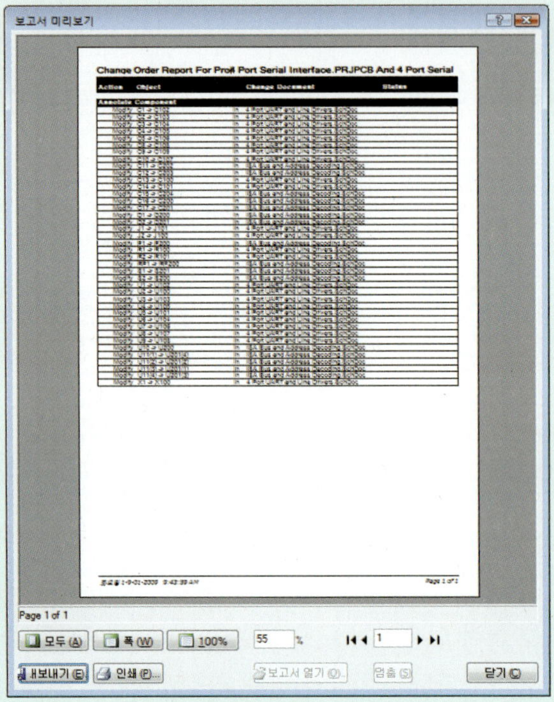


[그림 5-78] 보고서 미리보기

⑮ 모든 내용이 변경되면 모든 대화상자의 "닫기" 버튼을 눌러 모든 대화상자를 닫는다.

⑯ "툴≫설계 참조 초기화" 명령을 이용하여 입력된 설계 참조번호를 원래의 상태인 U? 등과 같이 초기화할 수 있으며 "툴≫중복 초기화" 명령을 이용하여 설계 참조번호가 중복된 부품만 초기화할 수도 있다.

## 09 논리적 연결자 결합하기

① 물리적으로 떨어져 있으면서 논리적으로 결합을 제공하는 연결자의 종류는 오프 도면 커넥터, 네트 라벨, 포트, 전역 네트 등이 있다.

〈표 5-3〉 연결자의 종류

| | | |
|---|---|---|
| NetLabel | 네트 라벨 | 도면 내에서 논리적으로 연결하는 기능을 수행한다. 이름이 동일하면 같은 네트로 인식된다. |
| OffSheet | 오프 도면 커넥터 | 도면과 도면을 논리적으로 연결한다. |
| Port | 포트 | 도면 밖으로 연결되는 통로이다. 네트의 이름과는 별개로 통로의 역할만을 담당한다. |
| SheetEntry | 도면 분기 | 하위 도면의 Port를 상위 도면에서 나타내는 Sheet Entry로 하위 도면의 이름과 동일해야 통로가 구성된다. |
| VCC | 전원 포트 | 전원연결 기호로 네트의 이름이 부여되며 도면 밖과도 연결이 허용된다. 표시되는 기호와 네트의 이름 중 네트의 이름을 통하여 서로 연결된다. |
| VCC 16 | 숨긴 핀 | 숨겨진 핀으로 속성 대화상자에서 연결 네트를 지정할 수 있다. 네트의 이름은 도면 밖으로 연결이 허용된다. |
| Harness | 하네스 커넥터 | 도면의 포트와 동일한 역할을 수행하지만 통로의 이름은 상위 도면에서 부여되는 이름으로 상속되는 특징을 가지고 있다. |
| HarnessEntry | 하네스 분기 | 하네스 커넥터에 추가되는 분기이다. 상위 도면 심볼 분기에 연결된 하네스 라벨의 이름을 상속받아 연결된다. |

② 오프 도면 커넥터, 전원 포트, 숨긴 핀을 제외한 나머지 논리적 연결자들은 프로젝트의 옵션에 따라서 연결되는 방식이 달라진다.

## 10 다중 도면 작성방법

① 한 장의 도면에 회로도를 작성하는 형식이 아닌 2장 또는 그 이상의 도면으로 분할하여 도면을 작성하는 방법이다. 여러 장의 도면들은 수평적인 구조를 가지며 각 도면들 간의 연결은 전역 네트 또는 포트, 오프시트만 연결이 가능하다.

② "프로젝트≫프로젝트 옵션" 명령을 선택하고 상단의 "옵션" 탭을 선택하면 다음과 같은 대화상자가 나타난다. "독립적 네트의 범위" 항목에서 설정하는 항목을 "Automatic (Based on project contents)" 또는 "Flat (Only ports global)"로 설정하고 하단의 "확인" 버튼을 누른다.

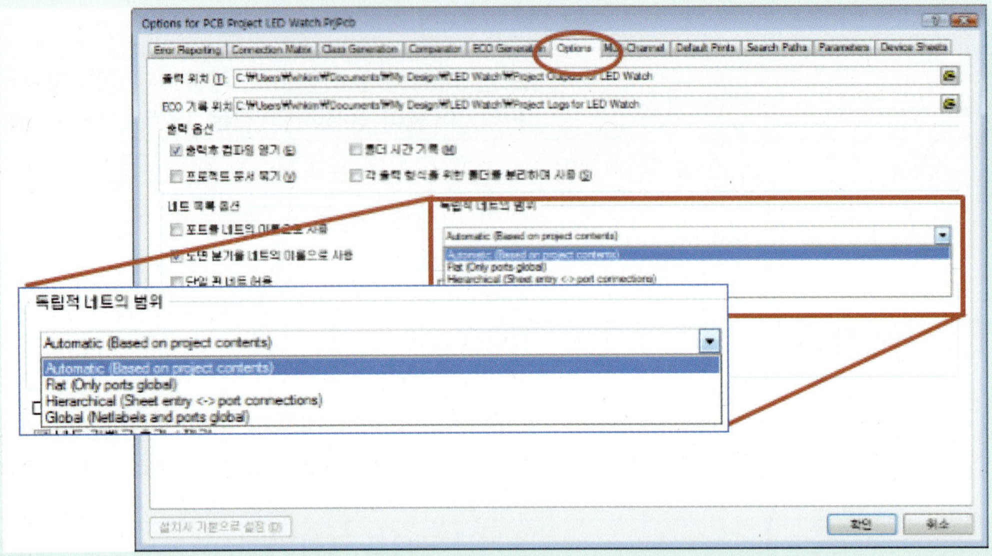


[그림 5-79] "프로젝트≫프로젝트 옵션" 명령을 선택

③ 프로젝트 패널에서 다음과 같이 회로도 도면을 추가하고 "LED Display.Schdoc"로 저장한다.

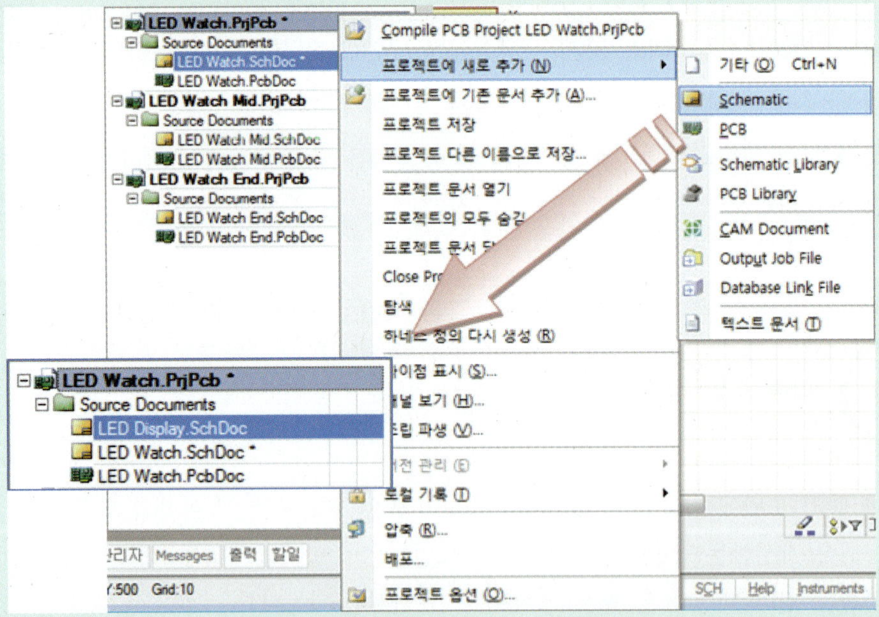


[그림 5-80] 회로도 도면을 추가하고 "LED Display.Schdoc"로 저장

④ 생성된 도면에 Miscellaneous Devices.IntLib의 LED3 부품을 사용하여 다음과 같은 도면을 그려준다. 이 경우 2장의 도면은 포트로 연결되기 때문에 2장의 포트 이름이 서로 동일해야 한다. 단, 포트와 네트 라벨의 이름은 버스 폭만 동일하면 이름이 다르더라도 무관하다.

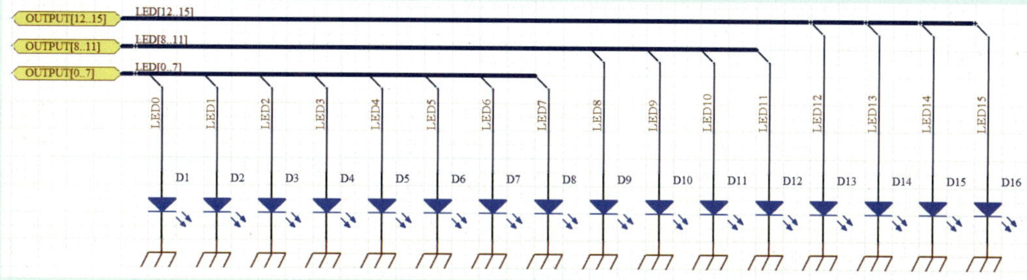

[그림 5-81] LED3 부품을 사용하여 도면을 그려줌

⑤ "**프로젝트≫Compile PCB Project LED Watch.PrjPcb**" 명령을 선택하여 작성된 도면을 컴파일한다. 다음의 그림은 컴파일 후 프로젝트 패널의 모습이다.

[그림 5-82] 컴파일 후 프로젝트 패널의 모습

## 11 계층도면 작성방법

① 여러 장의 도면을 계층으로 구분하여 상위, 하위의 수직적인 구조로 작성되는 도면이다. 각 도면들 간의 연결은 전역 네트 또는 포트로만 연결이 가능하다.

② "프로젝트≫프로젝트 옵션" 명령을 선택하고 상단의 "Options" 탭을 선택하면 다음과 같은 대화상자가 나타난다.

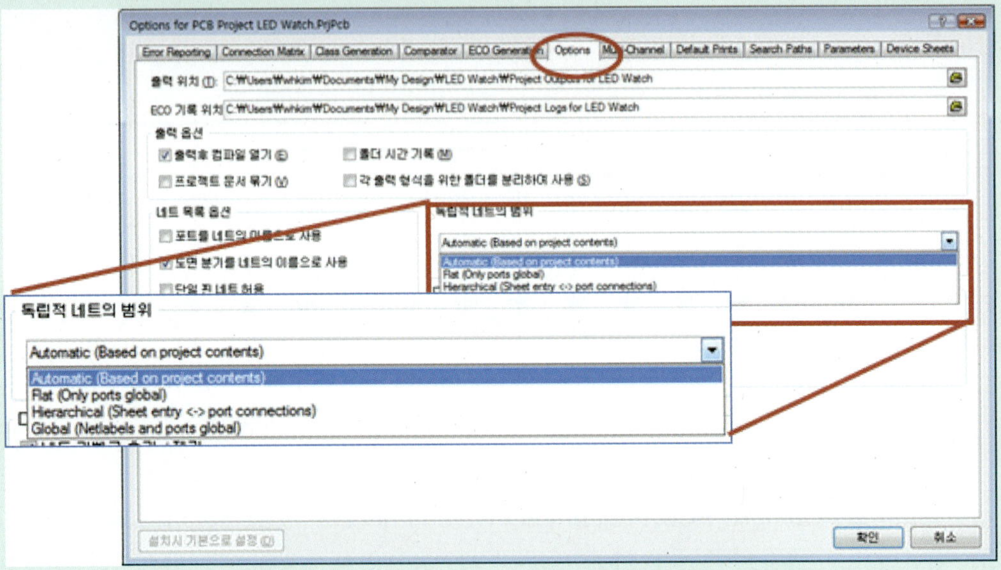


[그림 5-83] "프로젝트≫프로젝트 옵션" 명령을 선택

**"독립적 네트의 범위"** 항목에서 설정하는 항목을 "Automatic(Based on project contents)" 또는 "Hierarchical (Sheet entry ↔ port connections)"로 설정하고 하단의 **"확인"** 버튼을 누른다.

③ "LED Watch.SchDoc" 도면을 열고 **"설계≫HDL 또는 도면에서 도면 심볼 생성"** 명령을 선택한다.

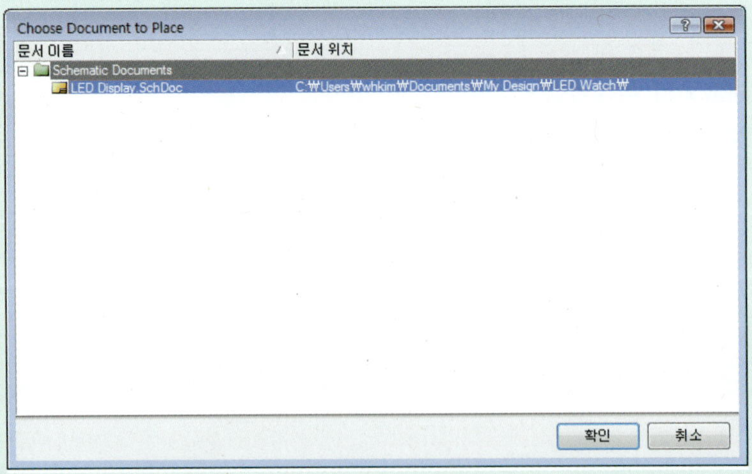


[그림 5-84] "LED Watch.SchDoc" 도면

④ "LED Display.SchDoc" 도면을 선택하고 하단의 "**확인**" 버튼을 누르면 다음의 그림과 같은 심볼이 마우스 커서를 따라 움직인다.

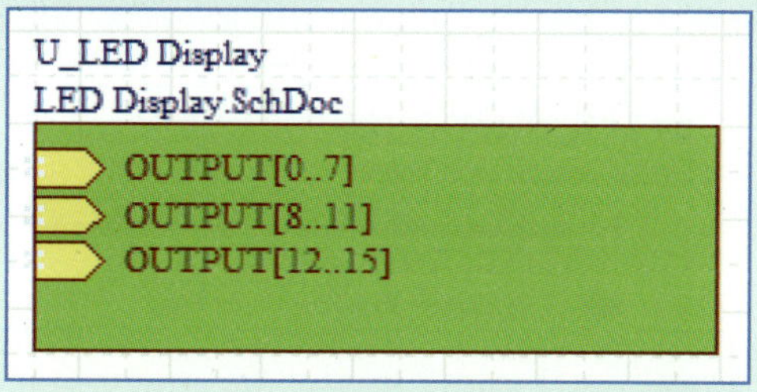


[그림 5-85] 심볼이 마우스 커서를 따라 움직임

⑤ 마우스 왼쪽 버튼을 누르고 기존의 배선을 다음의 그림과 같이 수정한다.

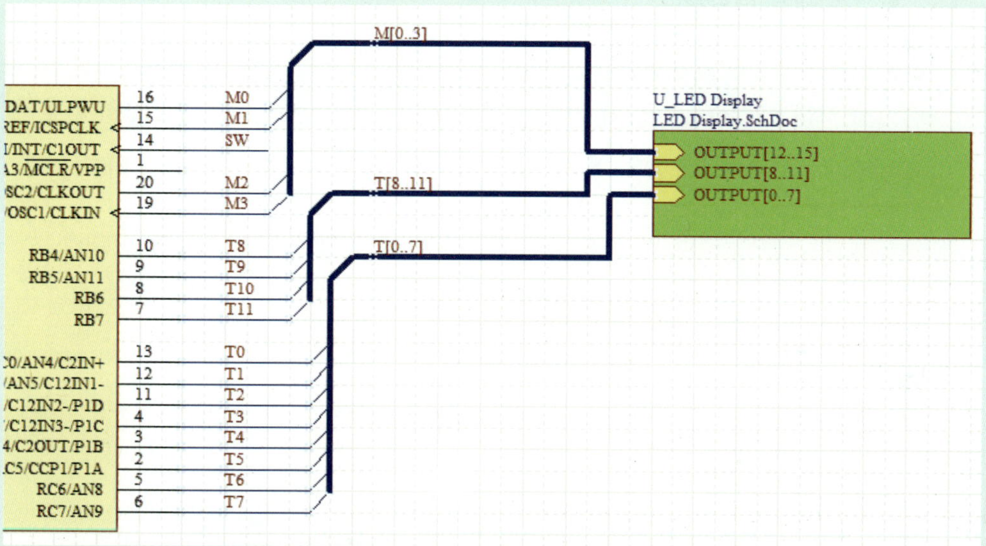


[그림 5-86] 기존의 배선을 수정

⑥ 연결된 도면 심볼은 LED Watch.SchDoc 도면에 종속적으로 포함되어 있으며 포트의 이름은 상,하 수직적 연결에만 사용된다. 따라서 도면 심볼의 "도면 분기" 이름과 해당 도면의 포트 이름이 서로 동일해야 한다.

⑦ 도면 분기의 위치는 마우스 드래그로 이동할 수 있다.

⑧ "**프로젝트≫Compile PCB Project LED Watch.PrjPcb**" 명령을 선택하여 작성된 도면을 컴파일한다. 다음의 그림은 컴파일 후 프로젝트 패널의 모습이다. LED Watch.SchDoc 도면의 하위로 LED Display.SchDoc 도면이 종속되는 것을 확인할 수 있다.

[그림 5-87] 컴파일 후 프로젝트 패널의 모습

## 12 멀티채널 작성방법

① 한 장의 도면을 상위 도면에서 다중 도면으로 가상 분할하여 작성하는 도면이다. LED Display.SchDoc 도면을 열고 다음의 그림과 같이 수정한다. 하나의 LED를 제외한 나머지 부품들 및 배선들은 모두 삭제한다.

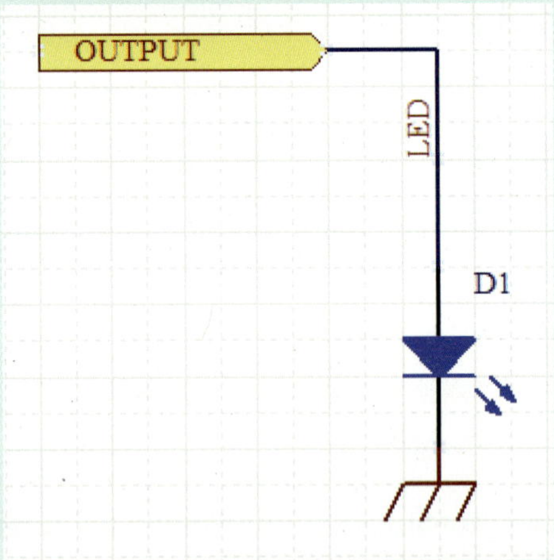


[그림 5-88] 하나의 LED를 제외한 나머지 부품들 및 배선들은 모두 삭제

② LED Watch.SchDoc 도면에서 기존의 도면 심볼을 삭제하고 "**설계≫HDL 또는 도면에서 도면 심볼 생성**" 명령을 선택한다. "LED Display.SchDoc" 도면을 선택하고 하단의 "**확인**" 버튼을 누른다.

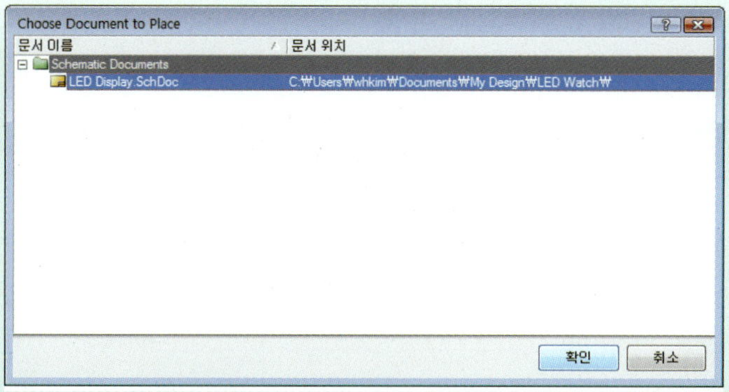


[그림 5-89] "설계≫HDL 또는 도면에서 도면 심볼 생성" 명령

③ "LED Display.SchDoc" 도면을 선택하고 하단의 "**확인**" 버튼을 누르면 다음의 그림과 같은 심볼이 마우스 커서를 따라 움직인다. 위치를 마우스 왼쪽 버튼으로 지정하고 도면 심볼을 더블클릭하면 다음의 그림과 같은 대화상자가 나타난다.

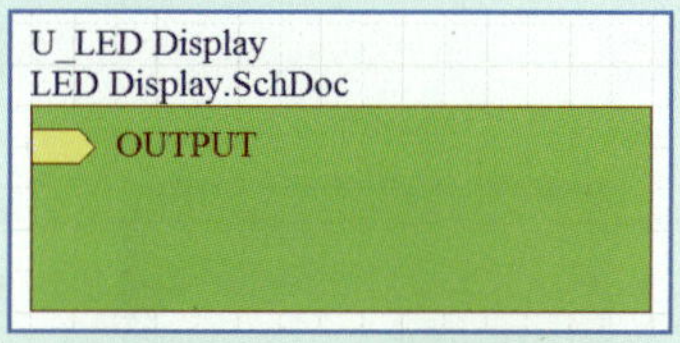


[그림 5-90] 도면 심볼을 더블클릭하면 대화상자 표시

④ 설계 참조 부분에 "Repeat(LED,1,16)"으로 입력한 뒤 하단의 "**확인**" 버튼을 누른다.

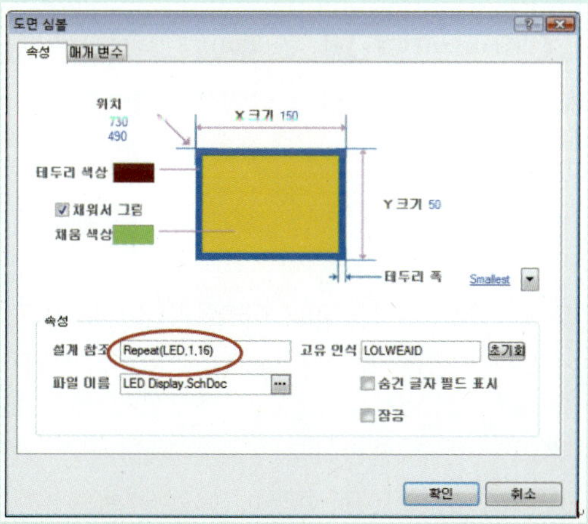


[그림 5-91] 설계 참조 부분에 "Repeat(LED,1,16)"으로 입력

⑤ Repeat는 도면 심볼을 멀티채널로 지정하는 예약어이며 LED는 채널의 전체 이름을 나타난다. 숫자 1, 16은 채널의 시작번호와 종료번호를 의미한다.

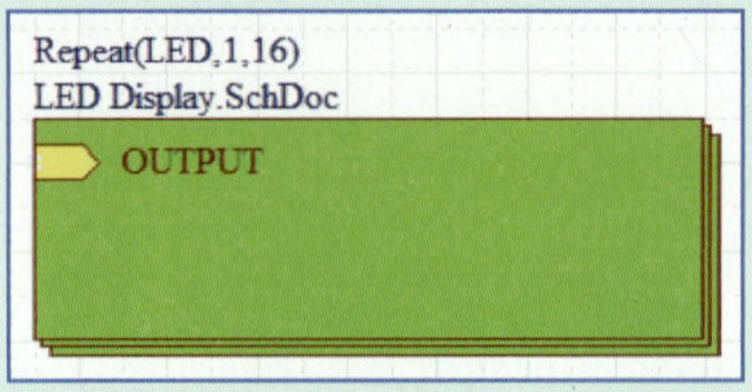


[그림 5-92] Repeat는 도면 심볼을 멀티채널로 지정하는 예약어이며 LED는 채널의 전체 이름

⑥ 멀티채널 도면 심볼로 지정되면 기존의 도면 분기는 자동으로 묶여서 하나의 배선으로 연결된다. 이 배선을 각각의 채널별로 분할하려면 도면 분기의 이름을 변경해야 한다. 도면 심볼 분기를 마우스로 더블클릭하면 다음과 같은 대화상자가 나타난다. 대화상자의 "이름" 부분을 "Repeat(OUTPUT)"으로 변경한 뒤 하단의 "**확인**" 버튼을 누른다.

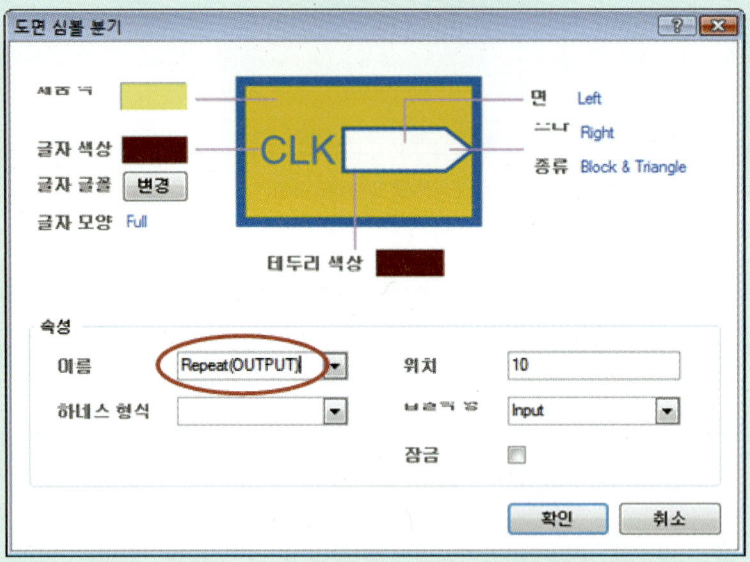


[그림 5-93] 도면 심볼 분기를 더블클릭하면 대화상자 표시

⑦ "**배치≫배선**" 명령을 이용하여 도면 분기에서 선을 짧게 연결하고 "**배치≫버스**" 명령을 이용하여 다시 묶음선을 그려준다.

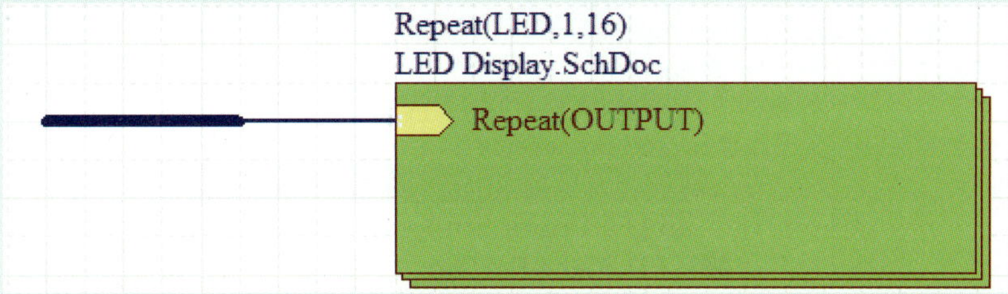


[그림 5-94] "배치≫버스" 명령을 이용하여 다시 묶음선을 그려줌

⑧ "**배치≫네트 라벨**" 명령을 이용하여 다음의 그림과 같이 네트 라벨을 부여한다.

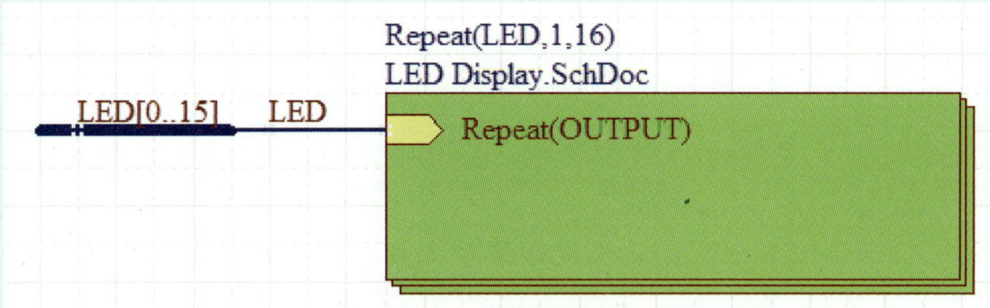


[그림 5-95] "배치≫네트 라벨" 명령을 이용하여 네트 라벨을 부여

⑨ 기타 나머지 배선 연결 및 버스 묶음선 연결, 네트 라벨 등은 다음의 그림과 같이 그려준다.

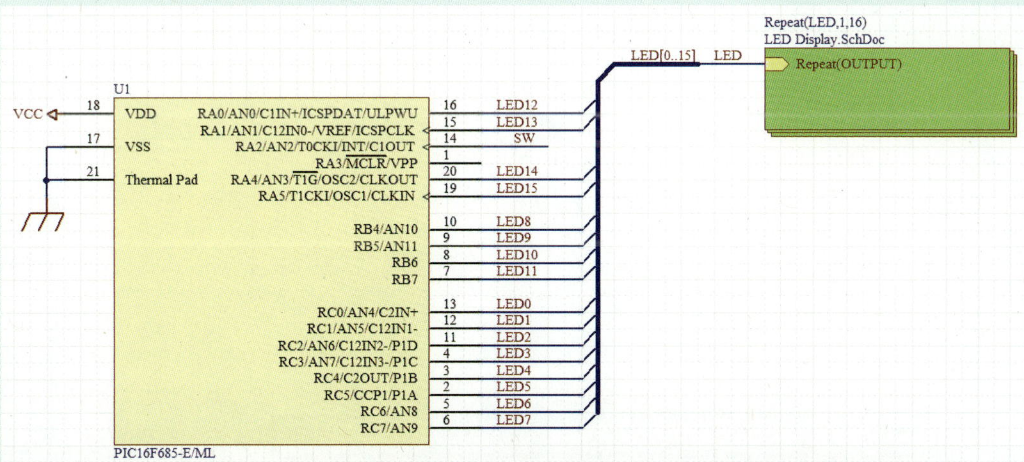


[그림 5-96] 기타 나머지 배선 연결 및 버스 묶음선 연결, 네트 라벨 등을 그려줌

⑩ "**프로젝트≫Compile PCB Project LED Watch.PrjPcb**" 명령을 선택하여 작성된 도면을 컴파일한다. 다음의 그림은 컴파일 후 프로젝트 패널의 모습이다. LED Watch.SchDoc 도면의 하위로 LED Display.SchDoc 도면이 종속되는 것을 확인할 수 있다.

[그림 5-97] LED Watch.SchDoc 도면의 하위로 LED Display.SchDoc 도면이 종속확인

⑪ 또한 컴파일 후에는 LED Display.SchDoc 도면 하단에 채널별로 번호가 할당되는 것을 확인할 수 있다. 각 채널들은 "Editor"라는 메인 채널을 따라서 자동으로 수정되며 부품 참조번호는 D1_LED1, D1_LED2 … D1_LED16 등과 같이 설정된다.

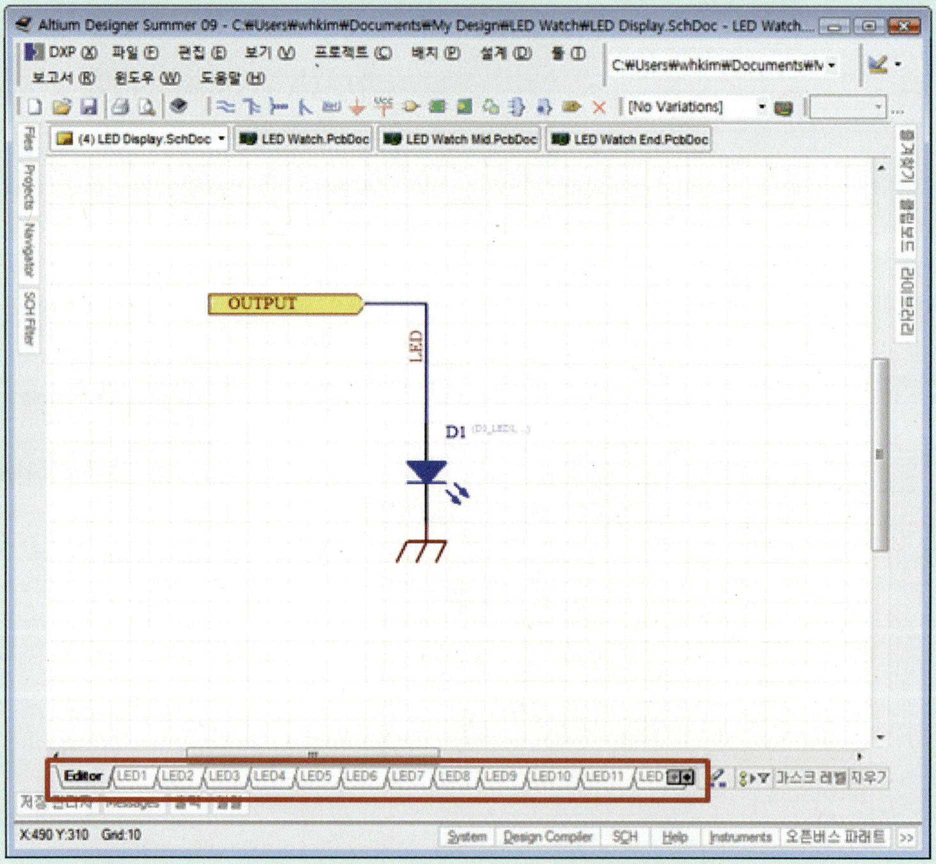


[그림 5-98] LED Display.SchDoc 도면 하단에 채널별로 번호가 할당 확인

⑫ 부품 참조번호와 채널 번호가 연관되어지는 방법을 변경하려면 "**프로젝트≫프로젝트 옵션**" 명령에서 "Multi-Channel" 탭을 선택하여 변경할 수 있다.

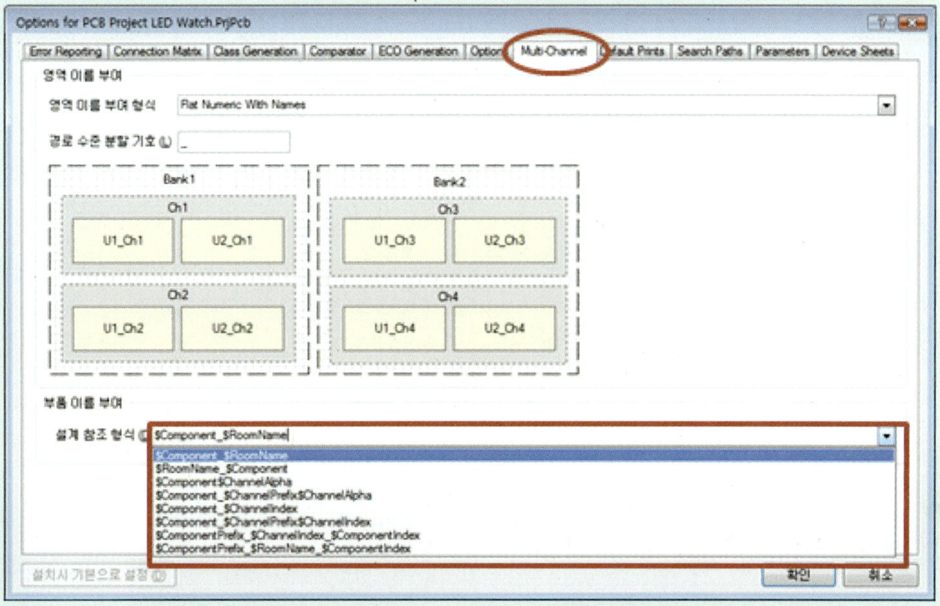


[그림 5-99] 부품 참조번호와 채널 번호가 연관되어지는 방법을 변경

## 13 PCB 설계 규칙 설정하기

회로도의 작업자와 PCB의 작업자가 서로 다른 사람인 경우 설계 규칙을 사전에 회로도를 작성할 때에 입력하면 작업을 분담할 수 있다.

회로도에서 설계 규칙의 입력에는 PCB Parameter라는 객체를 사용하여 전달한다.

## 14 PCB로 전환하기

① 완성된 회로도를 PCB로 전환하기 위하여 사전에 PCB 파일이 준비되어 있어야 한다. 우선 다음의 그림과 같이 파일≫새로만들기≫PCB 명령을 선택한다.

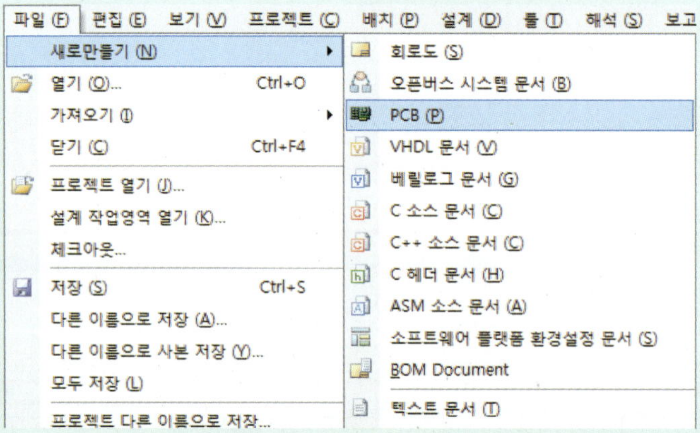


[그림 5-100] 파일≫새로만들기≫PCB 명령을 선택

② 파일≫새로만들기≫PCB 명령을 선택하면 다음의 그림과 같이 새로운 PCB 파일이 생성된다.

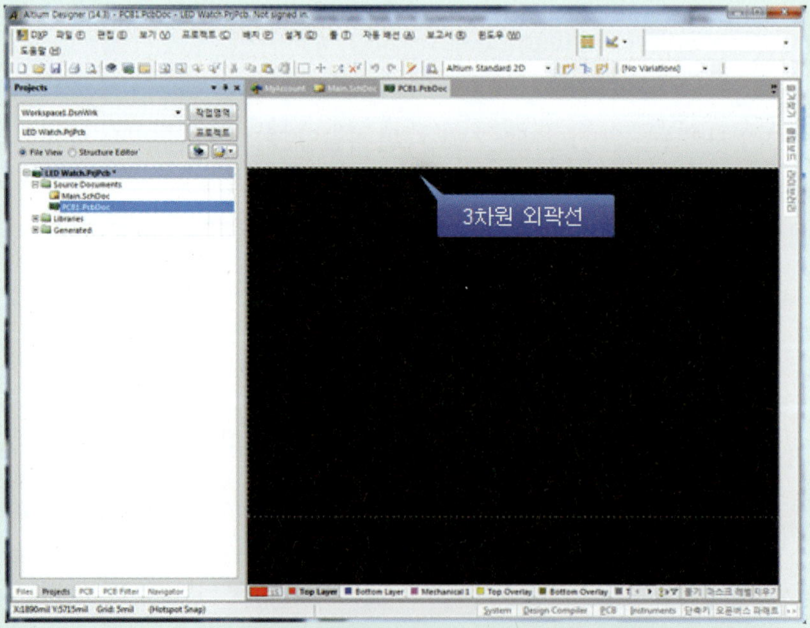


[그림 5-101] 새로운 PCB 파일이 생성

새롭게 생성된 PCB 파일은 왼쪽의 프로젝트 패널에 추가된 파일의 이름이 표시되며 기본적으로 2층 기판에 3차원 외곽선이 그려진 형태로 작업영역에 나타난다.

③ 생성된 파일을 저장하기 위하여 **파일≫저장** 명령을 선택하면 다음의 그림과 같이 대화상자가 나타난다.

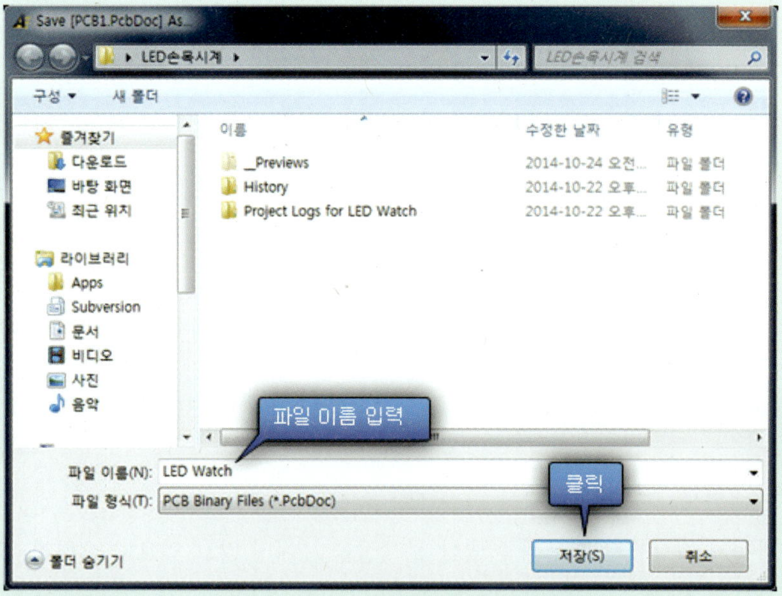


[그림 5-102] 생성된 파일을 저장

④ 파일의 이름을 "LED Watch"로 입력하고 저장 버튼을 눌러 저장한다. 저장된 파일은 프로젝트 패널에 저장된 이름으로 나타난다. 회로도를 선택한 상태에서 **설계**≫Update PCB Document LED Watch.PcbDoc 명령을 선택하면 다음의 그림과 같은 대화상자가 나타난다.

[그림 5-103] 설계≫Update PCB Document LED Watch.PcbDoc 명령을 선택

⑤ 기술 변경 명령 대화상자의 하단 변경 실행 버튼을 누르면 회로도의 내용과 PCB의 내용을 서로 비교하여 수정할 부분을 자동으로 PCB에 반영하여 준다.

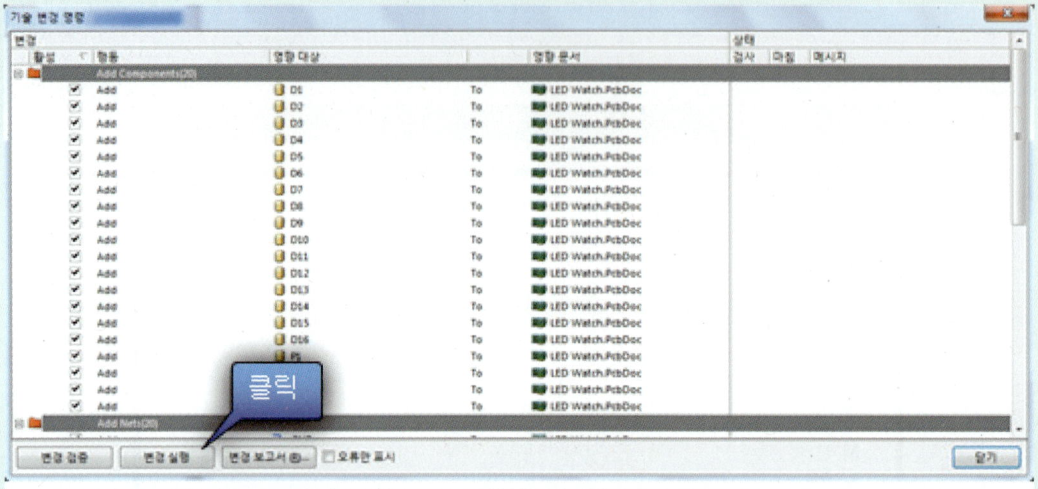


[그림 5-104] 기술 변경 명령의 하단 변경 실행 버튼을 클릭

⑥ 다음의 대화상자는 회로도에서 PCB로의 수정할 부분을 자동으로 반영한 결과이다. 모든 과정이 정상이기 때문에 특별한 문제점을 보이지 않고 있으나 오류가 있는 경우에는 해당 부분이 적색의 ×모양의 아이콘으로 표시된다. 다음의 그림은 닫기 버튼을 누른 뒤에 화면을 축소한 모습이다.

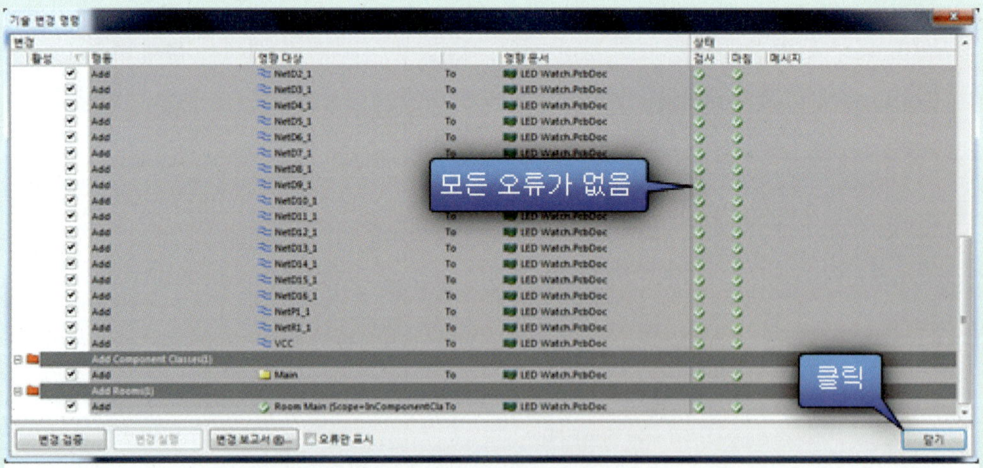


[그림 5-105] 회로도에서 PCB로의 수정할 부분을 자동으로 반영한 결과

⑦ 작업 후 **파일≫저장** 명령을 사용하여 저장한다.

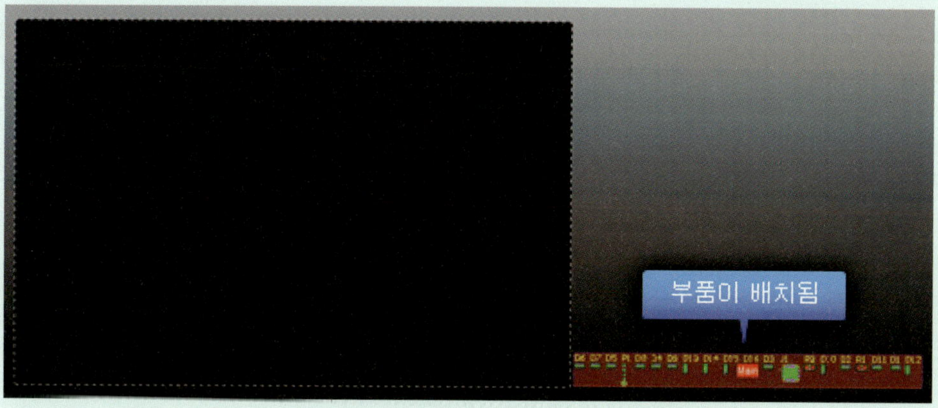


[그림 5-106] 작업 후 파일≫저장 명령을 사용하여 저장

## 5-3 LED 시계제작하기(3)

| 학습 목표 | |
|---|---|
| | • 회로도에서 PCB까지 단계별 LED 시계제작과정(3)을 이해할 수 있다.<br>• PCB 도면그리기 과정을 이해한다. |

### 필요지식

#### 1. PCB 도면그리기

PCB 도면을 그리기 위하여 PCB 설계 규칙 설정, PCB로 전환, 화면설명, 설계 규칙 설정, 기판 적층 설정, 기판 외관그리기, 부품배치, 네트 색상설정, 영역채움, 수동 배선, 자동 배선, 패드 보강 및 다각형 생성, 설계 규칙 검사 및 오류정정, 설계 데이터 출력, 설계 데이터의 비교 및 보관 등의 작업을 수행한다.

### 수행 내용 LED 시계제작하기(2) : PCB 도면그리기

**재료 · 자료**

• 상세 회로도면, 기구도면, A4 용지, 필기구

**기기(장비 · 공구)**

• 인터넷 가능한 컴퓨터, 한글 오피스, 프린터

**안전 · 유의사항**

• 회로동작 및 기능을 충분히 숙지하도록 한다.
• 컴퓨터에 바이러스가 침투하지 않도록 유의한다.

## 수행 순서

### 01 화면 설명하기

① 다음은 PCB 편집기의 화면이다.

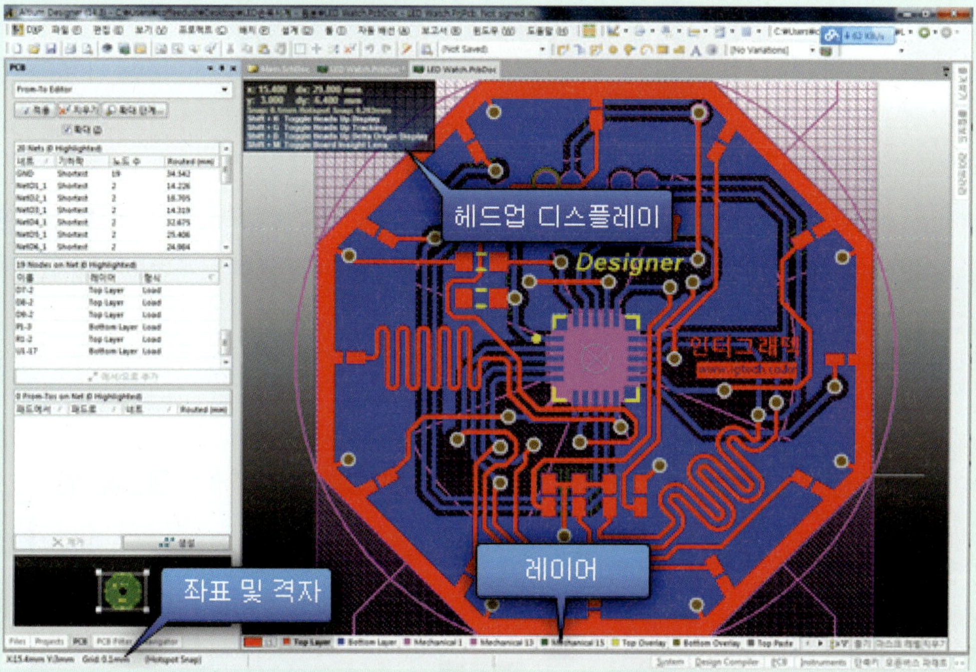


[그림 5-107] PCB 편집기의 화면

② 먼저 기본적인 작업단위를 변경하기 위하여 PCB가 열린 상태에서 키보드 단축키인 Q를 누르면 단위가 mil에서 mm로 변경되며 Q를 누를 때마다 단위를 mil과 mm이 반복적으로 변경된다.

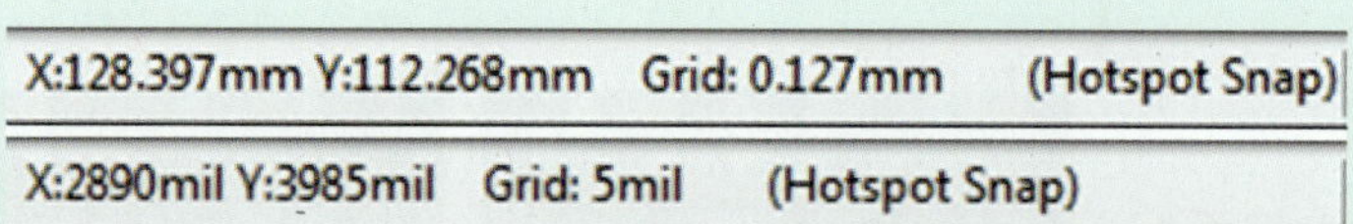


[그림 5-108] 작업단위를 변경하기 위해 키보드 단축키인 Q를 누름

③ 단위의 변경은 좌측 하단의 커서 좌표가 나타나는 부분을 보고 mm와 mil를 알 수 있다. 헤드업 디스플레이는 현재 커서의 좌표값과 상대적인 이동거리, 네트 정보, 부품정보 등이 표시되며 Shift+H 단축키를 눌러 보이거나 숨길 수 있다.

[그림 5-109] 헤드업 디스플레이는 좌표값과 이동거리, 네트 정보, 부품 정보 등이 표시

④ x, 4. y는 커서의 x, y의 절대좌표를 나타내고, dx, dy는 상대좌표로 마지막으로 클릭했을 때부터의 이동거리를 나타낸다. dx, dy의 값을 강제적으로 초기화하려면 Insert키를 누르면 0으로 초기화된다.

⑤ 표시되는 정보는 커서를 움직일 때와 정지했을 때가 다르며 환경 설정의 PCB Editor/Board Insight Modes에서 변경할 수 있다.

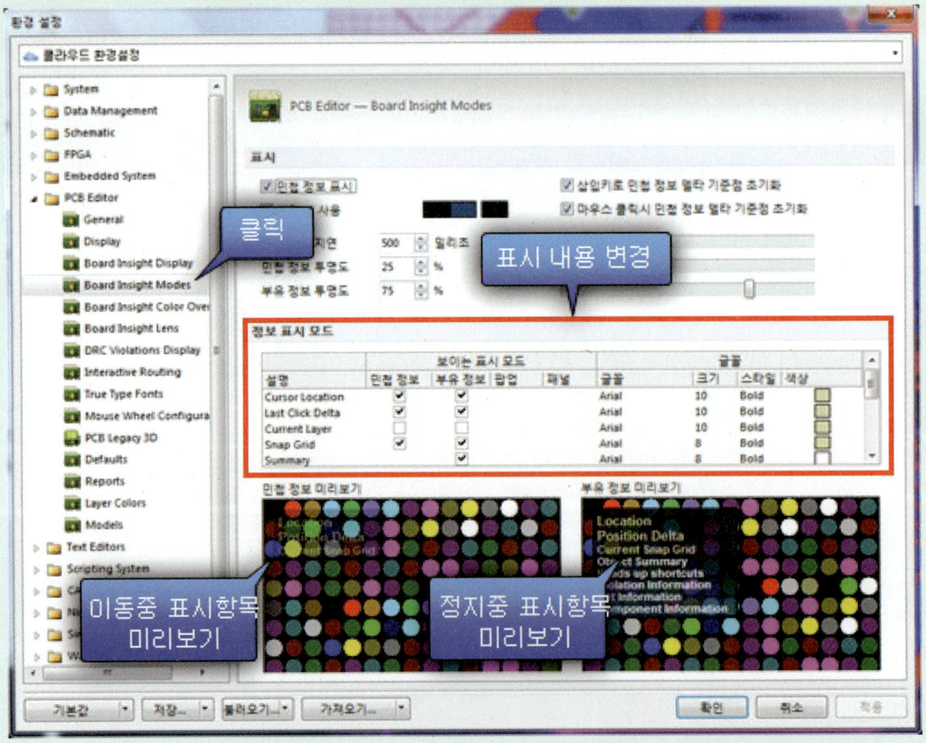


[그림 5-110] 환경 설정의 PCB Editor/Board Insight Modes에서 변경

⑥ 작업영역의 하단에는 레이어가 나열된다.

기존적인 레이어의 변경은 마우스로 클릭하여 변경이 가능하며 선그리기 등의 작업 중에 레이어의 변경을 원할 경우에는 숫자키패드의 +, −, *키를 눌러 변경할 수 있다. +, − 키는 모든 레이어의 변경 시 사용하고 *키를 전기적 특성을 가진 레이어간의 변경만 가능하다.

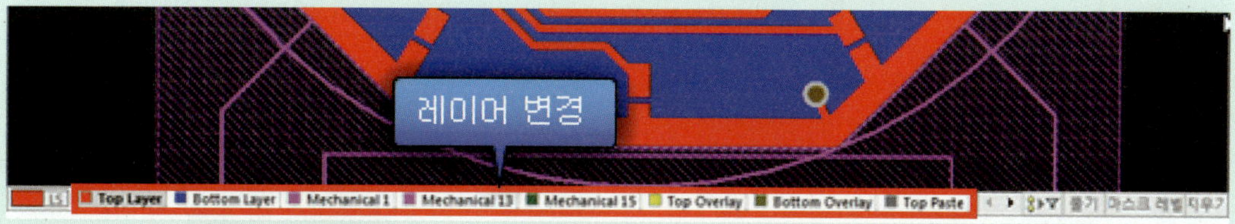


[그림 5-111] 작업영역 하단에 레이어가 나열

⑦ 레이어 왼쪽의 적색으로 표시된 부분을 클릭하면 “보기 환경 설정”이라는 대화상자가 나타난다.

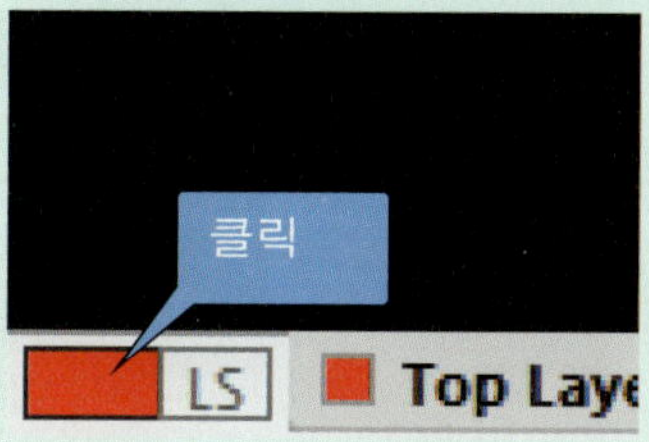


[그림 5-112] 보기 환경 설정 대화상자

⑧ “보기 환경 설정” 대화상자는 화면상에 보여지는 레이어의 표시 유/무의 변경과 색상의 변경을 진행할 수 있다. 레이어의 표시 유/무를 변경하려면 다음의 그림과 같이 보기 항목의 체크 표시를 변경하여 설정할 수 있다.

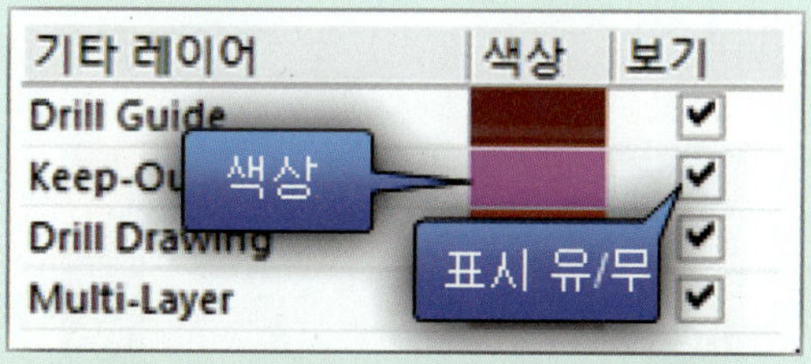


[그림 5-113] 보기 항목의 체크 표시를 변경하여 설정

⑨ 색상을 마우스 왼쪽 버튼으로 클릭하면 다음의 그림과 같은 대화상자가 나타나며 여기서 원하는 색상을 선택하고 **확인** 버튼을 누르면 된다.

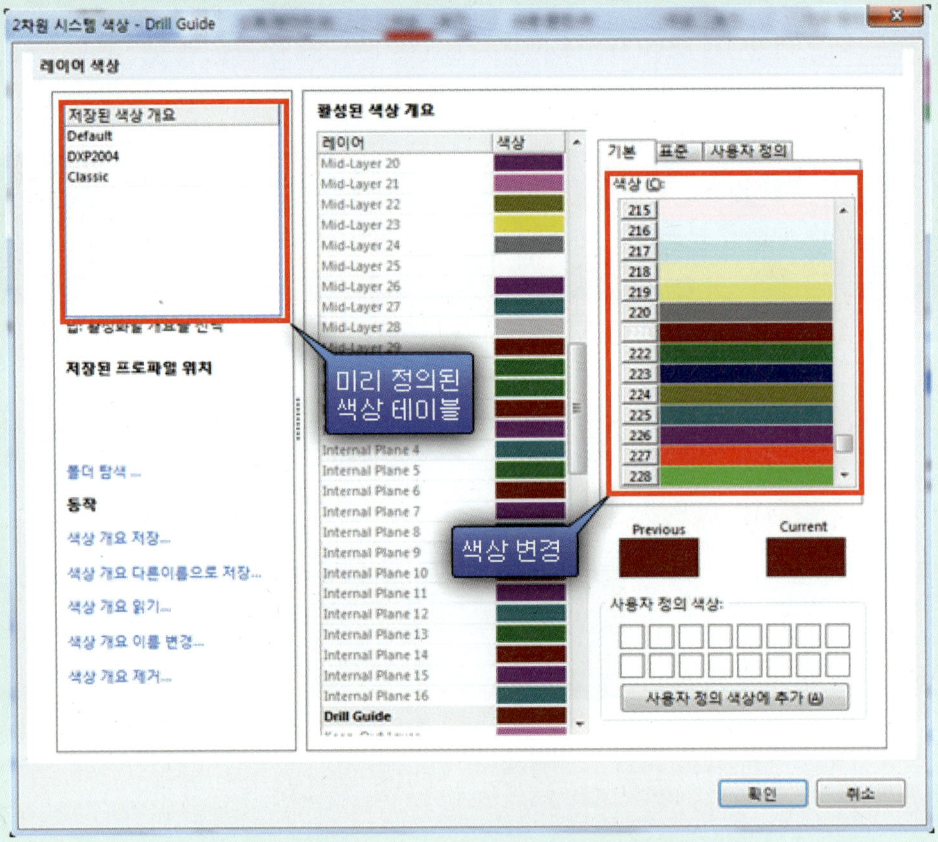


[그림 5-114] 원하는 색상을 선택하고 확인 버튼을 누름

⑩ 필요에 따라서는 레이어의 그룹을 설정할 경우에는 다음의 그림과 같이 색상 오른쪽의 LS 버튼을 클릭한 뒤에 팝업 메뉴에서 **기판 레이어 설정** 명령을 선택하면 "레이어 설정 관리자"라는 대화상자가 나타난다.

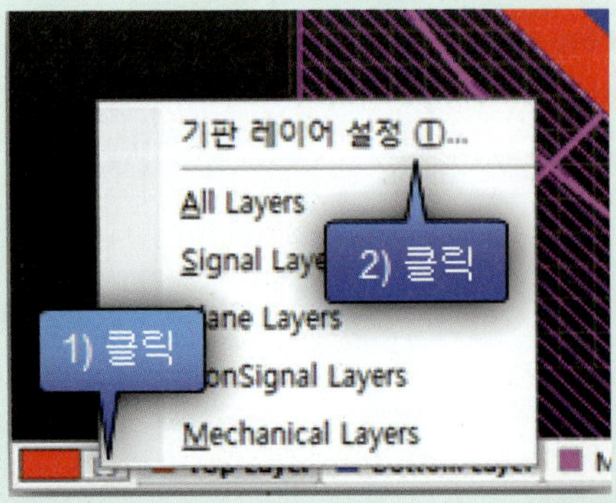


[그림 5-115] "레이어 설정 관리자"라는 대화상자

⑪ 지정된 그룹 중에서 All Layers, Signal Layers, Plane Layers, NonSignal Layers, Mechanical Layers는 기본적으로 제공되는 레이어로 삭제는 불가능하며 이외의 추가로 그룹을 정의할 수 있다.

## 02 설계 규칙 설정하기

① PCB 설계의 규칙을 설정하기 위하여 **설계≫규칙** 명령을 선택하면 다음과 같은 대화상자가 나타난다.

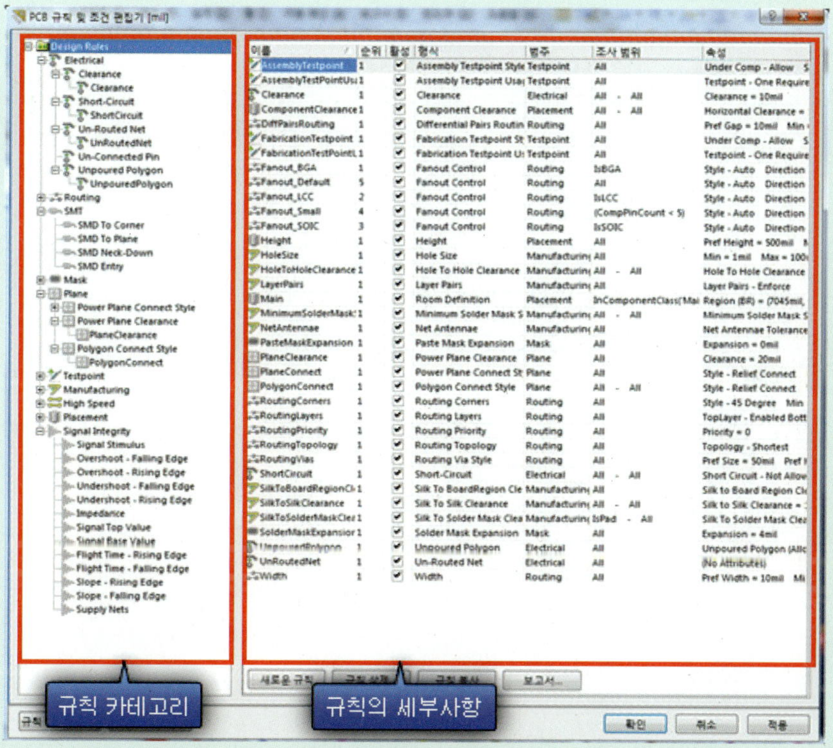


[그림 5-116] PCB 설계의 규칙을 설정

② 규칙 중에서 가장 보편적인 설계의 규칙은 배선간의 이격거리(Clearance)와 배선의 폭(Width)이다. 먼저 이격거리의 추가를 위하여 다음의 그림에서 왼쪽의 규칙 카테고리의 Design Rules / Electrical / Clearance 를 마우스로 클릭하고 하단의 새로운 규칙 버튼을 누른다.

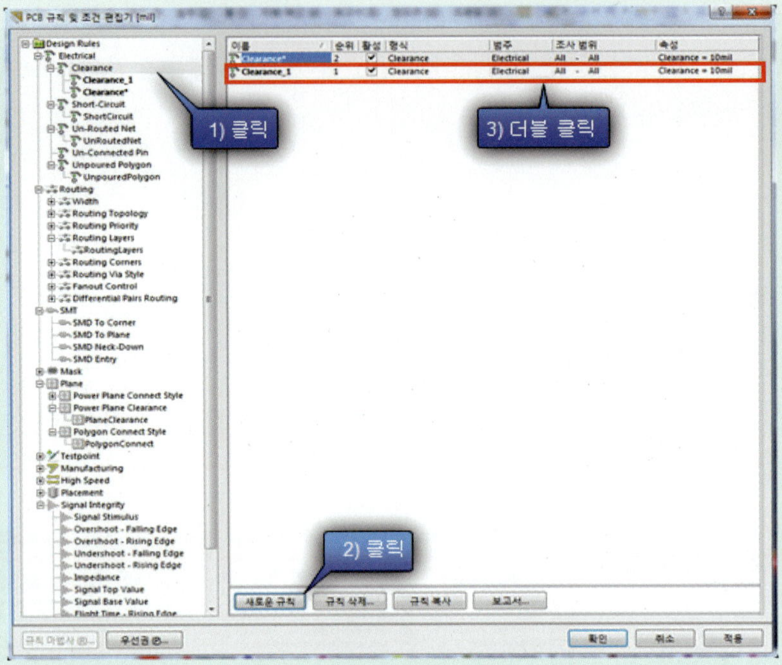


[그림 5-117] 이격거리의 추가

③ 새롭게 추가된 규칙은 Clearance_1이라는 이름으로 생성된다. 추가된 규칙을 더블클릭하면 다음의 그림과 같은 대화상자의 모습이 나타난다.

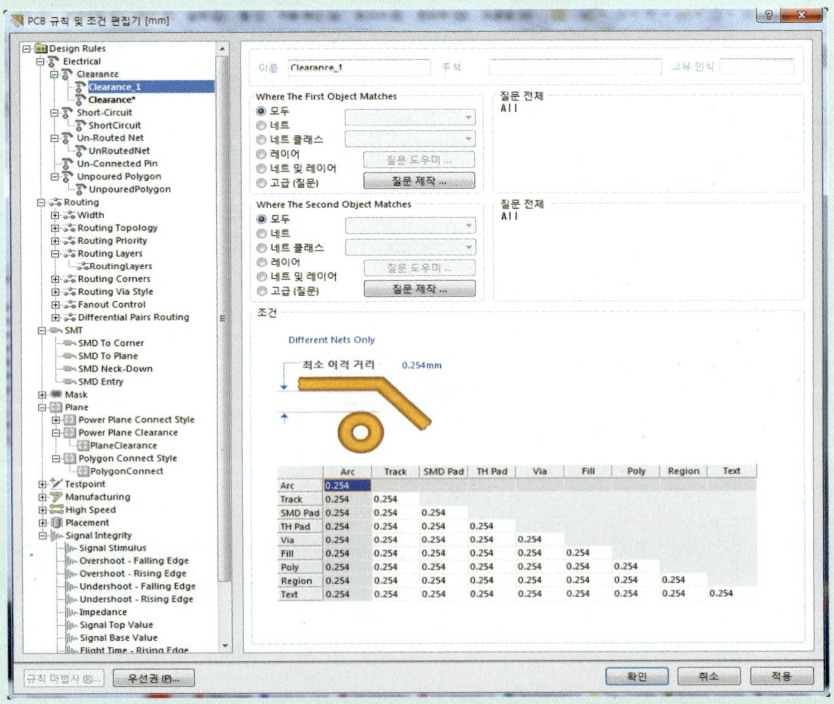

[그림 5-118] 추가된 규칙을 더블클릭한 대화상자의 모습

④ 추가된 규칙 Clearance_1의 이름을 Clearance_GND로 변경하고 Where The First Object Matches를 네트로 선택한 뒤에 옆의 콤보박스에서 GND라는 네트를 선택한다.

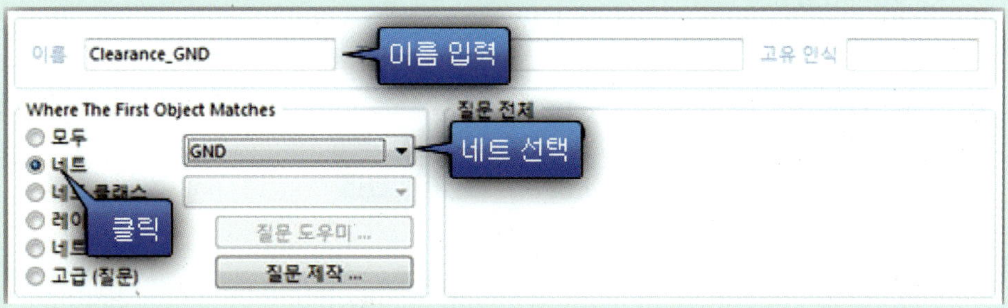


[그림 5-119] Where The First Object Matches를 네트 선택하고 콤보박스 GND 선택

⑤ 다음의 그림과 같이 하단의 조건 부분에서 최소 이격거리를 0.5mm로 변경한다. 이때 단위는 입력창의 형태가 아니기 때문에 클릭 또는 드래그로 선택해 주어야 한다. 단위는 생략이 가능하지만 생략하는 경우에는 자동적으로 현재의 단위로 인지하며 단위를 붙이는 경우에 현재의 단위와 다른 경우에는 자동으로 환산된다.

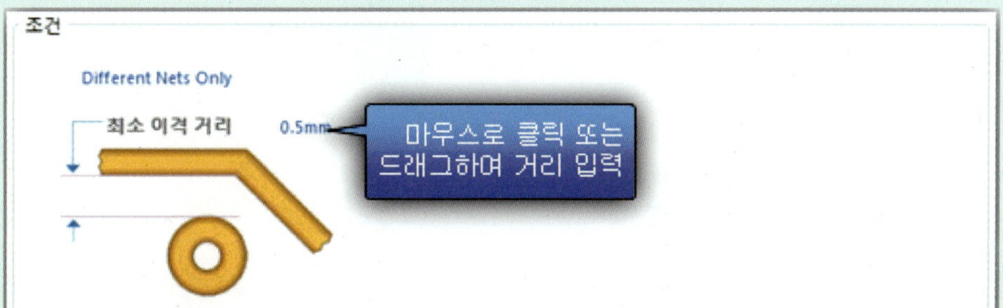


| | Arc | Track | SMD Pad | TH Pad | Via | Fill | Poly | Region | Text |
|---|---|---|---|---|---|---|---|---|---|
| Arc | 0.5 | | | | | | | | |
| Track | 0.5 | 0.5 | | | | | | | |
| SMD Pad | 0.5 | 0.5 | 0.5 | | | | | | |
| TH Pad | 0.5 | 0.5 | 0.5 | 0.5 | | | | | |
| Via | 0.5 | 0.5 | 0.5 | 0.5 | 0.5 | | | | |
| Fill | 0.5 | 0.5 | 0.5 | 0.5 | 0.5 | 0.5 | | | |
| Poly | 0.5 | 0.5 | 0.5 | 0.5 | 0.5 | 0.5 | 0.5 | | |
| Region | 0.5 | 0.5 | 0.5 | 0.5 | 0.5 | 0.5 | 0.5 | 0.5 | |
| Text | 0.5 | 0.5 | 0.5 | 0.5 | 0.5 | 0.5 | 0.5 | 0.5 | 0.5 |

[그림 5-120] 하단의 조건 부분에서 최소 이격거리를 0.5mm로 변경

⑥ 다음의 그림과 같이 왼쪽의 카테고리에서 Clearance를 클릭하면 입력된 새로운 규칙과 이전에 기본적으로 있던 규칙이 오른쪽에 목록으로 나타난다.

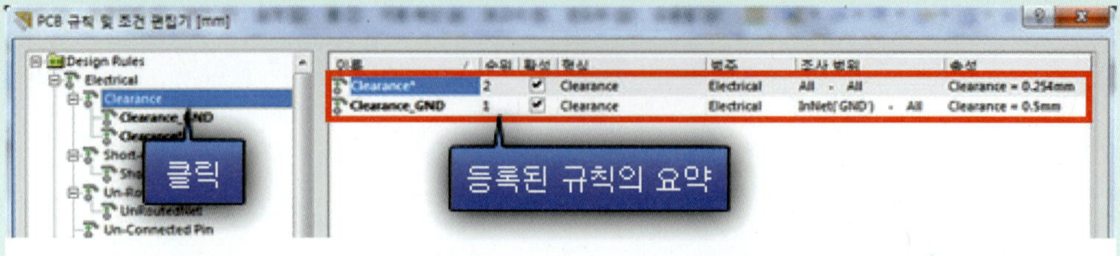


[그림 5-121] 왼쪽의 카테고리에서 Clearance를 클릭

⑦ 이제부터 배선간의 이격거리가 지정된 이격거리로 자동 설정된다.

⑧ 배선의 폭을 설정하기 위하여 Design Rules / Routing / Width를 클릭하고 하단의 새로운 규칙 버튼을 누른다.

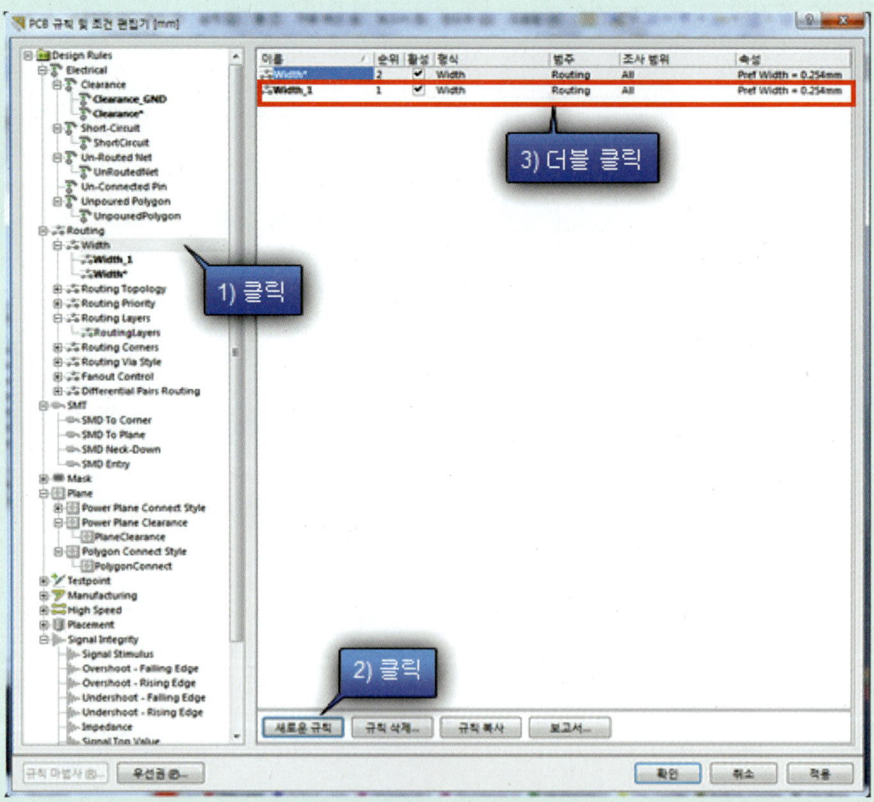


[그림 5-122] 배선의 폭을 설정

⑨ 추가된 규칙을 더블클릭하면 다음의 그림과 같이 규칙의 속성을 수정할 수 있도록 대화상자가 나타난다. 대화상자에서 이름은 "Width_GND"로 변경하고 Where The First Object Matches를 네트로 선택한 뒤에 우측의 네트 목록에서 GND를 선택한다.
조건에서는 최소값(Min Width)은 기본값인 0.254mm로 수정없이 그대로 두고 권장값(Preferred Width)과 최대값(Max Width)을 0.5로 변경한다.

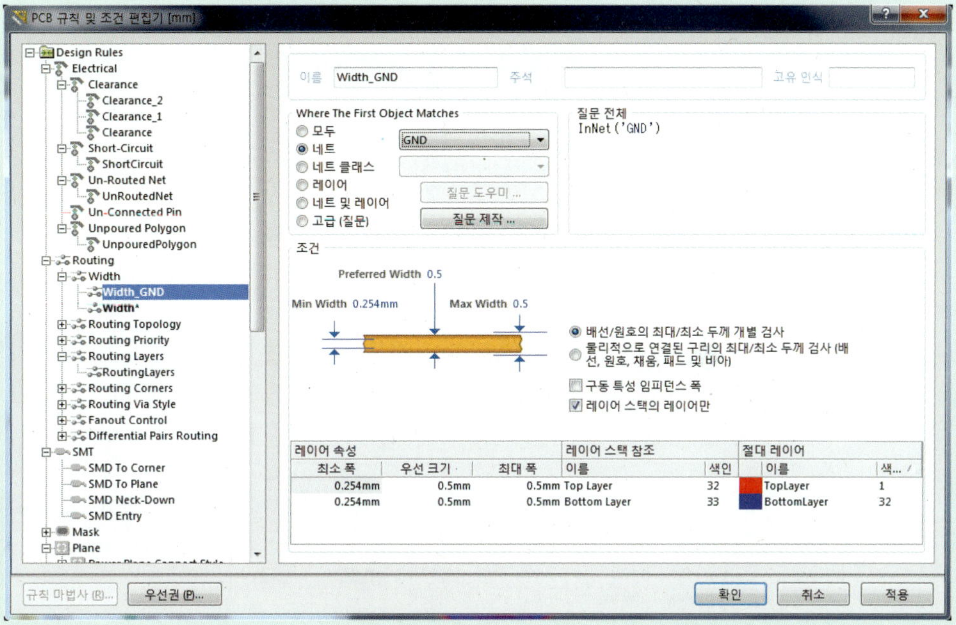


[그림 5-123] 규칙의 속성을 수정

⑩ 이제부터 모든 배선작업에서는 자동적으로 배선의 두께가 지정된 값으로 자동 설정된다.

## 03 기판 적층 설정하기

① 기판의 적층 구조는 기본적으로 양면 기판으로 설정되어 있다. 이번 작업에서는 양면으로 작업할 내용이기 때문에 별도의 수정작업은 필요하지 않다. 하지만 이후 다층 기판의 설계나 혹은 신호분석(Signal integrity)작업을 고려한다면 이 단계에서 세부적인 기판의 속성을 입력해 주어야 한다.

② 다음의 그림과 같이 **설계≫레이어 스택 관리자** 명령을 선택하면 아래의 대화상자가 나타난다.

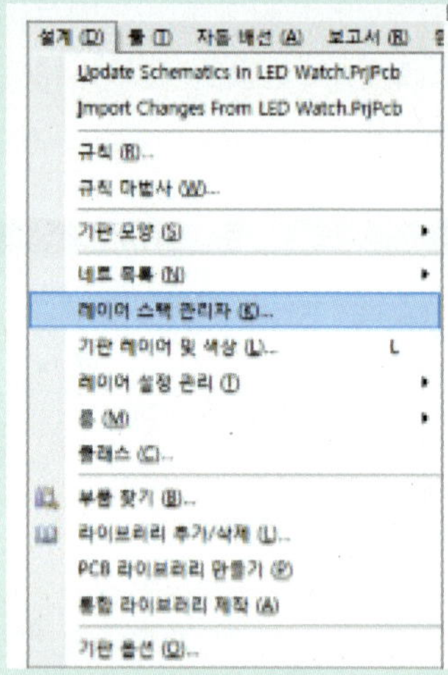


[그림 5-124] 설계≫레이어 스택 관리자 명령을 선택한 대화상자

③ 다음의 그림은 양면 기판의 작업 시 설정되는 기본적인 설정내용이다.

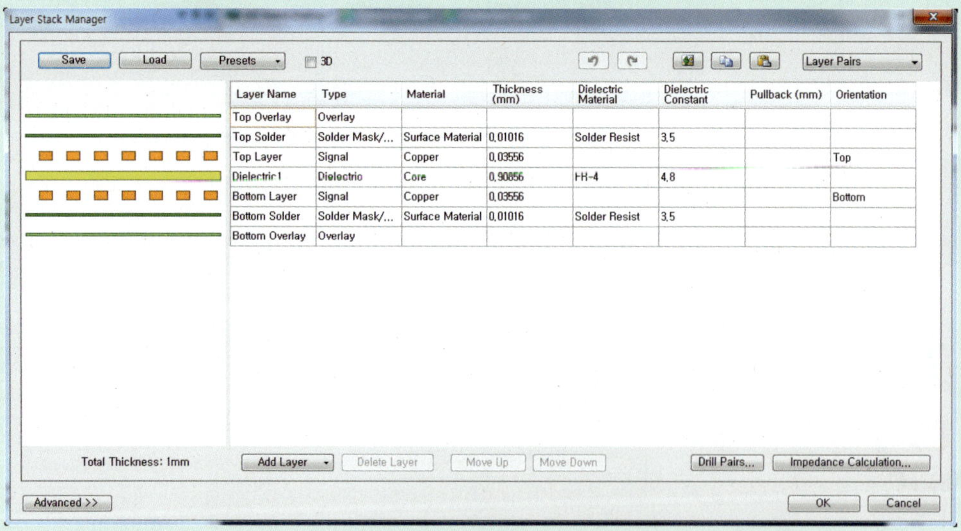


[그림 5-125] 양면 기판의 작업 시 설정되는 기본적인 설정내용

④ 레이어 설정 관리자에서 지정된 그룹, 그룹에 추가할 레이어, 새로운 그룹 추가 등을 실행한다.

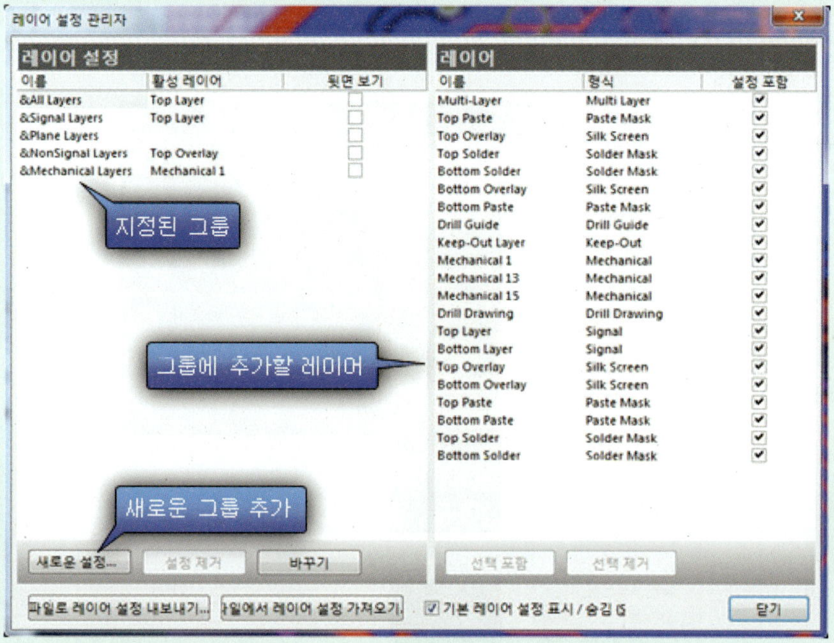


[그림 5-126] 그룹에 추가할 레이어, 새로운 그룹 추가 등을 실행

## 04 기판 외곽그리기

① 기판의 외곽선은 **배치≫선** 명령을 이용하여 다음의 그림과 같은 모양으로 Keep-Out Layer에 그려준다.

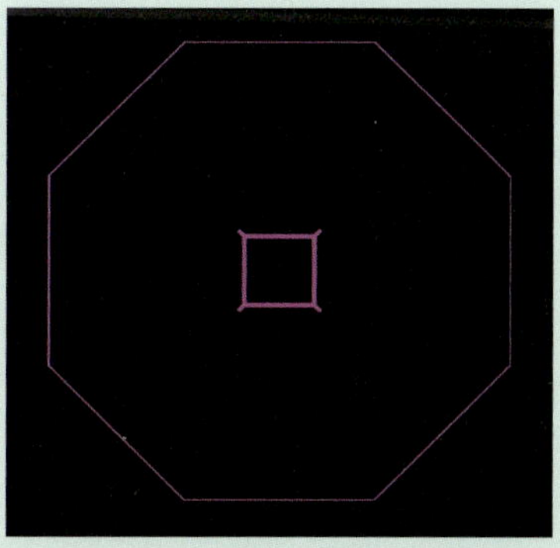

[그림 5-127] 기판의 외곽선은 배치≫선 명령을 이용

② 8각형으로 중심점에서 모서리까지의 거리가 15mm가 되도록 그려보도록 하겠다. 우선 쉽게 그리기 위하여 화면의 중심점을 0,0으로 변경한다. 편집≫기준점≫설정 명령을 누른 뒤에 화면의 중앙을 클릭하면 다음의 그림과 같이 화면의 중앙이 0,0으로 변경되며 동그라미에 ×모양의 기호가 보인다.

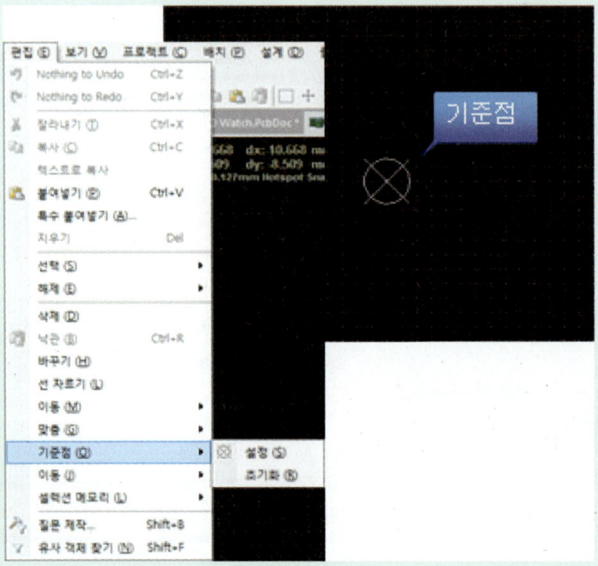


[그림 5-128] 화면의 중앙이 0,0으로 변경되며 동그라미에 X 모양의 기호가 보임

③ 마우스로 작업할 때에 쉽게 좌표를 이동하기 위하여 격자를 변경하도록 한다. 키보드로 G키를 누르면 팝업 메뉴가 나타나며 팝업 메뉴에서 **1.000mm**를 선택한다.

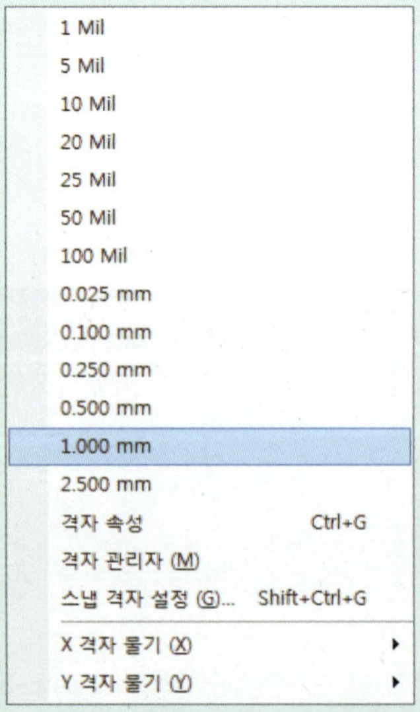


[그림 5-129] G키를 누르면 팝업 메뉴가 나타나며 팝업 메뉴에서 1.000mm를 선택

④ 이제 마우스 커서를 이동할 때에 움직이는 한 칸의 단위가 1mm가 되어 손쉽게 15mm를 그릴 수 있다.

⑤ 화면 하단의 레이어를 Keep-Out Layer로 선택한 뒤에 배치≫선 명령을 선택한다. 화면의 중앙을 클릭한 뒤에 오른쪽으로 마우스 커서를 이동하여 화면 좌측하단의 좌표가 X:15mm Y:0mm가 되는 지점으로 이동하여 클릭하고 오른쪽 버튼을 눌러 명령을 종료한다.

⑥ 다음의 그림과 같은 선이 화면상에 그려진 것을 확인할 수 있다. 그려진 선을 총 8각형 모양으로 복사하기 위하여 그려진 선을 선택한 뒤에 Ctrl+X키를 누르고 기준점인 0,0을 클릭한다.

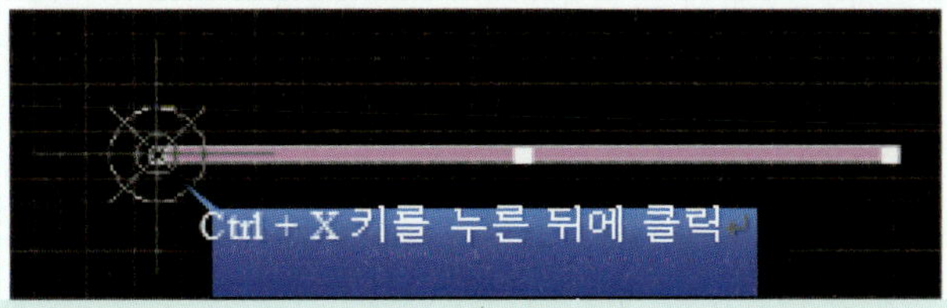


[그림 5-130] 한 칸의 단위가 1mm가 되어 손쉽게 15mm를 그린다.

⑦ 잘라내기 작업을 진행하였기 때문에 화면상에서 선은 사라졌으며 메뉴에서 **편집≫특수 붙여넣기** 명령을 선택한다.

[그림 5-131] 메뉴에서 편집≫특수 붙여넣기 명령을 선택

⑧ 다음의 그림과 같이 특수 붙여넣기 대화상자가 나타나면 하단의 **배열로 붙여넣기** 버튼을 누른다. 다음은 배열로 붙여넣기 설정 대화상자이다.

배열 종류를 원형으로 선택하고 항목 수는 16, 원형 배열의 거리(도)는 22.5로 변경한 다음 확인 버튼을 누른다.

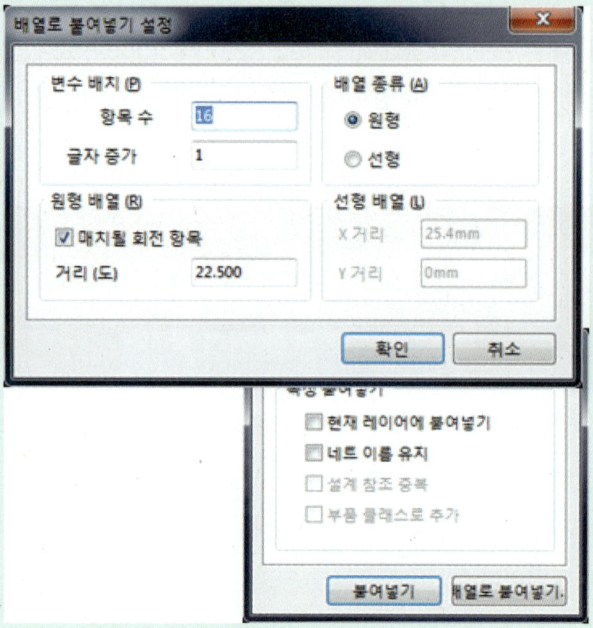


[그림 5-132] 하단의 배열로 붙여넣기 버튼을 누름

⑨ 마우스 커서를 화면의 중심점에 놓고 왼쪽 버튼을 두 번 클릭하면 다음의 그림과 같이 선이 16개가 복사된 것을 확인할 수 있다. 복사된 선은 3시 방향을 시작으로 홀수 번째의 선들만 선택한 뒤에 Del키를 눌러 삭제한다.

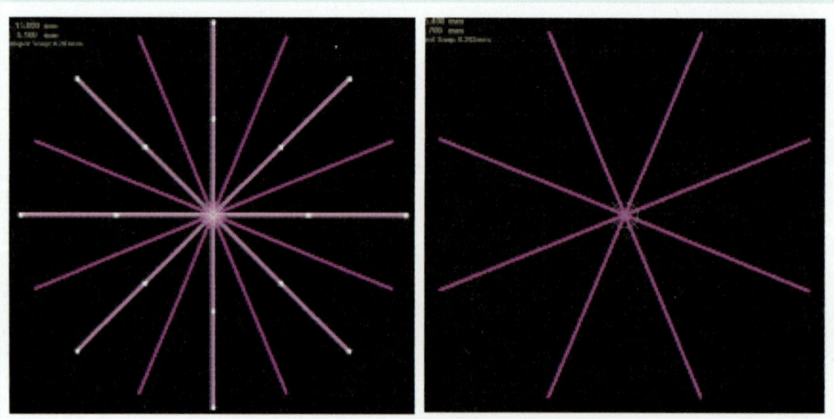

[그림 5-133] 선이 16개가 복사된 것을 확인

⑩ 남아 있는 8개의 모서리를 이어서 선을 그려주면 완벽한 팔각형을 만들 수 있다. **배치≫선** 명령을 선택한 뒤에 시작점을 클릭하고 Shift+Spacebar를 눌러 선의 각도제한이 없도록 설정한 뒤에 그려주는 것이 좋다.

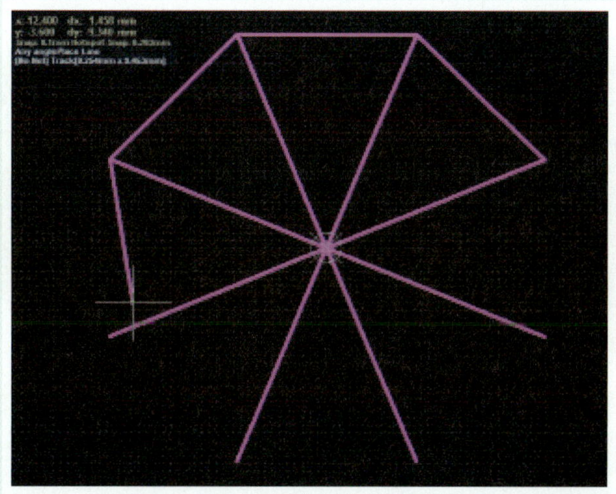

[그림 5-134] 남아 있는 8개의 모서리를 이어서 선을 그려주면 완벽한 팔각형을 만듬

⑪ 8각형이 완성되면 작업 시 사용하였던 선들은 삭제한다. 완성된 기판 모양은 다음과 같다. 화면에서 보이는 검정색의 부분은 3차원에서 보이는 기판의 외곽선이다. 3차원의 기판 외곽선을 수정하기 위하여 그려진 2차원 기판의 외곽선을 선택하고, **설계≫기판 모양≫선택된 객체로 정의** 명령을 선택하면 자동으로 2차원 기판의 외곽선이 3차원 기판의 외곽선과 일치된다. 일치 작업을 완료한 뒤에는 반드시 Shift+C키를 눌러 마스크 처리된 2차원 기판의 외곽선을 다시 활성화해 주어야 한다.

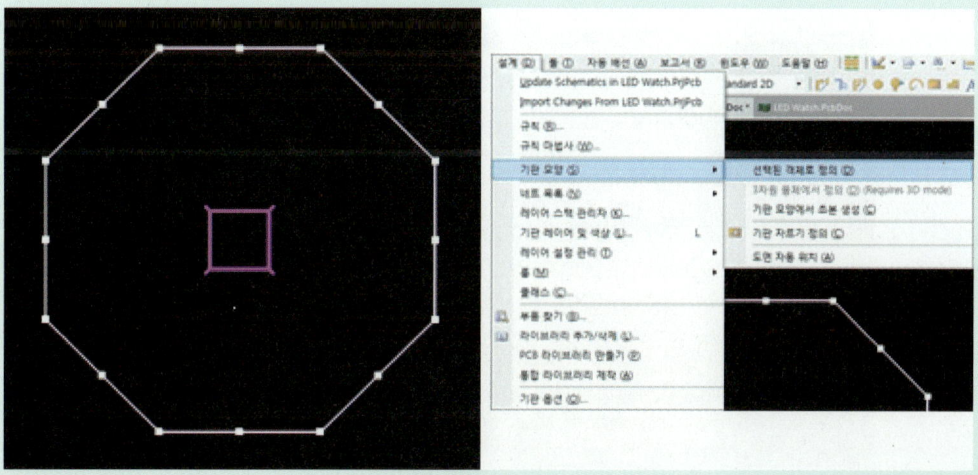


[그림 5-135] 완성된 기판 모양

⑫ 다음의 왼쪽 그림은 완성된 기판의 2차원 모습으로 키보드에서 숫자 **2**키를 누르면 나타난다. 오른쪽의 그림은 완성된 기판의 3차원 모습으로 키보드에서 숫자 **3**키를 누르면 나타난다.

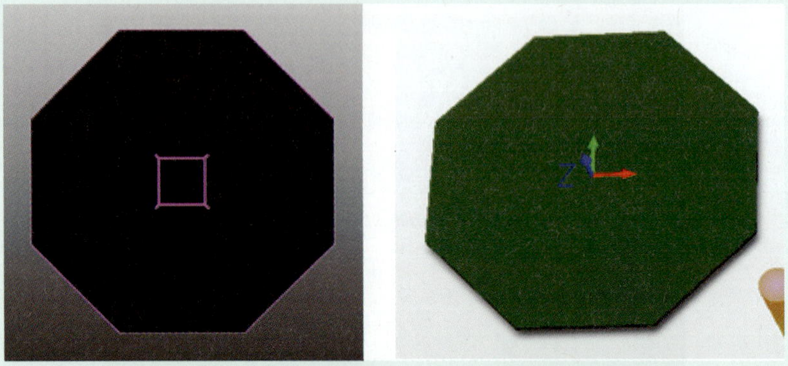

[그림 5-136] 왼쪽의 그림은 완성된 기판의 2차원 모습, 오른쪽의 그림은 완성된 기판의 3차원

## 05 부품 배치하기

① 회로도에서 PCB로 작업이 넘어오면 다음의 그림과 같이 도면 한 장에 존재하는 부품들이 자동으로 그룹으로 묶이게 된다. 묶여지는 그룹을 Room이라고 하며 편리한 작업을 위하여 활용될 수 있다. 그러나 기판의 크기가 작고 부품의 수가 많지 않은 경우에는 오히려 불편을 초래할 수 있기 때문에 선택하여 **Del**키를 눌러 삭제한다.

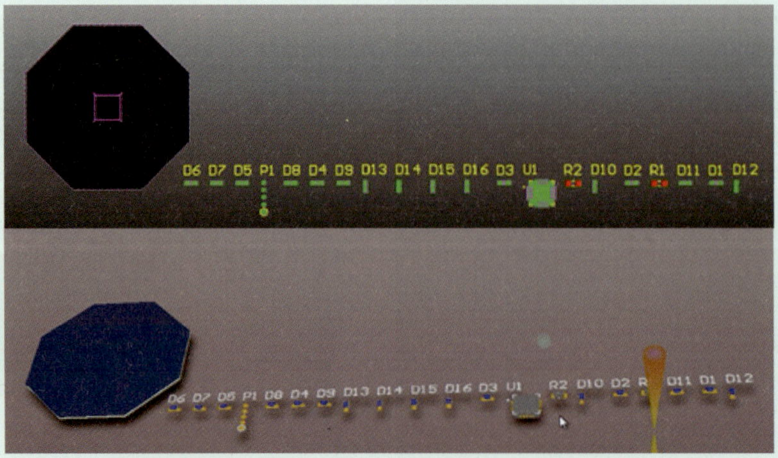


[그림 5-137] 도면 한 장에 존재하는 부품들이 자동으로 그룹으로 묶임

② 부품은 기판의 오른쪽에 나열되어 있으며 마우스 왼쪽 버튼으로 드래그하여 이동할 수 있다.

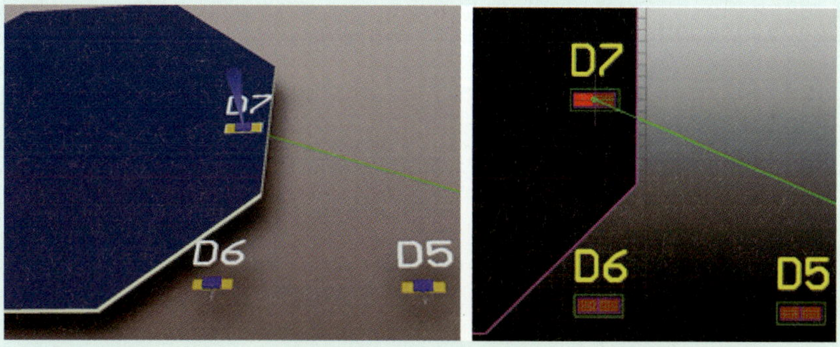


[그림 5-138] 부품은 기판의 오른쪽에 나열, 마우스 왼쪽 버튼으로 드래그 이동

③ 부품의 이동 중에 Spacebar를 누르면 부품은 반시계 방향으로 90°가 회전되고, L키를 누르면 부품이 앞면에서 뒷면으로 이동한다.

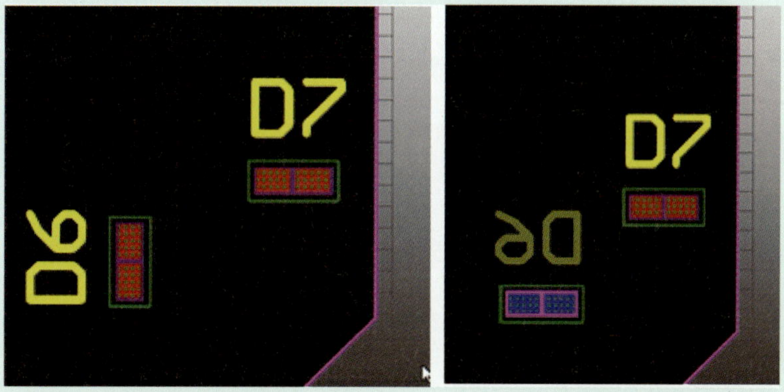


[그림 5-139] Spacebar를 누르면 반시계로 90° 회전 L키를 누르면 앞면에서 뒷면으로 이동

④ 다음의 그림은 부품이 뒷면에 배치된 상태를 3차원의 화면에서 확인한 장면이다.

[그림 5-140] 부품이 뒷면에 배치된 상태를 3차원의 화면

⑤ 부품을 회전시키는 경우 부품의 설계 참조가 항상 정상적으로 보이도록 회전이 차단된다. 만일 설계 참조가 함께 회전되는 경우에는 부품을 더블클릭하여 다음의 그림과 같이 부품 속성 대화상자를 띄운 뒤에 설계 참조 항목의 자동 위치 부분을 Manual이 아닌 다른 항목으로 변경하면 된다. 이 항목이 Manual이 아닌 다른 항목으로 설정되어 있는 경우에도 사용자가 수동으로 설계 참조를 이동시키는 경우에는 Manual로 자동 변경된다.

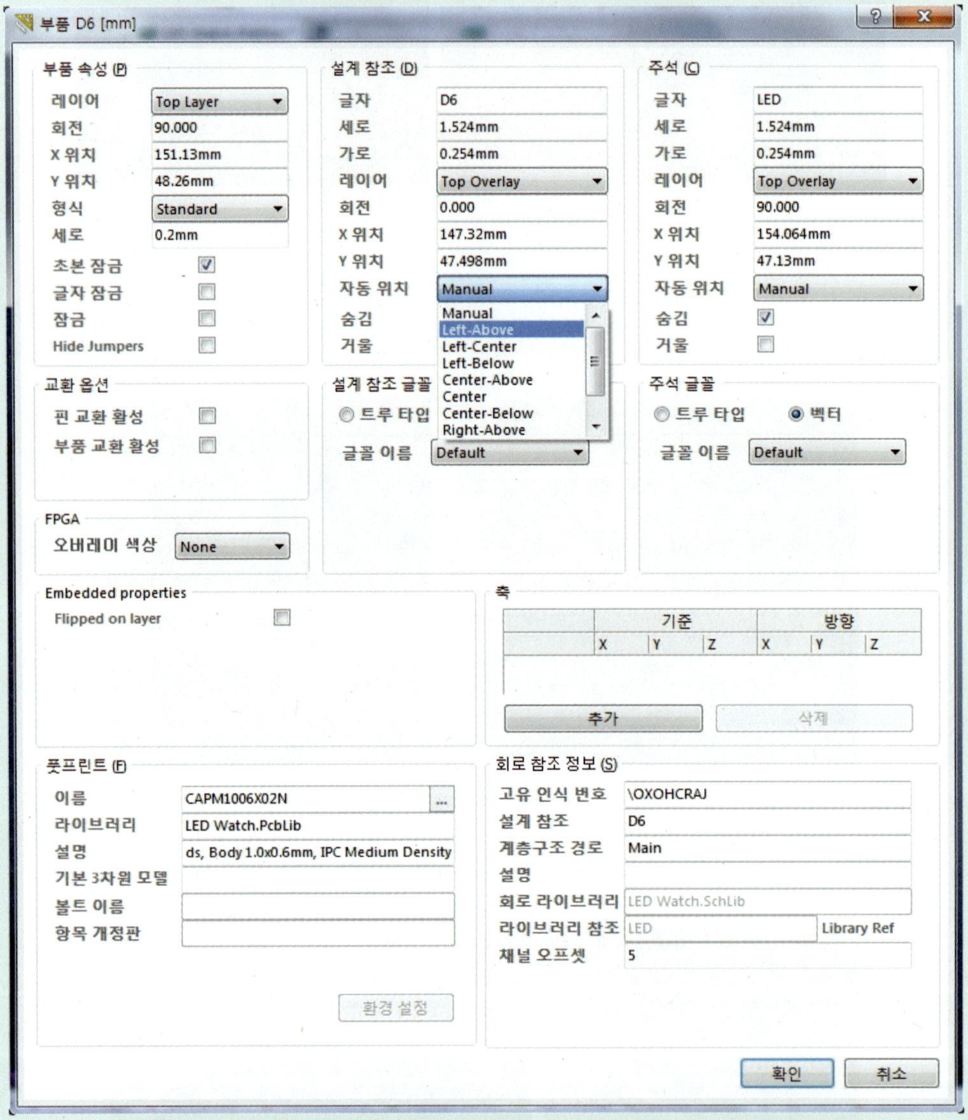


[그림 5-141] 설계 참조 항목의 자동 위치 부분을 Manual이 아닌 다른 항목으로 변경

⑥ 다음의 그림과 같이 부품의 배치를 완료한다.

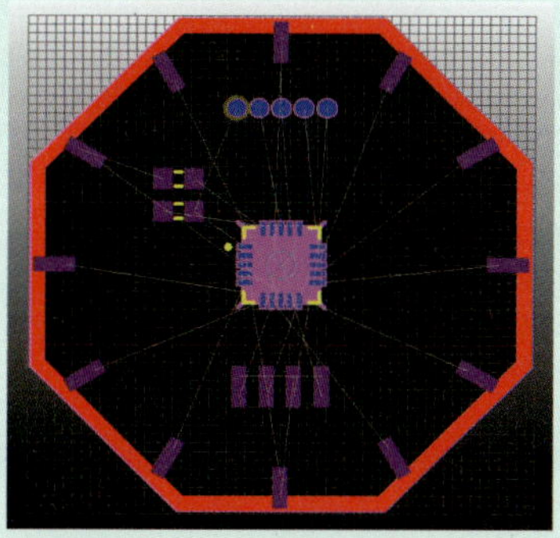

[그림 5-142] 부품의 배치를 완료

## 06 네트 색상설정하기

① 네트 색상의 설정하기는 네트를 멀리 보았을 때와 배선된 이후에도 네트의 특징을 쉽게 파악하기 위하여 네트의 색상을 부여하는 방법이다. 다음의 그림과 같이 PCB 패널에서 맨 위의 항목을 Net로 설정한 상태이다.

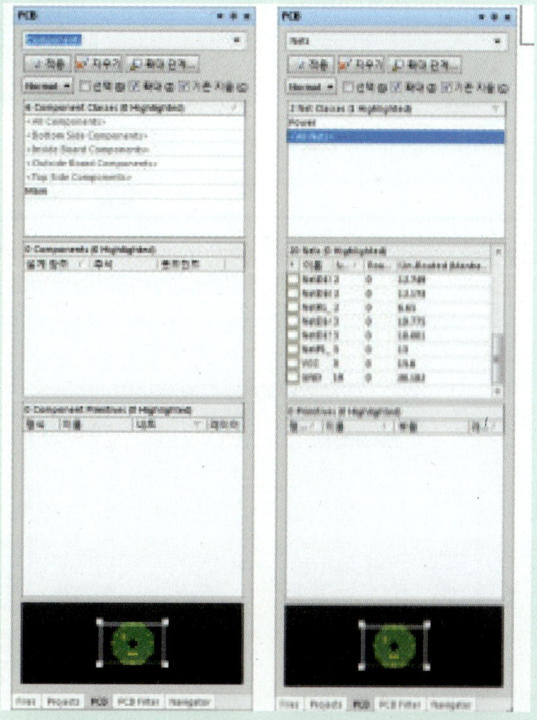

[그림 5-143] PCB 패널에서 맨 위의 항목을 Net로 설정한 상태

② Net로 설정한 상태에서 원하는 네트를 더블클릭하면 다음의 그림과 같은 네트 속성창이 나타난다.

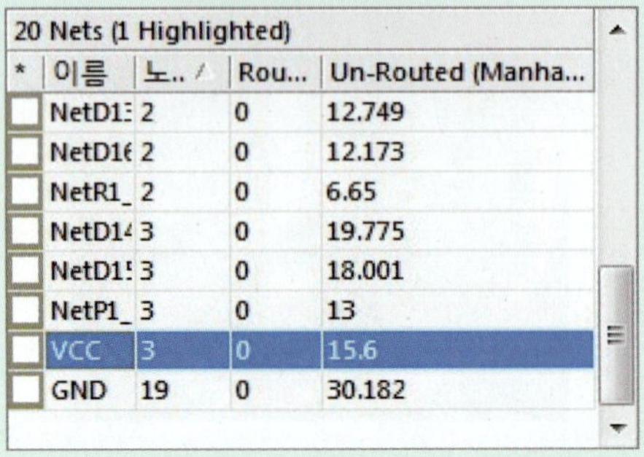


[그림 5-144] 네트 속성창이 나타남

③ 네트의 속성 대화상자에서 연결 정보 색상을 클릭하면 색상 선택 대화상자가 나타나며 여기서 원하는 색상을 선택한 뒤에 확인 버튼을 눌러 네트의 색상을 변경한다.

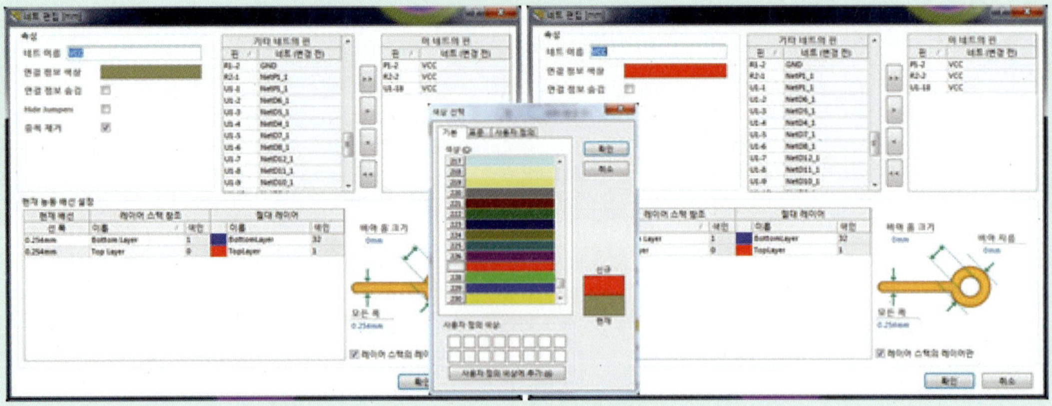

[그림 5-145] 원하는 색상을 선택한 뒤에 확인 버튼을 눌러 네트의 색상을 변경

④ 같은 방법으로 GND의 색상을 지정한 모습이 다음의 그림이다.

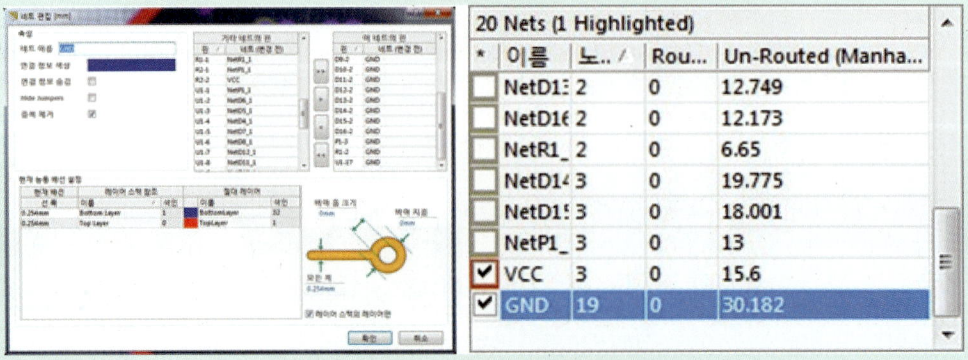


[그림 5-146] GND의 색상을 지정한 모습

⑤ 색상을 변경하면 실제 작업화면에서 해당 색상으로 화면에 보여지게 되며, 만일 화면에 해당 색상으로 보여지지 않을 경우에는 **보기≫네트 색상 우선 활성** 명령을 선택하거나 키보드 단축키 **F5**를 눌러준다. 또한 PCB 패널의 네트 항목에서 해당 네트의 줄 앞에 체크 표시가 되어 있어야 한다.

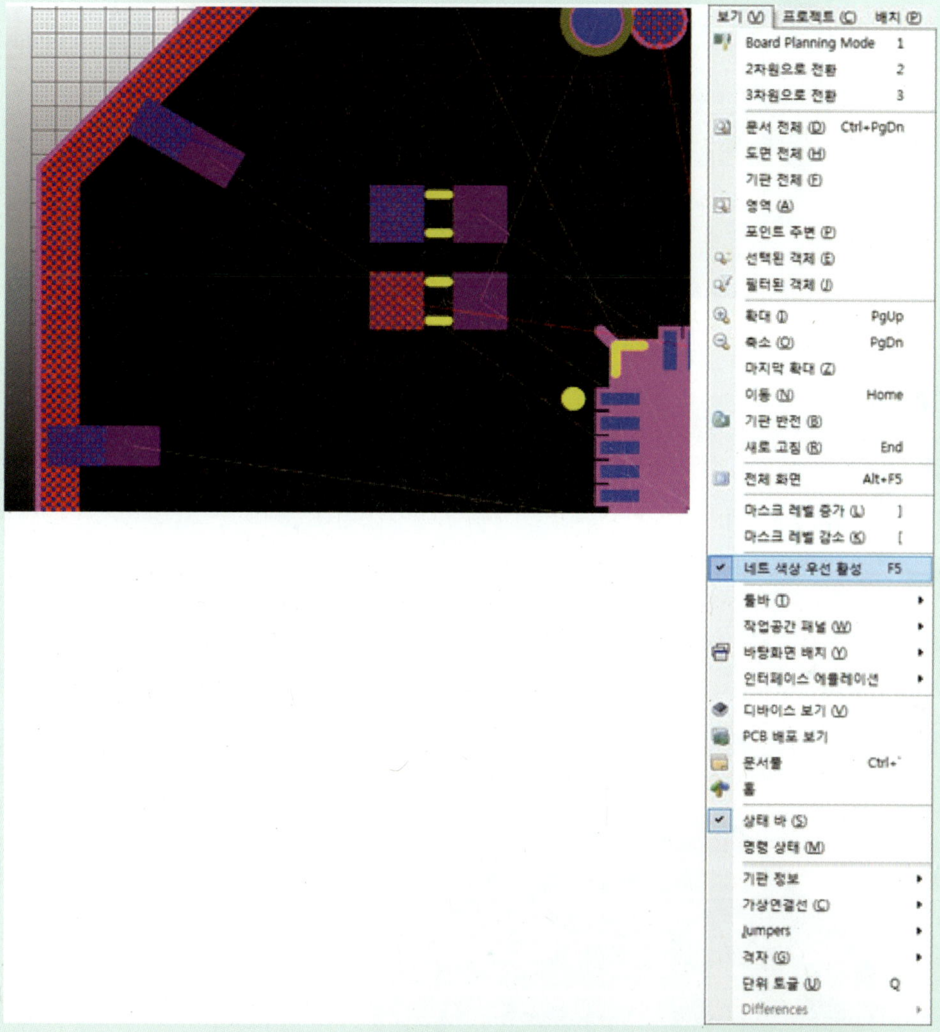


[그림 5-147] 색상으로 보여지지 않을 경우에는 보기≫네트 색상 우선 활성 명령을 선택

학습 5. PCB 설계하기

⑥ 다음 그림에서 위쪽 그림은 정상적으로 보여지는 화면의 모습이며 배선을 그렸을 때에는 아래쪽 그림과 같이 체크 표시로 레이어의 색상과 배선의 색상이 함께 표시된다.

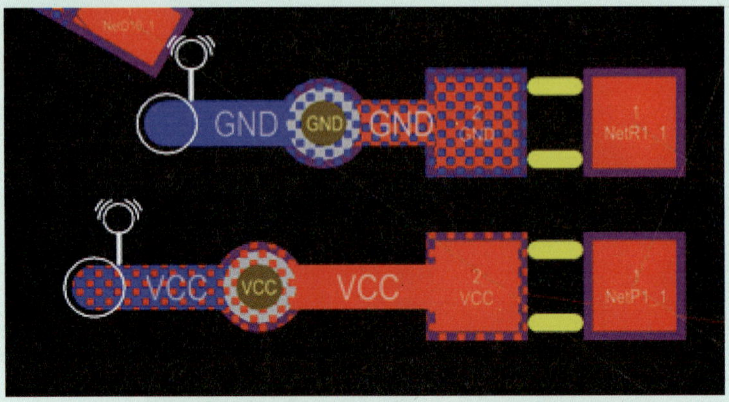


[그림 5-148] 색상으로 보여지지 않을 경우에는 보기≫네트 색상 우선 활성 명령을 선택

## 07 영역채우기

① 다음의 그림과 같이 기판의 전체 외곽에 GND 네트의 다각형 영역을 설정하는 방법이다. 배치≫영역 채움 명령을 선택하고 화면에서 시작점을 클릭하면 다음의 그림과 같이 영역을 지정할 수 있다.

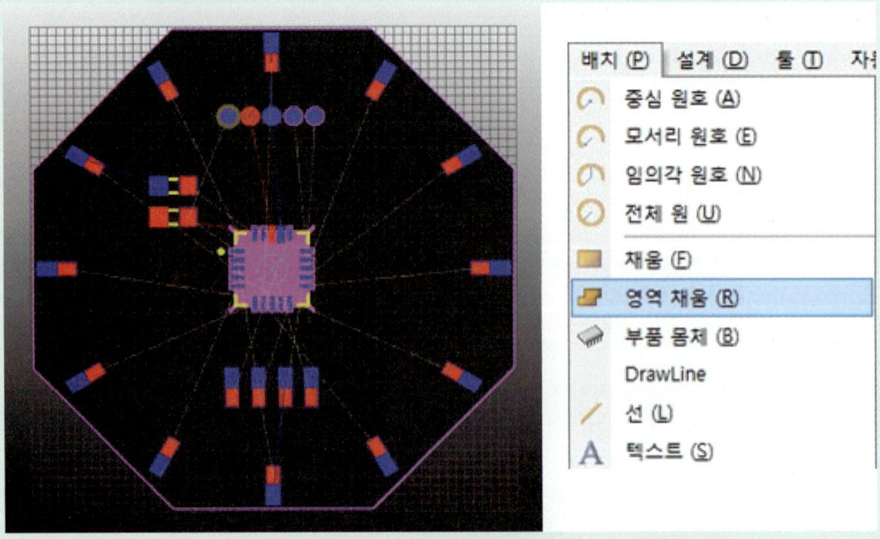


[그림 5-149] 기판의 전체 외곽에 GND 네트의 다각형 영역을 설정하는 방법

② 영역을 그리는 과정에서 모서리의 모양을 변경하려면 Shift+Spacebar를 눌러 90°, 45°, 90° 원호, 45° 원호, 자유각도 등으로 변경할 수 있다. 기판을 따라서 영역을 그려주며 각 모서리에서는 마우스 왼쪽 버튼을 눌러 주어야 한다. 최종적으로는 시작점으로 되돌아와 마우스 왼쪽 버튼을 클릭한 뒤에 마우스 오른쪽 버튼을 눌러 완성한다.

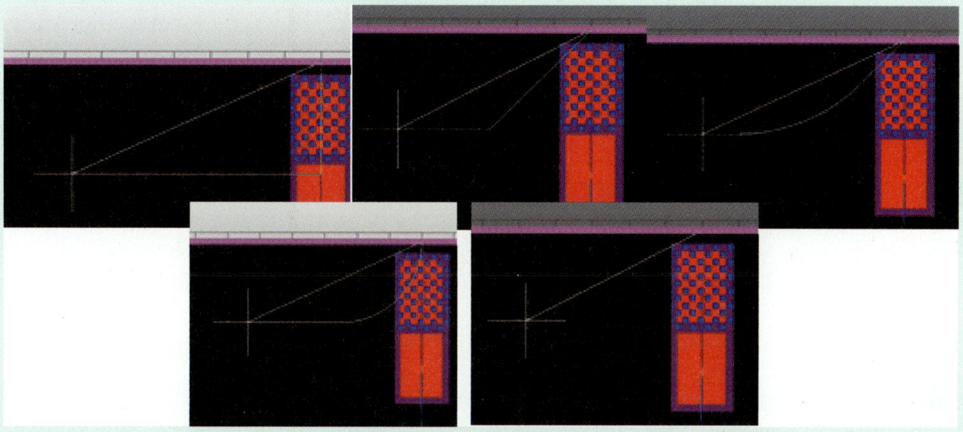

[그림 5-150] 영역을 그리는 과정에서 모서리의 모양을 변경

③ 다음의 그림에서 가운데 그림이 완성된 그림이다. 오른쪽의 그림과 같이 나머지 반쪽도 같은 방법을 이용하여 그려준다.

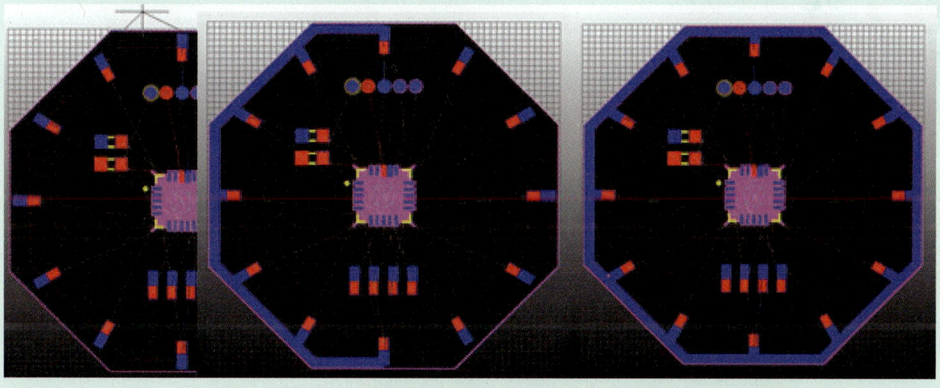

[그림 5-151] 가운데 그림이 완성된 그림

학습 5. PCB 설계하기

④ 완성된 영역을 더블클릭하면 다음의 그림과 같이 속성을 확인할 수 있으며 네트 항목을 지정하여 특정 네트와의 연결을 진행할 수 있다. 연결하려는 네트를 GND로 설정하려면 GND로 설정을 변경해 준다.

[그림 5-152] 연결하려는 네트를 GND로 설정하려면 GND로 설정을 변경

## 08 수동 배선하기

① 수동 배선작업은 **배치≫능동 배선** 명령을 선택하고 배선을 시작할 부품의 패드를 클릭하거나 화면상에 보이는 연결정보를 클릭하여 시작할 수 있다.

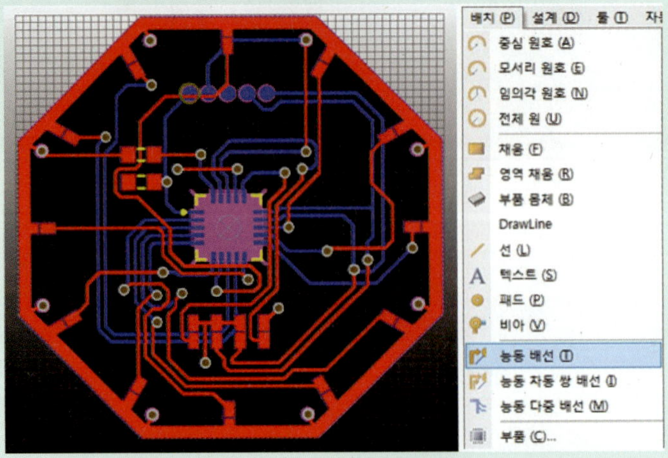


[그림 5-153] 수동 배선작업은 배치≫능동 배선 명령을 선택

② 부품의 패드에서 시작할 때에는 다음의 그림과 같이 마우스 커서를 패드위로 이동하면 팔각형의 스냅 확인 모양이 표시된다. 이 모양을 보고 정확하게 패드의 중심으로 이동된 것을 확인할 수 있다.

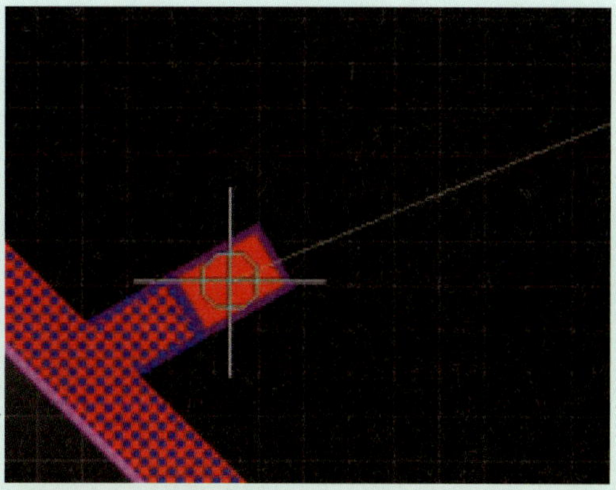

[그림 5-154] 마우스 커서를 패드위로 이동하면 팔각형의 스냅 확인 모양이 표시

③ 배선 중간에 **Shift+Spacebar**를 누르면 다음의 그림과 같이 배선의 각을 변경할 수 있다.

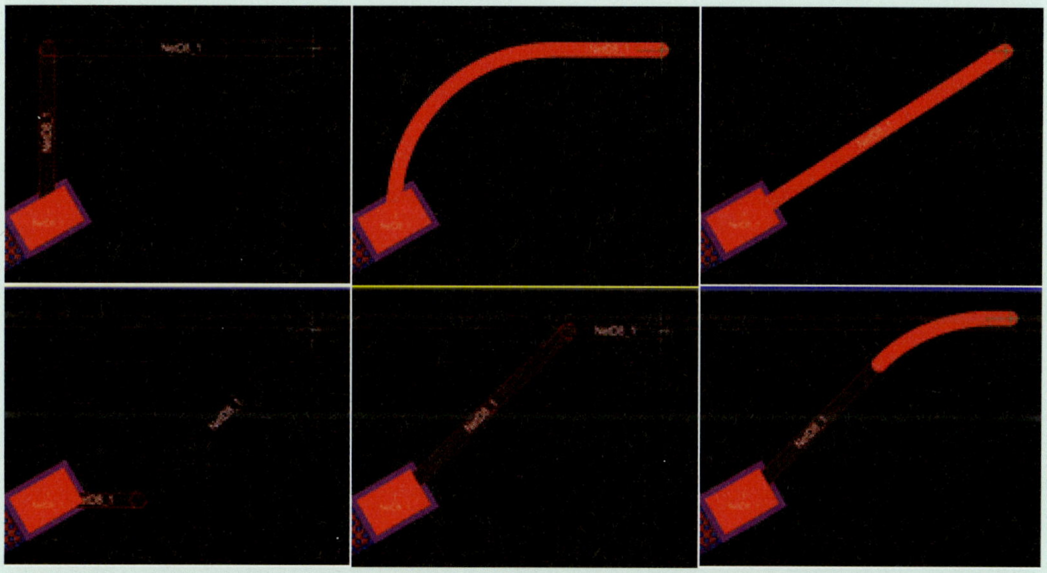

[그림 5-155] 배선 중간에 Shift+Spacebar를 누르면 배선의 각을 변경

④ 배선의 작업은 모든 배선의 모서리에서 마우스 왼쪽 버튼을 눌러주어야 한다. 마우스 왼쪽 버튼을 누르면 다음의 그림과 같이 체크무늬로 되어 있는 부분이 확정된다. 배선을 잘못 그려서 뒤로 후퇴하려면 키보드에서 Backspace키를 누르면 뒤로 후퇴할 수 있다.

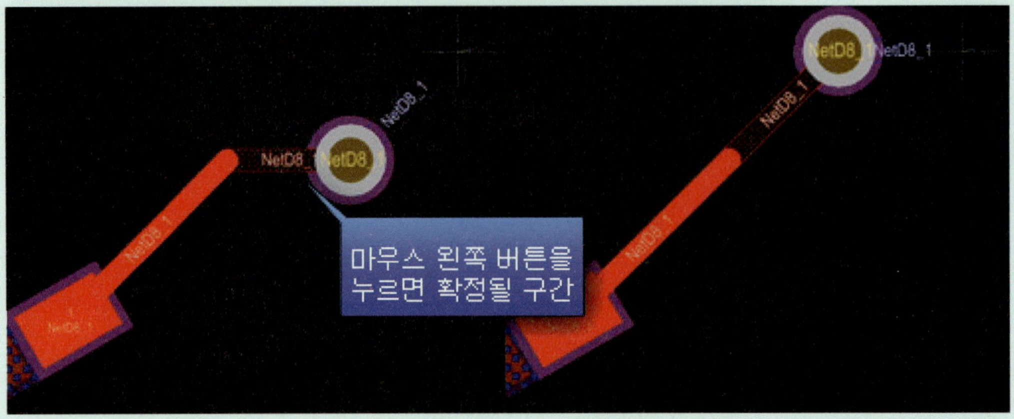


[그림 5-156] 마우스 왼쪽 버튼을 누르면 체크무늬로 되어 있는 부분이 확정

⑤ 배선 도중 배선의 폭을 변경하려면 키보드에서 Tab키를 눌러 다음과 같은 대화상자를 띄우고 배선의 폭을 변경할 수 있다. 배선의 경로에서 층을 변경하려면 키보드의 숫자 키패드에서 *키를 누르거나 Ctrl+Shift+마우스휠을 회전시켜 층을 변경할 수 있다. 층이 변경되면 자동으로 비아(Via)가 추가되며 Tab키를 눌렀을 때에 지정한 비아의 크기로 생성된다. 또한 Spacebar를 누르면 직각 또는 45°인 경우에 배선의 각이 ㄱ자와 ㄴ자로 변경된다.

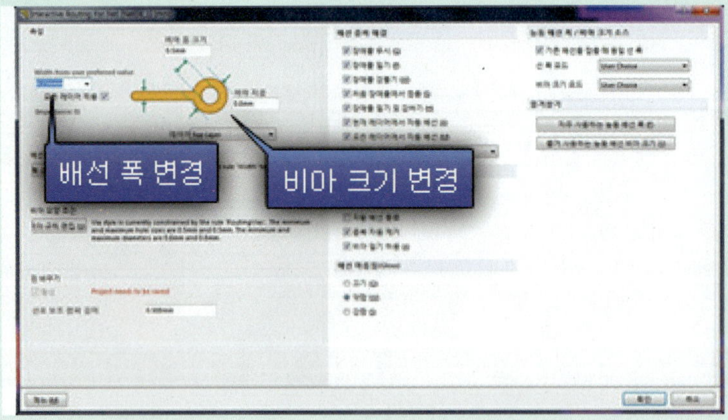


[그림 5-157] 배선 도중 배선의 폭을 변경하려면 Tab키를 눌러 대화상자 띄워 변경

⑥ 배선이 최종 목적지인 패드위에 도착하면 다음 그림과 같이 팔각형의 스냅 확인 모양이 나타나며 마우스 왼쪽 버튼을 클릭하면 배선이 완성된다. 목적지에서 완성된 배선은 더 이상 마우스 커서를 따라오지 않는다.

[그림 5-158] 팔각형의 스냅 확인 모양이 나타나며 마우스 왼쪽 버튼을 클릭하면 배선이 완성

⑦ 다음의 그림은 배선의 모드에 따라서 반응하는 성질의 변화를 비교한 그림이다. 배선작업 중에서 배선의 모드는 Shift+R키를 눌러 변경할 수 있다.

| 배선 중복 해결 | | | |
|---|---|---|---|
| 배선 종류 | 한글 이름 | 설명 | 그림 |
| Ignore Obstacles | 장애물 무시 | 배선의 쇼트가 발생되어도 무시하고 진행 | 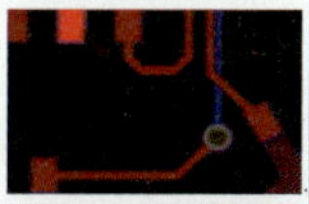 |
| Push Obstacles | 장애물 밀기 | 상호 충돌되는 부분을 밀면서 진행 | 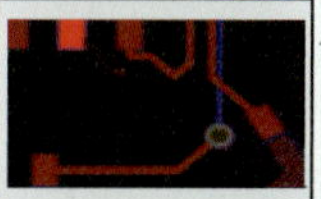 |
| Walkaround Obstacles | 장애물 걷돌기 | 상호 충돌되는 부분을 회피하여 진행 | 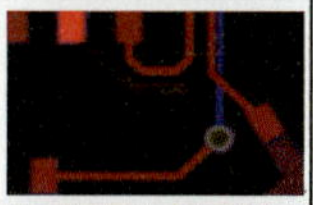 |
| Stop At First Obstacle | 처음 장애물에서 멈춤 | 처음 충돌된 위치에서 커서를 따라오지 않고 멈추어 있음 |  |
| Hug And Push Obstacles | 장애물 밀기 및 감싸기 | 좌우 양쪽 모두 여유공간이 없는 경우에만 밀면서 진행 | 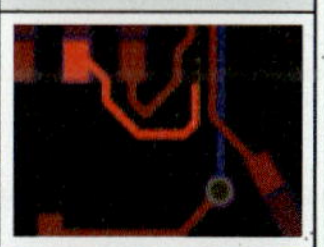 |
| AutoRoute On Current Layer | 현재 레이어에서 자동 배선 | 배선 작업 중 나머지를 자동으로 배선하되 레이어의 변경 없이 진행 | 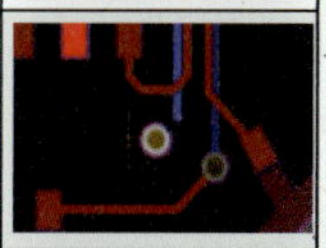 |
| AutoRoute On Multiple Layers | 모든 레이어에서 자동 배선 | 배선 작업 중 나머지를 자동으로 배선하되 레이어의 변경이 허용되어 진행 | 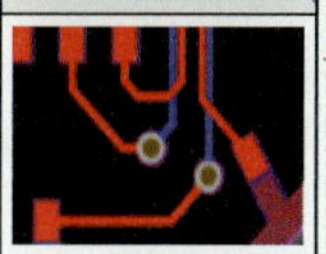 |

[그림 5-159] 중복문제 해결

## 09 자동 배선하기

① 자동 배선은 미리 지정된 설계 규칙과 전략에 따라서 자동으로 배선을 진행하는 과정이다. 경우에 따라서 100% 완성될 수 있지만 그렇지 않은 경우도 있다. 자동 배선을 진행하려면 자동 배선>모두 명령을 선택하면 다음과 같은 사전 설정작업을 진행할 수 있는 대화상자가 나타난다.

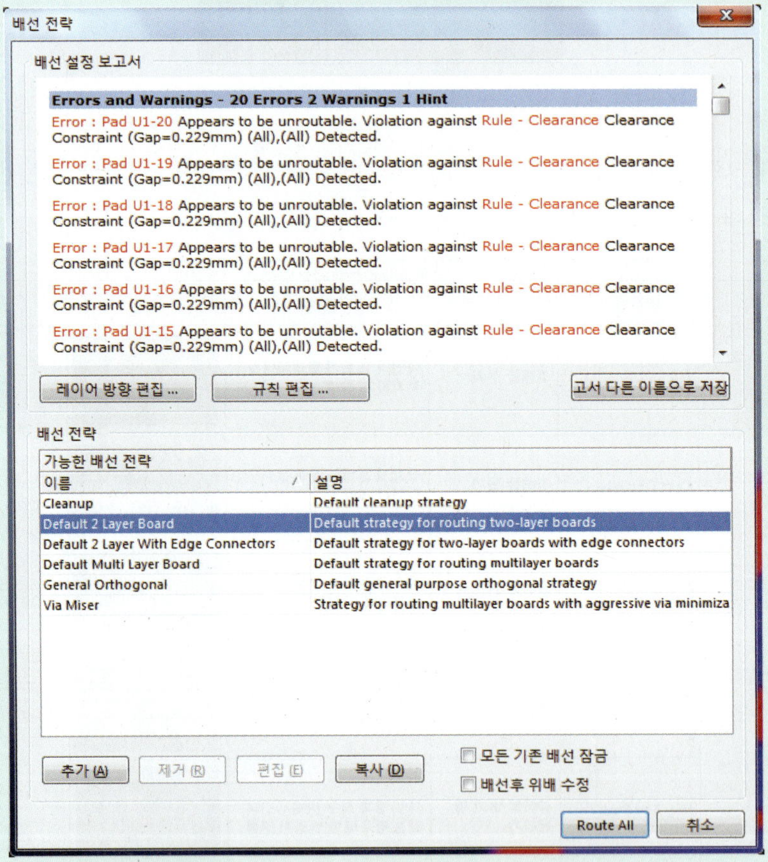


[그림 5-160] 사전 설정작업을 진행할 수 있는 대화상자

② 설계 규칙을 지정하려면 대화상자의 규칙 편집 버튼을 눌러 규칙의 설정을 진행할 수 있다.
③ 자동 배선을 시작하려면 하단의 Route All 버튼을 누르면 자동 배선이 시작된다.

## 10 패드 보강 및 다각형 생성하기

① 패드와 배선의 연결부위가 보강되어야 하는 경우에는 다음 그림의 오른쪽 그림과 같이 툴>패드 보강 명령을 사용한다. 명령을 선택하면 그림의 왼쪽과 같은 대화상자가 나타난다.

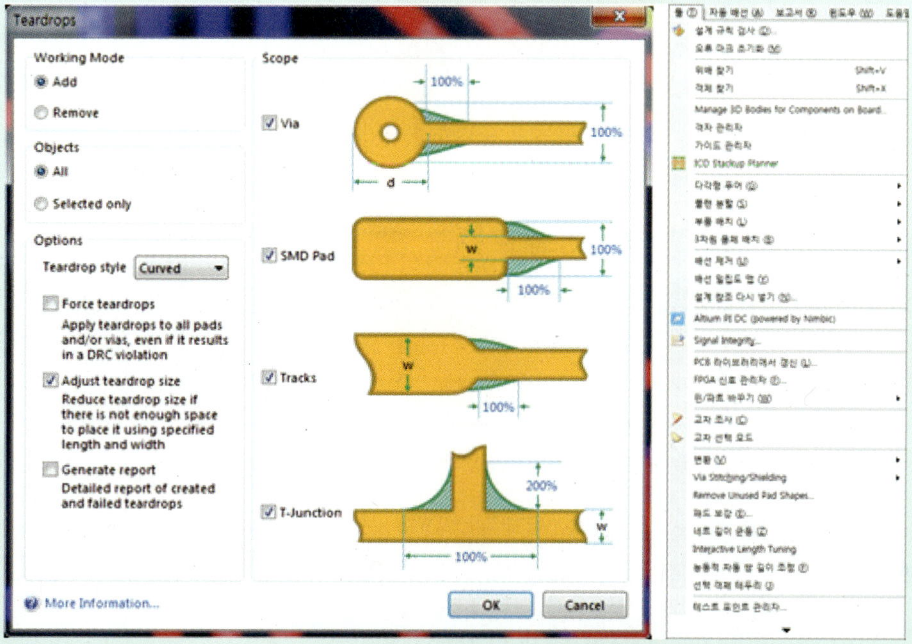


[그림 5-161] 패드와 배선의 연결부위가 보강되어야 하는 경우

② 보강되는 객체의 종류는 Via의 보강, Pad의 보강, 배선과 배선간의 폭이 변경된 구간의 단차 보강, T 분기의 모서리 보강 등의 형태가 있다. 보강하려는 객체의 종류를 선택하고 하단의 OK 버튼을 누르면 패드 보강이 생성된다. 생성된 보강객체는 다각형의 성질을 가지는 객체이다. 따라서 마우스로 선택하여 개별 삭제가 가능하다.

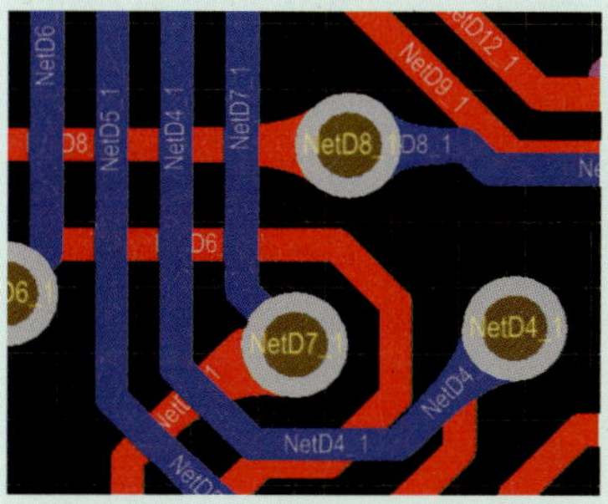

[그림 5-162] 생성된 보강객체

③ 다각형의 영역을 채우는 작업을 진행하려면 **배치≫다각형 푸어** 명령을 선택한다. 명령을 선택하면 다음의 그림과 같이 대화상자가 나타나며 각종 푸어의 설정을 변경할 수 있다.

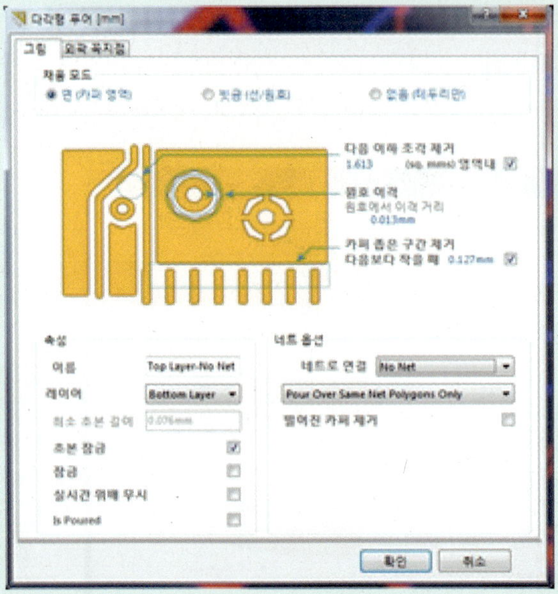


[그림 5-163] 다각형의 영역을 채우는 작업의 대화상자

④ 대화상자의 네트로 연결에서 연결하려는 네트를 지정한다.

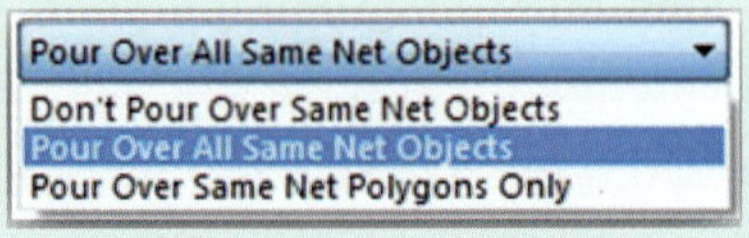


[그림 5-164] 연결하려는 네트를 지정

⑤ 다각형이 채워지는 방법은 다음의 3가지 방법 중에서 하나를 선택할 수 있다.

〈표 5-4〉 다각형이 채워지는 방법

| | |
|---|---|
| Don't Pour Over Same Net Objects | 같은 네트를 가진 객체와 겹치지 않는다. |
| Pour Over All Same Net Objects | 같은 네트를 가진 모든 객체와 겹쳐진다. |
| Pour Over Same Net Polygons Only | 같은 네트를 가진 객체 중에서 다각형 객체만 겹쳐진다. |

⑥ 대화상자의 하단에 확인 버튼을 누르고 원하는 크기의 다각형을 그려주면 된다.

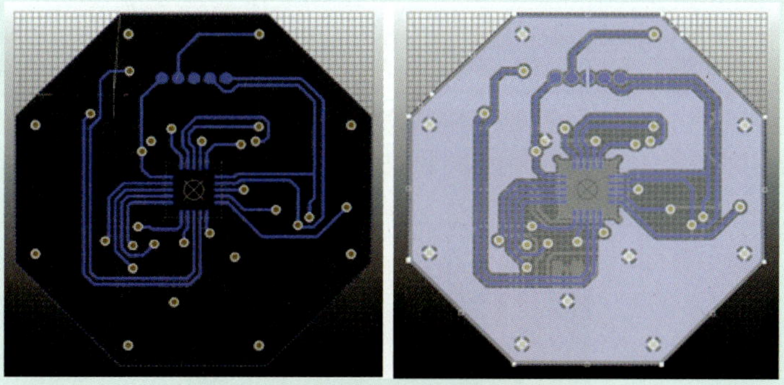

[그림 5-165] 원하는 크기의 다각형을 그려주기

⑦ 다각형의 내부 객체가 이동하거나 수정된 경우에는 상황에 맞추어 다시 채우는 작업을 진행하여야 한다.

## 11 설계 규칙 검사 및 오류 정정하기

① PCB의 설계 규칙 검사는 2가지가 있다. 첫 번째는 설계 과정에서 실시간 검사를 진행하는 방법이고 실시간 규칙 검사라고 하고, 두 번째는 설계가 모두 완료된 이후에 일괄적으로 검사하는 방법으로 일괄 규칙검사라고 한다.

② **DXP>환경 설정** 명령을 선택하면 [그림 5-162]와 같은 실시간 규칙 검사에 관련된 메뉴 설정을 확인할 수 있다.

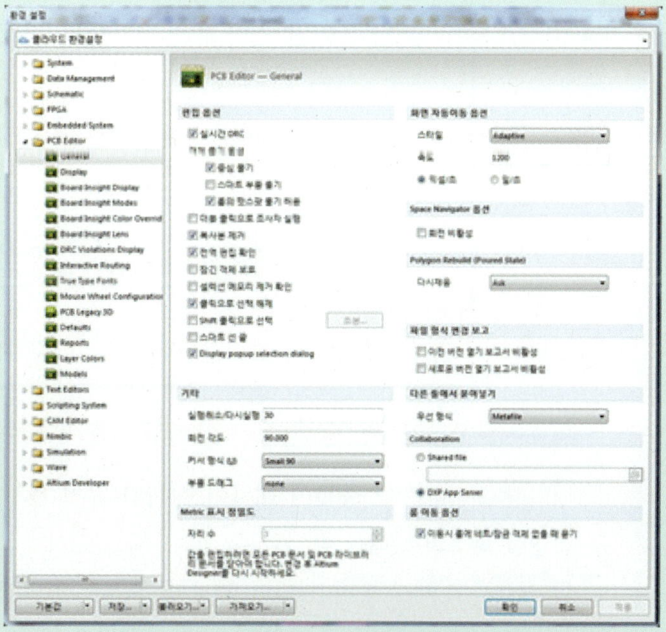

[그림 5-166] 실시간 규칙 검사에 관련된 메뉴 설정을 확인

③ 실시간 규칙 검사는 작업하는 모든 과정에서 자동으로 이루어지며 실수가 발생되는 순간에 즉시 사용자에게 해당 내용을 표시하여 알려준다. 다음의 그림은 부품의 이동과정에서 발생되는 거리 검사에 위배된 내용이 작업화면에 표시되는 그림이다.

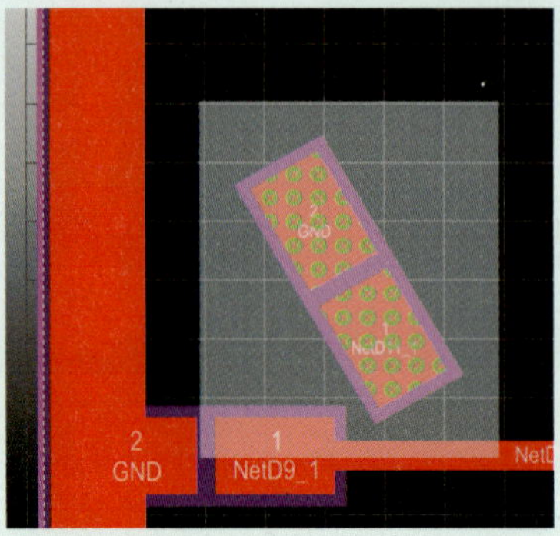


[그림 5-167] 부품의 이동과정에서 거리 검사에 위배된 내용이 작업화면에 표시

④ 일괄 규칙 검사는 **툴>설계규칙 검사** 명령을 눌러 일괄 규칙 검사의 메뉴를 나타낼 수 있다. 명령을 선택하면 다음과 같은 대화상자가 나타난다.

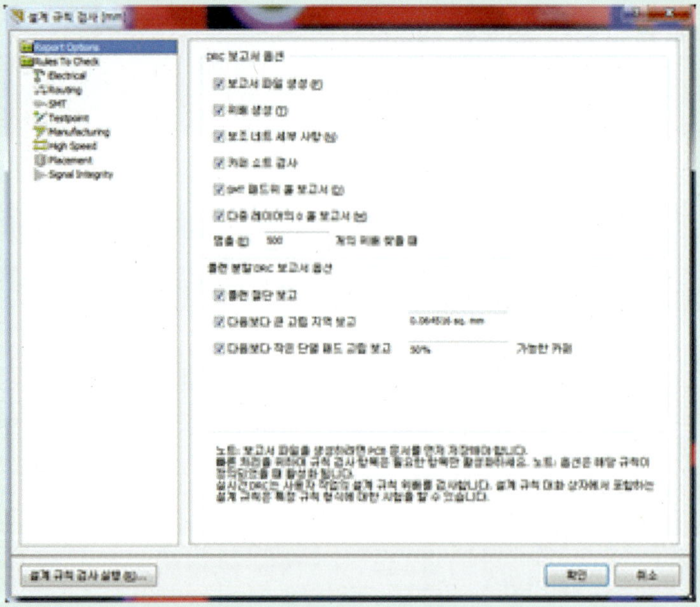

[그림 5-168] 툴>설계규칙 검사 명령을 눌러 일괄 규칙 검사의 메뉴 대화상자

⑤ 대화상자에서는 각 항목에 대하여 실시간 규칙 검사를 반영할 항목과 일괄 규칙 검사를 반영할 항목의 상태를 확인할 수 있다. 체크 표시가 되어 있는 부분은 해당 검사에서 검사를 진행하고 체크 표시가 되어 있지 않은 부분은 해당 검사에서 검사를 진행하지 않는 항목으로 분류된다.

⑥ 설정의 내용을 확인하고 일괄 규칙 검사를 시작하려면 대화상자의 왼쪽 하단에 설계 규칙 검사 실행이라는 버튼을 누르면 진행을 시작한다.

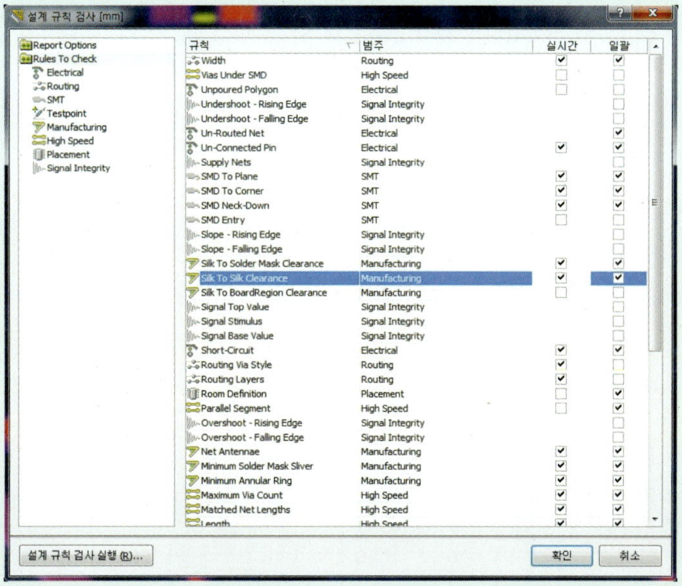


[그림 5-169] 대화상자의 왼쪽 하단에 설계 규칙 검사 실행 버튼을 누르면 진행

⑦ 다음의 그림은 일괄 규칙 검사를 진행한 뒤에 나타나는 결과 보고이다. 전체적으로 285개의 위배 항목이 발견되었음을 알 수 있다.

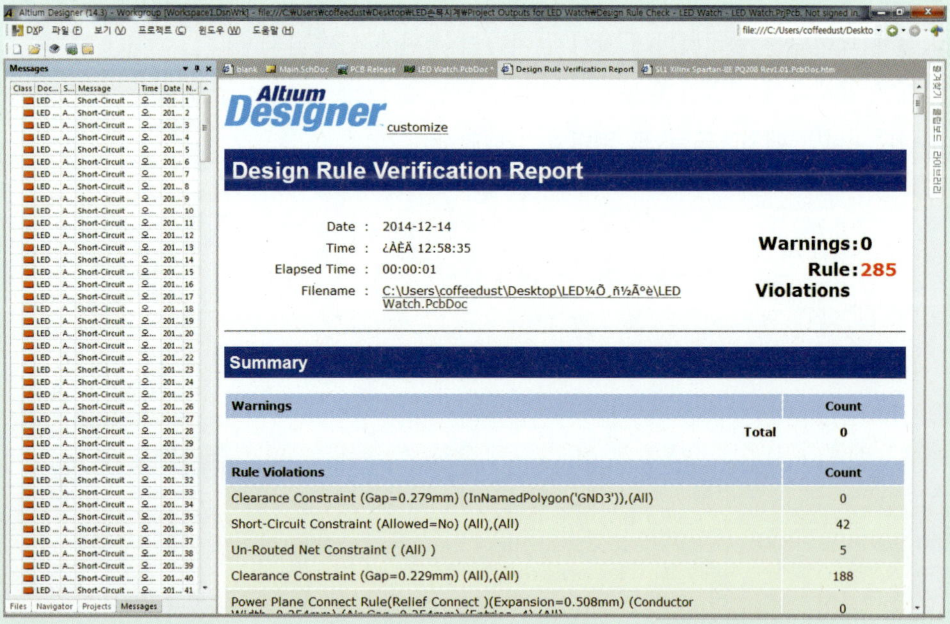


[그림 5-170] 일괄 규칙 검사를 진행한 뒤의 결과 보고

⑧ 화면의 왼쪽에 나타난 Message 패널에서 해당 위배사항을 더블클릭하여 해당 위배항목으로 바로 이동할 수 있으며 좀 더 상세한 위배내용을 알고자할 때에는 다음의 그림과 같이 PCB 패널 모음의 PCB Rules And Violations 패널을 호출하여 확인할 수 있다.

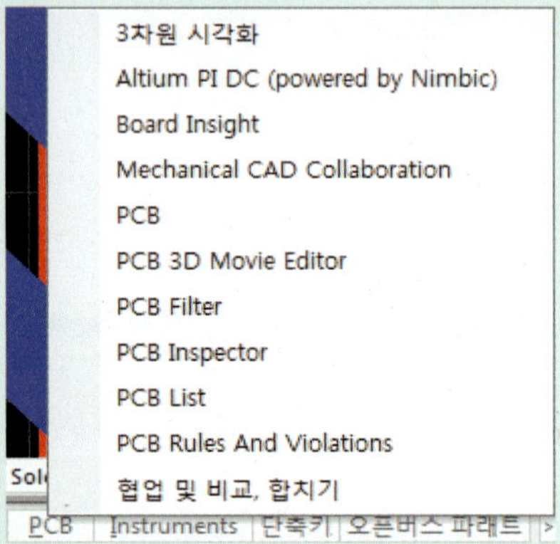


[그림 5-171] PCB 패널 모음의 PCB Rules And Violations 패널을 호출하여 확인

## 12 설계 데이터 출력하기

① 설계 데이터를 출력하기에 앞서서 기판의 측면에 드릴 표를 표시하여 작업성을 높일 수 있다. 드릴 표를 나타내려면 **배치>드릴 표 명령**을 선택한다.

[그림 5-172] 드릴 표를 나타내려면 배치>드릴 표 명령을 선택

② 명령을 선택하면 다음과 같은 대화상자가 나타난다. 표의 상단에는 PCB에 사용된 드릴의 종류가 표시된다. 여기에서는 하나의 드릴만이 사용되어 한 줄만 표시되었다.

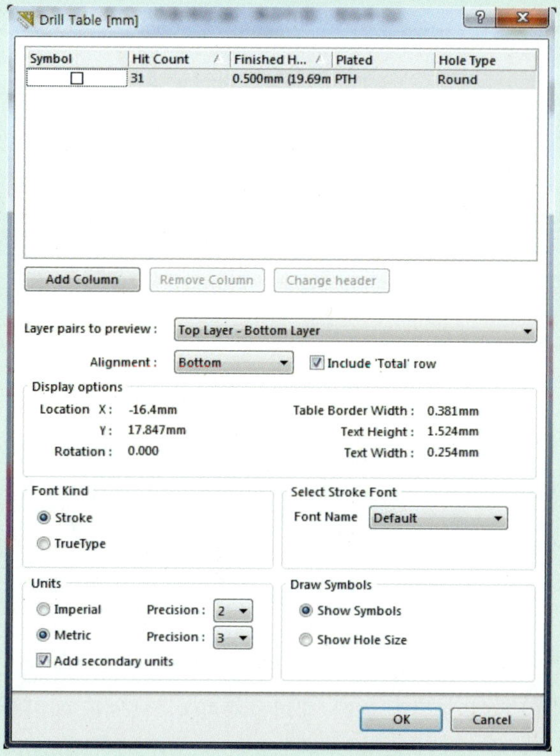


[그림 5-173] PCB에 사용된 드릴의 종류가 표시

③ 각 항목의 내용은 기본값으로 두고 대화상자의 하단에 OK 버튼을 누르면 다음의 그림과 같이 마우스 커서를 따라서 표가 움직이는 것을 확인할 수 있으며, 원하는 위치에 왼쪽 버튼으로 클릭하여 위치를 확정한다.

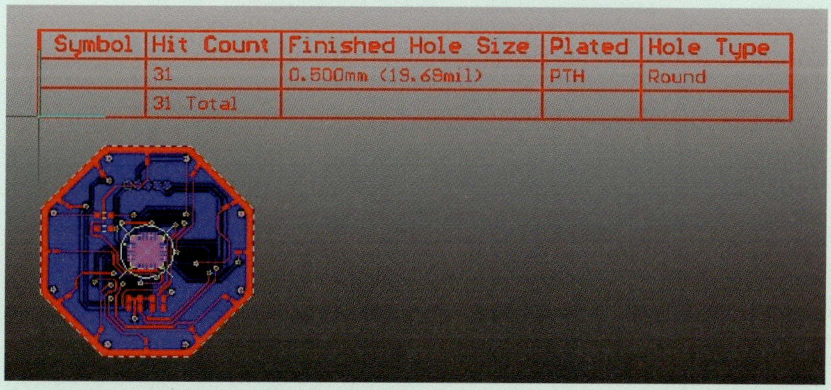


[그림 5-174] 마우스 커서를 따라서 표가 움직이는 것을 확인

④ 드릴 표가 완성되면 두 번째 작업은 실제의 거버 데이터를 생성하는 작업이다. 거버 데이터를 생성하기 위하여 **파일>조립 자료 출력> Gerber Files** 명령을 선택한다.

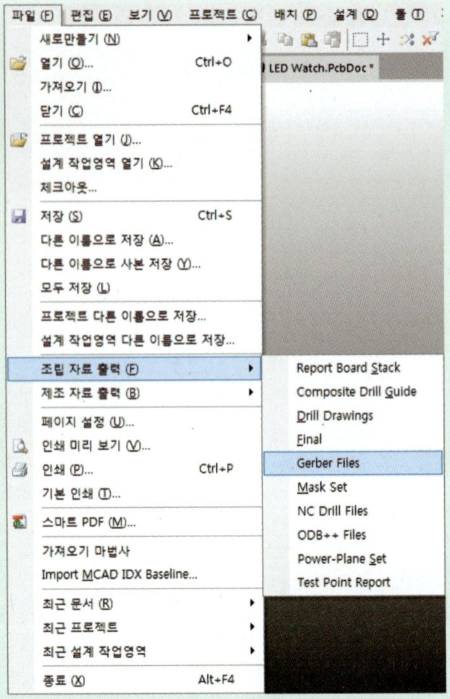


[그림 5-175] 파일>조립 자료 출력> Gerber Files 명령을 선택

⑤ 명령을 선택하면 다음의 그림과 같은 대화상자가 나타난다. 대화상자에서 첫 번째 탭에는 출력 단위의 설정과 정수와 소수 자리를 설정할 수 있는 항목이 있다. 단위는 PCB를 설계할 때에 사용한 단위와 동일한 단위가 아닌 출력할 거버 파일의 단위이기 때문에 꼭 PCB 설계 데이터와 같은 단위로 설정할 필요는 없다. 또한 출력형식은 실제 거버 파일의 해상도와 연관성이 있기 때문에 출력 데이터가 정밀도를 요구하는 경우에는 소수점 자리를 높게 설정하고 출력 데이터의 크기가 큰 경우에는 앞의 정수 자리를 높게 설정하는 것이 좋다.

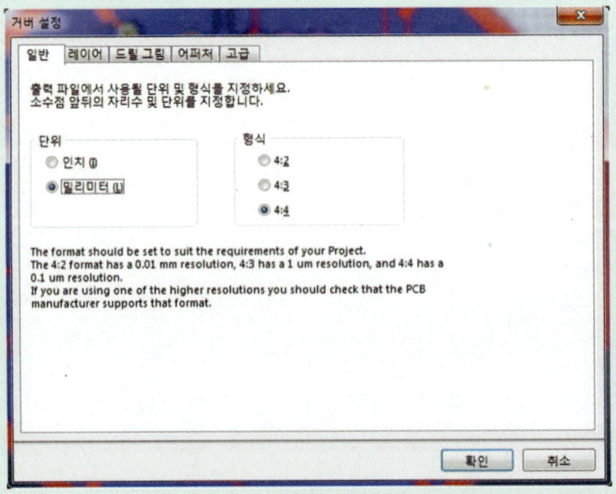


[그림 5-176] 출력 단위의 설정과 정수와 소수 자리를 설정

⑥ 대화상자의 상단에서 두 번째의 레이어 탭에서는 거버 출력의 레이어를 설정할 수 있는 화면이 나타난다.

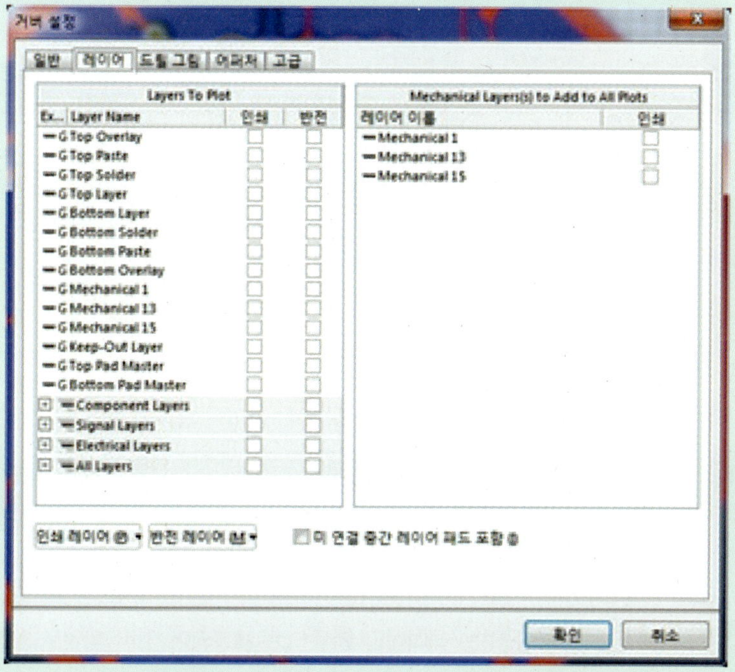

[그림 5-177] 레이어 탭에서는 거버 출력의 레이어를 설정

⑦ 일반적으로 출력하려는 데이터가 있는 레이어만 선택해 준다. 하지만 어떤 레이어에 데이터가 있는지 모르는 경우에는 대화상자의 하단의 인쇄 레이어 항목에서 사용 켬으로 설정하여 자동으로 사용된 레이어만 체크할 수 있다.

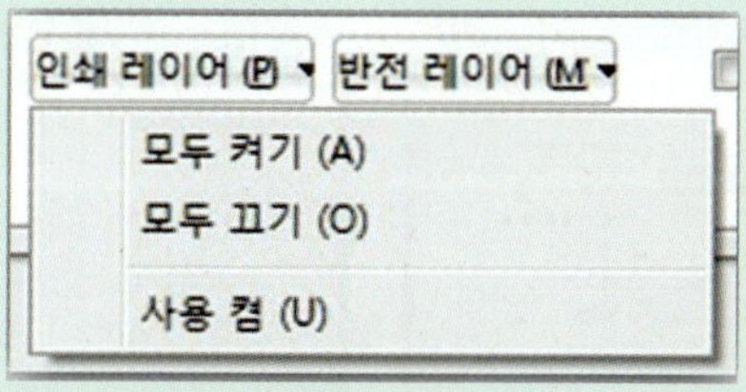


[그림 5-178] 인쇄 레이어 항목에서 사용 켬으로 설정하여 자동으로 사용된 레이어만 체크

⑧ 다음의 그림은 사용 켬으로 설정하여 자동으로 사용된 레이어만 체크된 대화상자의 상태이다. 데이터가 있는 레이어만 자동으로 체크되어 거버 파일로 생성될 수 있다.

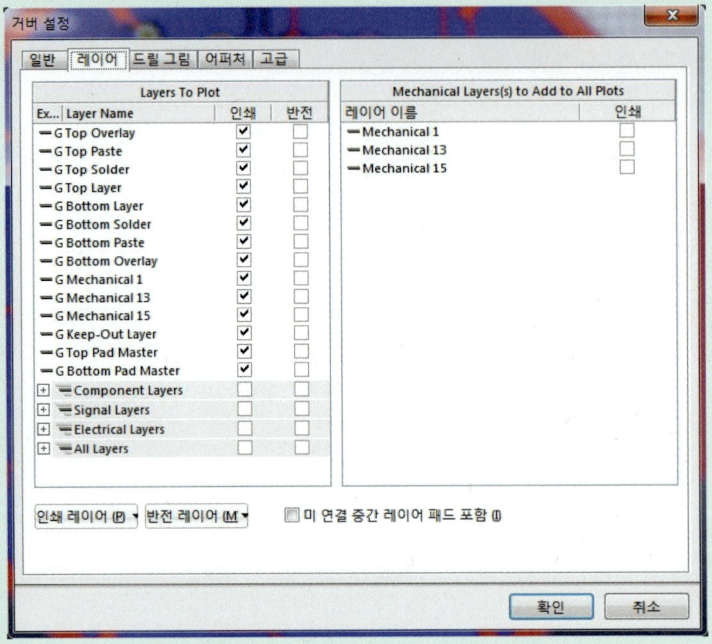


[그림 5-179] 데이터가 있는 레이어만 자동으로 체크되어 거버 파일로 생성

⑨ 다음의 그림은 세 번째 탭으로 드릴 데이터를 거버로 표현한 정보를 출력하는 설정이다. 2가지의 출력이 있으며 하나는 드릴의 크기별 기호로 표시되는 거버이고, 나머지는 드릴의 중심을 십자 표시로 표현한 거버이다. 드릴의 표현에서 전체적인 관통 드릴인 경우에는 다음의 그림처럼 하나로만 표현되고 다층 기판의 내층 드릴이 있는 경우에는 각 층별의 정보가 함께 표현된다.

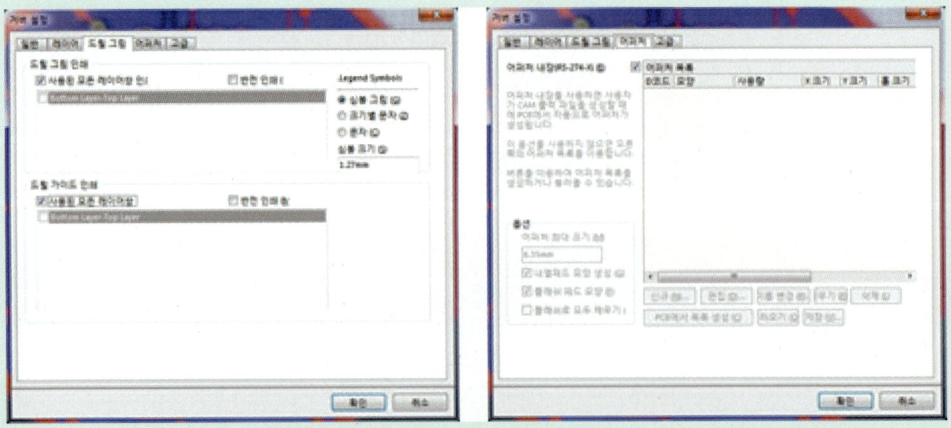

[그림 5-180] 드릴의 크기별 기호로 표시되는 거버와 드릴의 중심을 십자 표시로 표현한 거버

⑩ 네 번째 탭은 어퍼처의 정보를 설정하는 항목이다. 보편적으로 거버에 어퍼처의 내용을 포함하는 옵션인 RS-274-X로 체크만 확인한다.

⑪ 마지막 탭은 각종 설정을 변경하는 항목으로 많은 내용을 설정할 수 있다.

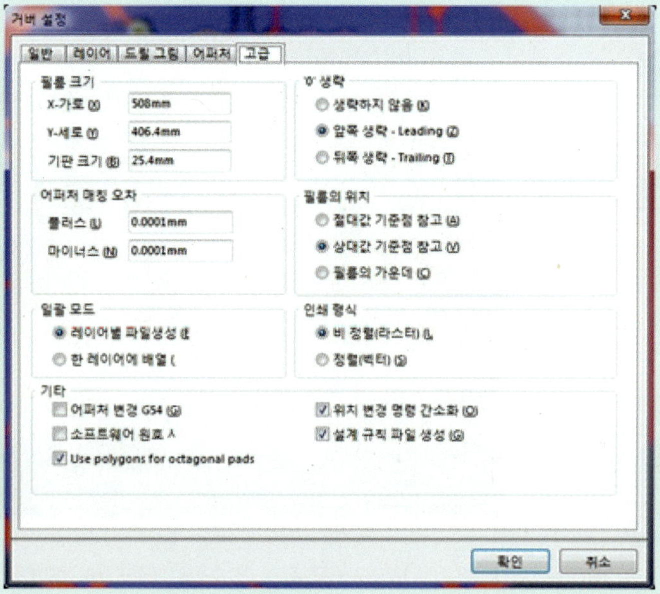


[그림 5-181] 고급 탭의 각종 설정을 변경하는 항목

⑫ 고급 탭의 설정 변경하는 항목에 대하여 다음의 표를 참고하여 각 항목의 내용을 확인할 수 있다.

〈표 5-5〉 고급 탭의 설정 변경하는 항목

| 항 목 | 설 명 |
|---|---|
| 필름크기 | 거버 출력의 필름 크기를 설정하는 항목으로 기판의 크기보다는 큰 값으로 설정해야 한다. |
| 0 생략 | 0.1의 숫자를 3.4로 출력할 때에 0001의 Trailing과 1000의 Leading으로 설정을 변경할 수 있다. 일반적인 거버에서는 모두 Leading이다. |
| 어퍼처 매칭 오차 | 어퍼처의 값과 각 객체의 오차 범위를 설정한다. |
| 필름의 위치 | 상대 좌표 또는 절대 좌표 방식의 설정을 변경한다. |
| 일괄 모드 | 각 레이어별의 개별 파일 생성과 하나의 파일에 모든 레이어를 생성할 수 있다. |
| 인쇄 형식 | 동일 좌표의 값인 경우 좌표를 일부 생략 가능한 형태로 출력할 수 있다. |
| 기타 | G54코드의 사용 유무 및 I, J에 의한 원호 표현방법을 변경할 수 있다. |

⑬ 모든 설정이 완료되면 하단의 확인 버튼을 눌러 거버 데이터를 출력한다. 데이터의 출력이 완료되면 자동으로 CAMTastic 모듈이 실행되며 다음과 같이 생성된 거버 파일이 자동으로 화면에 나타난다.

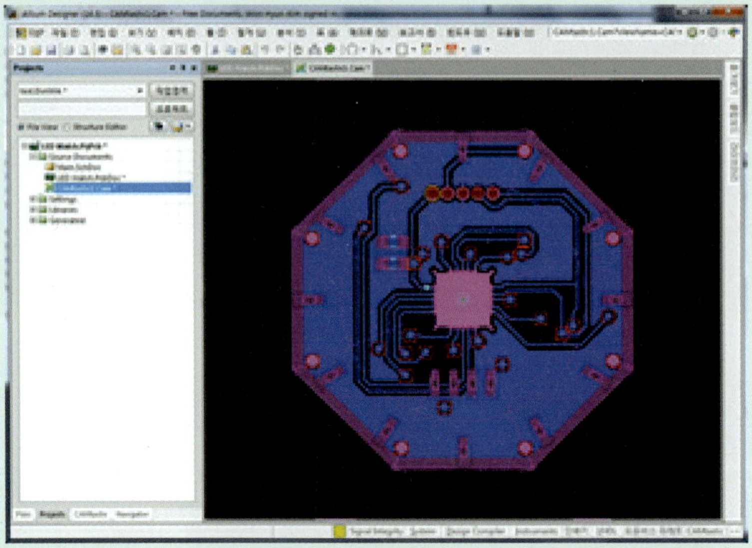

[그림 5-182] 하단의 확인 버튼을 눌러 거버 데이터를 출력

⑭ 화면의 오른쪽 하단에서 CAMTastic 패널을 호출하면 왼쪽의 패널에 CAMTastic 패널이 표시되며 각 파일별 레이어의 정보가 표시된다.

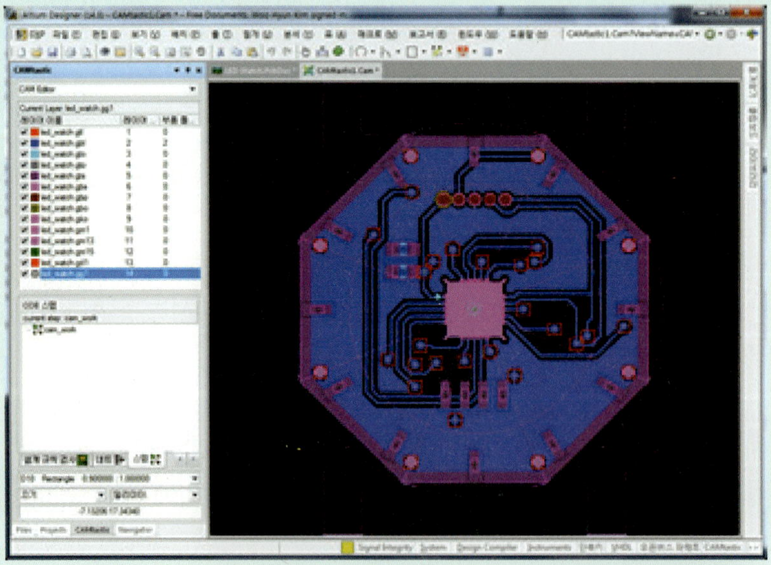

[그림 5-183] 왼쪽의 패널에 CAMTastic 패널이 표시되며 각 파일별 레이어의 정보가 표시

⑮ CAMTastic 패널의 레이어 정보의 앞 체크 표시의 상태를 변경하여 화면상에 보여지는 레이어의 정보를 변경할 수 있다.

⑯ 거버 데이터에 포함되어진 드릴의 정보는 사람의 눈으로 확인을 할 때에 필요한 데이터로 실제 가공 시 사용되는 기계의 인식 데이터로는 사용할 수 없다.

⑰ 실제의 기계가 사용한 드릴 데이터를 생성하기 위하여 **파일>조립 자료 출력>NC Drill Files** 명령을 선택한다.

⑱ 명령을 선택하면 다음의 그림과 같은 대화상자가 나타난다. 일반적인 설정은 모두 거버 파일을 출력할 때의 대화상자와 거의 동일하다.

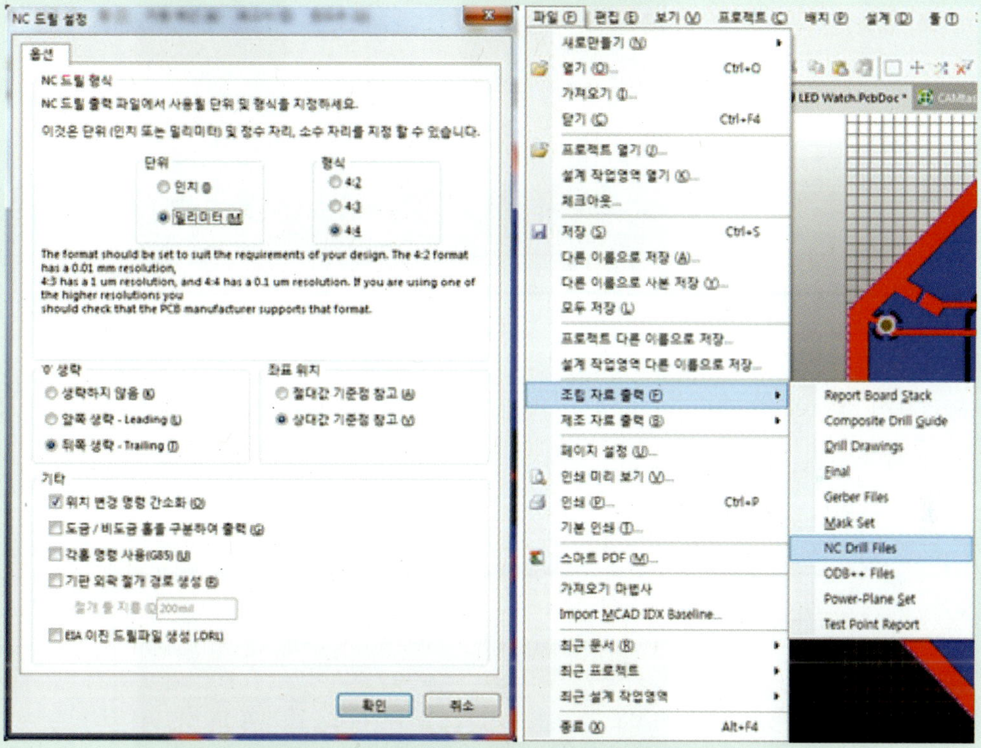

[그림 5-184] 실제의 기계가 사용한 드릴 데이터를 생성

⑲ 설정이 완료되면 하단의 확인 버튼을 누르면 다음의 그림과 같이 CAMTastic 모듈이 실행되고 드릴 파일을 읽기 위한 설정을 확인하는 대화상자가 나타나는데 그냥 확인 버튼을 누른다.

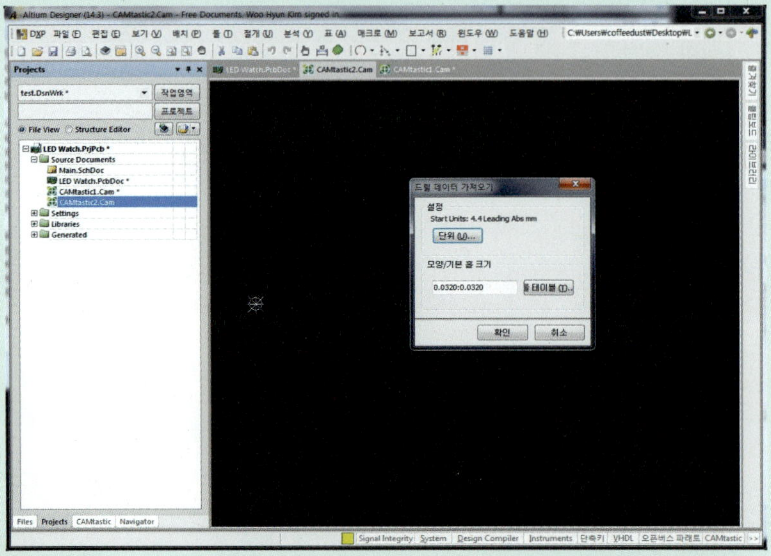

[그림 5-185] 드릴 파일을 읽기 위한 설정을 확인하는 대화상자

⑳ 다음의 그림은 드릴 데이터를 불러온 뒤의 화면이다. 데이터는 모두 드릴의 정보이기 때문에 화면상에는 점의 형태로 보여지게 된다. 오른쪽의 그림은 Projects 패널에 표현된 각종 출력 데이터의 모습이다.

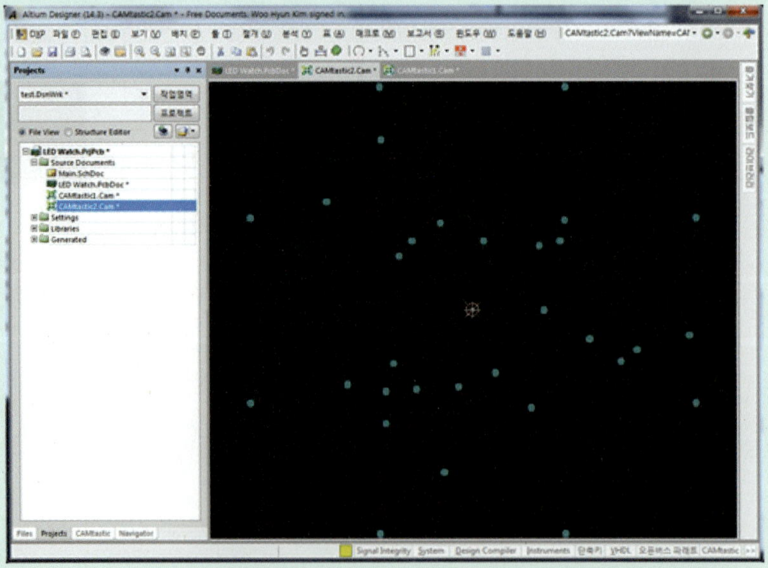

[그림 5-186] 드릴 데이터를 불러온 뒤의 화면

㉑ 출력된 데이터를 마우스로 선택하고 마우스 오른쪽 버튼을 누르면 팝업 메뉴가 나타나며 탐색 명령을 누르면 다음의 그림과 같이 탐색기 창이 나타난다.

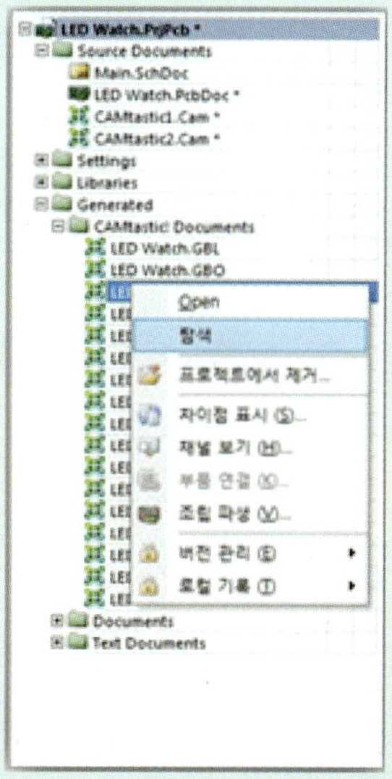

[그림 5-187] 탐색 명령을 누르면 탐색기 창 표시

㉒ 탐색기에는 생성된 파일이 있는 폴더의 위치가 나타나며 실제 기판 제작업체에 송부할 파일을 선택하여 압축하여 보내면 된다.

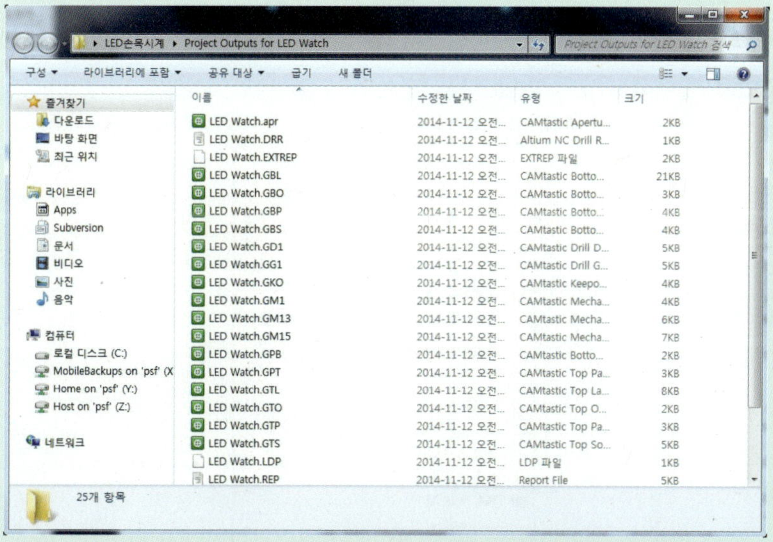

[그림 5-188] 탐색기에는 생성된 파일이 있는 폴더의 위치

## 13 설계 데이터의 비교 및 보관하기

설계가 완료된 모든 데이터를 선별하여 백업 또는 보관하는 방법에 대한 설명이다.

① 프로젝트≫압축 명령을 선택하면 다음과 같은 대화상자가 나타난다.

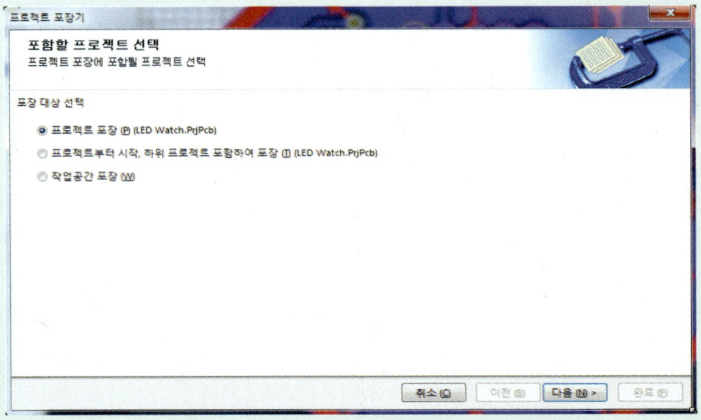


[그림 5-189] 작업 후 파일≫저장 명령을 사용하여 저장

② 첫 번째 페이지에서는 압축할 대상을 지정하는 것으로 프로젝트 전체, 프로젝트를 시작으로 하위 프로젝트까지, 작업공간 전체의 영역으로 설정할 수 있다. 압축할 대상의 지정이 완료되었으면 대화상자의 하단 다음 버튼을 눌러 다음 단계의 설정을 진행한다.

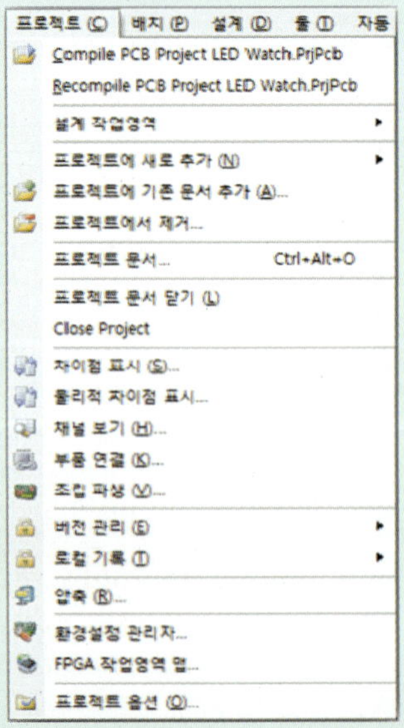


[그림 5-190] 작업 후 파일≫저장 명령을 사용하여 저장

③ 다음의 그림은 구체적인 압축의 옵션을 설정한다.

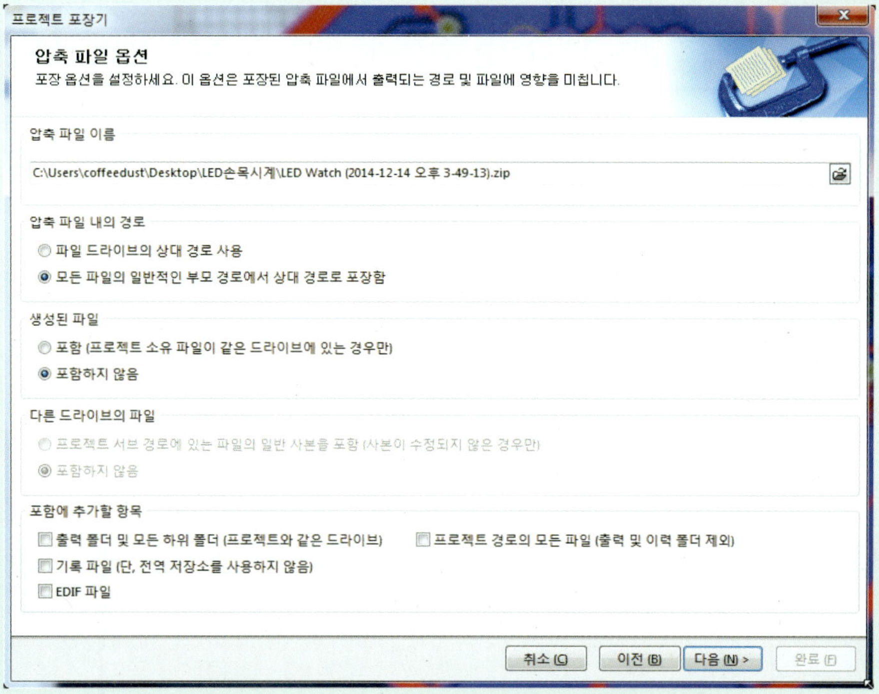


[그림 5-191] 작업 후 파일≫저장 명령을 사용하여 저장

④ 다음의 표에는 각 항목의 내용을 설명한다.

〈표 5-6〉 연결자의 종류

| 항목 | 설명 |
|---|---|
| **압축 파일 이름** | 압축된 파일의 이름으로 기본 값은 프로젝트 이름+날짜+시간으로 설정된다. |
| **압축 파일 내의 경로** | 상대 경로 및 절대 경로를 지정할 수 있다. |
| **생성된 파일** | 기타 레포팅 파일의 포함 유무를 설정한다. |
| **다른 드라이브의 파일** | 프로젝트에 포함된 파일 중에서 하위의 위치가 아닌 다른 경로의 파일에 대한 포함 유무를 설정한다. |
| **포함에 추가할 항목** | 기타 산출물 데이터 및 각종 정보 파일의 포함 유무를 설정한다. |

⑤ 다음의 그림은 하단의 다음 버튼을 눌렀을 때에 나타나는 대화상자의 화면이다. 프로젝트에 포함된 작업 데이터 중에서 압축에 포함될 파일의 유무를 설정할 수 있다. 포함하지 않을 파일은 앞의 체크 표시를 해제한다. 설정이 완료되면 하단의 다음 버튼을 누르면 실제 압축을 실행하고 결과가 표시된다. 결과는 다음의 그림과 같은 형태로 표시된다. 결과의 내용을 확인한 뒤에 대화상자의 하단에 완료 버튼을 누른다.

[그림 5-192] 작업 후 파일≫저장 명령을 사용하여 저장

## 학습활동.1 교수학습 방법

### 교수 방법

- PCB 설계의 기본개념, 부품배치, 라이브러리 작성 등을 PCB 실물 기판과 PPT 자료로 제시한 후 설명한다.
- PCB 설계에서 회로 블록의 특성, 신호의 종류, 회로의 구성 등에 따라 회로 블록을 배치하는 방법을 설명한다.
- PCB의 Size, 제품의 기구적인 특성을 고려하여 부품을 배치하고, 고정 부품의 배치를 우선해야 하는 이유와 방법을 설명한다.
- PCB 설계 도구를 선정하는 방법을 설명하고, 사용되고 있는 설계 도구의 장단점을 설명할 수 있도록 지도한다.
- PCB 설계 도구의 사용법은 선수학습으로 되어 있어야 하나, 그렇지 못한 경우에는 설계 도구 사용법을 별도의 시간을 할애하여 교육하여야 한다.
- 라이브러리로 등록되어 있지 않은 부품에 대해서는 부품 스케치부터 지도하여 라이브러리로 등록할 수 있도록 지도한다.
- PCB 설계를 위한 환경 설정 및 각종 Option을 지정할 수 있는 능력을 기르도록 한다.

### 학습 방법

- PCB 설계 도구를 능숙히 사용할 수 있도록 충분히 연습한다.
- PCB 설계 및 PCB 설계 도구에서 사용되는 다양한 용어를 충분히 숙지하도록 한다.
- PCB 설계가 회로의 전기적 특성에 영향을 줄 수 있음을 강조하여 회로 블록 및 부품의 배치 방법을 숙지한다.
- PCB 설계를 위한 설계 도구의 환경 설정, Option 지정을 필요에 따라 스스로 수행할 수 있도록 하고, 부품배치의 중요성을 강조한다.
- PCB 설계가 완료된 후 Gerber Data를 생성하여 PCB 제작 발주까지 할 수 있는 능력을 배양한다.
- PCB 설계에서 회로 블록간 인터페이스를 효과적으로 실현할 수 있도록 한다.

## 학습활동.1 평가 및 피드백

### 평가 준거

- 평가자는 피평가자가 수행 준거 및 평가내용에 제시되어 있는 내용을 성공적으로 수행할 수 있는지를 평가해야 한다.
- 평가자는 다음 사항을 평가해야 한다.

| 학습내용 | 평가항목 | 성취수준 | | |
|---|---|---|---|---|
| | | 상 | 중 | 하 |
| LED 시계제작하기(1) | 프로젝트 생성 및 설계 작업영역 추가, 프로젝트에 문서 추가, 환경 설정 과정을 이해한다. | | | |
| LED 시계제작하기(2) | 회로도 도면그리기 과정을 이해한다. | | | |
| LED 시계제작하기(3) | PCB 도면그리기 과정을 이해한다. | | | |

### 평가 방법

- 평가자는 능력단위 PCB 설계하기의 수행 준거에 제시되어 있는 내용을 평가하기 위해 이론과 실기를 나누어 평가하거나, 종합적인 결과물의 평가 등 다양한 평가 방법을 이용할 수 있다.
- 필기시험

| 학습내용 | 평가항목 | 성취수준 | | |
|---|---|---|---|---|
| | | 상 | 중 | 하 |
| LED 시계제작하기(1) | 프로젝트 생성 및 설계 작업영역 추가, 프로젝트에 문서 추가, 환경 설정 과정을 이해한다. | | | |
| LED 시계제작하기(2) | 회로도 도면그리기 과정을 이해한다. | | | |
| LED 시계제작하기(3) | PCB 도면그리기 과정을 이해한다. | | | |

- 체크리스트에 의한 관찰

| 학습내용 | 평가항목 | 성취수준 | | |
|---|---|---|---|---|
| | | 상 | 중 | 하 |
| LED 시계제작하기(1) | 프로젝트 생성 및 설계 작업영역 추가, 프로젝트에 문서 추가, 환경 설정 과정을 이해한다. | | | |
| LED 시계제작하기(2) | 회로도 도면그리기 과정을 이해한다. | | | |
| LED 시계제작하기(3) | PCB 도면그리기 과정을 이해한다. | | | |

- 작업장 평가

| 평가항목 | 성취수준 | | |
|---|---|---|---|
| | 상 | 중 | 하 |
| 각 조별로 실습준비 및 실습과정에 있어 효율적이고 성실한 실습태도로 임하고 작업 후에 실습도구 등을 정리한다. | | | |

## 피 드 백

1. 작업 포트폴리오
   - 제출한 내용을 평가한 후 주요 사항을 표시하여 설명해준다.
2. 필기시험
   - 평가결과 일정 점수 이하인 학생들은 추가 학습 후 그 결과를 제출하도록 한다.
3. 체크리스트를 통한 관찰
   - 실습과정에서 평가한 후 주요 사항을 표시하여 돌려준다.

| 학습 1 | PCB 설계 이해하기 (19220206_13v1.4) |
|---|---|
| 학습 2 | 알티움 디자이너 시작하기 |
| 학습 3 | PCB 설계 사용법 이해하기 |
| 학습 4 | 프로젝터와 프로그램 설정하기 |
| 학습 5 | PCB 설계하기 |
| **학습 6** | **라이브러리 제작하기** |

## 6-1 라이브러리 제작하기

| 학습 목표 | • 심볼 라이브러리 제작하기 과정을 이해한다. |
|---|---|

### 필요지식

#### 1. 라이브러리 제작

① 부품을 제작하는 과정에 대한 설명이다. 부품을 제작하려면 우선 오른쪽의 그림과 같이 프로젝트를 생성한다. 파일>새로 만들기>Project 명령을 누르면 그림과 같은 대화상자가 나타난다. 여기에서는 MicroChip사의 PIC16F685를 제작하도록 하겠다.

② 대화상자에서 Integrated Library로 선택하고 Name부분에 생성될 라이브러리 파일의 이름을 MyLib라고 입력한다. 실제 라이브러리의 제작이 완료되어 최종적으로 만들어지는 파일의 이름은 MyLib.IntLib가 된다. 대화상자에서 Location에 작업 파일이 생성될 위치를 지정하고 오른쪽의 Create Project Folder를 체크한 뒤에 OK 버튼을 누른다.

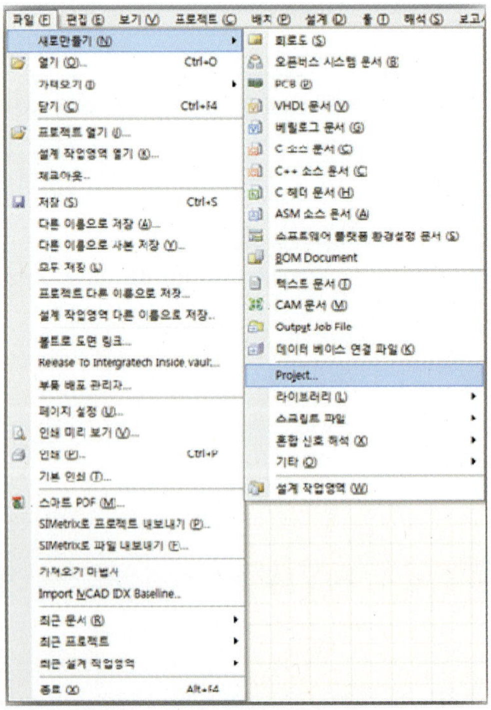


[그림 6-1] 프로젝트를 생성

③ Create Project Folder는 지정된 위치에 MyLib라는 폴더를 생성하고 생성된 폴더에 필요한 작업 파일들을 저장하는 옵션으로 체크하지 않을 경우에는 MyLib라는 폴더는 생성하지 않는다.

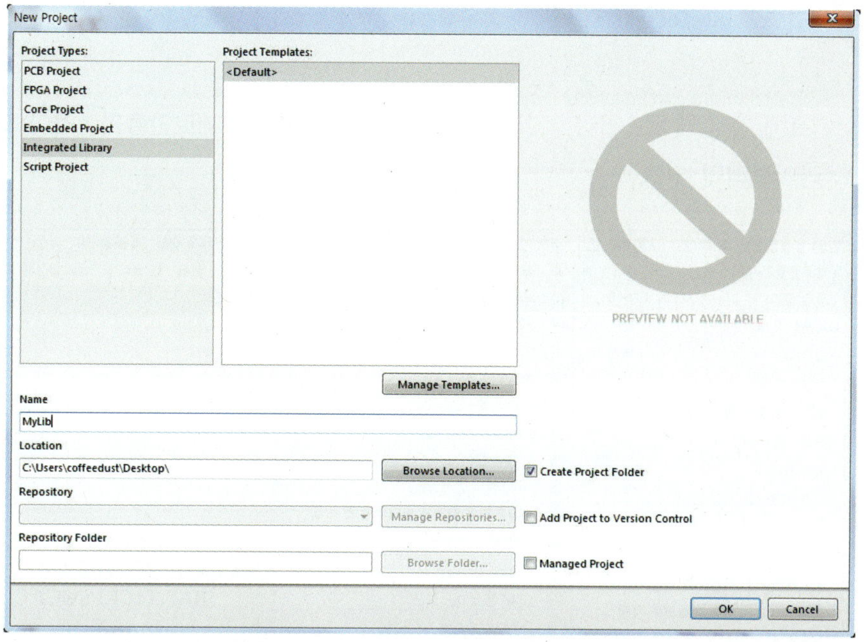


[그림 6-2] 대화상자에서 Integrated Library로 선택하고 MyLib라고 입력

## 수행 내용 심볼 라이브러리 제작하기

### 재료 · 자료

- 상세 회로도면, 기구도면, A4 용지, 필기구

### 기기(장비 · 공구)

- 인터넷 가능한 컴퓨터, 한글 오피스, 프린터

### 안전 · 유의사항

- 회로동작 및 기능을 충분히 숙지하도록 한다.
- 컴퓨터에 바이러스가 침투하지 않도록 유의한다.

## 수행 순서

### 01 심볼 라이브러리 제작하기

① 프로젝트에 심볼 라이브러리 파일을 추가하기 위하여 **파일≫새로만들기≫라이브러리≫회로도 라이브러리** 명령을 누른다.

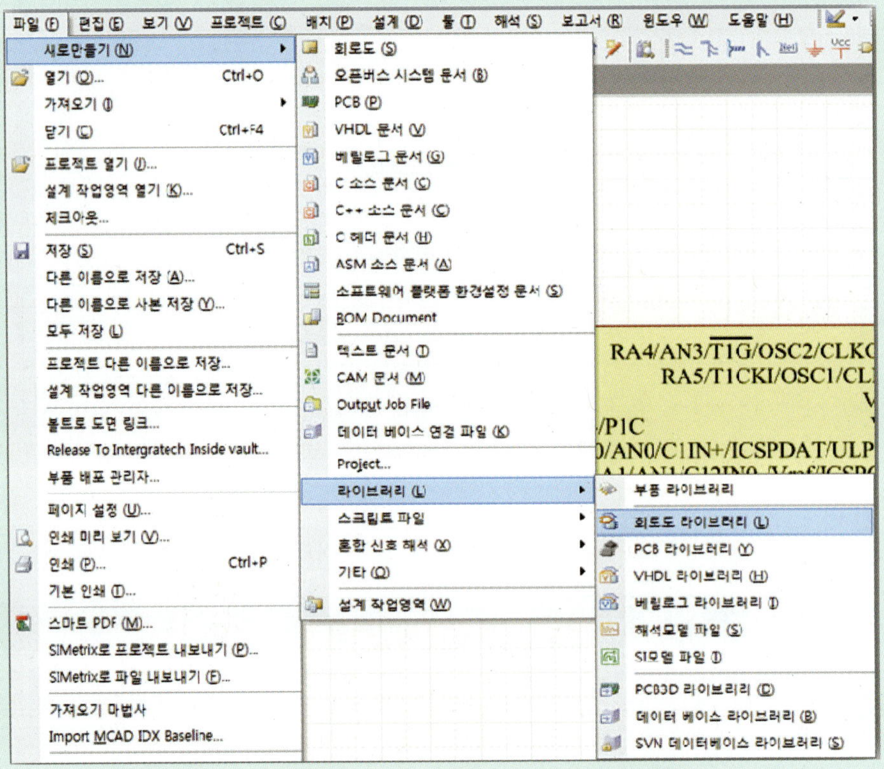


[그림 6-3] 프로젝트에 심볼 라이브러리 파일을 추가

② 다음의 그림과 같이 Projects 패널에 새롭게 추가된 심볼 라이브러리 파일이 보인다. 파일의 이름은 기본값으로 Schlib1.SchLib로 설정되어 있으나 이후 저장할 때에 이름을 변경하여 저장할 수 있다.

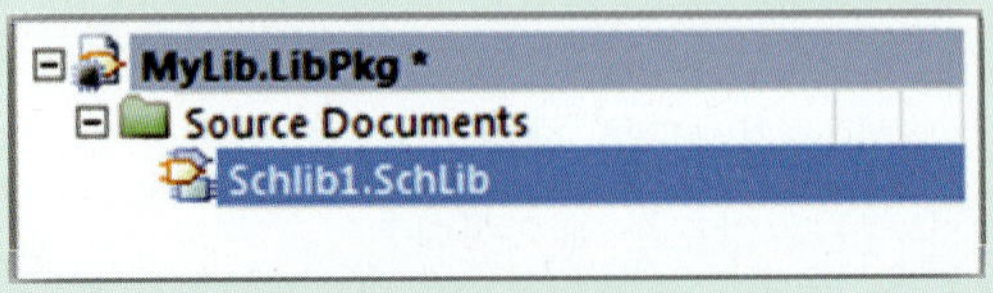


[그림 6-4] Projects 패널에 새롭게 추가된 심볼 라이브러리 파일

③ 배치>사각형 명령을 선택하고 다음의 그림과 같이 두 점을 클릭하여 사각형 테두리를 그려준다.

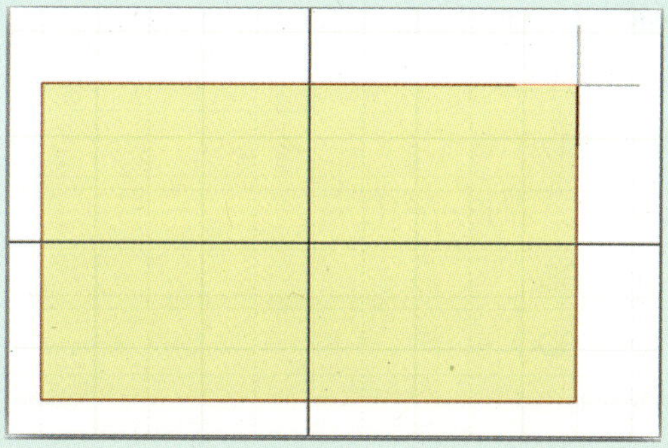

[그림 6-5] 두 점을 클릭하여 사각형 테두리를 그려줌

④ 배치>핀 명령을 선택하고 화면에 원하는 부품을 배치한다. 부품의 핀은 20핀으로 다음의 그림과 같이 배치한다.

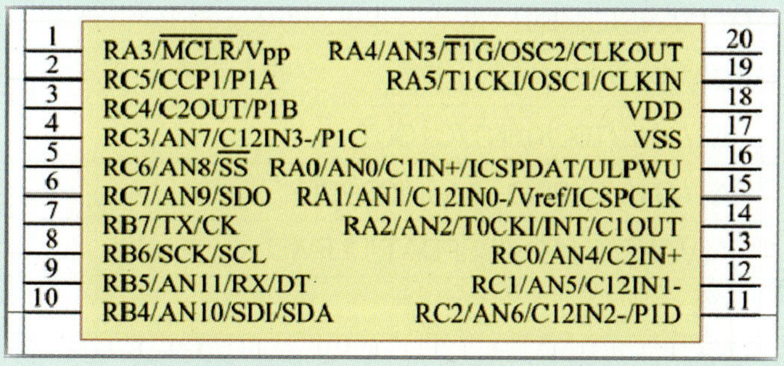


[그림 6-6] 부품의 핀은 20핀 배치

⑤ 각 부품의 핀 이름 및 핀의 번호는 다음의 표를 참고하여 지정하여 준다. 이때 핀의 속성(입력, 출력 등)도 함께 입력하여 준다. 핀의 이름 중에서 위쪽에 바 기호가 있는 경우에는 해당 문자 뒤에 ₩표시를 붙여 주어야 한다.

예를 들어 RA3/MCLR/Vpp라는 이름 중에서 MCLR에만 바 기호를 붙여주려면 RA3/M₩C₩L₩R₩/Vpp라고 입력한다.

〈표 6-1〉 부품의 핀 이름 및 핀의 번호

| 핀 번호 | 핀 이름 | 핀 속성 |
|---|---|---|
| 1 | RA3/MCLR/Vpp | I/O |
| 2 | RC5/CCP1/P1A | I/O |
| 3 | RC4/C2OUT/P1B | I/O |
| 4 | RC3/AN7/C12IN3–/P1C | I/O |
| 5 | RC6/AN8/SS | I/O |
| 6 | RC7/AN9/SDO | I/O |
| 7 | RB7/TX/CK | I/O |
| 8 | RB6/SCK/SCL | I/O |
| 9 | RB5/AN11/RX/DT | I/O |
| 10 | RB4/AN10/SDI/SDA | I/O |
| 11 | RC2/AN6/C12IN2–/P1D | I/O |
| 12 | RC1/AN5/C12IN1– | I/O |
| 13 | RC0/AN4/C2IN+ | I/O |
| 14 | RA2/AN2/T0CKI/INT/C1OUT | I/O |
| 15 | RA1/AN1/C12IN0–/Vref/ICSPCLK | I/O |
| 16 | RAD/AN0/C1IN+/ICSPDAT/ULPWU | I/O |
| 17 | VSS | Power |
| 18 | VDD | Power |
| 19 | RA5/T1CKI/OSC1/CLKTN | I/O |
| 20 | RA4/AN3/T1G/OSC2/CLKOUT | I/O |

⑥ 부품의 핀을 모두 입력했으면 다음의 SCH Library 패널에서 편집 버튼을 누른다.

[그림 6-7] SCH Library 패널에서 편집 클릭

⑦ SCH Library 패널에서 편집 버튼을 누르면 다음의 그림과 같은 대화상자가 나타난다. 각 항목에 들어갈 이름을 지정하여 주면 다음의 그림과 같이 입력된다. 대화상자에서 OK 버튼을 누르면 왼쪽의 SCH Library 패널에 이름이 PIC16F685로 변경된 것을 확인할 수 있다.

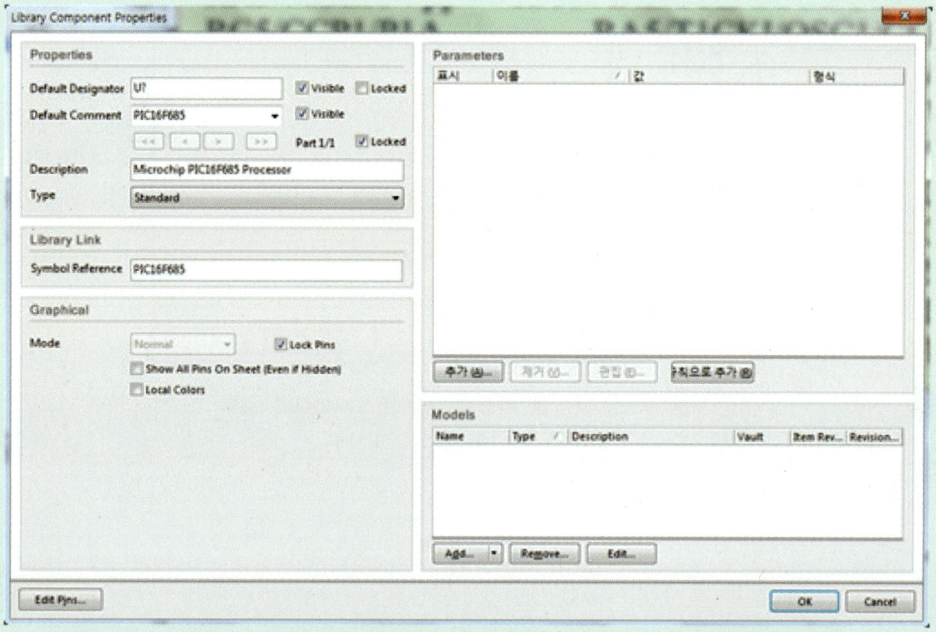


[그림 6-8] SCH Library 패널에서 편집 클릭 시 대화상자

⑧ 각 항목에 들어갈 이름, 내용 및 설명이다.

〈표 6-2〉 항목에 들어갈 이름, 내용 및 설명

| 항목이름 | 넣을 내용 | 설 명 |
|---|---|---|
| Default Designator | U? | 설계 참조 번호로 회로도에서 ?의 내용은 회로도를 그릴 때에 결정되는 값이다. |
| Default Comment | PIC16F685 | 주석으로 입력하는 이름이다. |
| Description | Microchip PIC16F685 Processor | 부품의 설명을 입력하는 항목이다. |
| Symbol Reference | PIC16F685 | 실제 부품의 이름으로 라이브러리 패널에 표시되는 이름이 된다. |

⑨ **파일≫저장** 명령을 선택하고 저장할 파일의 이름을 symbol로 입력한다. 확장자는 생략가능하며 생략된 경우에는 자동으로 SchLib로 입력된다.

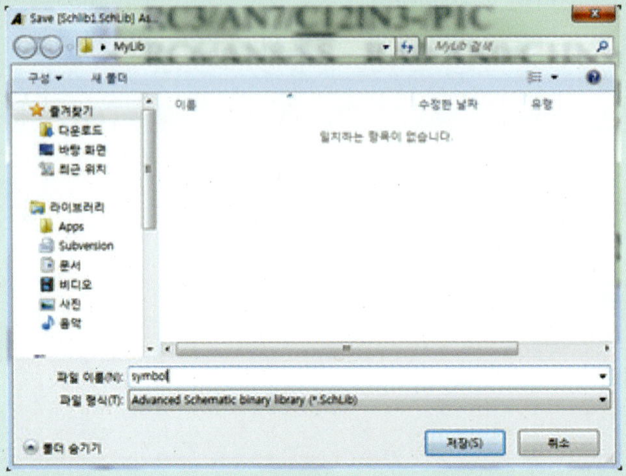


[그림 6-9] 저장할 파일의 이름을 symbol로 입력

# 6-2 풋프린트 제작하기

| 학습 목표 | • 풋프린트 제작하기 과정을 이해한다. |
|---|---|

## 필요지식

### 1. 풋프린트의 개요

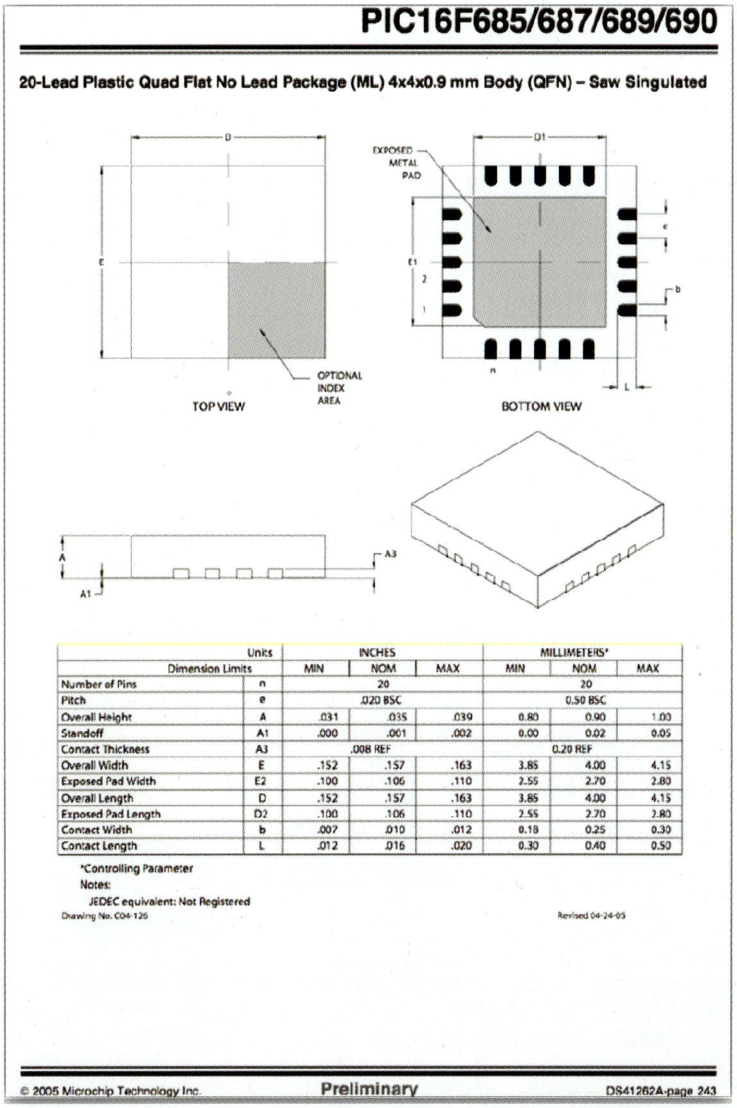

**PIC16F685/687/689/690**

**20-Lead Plastic Quad Flat No Lead Package (ML) 4x4x0.9 mm Body (QFN) – Saw Singulated**



| Units | | INCHES | | | MILLIMETERS* | | |
|---|---|---|---|---|---|---|---|
| Dimension Limits | | MIN | NOM | MAX | MIN | NOM | MAX |
| Number of Pins | n | | 20 | | | 20 | |
| Pitch | e | | .020 BSC | | | 0.50 BSC | |
| Overall Height | A | .031 | .035 | .039 | 0.80 | 0.90 | 1.00 |
| Standoff | A1 | .000 | .001 | .002 | 0.00 | 0.02 | 0.05 |
| Contact Thickness | A3 | | .008 REF | | | 0.20 REF | |
| Overall Width | E | .152 | .157 | .163 | 3.85 | 4.00 | 4.15 |
| Exposed Pad Width | E2 | .100 | .106 | .110 | 2.55 | 2.70 | 2.80 |
| Overall Length | D | .152 | .157 | .163 | 3.85 | 4.00 | 4.15 |
| Exposed Pad Length | D2 | .100 | .106 | .110 | 2.55 | 2.70 | 2.80 |
| Contact Width | b | .007 | .010 | .012 | 0.18 | 0.25 | 0.30 |
| Contact Length | L | .012 | .016 | .020 | 0.30 | 0.40 | 0.50 |

*Controlling Parameter

Notes:

JEDEC equivalent: Not Registered

Drawing No. C04-126　　Revised 04-24-05

© 2005 Microchip Technology Inc.　　Preliminary　　DS41262A-page 243

[그림 6-10] 마이크로칩스의 PIC16F685 풋프린트 자료

## 수행 내용 풋프린트 제작하기

### 재료 · 자료

- 상세 회로도면, 기구도면, A4 용지, 필기구

### 기기(장비 · 공구)

- 인터넷 가능한 컴퓨터, 한글 오피스, 프린터

### 안전 · 유의사항

- 회로동작 및 기능을 충분히 숙지하도록 한다.
- 컴퓨터에 바이러스가 침투하지 않도록 유의한다.

## 수행 순서

### 01 풋프린트 제작하기

① 풋프린트 제작을 위하여 **파일>새로만들기>PCB 라이브러리** 명령을 선택한다.

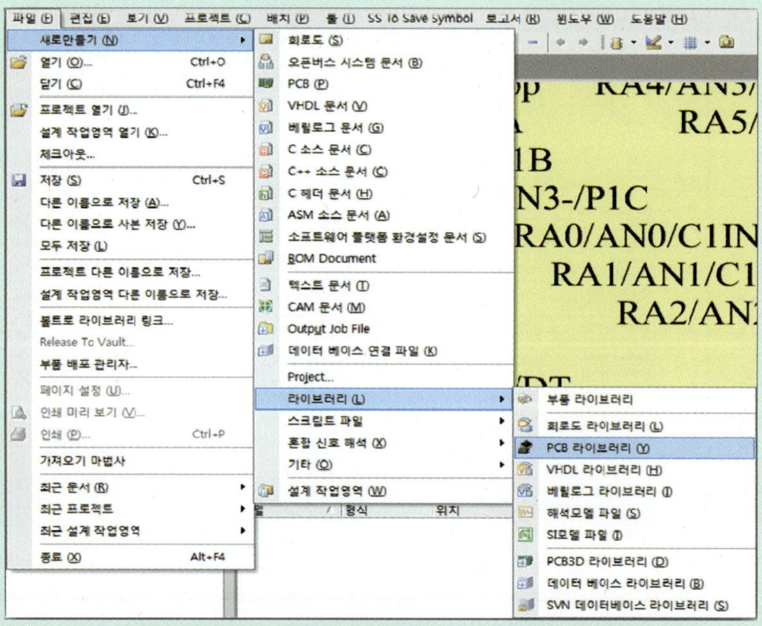


[그림 6-11] 일>새로만들기>PCB 라이브러리 명령을 선택

② 다음의 그림과 같이 Projects 패널에 PCB 라이브러리 파일이 새롭게 추가된 것이 보인다.

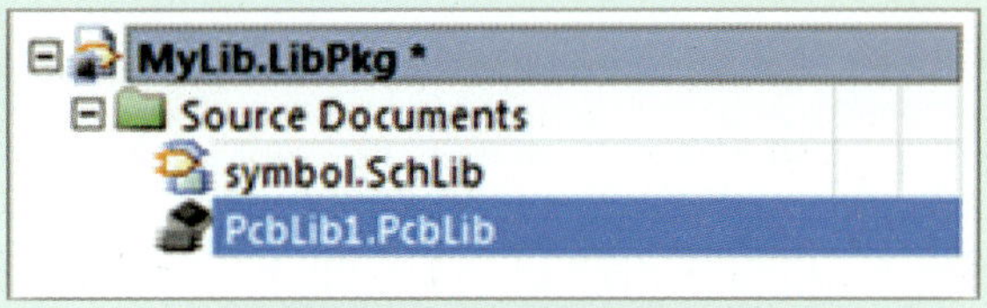


[그림 6-12] Projects 패널에 PCB 라이브러리 파일이 새롭게 추가

③ 작업영역에서 다음과 같은 원점을 찾아서 확대한 뒤에 패드 하나를 배치한다.

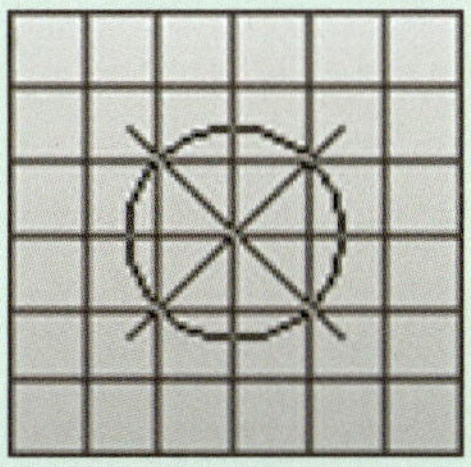

[그림 6-13] 원점을 찾아서 확대한 뒤에 패드 하나를 배치

④ 본 부품의 형태는 일반적인 부품과 차이가 있다. 일반적인 부품은 기판의 표면에 실장되는 형태로 사용되지만 이번 작업에서는 위에서 기판을 뚫고 뒷면에서 패드와 연결되는 구조로 조립한다.

⑤ 패드의 배치는 **배치≫패드** 명령을 사용한다. 명령을 선택하고 Tab키를 누르면 다음과 같은 대화상자가 나타난다.

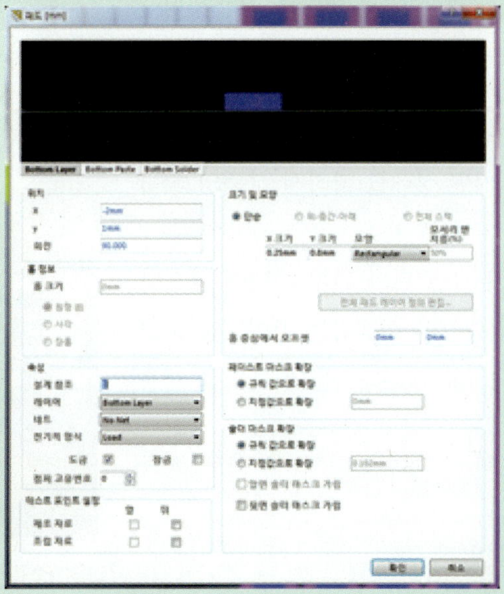

[그림 6-14] 패드의 배치는 배치≫패드 명령을 사용

⑥ 대화상자에서 패드의 모양은 Rectangular로 설정하고 X크기 및 Y크기는 0.25mm와 0.8mm로 입력한다.

⑦ 홀의 크기는 SMD이므로 별도로 지정하지 않아도 되며 레이어는 Bottom Layer로 변경한다.

⑧ 설계 참조는 심볼의 핀 번호와 같은 번호로 설정해야 한다.

[그림 6-15] 심볼의 핀 번호와 같은 번호로 설정

⑨ 대화상자의 하단 OK 버튼을 누르고 패드를 0, 0의 위치에 배치한다.

⑩ 첫 번째 패드를 배치한 뒤에 상대적인 좌표를 기준으로 나머지 패드를 배치한다. 배치 시 각 핀의 설계 참조번호에 주의하기 바란다.

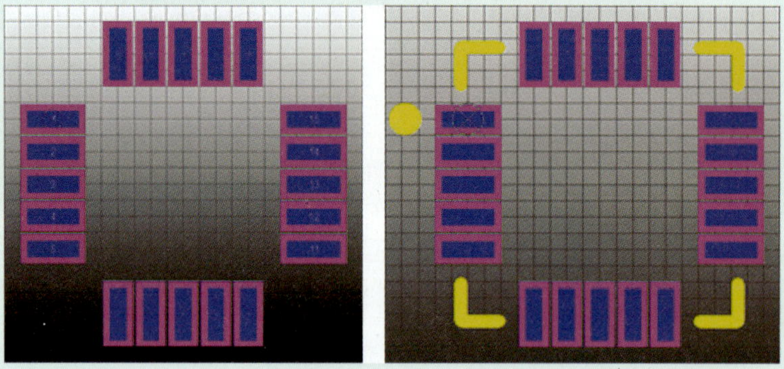

[그림 6-16] 첫 번째 패드를 배치한 뒤에 상대적인 좌표를 기준으로 나머지 패드를 배치

⑪ 화면 하단의 레이어를 Top Overlay로 변경하고 **배치>선** 명령과 **배치>전체 원** 명령을 이용하고 패드의 배치된 상태를 따라서 부품의 외곽 모양을 그려준다.

⑫ 현재 기준점의 위치는 1번 핀의 위치로 되어 있으나 작업 시에는 부품의 중앙에 설정하는 것이 편리하기 때문에 **편집>Set Reference>가운데** 명령을 사용하여 이동한다.

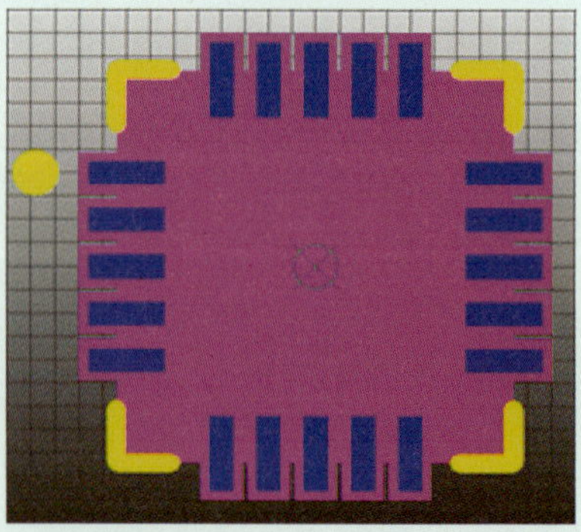

[그림 6-17] 편집>Set Reference>가운데 명령을 사용

⑬ 기판의 중앙에 사각형의 구멍을 뚫고 사각형 안으로 부품을 집어넣기 위하여 실제 부품의 크기와 동일한 사각형 구멍을 만들어야 한다.

⑭ **배치>채움** 명령을 사용하여 부품의 중앙에 가로와 세로가 2.1mm인 사각형을 그려준다. 이때 레이어는 Keep-Out Layer를 선택해 준다. 다음의 그림은 작업 후의 모습이다.

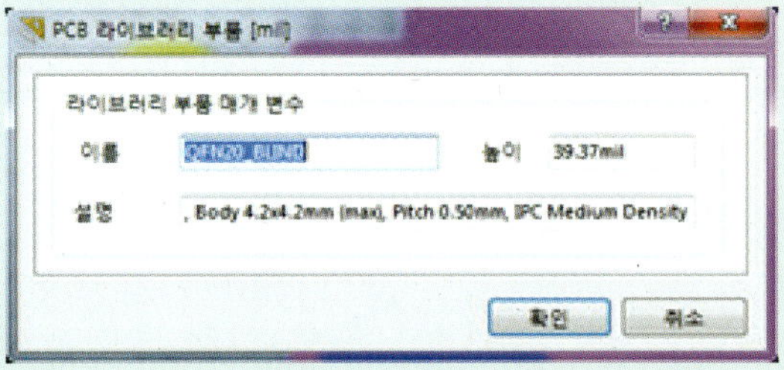


[그림 6-18] 작업 후의 모습

⑮ 완성된 부품의 이름을 변경하기 위하여 **툴>부품 속성** 명령을 선택하고 부품의 이름을 QFN20_BLIND로 입력한다.

⑯ 기타 높이 및 설명은 사용자의 필요에 따라서 선택적으로 입력할 수 있다.

⑰ 작업된 내용을 저장하기 위하여 **파일>저장** 명령을 선택하고 파일 이름을 footprint로 입력하고 저장 버튼을 누른다.

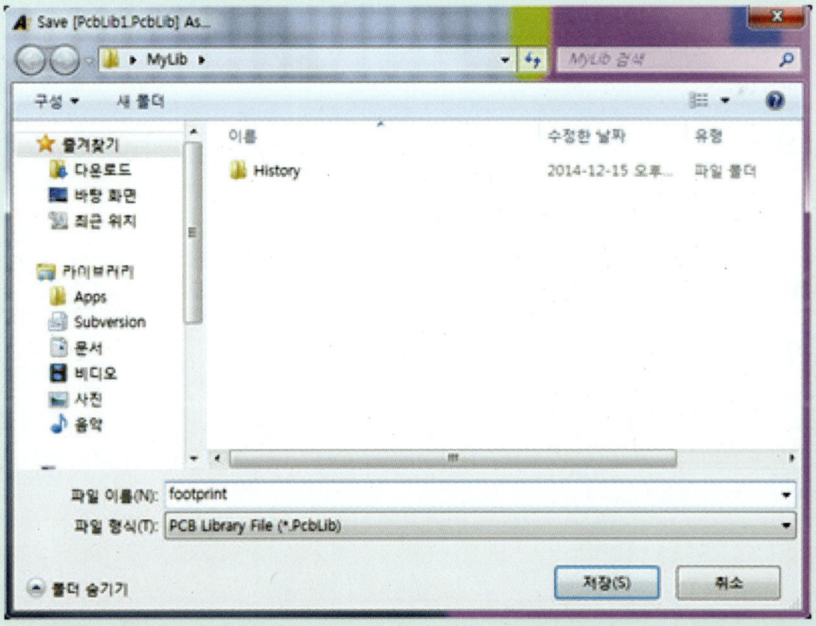


[그림 6-19] 파일>저장 명령을 선택하고 파일 이름을 footprint로 입력하고 저장

## 6-3 라이브러리 컴파일하기

| 학습 목표 | • 라이브러리 컴파일하기 과정을 이해한다. |
|---|---|

### 필요지식

#### 1. 라이브러리 컴파일

완성된 심볼과 풋프린트를 서로 연결하고 컴파일 작업을 통하여 검증을 진행한 뒤에 최종적으로 통합 라이브러리가 완성된다.

### 수행 내용 라이브러리 컴파일하기

**재료 · 자료**

- 상세 회로도면, 기구도면, A4 용지, 필기구

**기기(장비 · 공구)**

- 인터넷 가능한 컴퓨터, 한글 오피스, 프린터

**안전 · 유의사항**

- 회로동작 및 기능을 충분히 숙지하도록 한다.
- 컴퓨터에 바이러스가 침투하지 않도록 유의한다.

## 수행 순서

### 01 라이브러리 컴파일하기

① 완성된 심볼과 풋프린트를 서로 연결하고 컴파일 작업을 통하여 검증을 진행한 뒤에 최종적으로 통합 라이브러리가 완성된다.

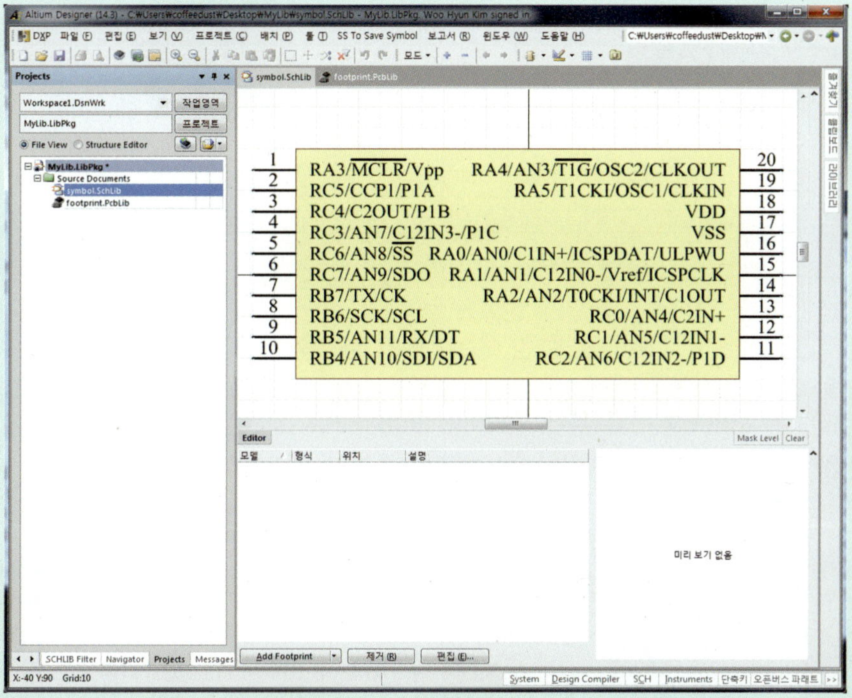


[그림 6-20] symbol.SchLib 파일에 하단의 모델 패널에서 Add Footprint 버튼 클릭

② 작업된 symbol.SchLib 파일을 불러온 뒤에 하단의 모델 패널에서 Add Footprint 버튼을 누르면 다음 그림과 같은 대화상자가 나타난다.

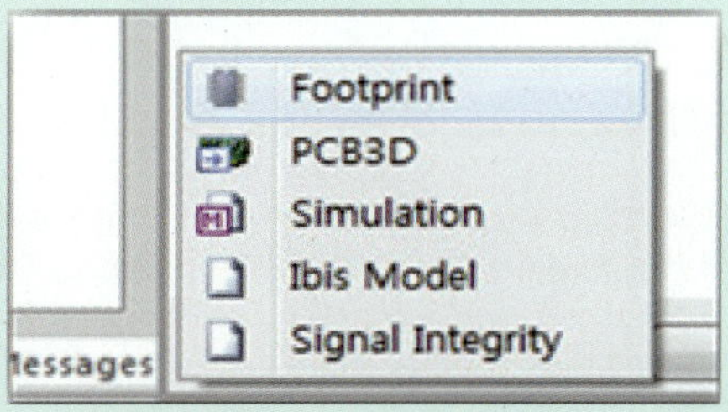


[그림 6-21] 풋프린트 클릭

③ 대화상자의 오른쪽 상단의 찾기 버튼을 누르고 목록으로 나열된 풋프린트 중에서 QFN20_BLIND를 선택한다.

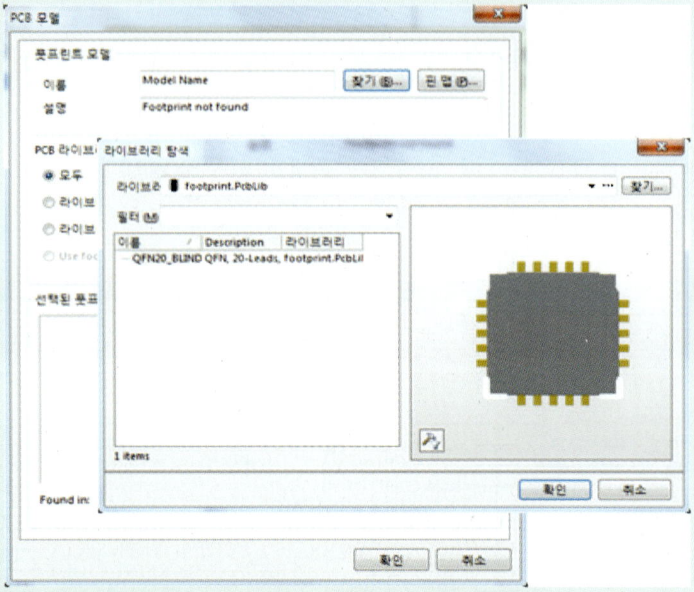

[그림 6-22] 풋프린트 클릭

④ 모델의 지정이 완료되면 모든 대화상자를 닫는다.

⑤ 다음의 그림은 심볼과 풋프린트의 모델이 연결된 모습이다.

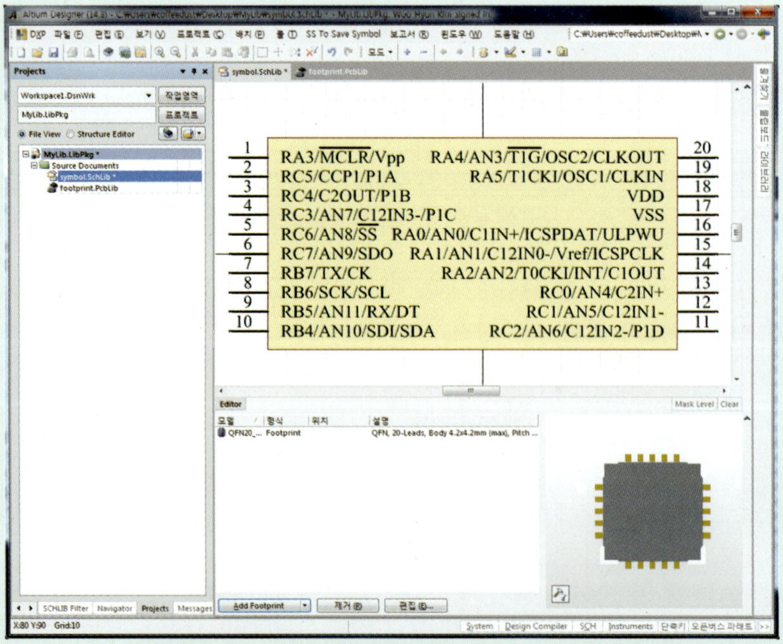

[그림 6-23] 심볼과 풋프린트의 모델이 연결된 모습

⑥ 프로젝트≫Compile Integrated Library MyLib.LibPkg 명령을 눌러 라이브러리를 컴파일하면 통합 라이브러리의 제작이 완료된다.

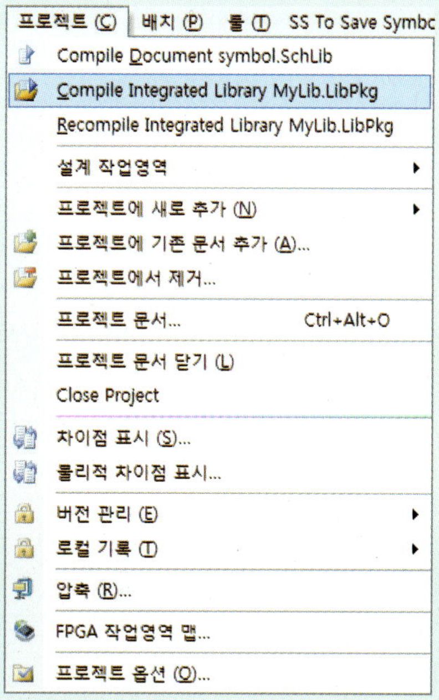


[그림 6-24] 라이브러리를 컴파일

⑦ 컴파일이 완료되면 프로젝트 파일이 있는 위치의 하위 폴더로 Project Outputs for MyLib 라는 폴더가 만들어지며 이 폴더에 생성된 통합 라이브러리가 존재한다.

## 학습활동.1 교수학습 방법

### 교수 방법

- PCB 설계의 기본개념, 부품배치, 라이브러리 작성 등을 PCB 실물 기판과 PPT 자료로 제시한 후 설명한다.
- PCB 설계에서 회로 블록의 특성, 신호의 종류, 회로의 구성 등에 따라 회로 블록을 배치하는 방법을 설명한다.
- PCB의 Size, 제품의 기구적인 특성을 고려하여 부품을 배치하고, 고정 부품의 배치를 우선해야 하는 이유와 방법을 설명한다.
- PCB 설계 도구를 선정하는 방법을 설명하고, 사용되고 있는 설계 도구의 장단점을 설명할 수 있도록 지도한다.
- PCB 설계 도구의 사용법은 선수학습으로 되어 있어야 하나, 그렇지 못한 경우에는 설계 도구 사용법을 별도의 시간을 할애하여 교육하여야 한다.
- 라이브러리로 등록되어 있지 않은 부품에 대해서는 부품 스케치부터 지도하여 라이브러리로 등록할 수 있도록 지도한다.
- PCB 설계를 위한 환경 설정 및 각종 Option을 지정할 수 있는 능력을 기르도록 한다.

### 학습 방법

- PCB 설계 도구를 능숙히 사용할 수 있도록 충분히 연습한다.
- PCB 설계 및 PCB 설계 도구에서 사용되는 다양한 용어를 충분히 숙지하도록 한다.
- PCB 설계가 회로의 전기적 특성에 영향을 줄 수 있음을 강조하여 회로 블록 및 부품의 배치 방법을 숙지한다.
- PCB 설계를 위한 설계 도구의 환경 설정, Option 지정을 필요에 따라 스스로 수행할 수 있도록 하고, 부품배치의 중요성을 강조한다.
- PCB 설계가 완료된 후 Gerber Data를 생성하여 PCB 제작 발주까지 할 수 있는 능력을 배양한다.
- PCB 설계에서 회로 블록간 인터페이스를 효과적으로 실현할 수 있도록 한다.

## 학습활동.1 평가 및 피드백

### 평가 준거

- 평가자는 피평가자가 수행 준거 및 평가내용에 제시되어 있는 내용을 성공적으로 수행할 수 있는지를 평가해야 한다.
- 평가자는 다음 사항을 평가해야 한다.

| 학습내용 | 평가항목 | 성취수준 | | |
|---|---|---|---|---|
| | | 상 | 중 | 하 |
| 심볼 라이브러리 제작하기 | 심볼 라이브러리 제작하기 과정을 이해한다. | | | |
| 풋프린트 제작하기 | 풋프린트 제작하기 과정을 이해한다. | | | |
| 라이브러리 컴파일하기 | 라이브러리 컴파일하기 과정을 이해한다. | | | |

### 평가 방법

- 평가자는 능력단위 PCB 설계하기의 수행 준거에 제시되어 있는 내용을 평가하기 위해 이론과 실기를 나누어 평가하거나, 종합적인 결과물의 평가 등 다양한 평가 방법을 이용할 수 있다.
- 필기시험

| 학습내용 | 평가항목 | 성취수준 | | |
|---|---|---|---|---|
| | | 상 | 중 | 하 |
| 심볼 라이브러리 제작하기 | 심볼 라이브러리 제작하기 과정을 이해한다. | | | |
| 풋프린트 제작하기 | 풋프린트 제작하기 과정을 이해한다. | | | |
| 라이브러리 컴파일하기 | 라이브러리 컴파일하기 과정을 이해한다. | | | |

• 체크리스트에 의한 관찰

| 학습내용 | 평가항목 | 성취수준 | | |
|---|---|---|---|---|
| | | 상 | 중 | 하 |
| 심볼 라이브러리 제작하기 | 심볼 라이브러리 제작하기 과정을 이해한다. | | | |
| 풋프린트 제작하기 | 풋프린트 제작하기 과정을 이해한다. | | | |
| 라이브러리 컴파일하기 | 라이브러리 컴파일하기 과정을 이해한다. | | | |

• 작업장 평가

| 평가항목 | 성취수준 | | |
|---|---|---|---|
| | 상 | 중 | 하 |
| 각 조별로 실습준비 및 실습과정에 있어 효율적이고 성실한 실습태도로 임하고 작업 후에 실습도구 등을 정리한다. | | | |

## 피 드 백

1. 작업 포트폴리오
   - 제출한 내용을 평가한 후 주요 사항을 표시하여 설명해준다.
2. 필기시험
   - 평가결과 일정 점수 이하인 학생들은 추가 학습 후 그 결과를 제출하도록 한다.
3. 체크리스트를 통한 관찰
   - 실습과정에서 평가한 후 주요 사항을 표시하여 돌려준다.

## 참고자료


1. 백동철(2006). PSPICE를 이용한 회로설계 기초와 응용. 서울 : 북두출판사
2. 권호열 외(2012). 전자회로. 서울 : 교육과학기술부
3. 한국공학기술연구원(2010). 전자캐드. 서울 : 구미전자공업고등학교
4. 이성훈 외(2011). 전자회로설계기초. 서울 : 구미전자공업고등학교
5. 백동철 외(2011). 전기전자 디지털 측정. 서울 : 구미전자공업고등학교
6. 이성훈 외(2011). PCB 설계. 서울 : 구미전자공업고등학교
7. 최민교 외(2012). ATE 설계 및 제작. 서울 : 서울교과서
8. 사) 한국전자회로산업협회, "PCB Briefing", 2014.9.18.
9. 온라인사이트. http://www.kpca.or.kr
10. 온라인사이트. http://www.alldatasheet.co.kr
11. 온라인사이트. http://imagesearch.naver.com
12. 온라인사이트. http://endic.naver.com
13. 온라인사이트. http://npit.co.kr

## Altium Designer 제안

기구데이터와 실시간 협업
협업 PCB 설계 지원
시뮬레이션 해석을 통한 설계
Import를 통한 데이터 통합관리

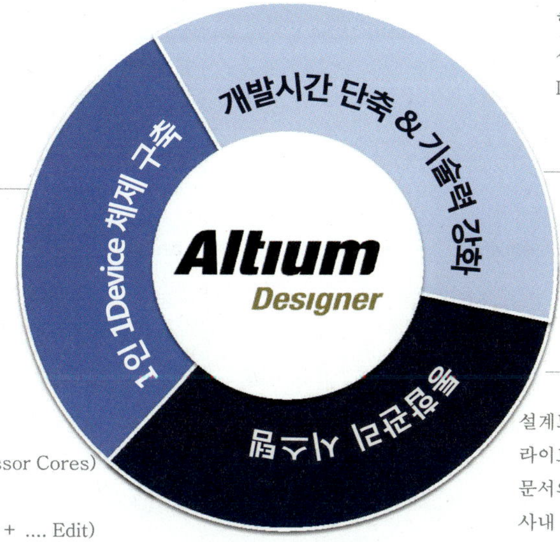


회로도 설계(Capture)
PCB 설계(PCB Artwork)
FPGA 설계(FPGA Processor Cores)
시뮬레이션(Spice, SI, PI)
CAM 설계(Gerber, ODB++ .... Edit)

설계도면 자산화 및 프로세스 단순화
라이브러리 배포를 통한 단일화, 표준화
문서의 Revision 및 Release 관리(DMS)
사내 PLM, ERC 와 원활한 연동 구축



## 제품소개 - Altium Designer

# 제품소개 - Altium Designer

### 1인 1Device 개념

Altium Designer는 엔지니어가 하나의 애플리케이션을 사용하여 개념부터 완성 단계까지 전체 설계 작업을 처리할 수 있는 세계 최초의 유일한 통합 전자 회로 개발 시스템입니다. Altium Designer를 이용하면 통합된 환경에서 하드웨어, 소프트웨어 및 프로그래밍 가능한 하드웨어를 개발할 수 있습니다. 이 통합 환경에서는 전자 회로의 모든 부품을 하나의 시스템으로 설계 및 관리가 가능합니다. 최신 설계 데이터 관리 기능까지 갖추고 있는 Altium Designer는 전통적인 도구의 경계를 뛰어넘어, 보다 많은 지능적인 전자 회로를 훨씬 빠르게 제조할 수 있는 새로운 설계 가능성을 열어드립니다.

| LICENSE OPTIONS | SCHEMATIC | SIMULATION | FPGA DESIGN | PCB DESIGN | KEY BENEFITS |
|---|---|---|---|---|---|
| Altium Designer 15 | ✓ | ✓ | ✓ | ✓ | · Full custom PCB design and manufacturing capabilities<br>· Complete front-end engineering system for both PCB and programmable logic design<br>· Native 3D PCB design and editing capabilities |
| Altium Designer SE (System Engineering) | ✓ | ✓ | ✓ | | · Complete front-end schematic design for both board-level and programmable logic design.<br>· Analog and digital simulation<br>· System-on-FPGA implementation |
| Altium Designer Viewer | ✓ read only | ✓ read only | ✓ read only | ✓ read only | · Quick, easy and secure read-only exploration of Altium Designer projects and documents<br>· Cross-Probe and Highlight capabilities for Engineering Design Review |



# 제품소개 - Altium Designer

## PCB 설계기능

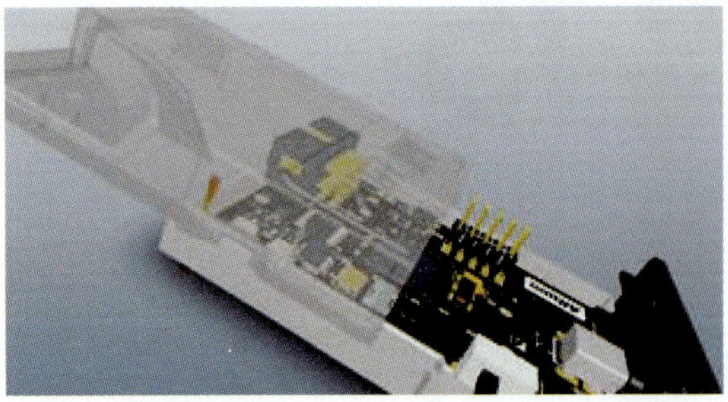

### 3D를 이용한 설계

부품들의 정확한 모양과 크기를 2D 설계에서는 확인하기 어렵기때문에 이에 발생할 수 있는 물리적인 충돌을 3D를 통해 해결할 수 있습니다.

PCB설계가 끝난 뒤 기구와의 정합에 문제로 설계가 수정되거나 다시 제작되는 시간과 비용을 설계단계에서 부터 실시간 검사를 통해 예방 할 수 있습니다.

### 협업 설계

하나의 PCB 모델을 두명 이상의 설계자가 영역을 분할하여 공동으로 설계합니다. 협업설계는 유휴인원을 활용하여 업무의 효율성을 높이며, 단기간 설계 및 개발시간을 단축 가능케 합니다.

또한 원거리에 있는 작업자와 협업을 통해 함께 개발할 수 있습니다.

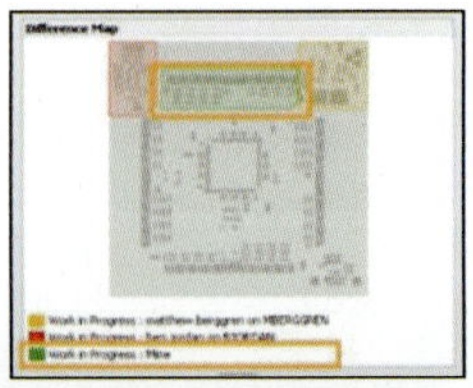


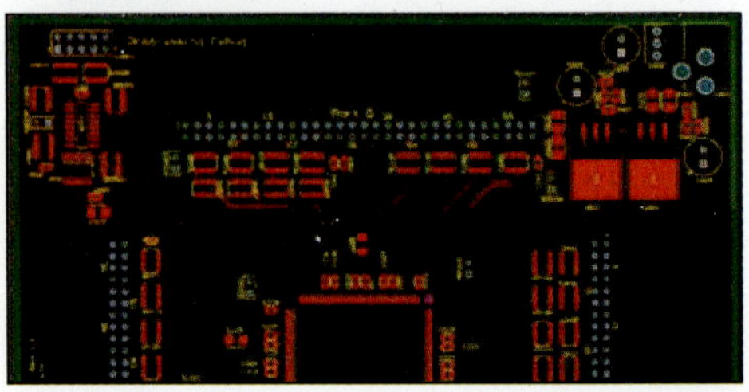

# 제품소개 - Altium Designer

## PCB 설계기능

**Flex and Rigid-Flex Design**

FR4와 Flexible의 결합된 형태의 설계를 지원.

- 완벽한 Impedance 구현이 가능하여 제품의 성능 향상.
- 커넥터가 불필요하므로 제품의 소형화 및 원가절감.
- 진동 등으로 인한 커넥터의 접속 불량 방지

Layer Stack Manager

- Rigid와 Flexible의 Stack-Up조합으로 편리한 설계 진행

**Tools For High-Speed Design or Xsignals**

XSignal 기능은 고속 PCB 설계에서 네트의 길이를 보다 쉽게 정의 할 수 있는 기능입니다. 병렬, T-연결점(T분기) 등 다양한 배선구조에서 정확한 길이로 Impedance matching 이 가능하기때문에 신뢰성 높은 제품 개발이 가능합니다.

PC POS 및 Android POS에 주력으로 사용되는 DDR메모리의 설계에서는 모든 배선의 길이가 균등 배선되어야 프로그램의 동작 시 간헐적인 Down 증상을 배제 할 수 있습니다.

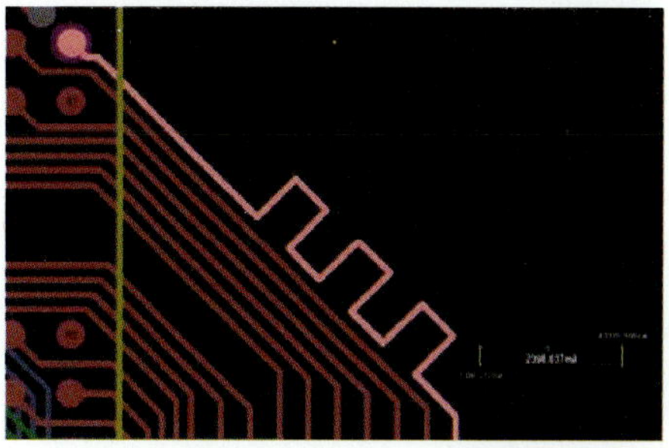



# 제품소개 - Altium Designer

## 다양한 데이터 Import

**Import를 통한 데이터 통합관리**

다양한 전자 설계 소프트웨어의 데이터를 Altium Designer 에서 Import하여 통합관리 합니다. 사용자에 따른, 혹은 외부에서 생성된 여러 종류의 설계문서는 기업의 자산으로 앞으로의 연구개발에 필요합니다. 이는 자사의 기술력 보존과 향상, 더 나아가 개발 시간단축과 비용절감으로 경쟁력 있는 제품개발이 가능합니다.

Mentor Graphics
Board Station
Expedition
DxDesigner
PADS

p-cad

Protel

ZUKEN
CADSTAR

cadence
Allegro Design
ORCAD

**문서 및 설계데이터 변환**

모든 기구설계 소프트웨어에서 제공되는 DXF, DWF(2D) 또는 STEP(3D) 받아 설계에 활용하고 검증 및 보고서 제출을 위한 Export(변환)이 가능하여 원활한 기구팀과의 협업진행이 가능합니다.

또한 Excel 및 스마트PDF 출력을 지원하며, Widows의 클립보드 완벽지원으로 설계문서정보를 복사를 통해 각종 문서제작에 활용하여 협력社 및 사내에 문서 공유가 가능합니다.

# 제품소개 - Altium Designer

## 해석(시뮬레이션)과의 호환성

**SIwave**

PCB의 PI/SI 해석을 위한 전용 Tool로써, 간편한 사용법과 빠른 해석속도를 제공합니다.

PCB 기판에 최적화된 EM 해석을 통해 공진/임피던스 및 S/Y/Z 파라미터 계산과 SPICE 모델 추출 등 PCB 해석에 필요한 모든 기본기능이 제공됩니다.

Altium Designer로 설계된 데이터를 Export(변환)하여 해석이 가능합니다.

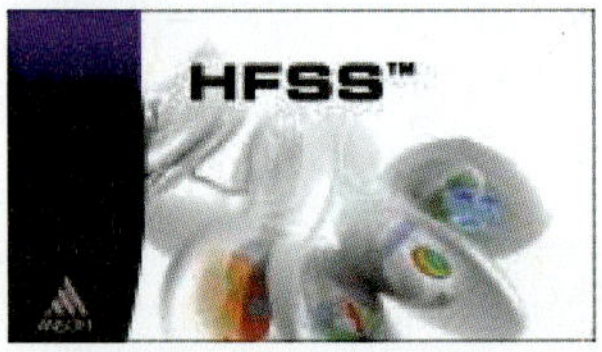


**HFSS**

PCB의 주변을 구성하는 요소들 중, 3차원 형상으로 된 Connector와 Cable에서 발생되는 문제를 HFSS를 이용하여 추출한 S 파라미터등을 활용하여 시스템 전체의 동작을 체크합니다.

Altium Designer로 설계된 데이터를 Export(변환)하여 해석이 가능합니다.

**PI 해석**

PCB 설계의 공진해석을 통해 공진주파수와 위치를 찾아, 발생 위치 및 선로 주변의 임피던스를 분석하고 합니다. 이를 통해 노이즈에 취약한 전원부위를 보강하여 전원공급을 원활하게 합니다.

**SI 해석**

선로의 전자장 해석으로 신호와 부하를 점검하여 문제점을 개선합니다. 노이즈로 인한 신호의 왜곡, 감쇠를 개선하여 신호의 품질을 향상시켜 신뢰도 높은 제품개발을 진행합니다.

**다양한 해석 프로그램과 운용**

Altium Designer에서는 설계 데이터를 ODB로 출력하여 다양한 해석 프로그램으로 SI/PI 검증을 통해 신뢰성 높은 제품개발이 가능합니다.



# 제품소개 - Altium Vault

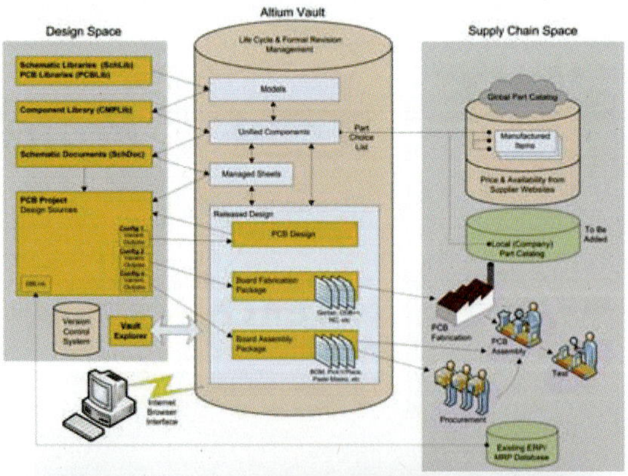


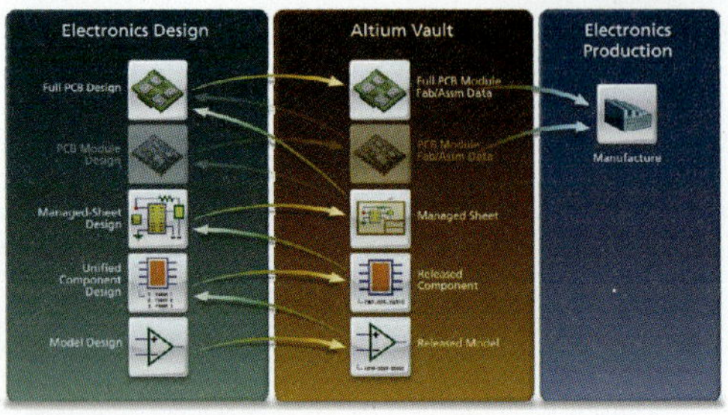


**개요**

Altium Designer에서 기존의 작업 흐름과 연계하여 회로 개발의 시작부터 종료 이후 수정 단계까지의 프로세스 및 데이터를 관리하기 위한 목적으로 개발된 회로 개발 표준화/관리 시스템

**특징**

- 표준화 된 라이브러리 기반으로 작업 지원.
- 작업자간에 발생 가능한 부품 충돌과 Human Error를 미연에 방지 (사고에 의한 불량률 차단)
- Altium Designer의 내부 모듈로 구성
- 기존 작업 흐름에 방해 없이 부품 표준화 가능
- 빠르게 배우고 쉬운 사용이 가능
- Revision 및 Release 관리시스템 내장
- 재고와 수명, 사용가능여부 등을 기준으로, 회로 기준으로 부품 등 상태를 정의하여 개발자들이 즉시 참조할 수 있게 함
- FTP Server를 이용한 원격 공정 파일 편집.
- Delphi Firebird 기반의 표준 Database로 구성
- 기능적 확장성을 고려하여 Module 형태의 구조
- 기간 시스템 ERP,PLM 등 연계

## 저자 소개

**• 남상엽**

- 공학박사
- 삼성종합기술원 정보시스템연구소 근무
- 모토로라반도체통신(주) 기술연구소 근무
- 현재) 국제대학교 교수

**• 조도현**

- 공학박사
- LG전자 중앙연구소 근무
- 삼성전자 종합기술원 근무
- 현재) 인하공업전문대학 교수

**• 김 현**

- 공학박사
- 현재) 부천대학교 전자과 교수
- 현재) 부천대학교 부천융합지원센터 센터장

**• 김은원**

- 공학박사
- 현재) 대림대학교 전자통신과 교수

Altium Designer를 이용한

**PCB 설계하기**

2015년 4월 25일 1판 1쇄 발행

저 자 남상엽 · 조도현 · 김현 · 김은원

발행인 남 승 우

발행처 도서출판 상尙 학學 당堂

서울시 동작구 사당로9가길 6(사당동)

TEL : 02) 595-1692~4

FAX : 02) 595-1394

E-mail : namdoo6@unitel.co.kr

신고 : 2-155호 (1968. 11. 29)

**정가 29,000원**

ISBN 978-89-6587-128-6 93000



〈디자인〉 편집 엄해숙 / 표지 토틀컴